Richard von Weizsäcker

Vier Zeiten

50 Jahre Bundesrepublik in der Erinnerung ihrer Gestalter

Konrad Adenauer/Theodor Heuss
Unter vier Augen

Egon Bahr
Zu meiner Zeit

Willy Brandt
Erinnerungen

Hans-Dietrich Genscher
Erinnerungen

Helmut Schmidt
Menschen und Mächte

Franz Josef Strauß
Die Erinnerungen

Richard von Weizsäcker
Vier Zeiten

Einmalige Jubiläumsausgabe

Richard von Weizsäcker

Vier Zeiten

Erinnerungen

Siedler Verlag

Redaktion: Wolf J. Siedler jr.
Schutzumschlag: Rothfos & Gabler, Hamburg
unter Verwendung eines Photos von Helmut R. Schulze
Satz: Bongé+Partner, Berlin
Reproduktion: Com-Litho, Berlin
Druck und Buchbinder: GGP, Pößneck
Printed in Germany 1999
ISBN 3-88680-684-7

Inhalt

Vier Zeiten zum Geleit

Als meine Tochter mit mir über mein der Erinnerung geltendes Buch sprach, riet sie in einer spontanen Regung davon ab, es nach dem zu Ende gehenden Jahrhundert zu betiteln. Für junge Menschen beginnt die Welt stets von neuem, zumal an der Schwelle zur kommenden Zeitrechnung. Sie wissen sehr wohl, daß sie nicht wurzellos herangewachsen sind. Aber was nun kommt, wollen sie selbst in die Hand nehmen. Das ist ein gutes Zeichen ihres Lebenswillens.

Gilt also, was Rilke empfahl: »Sei allem Abschied voran, als wäre er hinter Dir, wie der Winter, der eben geht«? Als wäre er hinter Dir – ganz so ist es nicht. Jahreszeiten der Natur haben sowenig eine Stunde Null wie die Zeitfolgen in der Geschichte. Beider Zukunft ist schon in der Vergangenheit enthalten. Niemand entgeht diesem Zusammenhang. Deshalb erinnern wir uns.

Dabei erfahren wir aus der Geschichte nicht, was wir morgen tun sollen. Sie hält keine Handlungsanweisungen für uns bereit. Jacob Burckhardts Zuspruch, Geschichte mache »den Menschen nicht klug für ein andermal, sondern weise für immer«, klingt in unseren Ohren heute befremdlich. Der große Skeptiker hatte den Weg unseres Jahrhunderts nicht vorhergesehen. Doch auch an dessen Ende würde er uns wohl ans Herz legen, seine Aussage nicht zu überhören, vielleicht nun erst recht nicht.

Das zwanzigste Jahrhundert hat uns in extreme Lagen menschlicher Existenz geführt. Seine Prüfungen machen es schwer und legen es um so eher nahe, über bewußt erlebte Vergangenheit Rechenschaft abzulegen. Den Jungen wird das in ihrer eigenen Meinung nicht vorgreifen. Wenn Erziehung und Weitergabe von Erfahrung einen Sinn haben sollen, dann gehört dazu, die junge Generation in ihrer geistigen Freiheit zu bestärken. Sie sollen das Zutrauen finden, den eigenen Augen, Gefühlen und Werten Glauben zu schenken. Für ihre Kraft, sich selbst zu entscheiden, wird ihnen aber die gewissenhafte Einsicht helfen, daß eine Zukunft auf sie wartet, in der ziemlich viel von der Vergangenheit wirksam sein wird. Ein Geschichtsverständnis muß weiter zurückreichen als die eigene Biographie.

Was ich hier aufschreibe, ist kein Geschichtsbuch, sondern ein persönlicher Bericht über ein aus der Familie kommendes und in sie eingebettetes Leben. Ihrer Einstellung entsprach es, sich aktiv an den allgemeinen Aufgaben ihrer Zeit zu beteiligen. Immer wieder waren ihre Erlebnisse mit der historischen Entwicklung verknüpft. So war es auch bei mir. Bei meiner Schilderung kann ich daher das eine vom anderen nicht säuberlich trennen. Dennoch geht es mir weniger um generelle Analysen als vielmehr um die Wiedergabe eigener Eindrücke und konkreter Begebenheiten.

Mein Weg führte mich durch vier Zeiten unseres Jahrhunderts, die ich aus meinem Blickwinkel kurz charakterisieren will: Weimarer Republik – Hitler und Weltkrieg – Teilung Europas und Deutschlands in der bipolaren Welt – Vereinigung.

I.

Die dramatischen Jahre der Weimarer Republik erlebte ich als wohlbehütetes Kind zu Hause, zumeist in Berlin. Mein Großvater hatte seine landespolitisch führende Tätigkeit in Württemberg beendet. Mein Vater war als Diplomat vorwiegend mit Fragen des Völkerbunds beschäftigt. Die außerordentliche kulturelle Kreativität des zu einer europäischen Metropole herangewachsenen Berlin überstieg in dieser Zeit meiner ersten sieben Schuljahre meinen Horizont bei weitem. Aber die politische Ruhelosigkeit und die sozialen Spannungen waren uns Schülern deutlich bewußt. Ohne die Ereignisse in ihrem Zusammenhang zu begreifen, diskutierten wir sie auf dem Schulhof mit kindlichem Temperament. Als Zwölfjähriger lernte ich, täglich zweimal eifrig und neugierig Zeitung zu lesen.

II.

Dies war auch mein Alter, als Hitler an die Macht kam. Die folgenden Jahre verbrachte ich wegen des Diplomatenberufs meines Vaters fast ganz im Ausland. Nach Deutschland kehrte ich 1938 zurück, um meinen Wehrdienst abzuleisten. Bald darauf brach der Krieg aus; sieben Jahre lang war ich Soldat.

Es herrschte eine Dämonie, die wir nicht begriffen. Unsere ethischen Maßstäbe, mit denen wir aufgewachsen waren, reichten an sie nicht heran. Wir blickten in Abgründe und gerieten, bewußt oder unbewußt, in sie hinein.

Unausweichlich und notwendig bleibt es, daß jede heranwachsende Generation, gerade weil ihre eigenen Erfahrungen und Urteilskriterien mit jener Zeit so unvergleichbar sind, immer von neuem forschend fragt, wie es zu den ungeheuerlichen Verbrechen unter dem Nationalsozialismus kommen konnte. Am Ende des Krieges hatte ich mit meinen fünfundzwanzig Jahren ein Lebensalter erreicht, in dem ich noch selbst zu den Fragenden und doch auch schon zu den Befragten gehörte. Mir liegt es besonders am Herzen, über die Erfahrungen dieser Zeit zu berichten. Sie sind mir nicht weniger wichtig als die Dinge, die mich Jahrzehnte später in die Öffentlichkeit führten.

III.

Die dritte meiner vier Zeiten erlebte ich in der alten Bundesrepublik Deutschland. Es kam zur Befreiung von der Hitler-Diktatur. Zugleich brachten die ersten Nachkriegsjahre schweres menschliches Leid für ungezählte Menschen. Man lese nur, um ein Beispiel zu nennen, die Aufzeichnungen des Arztes Hans Lehndorff über die Jahre 1945 bis 1947 in Ostpreußen.

Es gab kein neues Versailles und keine Wiederholung von Weimar. In der Bonner Republik, wie wir sie nennen, wurden wir ein fester Bestandteil der westeuropäischen und transatlantischen politischen Zivilisation. Grundgesetz, soziale Marktwirtschaft und Allianzgefüge waren ihre Kennzeichen. An die Stelle der traditionellen Großmächte mit ihrem prekären Balancesystem waren die Supermächte getreten. Ost-West-Konflikt und Kalter Krieg im atomaren Zeitalter beherrschten auch uns.

Zwölf Millionen Vertriebene und Flüchtlinge wurden aufgenommen und, so gut es ging, neu beheimatet – ein größeres Wunder noch als das berühmte Wirtschaftswunder. Lange wurde das Land von der alten Generation mit ihren Erfahrungen aus Weimar regiert. Sie zeigten wenig Verlangen nach einer Mitwirkung von uns Jüngeren. In einer neu entstandenen, demokratisch egalisierten Gesellschaft erfolgte erst während der späten sechziger Jahre der Abschied von den Alten.

Der Weg in die westliche Partnerschaft mit ihrem Kern in der deutsch-französischen Aussöhnung war das Werk der politischen Führung. Dagegen wurden die Beziehungen zum anderen Teil Deutschlands und zu den östlichen Nachbarn zunächst stärker aus der Gesellschaft selbst heraus entwickelt. Einen erheblichen Anteil daran hatten die Kirchen dank ihrer nie abgerissenen Ost-West-Verbindungen. Dort lagen auch meine eigenen ersten öffentlichen Aktivitäten mit den Schwerpunkten Polen, DDR und Berlin. Erst später wurde ich in politische Ämter gewählt.

Im Zeichen des atomaren Patts wandelte sich die Sowjetunion

allmählich zu einem Sicherheitspartner, auch wenn eine Wiedergeburt des alten Rußland noch nicht zu ahnen war. Die Bipolarität schien weiterzuleben, bis Gorbatschow erkannte, daß gründliche Reformen unausweichlich würden, um seinen Herrschaftsbereich zu stabilisieren und wettbewerbsfähig zu machen. Doch was er damit lostrat, wurde zu einer Lawine der Befreiung von diktatorischer und imperialer Beherrschung. Der Prozeß von Helsinki hatte sie in den Befreiungs- und Bürgerrechtsbewegungen der Ostblockländer vorbereitet. Die Öffnung der Mauer wurde erzwungen. Der Warschauer Pakt löste sich auf. Der Kalte Krieg ging zu Ende. Ohne neuen konstitutionellen Akt wurde Deutschland staatlich vereint. Die Europäische Union wurde auf den Weg von Maastricht geschickt.

IV.

Die vierte meiner vier Zeiten, in der ich als erster Präsident im vereinigten Deutschland amtierte, stellt uns vor die zentrale Herausforderung, in der Freiheit zu bestehen, die errungen ist. Es ist unsere schönste und zugleich unsere schwerste Aufgabe. Noch haben wir sie nicht bewältigt. Bei ihr wird mein Bericht am Ende ausklingen.

Erster Abschnitt

Weimarer Republik

Wurzeln in Württemberg; der Großvater

Mein Leben begann im Zeichen einer dem Auge wahrnehmbaren Spannung. Geboren wurde ich am 15. April 1920 in einer Mansarde des königlichen Schlosses zu Stuttgart, aber nicht als Gast des Königs, sondern unter der roten Fahne, die auf dem Dachfirst wehte.

Die Revolution, die den Ersten Weltkrieg beendete, hatte auch das Königreich Württemberg in eine Republik verwandelt. Sie war recht friedlich verlaufen. Als das Schloß besetzt wurde, gab es Gewalt nur beim Hissen der neuen Fahne, sonst wurde in der Königlichen Residenz nicht das geringste beschädigt.

Nun neigen die Württemberger im allgemeinen ohnehin nicht zu extremen Ausschlägen. Sie suchen den vernünftigen Ausgleich. Auch unter Revolutionären ging es bedächtig und gesittet zu. Ihr letzter König, Wilhelm II., machte es ihnen nicht schwer. Nachdem er am 30. November 1918 in würdiger Form seine Abdankung erklärt hatte, schrieb der führende Sozialdemokrat Wilhelm Keil in einer Stuttgarter Zeitung, die revolutionäre Bewegung habe sich nicht im geringsten gegen die Person des Königs gerichtet, sondern gegen den Gedanken der Monarchie, den der gleichnamige Kaiser in Berlin Bankrott gemacht habe. Die persönliche Achtung, die das Volk dem König selbst bisher entgegengebracht habe, bleibe ungemindert bestehen. Sogar der Spartakist Seebacher erkannte das korrekte Verhalten des Königs an und meinte zur Notwendigkeit, die Monarchie abzuschaffen, nur: »S'ischt halt wegge dem Sischteem.«

Schon beim 25. Thronjubiläum im Jahre 1916 hatte der Vorsitzende der Sozialdemokraten erklärt, sie seien zwar Republikaner, aber wenn es soweit sei, würden sie den König zum Präsidenten wählen. Dieser war bis zuletzt ein nobler, humaner, tüchtiger Monarch. Nach Kräften förderte er die freie Entwicklung seines Landes. In seiner Zeit wurde Württemberg zum »Musterländle«.

Doch nun war Frühling 1920. Meine Eltern hatten das Winterhalbjahr mit ihren drei Kindern, meinen älteren Geschwistern, in Den Haag verbracht, wo mein Vater als Marineattaché an der deutschen Gesandtschaft in den Niederlanden tätig war. Dort gingen der Dienst und das Gehalt zu Ende. Meine Mutter stand unmittelbar vor der Geburt eines Kindes. Die Familie schickte sich eilig zur Heimreise an, aber wie? Überall in Deutschland gärte es, von rechts und links. Immer wieder kam es zu blutigen Zusammenstößen. Die Schulden des Reichs beliefen sich auf 300 Milliarden Mark. Der Kapp-Putsch brach aus. Er war ein von weit rechts inszenierter Umsturzversuch. Die Reichsregierung mit Friedrich Ebert an der Spitze wich zunächst nach Dresden und später nach Stuttgart aus; von dort rief sie die Arbeiterklasse zum Schutz der Republik auf. Es folgte der Generalstreik. Die Eisenbahnen lagen still.

Nach vieler Mühe fanden meine Eltern einen kleinen holländischen Rheinfrachtdampfer, auf dem die Familie von Nimwegen aus aufbrechen konnte. Es folgte eine sechstägige Fahrt auf dem Strom ohne Schiffsverkehr, vorbei an verwaisten Häfen, an Schießereien in Duisburg, an alliierten Fahnen in Köln und Bonn. Gemäß dem verheißungsvollen Schiffsnamen »Kinderdyk« wäre ich beinahe an Bord auf dem Rhein ein veritabler Sohn des Stromes geworden. Doch wurden glücklicherweise unmittelbar vor meiner Geburt der rettende Mannheimer Hafen und von dort aus die Württembergische Landeshauptstadt erreicht. So kam ich, wie schon meine beiden Eltern und drei meiner vier Großeltern, in Stuttgart zur Welt.

Die väterliche Familie stammt aus dem fränkischen, hohenloheschen Land, das sich der Kurfürst und spätere König Friedrich von Württemberg 1805 nicht ohne französische Hilfe einverleibt hatte. Für die Hohenloher blieb Württemberg noch lange die Fremde. Eine Symbiose mit den Schwaben ging ihnen gegen den Strich. Als mein Ururgroßvater aus der alten Hohenloher Residenz Öhringen zur Ausbildung in das württembergische Blaubeuren fahren mußte, legte ihm seine Mutter warm ans Herz, nicht das häßliche Schwäbisch zu lernen, sondern der fränkischen Mundart treu zu bleiben. Dennoch wuchs man in Württemberg schließlich friedlich zusammen.

Es ist eine parzellierte, vielfältige, oft etwas enge Landschaft, die den neugierigen Drang in die Welt fördert, ohne daß er die Heimatliebe lockern würde. Man ist eher bedächtig als redselig, eher bewahrend als umstürzlerisch. Man hat starke Gefühle wie alle Menschen, behält sie aber vorzugsweise für sich, um nicht aufdringlich zu wirken. Viele Familien stammen vom Land. Auch die Industrialisierung beseitigt die zumeist ländliche Prägung nicht ganz. Wer in der Fabrik arbeitet, versucht sich sein kleines »Gütle« zu erhalten. Es gehört sich, fleißig und sparsam zu sein, wobei die Leistungen oft weit über das gebaute Häusle hinausgehen.

Schwäbische Tüftler und Erfinder haben der Welt das astronomische Fernrohr und den Benzinmotor, die Mundharmonika und den Volkswagen beschert. Schon früher waren wichtigste Impulse zur geistigen Entwicklung und Einigung der Deutschen aus dem Schwabenland gekommen. Die Namen Kepler und List, Hegel und Schelling, Schiller und Uhland, Hölderlin und Mörike erinnern daran. Manche von ihnen zog es aus der engeren Heimat in die Ferne, wo sie zuweilen rascher berühmt wurden als zu Hause. Helmut Thielicke, dereinst nach Württemberg verschlagener rheinischer Theologe, pflegte zu sagen, es gehöre zu den Besonderheiten der Schwaben, daß sie für ihren beschränkten Horizont zu klug seien. Sie taten sich gar nicht leicht, die einmal Abgewanderten wieder an ihr Herz zu drücken. Als der weltberühmte Hegel 1831 in Berlin starb, begnügte sich der »Schwäbische Merkur« damit, die amtliche Todesmeldung der »Allgemeinen Preußischen Staatszeitung« wörtlich abzudrucken und anstelle eines würdigenden Nachrufs lediglich drei Worte hinzuzufügen: »aus Stuttgart gebürtig«. Diese entscheidende Tatsache hatte das Berliner Blatt unterschlagen.

Andererseits fehlte es nie an schwäbischem Selbstbewußtsein gegenüber den Preußen. Als König Friedrich Wilhelm IV. 1848 in Frankfurt am Main den mit meinem Urgroßvater befreundeten württembergischen Abgeordneten Rümelin auf die Nennung seines Heimatortes Nürtingen fragte, wo das Nest denn liege, antwortete ihm Rümelin: Auf dem Wege vom Hohenstaufen zum Hohenzollern.

Meine Vorfahren Weizsäcker waren Bürger vom Land. In der Nähe von Öhringen schufen und bewahrten sie, wenn auch mit wechselndem Erfolg, ihre wirtschaftliche Selbständigkeit beim Müllerhandwerk. Es war die überkommene Armut, die die Kräfte der Selbsthilfe wachsen ließ. Allmählich entwickelte sich eine Familie der Pfarrer und Wissenschaftler, der Beamten und Politiker. Es ging ohne Vererbung von Titeln, Höfen und Vermögen vor sich. Jede Generation hatte sich ihren Platz selbst zu erwerben. Entscheidend blieb die individuelle Qualifikation, gemäß den Regeln der werdenden Bürgergesellschaft, die die Leistungselite der Geburtselite gegenüberstellte.

Gewiß war das Herzstück dieser Bürgergesellschaft in der Wirtschaft zu finden, im kleinen und mittleren Unternehmertum, im Handwerk, im Handel und in der Produktion. Selbständigkeit, Individualität und Autonomie anzustreben und zu bewahren, sich niemandem zu verdingen, das war ihr berufliches Lebensprinzip. Nicht Objekt, sondern Subjekt sein zu wollen, frei zu sein und zu bleiben bedeutete aber notwendigerweise, sich aus den Angelegenheiten des Gemeinwesens nicht herauszuhalten, sondern eine bürgerliche Öffentlichkeit zu schaffen und mitverantwortlich auszufüllen. Es galt, den Horizont zu erweitern, sich eine allgemeine Bildung zu erwerben, die einem dann auch im eigenen Unternehmen sehr nützlich werden konnte. Über diese Entwicklung hat Lothar Gall am Beispiel der Mannheimer Familie Bassermann eine lehrreiche Geschichte vom Bürgertum in Deutschland geschrieben.

»Wo käm die schönste Bildung her, und wenn sie nicht vom Bürger wär«, schrieb Goethe. Gemäß der Idee des Neuhumanismus galt es, sich durch allgemeine Bildung zu fördern, an öffentlichen Aufgaben teilzuhaben und die Kultur zu pflegen. Mehr noch als die Kunst fand die Wissenschaft starke Impulse im Bürgertum.

So gingen handwerkliches, unternehmerisches und Bildungs-Bürgertum ineinander über, und so entwickelten sich auch die Weizsäckers. Der begabte Sohn des letzten zum Müllerhandwerk gehörenden Vorfahren, mein Ururgroßvater, wurde der erste Studierte der Familie. Er hatte von seinem hohenloheschen Landesfürsten ein Stipendium erhalten, wurde Theologe und Stiftsprediger in Öhringen.

Sein jüngerer Sohn Julius, von Haus aus zunächst Theologe, nahm 1848 an der Tübinger Stiftsrevolte teil. Das Tübinger Stift war in der Reformationszeit als »Hochfürstliches Stipendium« für den theologischen Nachwuchs gegründet worden und spielte in der ganzen Geistesgeschichte des Südwestens von Deutschland eine prägende Rolle. Hegel, Hölderlin und Schelling sind aus ihm hervorgegangen. Julius Weizsäcker bekannte sich zur Einheit und Republik für ganz Deutschland, wurde unter Rankes Einfluß Historiker und verbrachte seine akademische Laufbahn an sechs Universitäten. Seinen Lehrstuhl in Tübingen errang er im Wettbewerb gegen Jacob Burckhardt. Zuletzt war er Professor an der Friedrich-Wilhelm-Universität in Berlin – ein stets politisch denkender, unabhängiger Gelehrter, wie es damals bei uns gar nicht so selten war.

Der ältere Sohn des Öhringer Stiftspredigers, Carl Weizsäcker, mein Urgroßvater, wurde und blieb Theologe in Württemberg. Sein Thema wurde die Kirchengeschichte, sein Hauptwerk trug den Titel: Das apostolische Zeitalter der christlichen Kirche. Mit seiner ganz undogmatischen Frömmigkeit konzentrierte er sich um des Glaubens willen auf die Erforschung historischer Tatsachen. Weithin bekannt wurde er durch seine zwölfmal wiederaufgelegte Übersetzung des Neuen Testaments, mit der er sich bemühte, Ergebnisse der Geschichtsforschung aus dem griechischen Urtext heraus im Deutschen verständlich zu machen. Er galt als unorthodox, völlig selbständig, liberal und konservativ zugleich.

Sein wacher politischer Sinn bewahrte ihn vor der Isolierung in einem wissenschaftlichen Elfenbeinturm. Er wurde Rektor der Universität Tübingen, später ihr Kanzler, nach damaligen Begriffen also Vertreter des Staates an der Universität und damit ex officio Mitglied des Württembergischen Landtages. Dort übte er Sitz und Stimme in großer Unabhängigkeit von der Regierung aus.

Er war ein ökumenischer Vorkämpfer für den konfessionellen Frieden. Aus seiner nahen Freundschaft mit dem katholischen Bischof Hefele von Rottenburg ist eine kleine Begebenheit überliefert. Der Bischof war vom I. Vatikanischen Konzil aus Rom zurückgekehrt, auf dem das Dogma von der Unfehlbarkeit des Papstes, von seiner »Infallibilität« beschlossen worden war. Der Rottenburger Bischof war der letzte der deutschen Bischöfe gewesen, der seinen tiefen Widerwillen gegen dieses Dogma schließlich aufgegeben hatte. Als Weizsäcker ihn am Bahnhof in Tübingen abholte, war der Bahnsteig mit Glatteis überzogen. Da bot er dem Bischof seinen Arm als Stütze mit der Bemerkung an: »Es ist halt wegen der Hinfallibilität.« Bald darauf bekam er selbst einen Spiegel der Hinfälligkeit vorgehalten. Täglich pflegte er in Tübingen bei einer Bäckerei eine Laugenbrezel für drei Pfennige zu erwerben. Ein kleiner Bub verkaufte

Mein Urgroßvater Carl Weizsäcker (1822-1899) war Theologe und Rektor der Universität Tübingen. Bekannt wurde er durch seine zwölfmal neu aufgelegte Übersetzung des Neuen Testaments. Mit seiner ganz undogmatischen Frömmigkeit erforschte er um des Glaubens willen historische Tatsachen und war ein ökumenischer Vorkämpfer für den konfessionellen Frieden.

sie ihm. Eines Tages fand er in seiner Tasche nur noch zwei Pfennige und fragte den Buben, ob er ihm die Brezel auch dafür geben würde. Darauf erhielt er zur Antwort, er könne den Pfennig ja morgen nachbringen. Aber was sei, fragte er zurück, wenn er es vergesse? Antwort: Das werde er schon nicht vergessen. »Aber wenn i heut nacht sterb?« Antwort des Buben: »Dann isch au net viel hin.«

Mit dem Sohn des Theologen, meinem Großvater Karl, führte der Weg nun ganz in die Politik. Nach Teilnahme am Krieg 1870/71 als siebzehnjähriger Freiwilliger und nach juristischer Ausbildung arbeitete er als Richter und im Justizministerium. Bei der Einführung des deutschen Jahrhundertwerks im Zivilrecht, des Bürgerlichen Gesetzbuches, wirkte er maßgeblich mit, insbesondere durch Anpassung der Landesgesetze. Später wurde er, wie es in Württemberg damals noch so schön hieß, Kultminister, dann Staatsminister des Äußeren, bis er 1906 zum Württembergischen Ministerpräsidenten berufen wurde, was er bis zur Revolution 1918 blieb. Stets hielt er Distanz zu Bürokratie und Parteien. Seinem König blieb er lebenslang treu.

Ich erinnere mich an seinen kleinen Wuchs und seinen spitzen Bauch, seine rasche und scharfe Zunge, seinen Witz und sein Wohlwollen. Als junger Amtsrichter hatte er es einmal mit der Scheidungsklage eines eifersüchtigen Ehemannes zu tun. Er fragte ihn: »Jetzt gucket se emol Ihre Frau an, glaubet se wirklich, daß mit dere einer durchgeht?« »Ha – noi«, war nach einigem Zögern die Antwort, und der Kläger nahm seinen Antrag zurück. Weizsäcker galt als klug, diplomatisch geschickt und temperamentvoll, bald sarkastisch, bald liebenswürdig, von ausgeprägtem Selbstbewußtsein und einem zumeist zurückgehaltenen, aber strengen Urteil. Sein Freund und Kollege Egelhaaf meinte, er habe die »eiserne Hand im Samthandschuh«. Ein anderer naher württembergischer Studienfreund, Kiderlen-Wächter, der spätere Außenstaatssekretär, nach heutigen Begriffen Außenminister des Reiches, nannte ihn wohlmeinend einfach Pascha. Niemand sprach ihm das bedeutende Gewicht ab.

Mein Großvater Karl Weizsäcker hatte maßgeblich bei der Einführung des Bürgerlichen Gesetzbuches mitgewirkt. Von 1906 bis 1918 war er Ministerpräsident der »Königlichen Republik Württemberg«, wie Kaiser Wilhelm II. sie wegen ihrer Liberalität nannte. Neben meinem kleinen, rundlichen, scharfsinnigen und witzigen Großvater (rechts) geht der württembergische Gesandte in Berlin, Varnbüler.

Während seiner Leipziger Studienzeit lernte er die Tochter des aus Hessen stammenden Reichsgerichtsrats von Meibom kennen. Bald verlobten sie sich, und am Tag danach kam es zu einem heiteren Gedankenaustausch. Er fragte sie, warum sie ja gesagt hätte. Ihre Antwort: »So was läßt mer halt net naus.« Auf ihre Gegenfrage, wie seine Reaktion im Falle ihres Nein gewesen wäre, hätte er sich, wie er sagte, mit dem Gedanken getröstet: »Des isch aber e rechte Gans.« Nein, das war sie, meine Großmama, wahrlich nicht. Sie hatte einen klaren Verstand, war von einer eher lautlosen, nüchternen Warmherzigkeit und von einem ausgeprägten Gefühl für Sitte und Anstand. Handele, wie du es vor dir selbst verantworten kannst, das war ihre Maxime für sich und für uns. Sie war hilfreich und streng zugleich. Nicht um die Wirkung nach außen ging es ihr, sondern um innere Maßstäbe.

Es waren unruhige, immer schwerer werdende Zeiten für den Ministerpräsidenten. Die internationale Isolierung des Reiches nahm zu. Im Spannungsfeld zur Zentralmacht verfügten die Länder kaum über Einfluß auf die Außenpolitik des Reiches, zu schweigen von den provozierenden Bravaden des Kaisers.

Im Königreich Württemberg ging es immer noch recht liberal zu. 1907 kam es in Stuttgart zu einem internationalen Sozialistenkongreß unter Teilnahme von Bebel und Rosa Luxemburg, Lenin und Trotzki, Jean Jaurès und einem linken Revolutionär aus Italien mit dem Namen Mussolini; gemeinsam wurden Kapitalismus und Krieg scharf verdammt. Über die Erlaubnis zu dieser Tagung in der schwäbischen Hauptstadt entrüstete sich der Kaiser in Berlin: Das sei die »Königliche Republik Württemberg«.

Als der Weltkrieg ausbrach, sagte Weizsäcker Anfang August 1914 inmitten der vaterländischen Begeisterung zu seinen Vertrauten: »Dieser Krieg endet mit einer Revolution.« Er, der in den ersten Wochen des Krieges seinen ältesten Sohn verlor, hatte kaum Einfluß auf die Ereignisse im Reich. Maßvoll bleiben, Friedensfühler ernst nehmen, keine Expansionspolitik betreiben, das waren seine ständigen Mahnungen. Mit Entrüstung widersetzte er sich dem ebenso hartnäckigen wie unsinnigen Streit der Bundesländer um die noch gar nicht eroberte, aber erhoffte Kriegsbeute fremder Territorien. Seine größte Erbitterung galt dem uneingeschränkten U-Boot-Krieg, dessen dürftige Chancen und fatale Folgen er klar vorhersah. Hätte man in Württemberg mehr Geld, so sagte er, dann müßte man mehr Irrenhäuser bauen, um dort alle die vielen U-Boot-Narren unterzubringen.

Als dann die entscheidenden Weichen falsch gestellt wurden, wenig später Reichskanzler Bethmann Hollweg zurücktrat und die Vereinigten Staaten Deutschland den Krieg erklärten, ließ die Oberste Heeresleitung durch zwei Reichsminister bei Weizsäcker vorfühlen, ob er bereit sei, Reichskanzler zu werden. Er winkte sofort ab. Es war alles viel zu spät, zumal die Macht im Reich praktisch längst nicht mehr bei der Reichsregierung lag, sondern beim Militär.

Der Krieg ging zu Ende. Die Revolution kam. Der letzte königliche Ministerpräsident von Württemberg, der noch 1916 von seinem Monarchen in den erblichen Freiherrnstand erhoben worden war, trat zurück. Er tat es mit Gelassenheit. Von einem Tag auf den anderen räumte er seine Dienstwohnung für seinen sozialdemokratischen Nachfolger Blos in bestem persönlichen Einvernehmen, freilich ohne seine Freude an spitzen Kommentaren unterdrücken zu können. Die nachrückende Familie nannte er »die Blöße«.

Die Eltern in ihren Familien

Zum Durchbruch kam nun eine völlig veränderte Welt. Das Lebensglück unzähliger Familien war zerstört; ein Bruder meines Vaters, zwei Brüder meiner Mutter waren gefallen. Eine neue, fremde, schwer durchschaubare, unsichere Epoche begann.

Natürlich war der Sturz der Monarchie nicht allein die Folge des verlorenen Krieges. Unter der Decke hatte während der letzten Jahrzehnte der Kaiserzeit etwas gekeimt, was oft eine Revolution genannt wurde, in Wahrheit aber eine Übergangsphase war, in der gründlich Überlebtes künstlich am Leben gehalten worden war. Nicht nur einige der Monarchen und der privilegierten Geburtselite hatten durch ihr Verhalten dazu beigetragen. Auch die alte Leistungselite, vor allem also das Großbürgertum, hatte letzten Endes versagt. Es hatte die unaufhaltsamen Veränderungen in einer sich industrialisierenden Gesellschaft nur ungenügend verstanden und mitgestaltet. Es war zum Besitzbürgertum geworden. Das Ideal der freien und verantworteten Unabhängigkeit war mehr und mehr einer Verteidigungshaltung gewichen. Man hatte sich in wachsender Sorge um den eigenen Wohlstand eingeigelt. Die »Bürgerlichen« waren allmählich zum parteipolitischen Begriff geworden. Ohne ihr Verhalten hätte dem Kampfbegriff der Klassengesellschaft etwas Entscheidendes gefehlt, auch wenn es nicht *eine* bürgerliche Klasse gab, sondern, nach Max Weber, allenfalls bürgerliche Klassen. Nicht nur die Monarchie, auch das bürgerliche Zeitalter im herkömmlichen Verständnis war mit dem Ersten Weltkrieg zu Ende. Bürger im sozialen Sinn begannen sich zu entwickeln.

Meine Familie zählte zu den Bildungsbürgern, nicht den Besitzbürgern. Doch gingen die Spannungen der Zeit natürlich auch an ihr nicht vorüber. Meine Mutter Marianne, 1889 geborene von Graevenitz, entstammte väterlicherseits dem seit Napoleons Zeiten bestehenden württembergischen Zweig einer mecklenburgischen Familie. Ihr Vater war vor dem Krieg württembergischer Militärbevollmächtigter in Berlin, wo meine Eltern 1911 in der Stülerschen Matthäikirche getraut wurden. Zuletzt war ihr Vater Generaladjutant des Königs von Württemberg, mit dem er am 9. November 1918 das königliche Schloß in Stuttgart in Richtung Bebenhausen verließ. Seinen Mitmenschen galt er als ein aufrechter Ritter. Ich habe ihn nicht mehr kennengelernt. Seine Frau, meine Großmutter mütterlicherseits, kam aus der schwäbischen Kaufmannsfamilie Klotz. Sie war eine schöne Frau, eine von allen Enkeln umworbene und geliebte, zu jedem Ernst und Spiel aufgeschlossene warmherzige Großmutter. Mit meinem ältesten Bruder führte sie eine über zehn Jahre währende Korrespondenz in Form von Versen.

Meiner Mutter war es in ihrer Jugend eher schwergefallen, sich den damaligen gesellschaftlichen Gepflogenheiten anzupassen. Lebenslang hatte sie ein waches soziales Empfinden, einen starken Willen und war streng vor allem mit sich selbst. Vergeblich war der warmherzige Seufzer ihrer geliebten und gemütstiefen Großmutter Klotz: »Willenlos und innig froh – ach, wär' mein Mariannchen so!«

Dankbar und familienfroh war sie stets, aber gewiß niemals willenlos. Schon mit ihrem Konfirmationsspruch: »Habe deine Lust an dem Herrn. Er wird dir geben, was Dein Herz wünscht«, war sie nicht zufrieden. Es verlangte sie nach Herausforderungen, nicht nach Verheißungen. Bereits als Halbwüchsige suchte sie soziale Nebenbeschäftigungen, betreute Pflegekinder und gab in der Blindenanstalt zwei Mädchen Klavierunterricht. Bälle, zumal Hofbälle, empfand sie als anstößig und ertrotzte sich das in der Familie höchst ungewöhnliche Recht, die Teilnahme an solchen Veranstaltungen abzusagen. Beim Kartenspiel mit ihren Eltern hielt sie mehr oder weniger wahrnehmbar eine ernsthafte Lektüre unter dem Tisch auf den Knien. So las sie zum Beispiel Lily Brauns »Tagebücher einer Sozialistin«. Dieses damals berühmte, sehr persönliche, dramatische, auch heute noch faszinierende Werk stammte von der pazifistischen Tochter des preußischen Generals von Kretschmann, überdies einer Großtante meiner eigenen Frau.

In dem so übereilig und demonstrativ aufblühenden Reich der Vorkriegszeit empfand meine Mutter immer stärker die Diskrepanz zwischen dem ständig zunehmenden Reichtum und wachsender bitterer Armut. Schon in meiner Kindheit habe ich von ihr zum ersten Mal den allseits bekannten Spruch gehört: »Wer mit zwanzig kein Sozialist ist, hat kein Herz. Wer mit vierzig nicht konservativ ist, hat keinen Verstand.« Er kam ihrer Anschauung der Dinge ziemlich nahe, obwohl er mir später nie sehr eingeleuchtet hat. Denn einen Konservativen ohne ausgeprägtes soziales Empfinden habe ich immer für einen schlechten Konservativen gehalten, wie auch ein Sozialist, allem visionären Drang zur Veränderung der ungerechten Verhältnisse zum Trotz, doch nie schlecht dabei gefahren ist, wenn er prüfte, was es zu bewahren galt. Dem hätte meine Mutter aber gewiß nicht widersprochen.

Es waren die menschlichen und sozialen Impulse, die sie seit ihrer Kindheit leiteten, ohne daß sie deshalb die politischen Theorien studierte oder gar, wie Lily Braun, einen scharfen Bruch mit ihrer Welt auf sich nahm, um Revolutionärin zu werden. Sie konzentrierte sich auf das praktische Tun. Während des Krieges war sie Pflege- und Operationsschwester in Lazaretten. Als dann nach Kriegsende die Frauen erstmals ein Wahlrecht zur Weimarer Nationalversammlung bekamen, beteiligte meine Mutter sich gelegentlich auch einmal an revolutionären Kundgebungen. Sie wählte etwas links von den Konservativen. Auf die Frage an die Frauen, was sie mit ihrem neuen Wahlrecht denn nun konkret machen würden, ging damals freilich in der älteren Generation der Familie noch der Spruch um: »Wir wissen noch nicht, was der Großpapa wählt.«

Mein 1882 geborener Vater war im Jahr 1900 als Kadett zur Marine gegangen, in der er bis kurz nach dem Kriegsende blieb. Einerseits war sie ein Symbol der Reichseinheit, zu der er sich vorbehaltlos bekannte, ohne deshalb im geringsten an seinem Schwabentum irre zu werden. Andererseits war die problematische Tirpitzsche Flottenpolitik, von des Kaisers Begeisterung unterstützt und angetrieben, zum provokanten Ausdruck des Anspruchs auf einen größeren »Platz an der Sonne« geworden. Die menschliche Atmosphäre unter seinen Altersgenossen empfand mein Vater wohltuend. Zeitlebens besann er sich dankbar auf die Kameradschaft in seiner über zweihundert Kadetten zählenden Crew. Sie fühlten sich – entgegen der aufreizenden Wirkung der Flottenaufrüstung – besonders eng mit den britischen Seeleuten verbunden und unternahmen auf Schiffen aller Art weite Reisen bis nach Ostasien, von denen feine Aquarelle meines Vaters zeugen; in dieser Maltechnik war er zeitlebens ein Meister. Als junger Leutnant beobachtete er an der Tafel der legendären alten Kaiserin von China, wie die Diener, ehe der letzte Gast verschwunden war, die Weinreste aus den Gläsern in die Flaschen zurückgossen – auch das war offenbar ein Teil der dortigen Zucht und Ordnung.

Mit dem Einfluß Kaiser Wilhelms auf die Flotte kam er bald in nähere Berührung. In seiner Ausbildungszeit war er zum Crew-Ältesten geworden; als junger Leutnant wurde er selbst Ausbilder des Prinzen Adalbert, des einzigen der Kaisersöhne, der zur Marine ging. Später hatte er als sogenannter Flaggleutnant des Flottenchefs oft Gelegenheit, den Kaiser zu beobachten. Sein Urteil blieb deutlich genug, wenn auch diskret. Er empfand das theatralische Auftreten der Majestät als Ausdruck jenes übertriebenen Stolzes, der auf eine Mischung von Selbstüberschätzung und Unsicherheit deutete. Er erlebte die allzu leichte Beeinflußbarkeit des Kaisers, sobald es innerhalb der Marineführung zu Meinungsverschiedenheiten kam.

Über den Ausbruch des Krieges pflegte er Lloyd George zu zitieren: »Wir alle sind in den Krieg hineingestolpert.« An Bord des Flaggschiffs »Friedrich der Große« nahm er an der Skagerrak-Schlacht teil, dem einzigen großen Kräftemessen zwischen Großbritannien und Deutschland zur See. Nur nach Verlusten gemessen verlief sie günstig für die deutsche Seite, brach aber die britische Seeblockade nicht und blieb ohne Einfluß auf den Gang des Krieges. In der Debatte um den uneingeschränkten U-Boot-Krieg teilte mein Vater die schweren Sorgen seines Vaters gegenüber diesem unsinnigen Projekt, das den weiteren

Kriegsverlauf entscheidend gefährdete. Gegen Ende des Krieges kam er als Verbindungsoffizier zum Marinestab bei Hindenburg und Ludendorff ins Große Hauptquartier. Er empfand Hindenburg als einen ruhigen, unkomplizierten Mann, der sich stets gleichblieb, Verantwortung nie auf andere schob und selbst keine politischen Interessen zeigte. Ganz anders Ludendorff, der sich im rastlosen Planen und Entscheiden verzehrte und die Führungskompetenz der Obersten Heeresleitung in allen wesentlichen Fragen der Innen- und Außenpolitik wahrnahm, oft ohne die Tragweite der Maßnahmen durchschauen und kontrollieren zu können. Mein Vater beteiligte sich aktiv, aber einflußlos an Diskussionen um Friedensbemühungen. Den 9. November 1918 erlebte er in Spa.

Von der Dolchstoßlegende hat er nie etwas gehalten. Während meine Mutter seit langem die tiefen sozialen Wurzeln der Revolution gespürt hatte, war es bei ihm die Außenpolitik des Reiches, die ihn mit Sorge erfüllt hatte: der parvenühafte Versuch des jungen Reichs, eine Weltrolle gegen England und ohne kontinentale Sicherung zu usurpieren, der fatale Mangel an klügerer Bescheidung im internationalen Auftreten. Das Grundmotiv seiner Denkweise und seines weiteren Wirkens hatte hier seine Ursprünge. Zu den Waffenstillstands- und Friedensbedingungen der Entente notierte er als seine sofortige erste Reaktion: »Daraus entsteht der nächste Krieg; die Kinder werden ihn ausfechten müssen.« Er sah damit seinen weiteren Lebensweg also voraus.

Frühe Jahre in Basel und Kopenhagen

Doch nun hieß es zuerst, sich inmitten des konfusen neuen Anfangs zurechtzufinden. Noch war die Sorge nicht ausgestanden, ob Deutschland in zwei Teile nach Norden und Süden auseinanderfallen würde. Unruhen waren an der Tagesordnung. Rechtsradikalen Mordanschlägen fielen Rosa Luxemburg und Karl Liebknecht zum Opfer, später Matthias Erzberger und Walther Rathenau.

Seiner Neigung gemäß strebte mein Vater in den Auswärtigen Dienst. Die dortigen Offerten waren zunächst unklar und mager, und er hatte eine sechsköpfige Familie zu ernähren. Von dem Berliner Großindustriellen Klingenberg erhielt er ein überaus verlockendes Angebot. Sein Verstand, so schrieb er seinen Eltern, ziehe ihn mehr in die Wirtschaft, aber sein Herz ins Auswärtige Amt, und schließlich folgte er dieser inneren Stimme.

Der erste Auftrag führte ihn in die Ruhe und den Frieden des neutralen Auslands. Er wurde Konsul in Basel. Die Stadt war geprägt von ihrem wirtschaftlich-industriellen Aufschwung, vom traditionellen und gegenwärtigen Rang ihrer Universität mit den Namen Jacob Burckhardt, Friedrich Nietzsche, Karl Barth und Edgar Salin, vor allem aber von ihren Patrizierfamilien Vischer, wiederum Burckhardt, Sarasin und wie sie alle hießen. Der Zugang zu ihnen war schwer. Das Examen war erst bestanden, wenn einer von ihnen über einen Neuankömmling etwa sagte: »Enfin notre genre.«

Trotz zahlreicher Zwischenfälle, die einige der rund fünfundzwanzigtausend Reichsdeutschen verursachten, war mit den Baseler Behörden gut auszukommen. Ein durchweg freundlicher Ton beherrschte ihren Notenwechsel mit dem Konsulat. Als ich 1987 im Zuge eines Staatsbesuchs nach Basel kam, erhielt ich von den Vertretern des Kantons als Geschenk eine fotokopierte Sammlung dieser wohlverwahrten Noten; das hat mein Herz erwärmt.

In Basel begründeten meine Eltern zwei lebenslange Freundschaften. Die eine wurde mit Carl J. Burckhardt geschlossen, dem Neffen von Jacob, mit seiner Richelieu-Biographie selbst ein bedeutender Historiker, ein Schriftsteller hohen Ranges und naher Freund des Dichters Hugo von Hofmannsthal. Von Beruf war er eigentlich Diplomat. Er wurde später Hoher Kommissar des Völkerbundes in Danzig und Präsident des Internationalen Komitees vom Roten Kreuz in Genf. Meinen Eltern blieb er in allen Wirrnissen und Krisen persönlich und politisch nahe verbunden. Ich lernte ihn erst nach dem Zweiten Weltkrieg kennen; er war eine skeptische geistige Persönlichkeit von unwiderstehlicher Ausstrahlung.

Die andere besonders nahe menschliche Beziehung entwickelte sich zu Robert und Margret Boehringer, ein Freundschaftsband, das die ganze Familie umschloß. Hier stoße ich auch auf die ersten Spuren meiner eigenen, frühkindlichen Erinnerung. Ich spüre noch meinen vertrauensvollen und gehorsamswilligen Respekt, den ich am 6. Dezember 1923 vor dem gütig richtenden, nie enttarnten Baseler Nikolaus hatte, eben vor Robert Boehringer. Bis in sein hohes und mein mittleres Alter hinein erlebte ich seine ruhige und wohlwollende Strenge. Er war neben meinen Eltern der für mich wichtigste Erwachsene, der mit seinem stets prüfenden Zuspruch prägenden Anteil an meiner Erziehung hatte. Freiberuflich und höchst erfolgreich war er bei der Baseler pharmazeutischen Industrie tätig, lebte vor allem aber als Privatgelehrter. Manchen Fachleuten galt er als der beinahe noch bessere Archäologe im Vergleich zu seinem Bruder Erich, der es immerhin bis zum Präsidenten des Deutschen Archäologischen Instituts gebracht hatte. Er war ein Dichter, ein naher, zuletzt der nächste Freund und Erbe von Stefan George. Als ich elf Jahre alt war, nahm er meine Geschwister und mich in Berlin einmal in eine atelierartige, feierlich hohe Mansardenwohnung mit. Dort setzte er mich neben einen alten Herrn, der seine starke Hand um meinen Nacken legte, so daß ich sie dort noch bis heute zu spüren vermeine. Es war Stefan George, wie ich erst viel später erfuhr.

Mit seiner jüdischen Frau, einer hochbegabten Juristin, wanderte Robert Boehringer, der Schwabe, schon 1932 aus Deutschland in die Schweiz aus, da er das Unheil kommen sah, und ließ sich in Genf nieder, arbeitete beim Internationalen Roten Kreuz und half, wo er konnte. Wie kein anderer stand er meinem Vater in den schweren beruflichen Konflikten der Nazizeit und später beim Nürnberger Gerichtsverfahren zur Seite, als kritischer Freund ebenso wie aus tiefem Vertrauen und Verständnis. Nach dem Krieg sorgte Theodor Heuss als Bundespräsident persönlich dafür, daß Boehringer die deutsche Staatsangehörigkeit ehrenhalber zurückerhielt.

Ende 1924 wurde mein Vater als zweiter Mann an die Gesandtschaft nach Kopenhagen versetzt. Das Hauptproblem für die Dänen waren die deutschen Nachbarn. Die Spannungen wurden aber mit Anstand und zumal bei den beiderseitigen Minderheiten auch mit ziemlichem Erfolg überwunden. Politisch erschien meinem Vater als das Wichtigste, dem für Deutschland so problematischen Ententekreis im Völkerbund einen stillen Verband der Neutralen gegenüberzustellen. Die menschlichen Qualitäten der Dänen taten der ganzen Familie wohl. Ihre Begabung zum Leben findet unter den europäischen Völkern kaum ihresgleichen.

Auf der deutschen Petri-Schule in Kopenhagen lernte ich Lesen und Schreiben. Freilich konnte ich es wohl schon weitgehend von zu Hause her, wie ich überhaupt in meiner Kindheit immer wieder große Ausbildungsvorteile durch die liebevolle und konsequente geistige Förderung in der Familie, vor allem durch meine Mutter empfing. Zwar wurde mir praktisch nie bei den Hausaufgaben geholfen – auch das als Prinzip –, aber meine Wettbewerbsvorteile unter den Sechsjährigen an der Kopenhagener Schule wurden offenkundig, als ich zum Einstand den »Handschuh« von Schiller hersagte. In den späteren pädagogisch-politischen Auseinandersetzungen ist es mir nie schwer geworden, die krassen Probleme der familiär- und milieubedingten Ungleichheit der Chancen zu begreifen.

In Kopenhagen hatte ich einen unbekannten Freund. Jeden Tag ritt ein älterer Herr die Straße entlang, auf der ich gerade spielte. Er machte mir hoch zu Roß einen gewaltigen Eindruck, ich grüßte ihn ehrerbietig, er grüßte mit warmer Geste zurück, je länger, desto vertrauter. Ein Wort wurde nie gesprochen, bis ich eines Tages erfuhr, wer es war: der König von Dänemark, der in der friedlichen Welt jener Zeit jeden Nachmittag ganz allein ausritt.

Ich hatte auch eine Freundin, die ich anbetete. Sie war die jüngste Tochter des damaligen deutschen Missionschefs und Vorgesetzten meines Vaters, Ulrich von Hassell, Schwiegersohn des Admirals von Tirpitz, später ein Mitverschwörer und Opfer der Tyrannei nach dem 20. Juli 1944. Mit ihr, seiner Tochter Fey, genannt Li, die damals wie ich zwischen sechs und sieben Jahre alt war, und mit unseren älteren Geschwistern wurden die schönsten Spiele gespielt, vor allem Scharaden. Li ist eine wunderbare Frau geworden, hat sich in Italien verheiratet und später ein eindrucksvolles persönliches Buch über die schwere Zeit des Widerstandes und ihrer Gestapohaft geschrieben. Ich bin noch immer stolz auf die Huld, die sie mir in unserem ABC-Schützenalter gewährte.

Schon bald wurde mein Vater nach Berlin zurückgerufen, um die Genfer Abrüstungskonferenz vorzubereiten und um kurz darauf die Leitung des Völkerbundreferats im Auswärtigen Amt zu übernehmen, der damals wichtigsten politischen Aufgabe für die deutsche Außenpolitik. Damit begann für ihn eine Dauerreisezeit mit ständigem Ortswechsel zwischen Berlin und Genf. Von der Notwendigkeit des Völkerbundes war er ebenso überzeugt, wie er von der nahezu unlösbaren Aufgabe für die deutschen Delegationen beeindruckt war. Der Generalsekretär der Weltorganisation, Sir Eric Drummond, sagte ihm über die deutsche Stellung: »You are *in* the league, you are not *of* the league.« Die europäischen Siegermächte des ersten Weltkrieges beherrschten die Konferenzszene. Fortschritte zu gleichberechtigter Sicherheit und Frieden blieben stecken. Die Hoffnungen, die Deutschland auf die Briten setzte, erfüllten sich selten; das Vereinigte Königreich hielt sich im allgemeinen gerade dort zurück, wo es am dringlichsten gebraucht worden wäre, nämlich zur Mäßigung Frankreichs. Das schlimmste aber war die Abstinenz der isolationistischen Amerikaner.

In der deutschen Delegation arbeitete mein Vater während der Jahre 1927 bis 1932 an Modellen zur Kriegsverhütung und Abrüstung. Er verfaßte Memoranden für eine europäische Wirtschaftsgemeinschaft. Die Matadore der großen Genfer Konferenzen waren freilich nicht die Diplomaten, sondern die parlamentarisch verantwortlichen Minister. Das Zusammenspiel der beiden so unterschiedlichen Denkweisen führte immer wieder zu Reibereien.

Stets ist es die Aufgabe der Diplomatie, sorgfältig und öffentlich unbeobachtet die Fäden so lange zu knüpfen, bis ein Ergebnis in greifbare Nähe rückt. Doch immer wieder kommen den Diplomaten gewählte Politiker in die Quere, indem sie unreife Früchte pflücken. Auch die Stars auf der Genfer Bühne suchten ungeduldig nach innenpolitisch verwendbaren Pluspunkten. »Sie dachten in Reden«, wie mein Vater die strukturelle Verwandtschaft zwischen seinem Chef Stresemann und dem französischen Außenminister Briand schilderte, obwohl er die immense Anstrengung Stresemanns, Deutschland aus der internationalen Isolierung herauszuführen, stets hoch respektierte. Damals hat er wohl den immer unerträglicheren Druck unterschätzt, unter dem Stresemann nicht nur generell im Reichstag, sondern vor allem in der eigenen Partei zu leiden hatte und unter dessen Last der kranke Mann allzu früh zusammenbrach.

Außenpolitik ist und bleibt nun einmal innenpolitisch eingebettet und motiviert. Diplomaten mögen noch so oft Anlaß haben, die parlamentarisch-publizistische Tonart zu Hause als eine dilettantische Behinderung ihrer sachverständigen Arbeit zu empfinden. Schlimm für die Diplomatie und für das Ganze ist es, wenn sie den real existierenden und entscheidenden Einfluß der Innenpolitik auf das Äußere unterschätzt. In Genf spielte dieser Mangel eine wohl erkennbare, aber noch keine maßgebliche Rolle. Um so schwerer wog er später, als die Innenpolitik in die Hand der Nationalsozialisten geraten war.

Vater, Mutter und Geschwister; Kindheit und Schuljahre in Berlin; jüdische Mitschüler in Wilmersdorf

Mit dem Umzug aus Kopenhagen nach Berlin im Jahr 1927 begannen für das private Leben und zumal für meine eigene Kindheit sechs prägende, glückerfüllte Jahre in der Familie. Wir wohnten in Berlin-Wilmersdorf, Fasanenstraße Ecke Pariser Straße, ziemlich weit weg vom vornehmen Kurfürstendamm, in der Etagenwohnung eines normalen Berliner Mietshauses. Im Nachbarhaus wohnten unter anderem ein Konzertpianist und der sozialdemokratische Politiker Breitscheid.

Der Vater war viel unterwegs, aber als die hochgeachtete Autorität präsent, sobald er am allgemeinen Familienleben teilnahm. Er war von ausgeprägten ethischen Grundsätzen und warmen Empfindungen geleitet. Doch wie es sich für einen ordentlichen Schwaben gehört, quoll ihm der Mund nicht von Gefühlsäußerungen über. Man konnte an ihm beobachten, was die ganze Familie ein wenig kennzeichnete: Wir müssen offenbar erst innere Barrieren überwinden, bis wir zu glauben bereit sind, daß Gefühle bleiben, was sie sind, sobald wir sie vernehmbar aussprechen. Diese Scheu oder Zurückhaltung mag verständlich sein. Aber sie ist auch eine Schwäche; denn die meisten Menschen wollen doch die Wärme und Anteilnahme spüren und hören, statt sie erraten zu müssen. Gleichviel, mein Vater äußerte sich lieber in Kategorien des Verstandes. Hielt er jemandes Betragen für verwerflich, so nannte er ihn nur dumm. Es war ihm ein Greuel, über sich selbst zu reden. Dagegen offenbarte

Familienleben 1929 auf dem Balkon unserer Etagenwohnung in Berlin-Wilmersdorf. Meine Mutter mit ihren vier Kindern (von rechts) Carl Friedrich, Adelheid, Heinrich, Richard.

sich seine verborgene Seele in seinen schon erwähnten Aquarellen.

Er war ein guter Mathematiker. Ihm verdanke ich das Interesse für Geschichte und Geographie. Den engagierten Schiller zog er dem sich immer wieder entrückenden Goethe vor, obwohl er die halbe Iphigenie auswendig hersagen konnte. Gern zitierte er zum Beispiel das Lob des Orestes für seinen Freund Pylades: »Mit seltener Kunst fügst Du der Götter Rat und Deine Wünsche klug in eins zusammen.« Ihn erfreute die sprachliche Schönheit ebenso wie die gelungene Beschreibung der diplomatischen Aufgabe.

Mittelpunkt und Herz der Familie war die Mutter. Sie trug die ganze Last der Arbeit. In ihrer Hand lag die alltägliche Erziehung. Sie begleitete die Entfaltung eines jeden ihrer Kinder mit der tiefen Kraft ihrer Liebe. Ihre immer wache selbstlose Teilnahme am Weg und Schicksal des anderen war ihr zur eigenen Existenz geworden, von willensstarker Selbstbeherrschung geprägt und durch keine nervöse Aufgeregtheit verwirrt. Ein lautes Wort habe ich zeitlebens nicht von ihr gehört. Strenge an den Tag zu legen lag ihr nicht und erübrigte sich auch angesichts ihrer viel wirkungsvolleren und unausweichlicheren Konsequenz, die sie den Kompromissen spürbar vorzog.

Natürlich halfen bei der Durchsetzung lästiger Pflichten auch höchst durchschaubare Euphemismen. Das harte »Müssen« wurde in eine gütige Erlaubnis umgedeutet. Wenn also ich armes Kind als Jüngster Abend für Abend zuerst ins Bett gehen mußte, dann hieß es: »Heute darfst Du einmal den Reigen eröffnen.« Alles, was wir mußten, »durften« wir.

Gemäß den Stärken und Schwächen eines jeden Kindes und dem Altersunterschied von acht Jahren zwischen dem Ältesten und dem Jüngsten förderte die Mutter jeden nach seiner Weise und hielt doch die Familie eng zusammen. Der 1912 geborene Älteste, Carl Friedrich, ging in diesen Berliner Jahren alsbald aufs Abitur zu. An seiner hohen und frühen Begabung hatte es nie

Zusammen mit meinem acht Jahre älteren Bruder Carl Friedrich im Berliner Johannesstift Anfang der achtziger Jahre. Zwischen uns der Berliner Bischof Martin Kruse.

einen Zweifel gegeben. Schon als Elfjähriger hatte er astronomische Privatstudien unternommen und der anteilnehmenden Mutter bedeutet: »Wenn Du etwas nicht verstehst, kannst Du mich ruhig fragen.« Nicht nur um seines Altersvorsprungs willen war er eine Klasse für sich, von den Geschwistern neidlos bewundert, von mir freilich auch oft nachhaltig in seinen Kreisen gestört, weil ich legitimerweise das Spielen dem Philosophieren deutlich vorzog. Aber er war und blieb eine maßgebliche geistige Antriebskraft für uns alle.

Meine Schwester Adelheid, vier Jahre älter als ich, hatte den Namen »Vernunftquelle«. Nie habe ich ihre Beteiligung an einem Streit erlebt. Vielmehr tröstete sie jeden, der dessen bedurfte, und half auf stille und unbeobachtete Weise. Aus meiner damaligen Perspektive las freilich auch sie schon zu früh hingebungsvoll Hölderlin, Mörike und dergleichen, statt etwas Lustigeres zu unternehmen. Wenn ich wieder einmal lautstark gegen die lästige Geistigkeit der Älteren aufbegehrte, begütigte sie mich mit einem freundlichen Entgegenkommen und erklärte den anderen, das Haus habe Frieden, wenn es mir gutginge: Wie wahr! Mit ihrer feinen, vom Vater geerbten Zeichen- und Aquarellierkunst fand sie einen Ausdruck ihres Wesens und Empfindens, der sie durch das schwere Leben, das auf sie wartete, immer begleitete und beschützte. Das Aquarellieren wurde ihr zur zweiten Natur. Argumentiert sie im Gespräch, dann geschieht es nicht mit den scharfen Instrumenten des Holzschnittes, sondern mit dem Zauber zarter Wasserfarben, die aus tiefen Quellen entspringen. Eine Wohltat ist ihre Gabe, die Schwächen eines jeden Menschen zu übersehen und dafür seine guten Seiten als die maßgeblichen zu behandeln und zu entfalten, ihn dadurch zu verwandeln.

Der mir im Alter nächste war mein Bruder Heinrich, 1917 geboren. Allen unterschiedlichen Anlagen zum Trotz war er meinem Herzen in der Kindheit am nächsten. Rasch wuchs er heran und wurde ein schmaler Hüne, furchtlos und voller Ideale. Auch wenn er sich bald lieber mit seinen Geschichtshelden befaßte als mit meinen Spielen, teilte er doch stets selbstlos einiges von seiner Zeit mit mir und ließ mich seine überlegenen Kräfte nicht spüren. In der bündischen Jugend fand er unter gleichgesinnten Jungen einen Kreis, dem er sich mit seiner Gabe zur Freundschaft und Treue und mit seinem ritterlichen Wesen voller Hingabe zuwandte. Als später die Überführung der Gruppe in die Hitlerjugend erzwungen werden sollte, löste sie sich auf.

Als Jüngster mußte ich diesem gewichtigen Geschwisterkreis nun hinterherwachsen. Das weltweit verbreitete Gerücht, die Jüngsten hätten es »natürlich« am leichtesten, erfüllte mich stets mit der gebührenden Entrüstung. Ihnen fiele in den Schoß,

Meine vier Jahre ältere Schwester Adelheid zu Eulenburg hatte vor dem Krieg nach Ostpreußen geheiratet. Wenige Jahre später verlor sie im Krieg sowohl ihren Mann als auch ihre Heimat. Zu Hause galt sie von Jugend auf als die »Vernunftquelle«, weil sie jedem auf stille Weise half, sich frei zu entfalten. Sie hat einen unbeugsamen Geist und ein fühlendes Herz.

wofür die Älteren noch kämpfen mußten? Nein, sie durften nur die abgetragenen Sachen der Älteren tragen, und wenn der Vater am Sonntag der Reihe nach fragte, wer sich aus freien Stücken seinem Spaziergang in den Grunewald anschließen wolle, hieß es, beim Jüngsten angelangt, der hätte selbstverständlich mitzugehen.

Also mußte man lernen, sich so energisch wie möglich zu behaupten. Die Mittel, die ich dazu ersann, veranlaßten meinen Vater, in mir das größte »Lümple« unter den vieren zu sehen. Ich fürchte in der Tat, die Geschwister hatten dann doch unter meinen ungebetenen Wortmeldungen mehr zu leiden als ich unter der Sorge, mit meinen Wünschen unbemerkt zu bleiben. Am liebsten postierte ich mich an der verkehrsreichsten Stelle der Wohnung, um von dort aus meine Kommentare und Urteilssprüche des Beifalls oder Tadels allseits zu verkünden. Als ich erst sieben Jahre alt war, nannte mich der seherische Carl Friedrich bereits einen werdenden Parlamentsredner. Eine spitzzüngige Freundin meiner Eltern bezeichnete mich gar rundheraus als »Kikeriki« – natürlich ohne dabei an Volksvertreter zu denken.

Nur mit einer Fähigkeit erwarb ich mir ein Monopol in der Familie. Ich war der einzige, der es lernte, anständig berlinerisch zu sprechen. Frühzeitig erzog uns der Älteste dazu, mit den Mitteln der Sprache das Gemeinte möglichst exakt auszudrücken. Das war ein ergiebiges Feld der Beschäftigung, der auch ich mich gern hingab. Einmal wurde beim Mittagessen berichtet, die Frau des Tiefseeforschers Piccard habe ihrem fünften Kind das Leben geschenkt. Dazu fragte ich ganz arglos: »Also hat sie vielleicht fünf Kinder gehabt, die ersten vier umgebracht und dann dem nächsten das Leben geschenkt?«

Im Ernst machte es mir niemand schwer in der Familie. Ich hatte eine glückliche Gabe, mir im Angesicht drohender Niederlagen rechtzeitig ein rettendes Ufer zu suchen und das ganze Haus mit meiner Freude anzustecken, wenn ich eine Beschäftigung gefunden hatte, die mich begeisterte. Wollte ich einen Termin wirklich nicht versäumen, dann entwickelte ich starke Kräfte. Meine Mutter erzählte mir später, ich hätte mich, damals bettlägerig, angesichts eines bevorstehenden Geburtstagsfestes einmal geradezu gesundhypnotisiert. Und die liebevolle Schwester meinte, die Freude am Jüngsten habe die Last mit seiner Erziehung ganz in den Schatten gestellt.

Höhepunkte der Kinderzeit waren die Reisen, die Spiele, die Weihnachtsfeste und die Musik in der Familie. Man reiste zu einem alpinen Bauern nach Hindelang im Allgäu oder Mösern in Tirol, zu einem Fischer nach Spiekeroog oder einem Pfarrer in die Mark Brandenburg. Im Möserner See gab es angeblich Blutegel. Meinen Respekt vor ihnen nutzte mein Vater, um mir sehr früh das Schwimmen beizubringen. Er nahm mich ein paar Meter mit ins Tiefe, dann ließ er mich auf einmal mit dem Zuruf los, ich solle mich vor dem Gewürm ans Ufer in Sicherheit bringen.

Zu Weihnachten durften wir den Eltern keine Geschenke kaufen – wovon auch? Vielmehr schrieb jedes Kind seine Ferienerlebnisse auf. Zu später Stunde am Heiligabend bildete die Familie einen Kreis, ein Kind nach dem anderen setzte sich in die Mitte auf den Boden und verlas sein Opus magnum, seine »Sommerferien«. Dies wurde zur oft anstrengenden und doch erfüllenden Tradition über die Kindheitsjahre hinaus.

Es gab bestimmte Spielsachen, die nur zur Weihnachtszeit erschienen, darunter eine uralte zauberhafte Puppenstube für die Schwester. Der Älteste erhielt ein kleines Theater mit veritablem Vorhang, Kulissen und mit Figuren, die zum großen Teil von künstlerisch begabten Erwachsenen der Familie angefertigt worden waren. Man klebte die bemalte und ausgeschnittene Figur auf Pappe, befestigte sie unten mit einem Holzklotz, so daß sie stand, konnte sie an Drähten bewegen und auf der Bühne herumspringen lassen. Da führten dann zuweilen meine Eltern am Weihnachtsabend ein bekanntes Märchen auf, zum Beispiel den Gestiefelten Kater, aber mit selbstverfaßten Texten, gespickt mit ziemlich unverblümten Charakterisierungen der Kinder und ihrer Unarten, voller erzieherischer, individuell zugeschnittener Pointen. Es war ein unbeschreiblich köstliches und unübertrefflich wirksames Vergnügen.

Die Sonntagnachmittage standen zumeist im Zeichen des Wettbewerbs zwischen Vorlesen und Spielen. Zur Übung, aber auch zur allseitigen Freude lasen wir klassische Dramen mit verteilten Rollen. Wurden dagegen lyrische Sonette von Platen oder

Rückert zu Gehör gebracht, dann suchte ich nach Fluchtwegen. Ganz anders die Schillerschen Balladen: Sie erregten das jugendliche Gemüt zutiefst, allen voran die Bürgschaft, und daran hat sich mit dem Älterwerden nie etwas geändert.

Ein weiteres Feld war die Hausmusik. Wiederum war die Mutter die Seele des Unternehmens. Sie musizierte und inspirierte uns alle. Ein Klaviertrio der drei jüngeren Kinder entstand. Leider habe ich aber meine Schwester am Klavier und meinen Bruder Heinrich am Cello durch mangelnden Fortschritt an meiner Geige oft behindert. Meine nie erlahmende Musikliebe war größer als mein allzu rasch nachlassender Fleiß. Es dauert eben Jahre, bis man auf der Violine einen wirklich guten Ton hervorbringt. Dabei hatte ich eine für meine Maßstäbe viel zu gute und zugleich ganz zauberhafte Lehrerin, Beatrice Bentz, eine Schweizerin, die das damals in Berlin renommierteste Damenstreichquartett leitete, das Bentz-Quartett. Oft gab es denkwürdige Quartettabende in der Wohnung. Der äußere Rahmen war bescheiden, aber der Kreis der Zuhörer würdig genug; Werner Heisenberg, Ricarda Huch, Hans J. Moser und Ina Seidel zählten dazu. Später, im Schulorchester, wo es zu viele durchschnittliche Geiger wie mich gab, wurde ich dann noch auf Trompete und Posaune umgeschult. Eine Zeitlang wollte ich sogar Sänger werden. Doch am Ende reichten weder das Talent noch die Lerngeduld, um beim so freudig erhofften Ziel zu landen.

Mit Leidenschaft, mit Ehrgeiz und mit großem Talent beteiligte sich meine Mutter auch an Spielen aller Art. Jahrelang war das chinesische Mah-Jongg-Spiel der Favorit. Ein beliebtes Kartenspiel hieß racing-devil, eine Art Zankpatience, zu mehreren gespielt, bei der es auf Geschwindigkeit ankam. Erst einigen Enkeln gelang es ziemlich spät, die Vorherrschaft der schon hochbetagten, aber nach wie vor siegenden Großmutter zu gefährden. Das populärste Ratespiel war das Vergleichsraten: Eine persönlich oder aus der Geschichte bekannte Gestalt mußte geraten werden, indem man auszusagen hatte, welche Blume, Sportart, Käsesorte, Malerei oder ähnliches ihr vergleichbar wäre.

Beim Schreibspiel bevorzugten wir das Wörterzerlegen. Aus den Buchstaben eines Wortes galt es, andere Wörter zu bilden. Zerlegten wir zum Beispiel das Wort Stresemann, dann gab es einen Punkt für einsilbige Wörter wie Rest, zwei Punkte für zweisilbige wie Messe, Sesam oder Narses, schließlich sechs Punkte für dreisilbige wie Manesse. Zu merkwürdigen Ergebnissen führte das Spiel, wenn sich mehrere Generationen daran beteiligten. Einmal spielte unsere Großmama mit und gewann beim Zerlegen des Wortes Veranda. Warum? Weil sie im Gegensatz zu uns noch ein h zur Verfügung hatte. In ihrer Jugendzeit schrieb man das Wort Verandah.

Schach gehörte auch zum Repertoire. Natürlich war Carl Friedrich der unerreichte Spitzenreiter. Mit seinem um zehn Jahre älteren Lehrer und Freund Werner Heisenberg pflegte er stundenlange Blindpartien im dunklen Schlafzimmer auszufechten.

Später kam das Bridge-Spiel hinzu. Es war und blieb stets Familien-Bridge. Man mußte schon in die Familie hineinheiraten, um mitspielen zu dürfen, natürlich nicht, weil wir so bedeutende Könner gewesen wären, sondern im Grunde, weil alle diese schönen Spiele letzten Endes nicht um ihrer selbst, sondern um der Familie willen gespielt wurden.

In diesen Jahren hatten wir Kinder das durch nichts zu überbietende Glück, uns ganz in der Familie entfalten zu können. War es Familienstolz, der uns zusammenhielt? Andere mochten es zuweilen so verstehen. Es war aber ein Geflecht von abgekürzter Sprache und Anspielung auf gemeinsam Erlebtes, das anderen schwer zu vermitteln war. Freilich sorgten nicht nur die Vertrautheit mit den Gewohnheiten der Eltern und Geschwister und das wechselseitige Vertrauen, sondern auch die Erfahrung dafür, daß es mir in der Familie interessanter vorkam als anderswo, wenn Verstand und Gemüt auf Entdeckungsreisen gingen. Immer wieder bin ich mir im Verlauf der Zeit bewußt geworden, daß das Schicksal mir mit der eigenen Familie einen Vorzug von unschätzbarem Wert geschenkt hatte. Sie war und blieb für mich der entscheidende Rückhalt und Segen im Leben. Zugleich bot sie die Grundlage für den anderen lebensbestimmenden Kreis von Menschen, für die Freunde. In manchen Fällen entstand die Beziehung zu ihnen auf dem Weg über familiäre Kooptation.

Dabei spielte sich alles unter vergleichsweise bescheidenen äußeren Bedingungen ab. Die Wohnung war geräumig genug, aber anspruchslos und ziemlich dunkel. Kaum je drang von der Hof- oder Straßenseite her ein Sonnenstrahl durch die Fenster. Es begann die Zeit der staatlichen Notverordnungen, die sich vor allem im öffentlichen Dienst auswirkten. Butter gab es in der Familie nur zum Sonntagsfrühstück. Als ich mir im Alter von zehn Jahren den Arm brach und eine relativ komplizierte aufwendige Behandlung nötig wurde, brachte dies meine Eltern in die Nähe des Ruins – staatliche Beihilfe sprang nicht ein. Die soziale Not trat einem überall in Berlin entgegen. Täglich kamen die Hofsänger und Leierkastenmänner auf die Hinterhöfe der Mietshäuser und bettelten um Unterstützung und auch um Brot. Meine Mutter nahm mich gelegentlich in den Stadtteil Neukölln mit, wo sie sich als Hilfsvormund um uneheliche Kinder kümmerte.

Durch solche Eindrücke von wachsender Armut und einer Not, die den Anstand, die Gesundheit und das Leben bedrohte, öffneten sich mir die ersten bewußten Blicke über den Horizont der Familie hinweg in die allgemeinen Verhältnisse. Die Folgen der Arbeitslosigkeit ohne materielle Versorgung waren verheerend. Auch für mich im Kindesalter war erkennbar, daß es kein gedeihliches Zusammenleben mehr geben kann, wenn der Abstand zu groß wird zwischen dem, was die einen Menschen brauchen, aber entbehren müssen, und dem, was andere ganz selbstverständlich zur Verfügung haben. So kam es bei mir zu einer Anteilnahme an politischen Problemen primär im sozialen Bereich. Erst später traten die bewußt wahrgenommenen auswärtigen Beziehungen anhand des Diplomatenlebens meines Vaters hinzu. Beides unterscheidet sich nicht so scharf, wie es auf Anhieb scheint. Denn die Voraussetzungen des Zusammenlebens sind sich zumeist gar nicht so unähnlich.

Auf der Berliner Grundschule wurde mir das dritte Schuljahr geschenkt; ich durfte es überspringen. Mit neun Jahren kam ich auf das humanistische Bismarck-Gymnasium in Berlin-Wilmersdorf. Latein und Mathematik lagen mir weniger als Griechisch und Geschichte, Sport und Musik. Aber man lebte auf der Schule in keiner abgeschlossenen Welt. Wir begannen, als Kinder Zeitungen zu lesen und über die Schlagzeilen, die wir aufgeschnappt hatten, in den Unterrichtspausen zu diskutieren. Natürlich übertraf die Neugier bei weitem das Verständnis. Wir registrierten, daß die Arbeitslosenzahl auf sieben Millionen stieg, daß im Herbst 1930 107 Nationalsozialisten und 80 Kommunisten in den Reichstag gewählt wurden. Ich besinne mich deutlich unserer ebenso unreifen wie erregten Debatten über die Zeitläufte.

Den führenden Anteil daran hatten die jüdischen Mitschüler, fast die Hälfte der Klasse. Es waren zumeist Kinder von Ärzten und Anwälten, von Kaufleuten und Wissenschaftlern. In dieser Endphase der Weimarer Republik diskutierten wir nun gemeinsam eifrig über die beinahe täglichen Berliner Straßenkämpfe zwischen rechts und links – wir waren zumeist gegen beide –, über die unablässigen Reichstagswahlen und mit naiver Leidenschaft selbst über neue Kabinettslisten für die Regierungen. Ganz gewiß waren wir unmündig genug, aber eine Ahnung von der wachsenden Brisanz der Zeiten hatten wir durchaus. Dennoch nahm uns dies nicht die kindliche Fröhlichkeit und vor allem auch nicht die gänzliche Unbefangenheit untereinander.

Von dem tradierten, nicht nur in Deutschland weitverbreiteten Antisemitismus ahnte ich als Berliner Schulkind in der späten Weimarer Zeit kaum etwas. Dennoch mußte ich mich später fragen: Was hatte ich trotz dieses engen täglichen Zusammenlebens von jüdischer Religion, Geschichte und Identität schon gewußt oder wenigstens dabei gelernt? Fast nichts. Man spürte, daß es Unterschiede gab. Aber man schloß sich gegenseitig nicht aus. Wir besuchten uns ungezählte Male in den Familien und diskutierten sogar gelegentlich untereinander, ob es ratsam sei, später die Schwester eines Mitschülers aus dem anderen Umfeld zu heiraten. Auch lernte ich natürlich die Namen bedeutender jüdischer Persönlichkeiten kennen, die die Kultur, die Wissenschaft und Wirtschaft in Deutschland und das Ansehen unseres Landes in der ganzen Welt maßgeblich prägten. Als ich Anfang der siebziger Jahre zum ersten Mal das Treppenhaus des Leo-Baeck-Institutes in New York hinaufstieg und dort der Porträtgalerie dieser großen Menschen begegnete, da war der Eindruck für mich nur um so tiefer und erschütternder, als ich die meisten Namen von meiner Kindheit her kannte.

Und dennoch wußte ich allzu wenig von inneren Spannungen und Spaltungen, von Schwierigkeiten jüdischer Selbstbehauptung und von Gefahren einer Selbstaufgabe.

Wer meiner jüdischen Mitschüler war einer Zerreißprobe zwischen dem Leben in der eigenen Familie und Religion und der täglichen Gegenwart in der Schule und ihrer Kultur ausgesetzt? Oder gab es andere, bei denen zu Hause Konflikte mit der Assimilation vorherrschten, jenem so lange als akzeptiert erscheinenden Postulat? Welche bedeutungsschweren Folgen mochte es haben, daß von den sich assimilierenden Juden erwartet wurde, sich den Werten und Zielen, den Gewohnheiten und dem Erscheinungsbild ihrer Umwelt gänzlich anzupassen? Daß, mit anderen Worten, Juden aufhören sollten, Juden zu sein, um dadurch die Probleme ihrer Lage als Minderheit zu lösen? Und war eine Angleichung an eine mehr oder weniger christlich geprägte Welt überhaupt möglich und wurde sie von dieser akzeptiert? Blieben nicht die Juden, selbst in dem liberalen Berlin-

Wilmersdorf meiner Kindheit, zwar Freunde, aber doch eben andere? Ja, wirkte denn nicht die Assimilation oft beinahe aufreizender als die Andersartigkeit? Wir kennen die Worte von Theodor Herzl: »Ich versuche einzugehen in die Gesellschaft und nur den Glauben der Väter zu bewahren: Man läßt es nicht zu.« Seine damalige Erfahrung war die Vergeblichkeit der Bereitschaft, ein treuer Patriot zu sein.

Bis zum Abitur 1937 waren die jüdischen Mitschüler alle noch dabei. Wir Schüler standen in unserer Klasse gegen die Welt da draußen eng zusammen. Inzwischen hatten wir alle begriffen, wie sehr sich der Himmel über Deutschland verfinstert hatte. Und doch ahnte keiner die ungeheuerlichen Folgen. Unbegreiflich und unsagbar folgenschwer blieb die geringe Kenntnis, die die allermeisten in Deutschland von der jüdischen Geschichte und Identität besaßen.

Zweiter Abschnitt

Hitler und Weltkrieg

Machtübernahme. Als Diplomat im Ausland bleiben?

Noch einmal blicke ich ein paar Jahre zurück. In der Zeit von 1927 bis 1933 war Berlin für mich zum Mittelpunkt des Denkens und Fühlens, zur eigentlichen Heimat geworden und ist es bis zum heutigen Tag geblieben.

Inmitten dieser angefüllten Berliner Jahre wurde mein Vater als deutscher Gesandter nach Norwegen versetzt. Nach den Strapazen der Völkerbundjahre wurde für ihn der Aufenthalt in diesem Lande der großartigen Natur, der Freiheits- und Wahrheitsliebe, der Individualisten und Originale zur geistigen, körperlichen und menschlichen Erholung. Freundschaften wurden geschlossen, darunter vor allem mit Bischof Eivind Berggrav, dem Primas von Norwegen, der später zum Herz des Widerstandes gegen die deutsche Besatzung wurde und mit deutschen Widerstandsgruppen in enger Verbindung stand.

Von uns Kindern zog nur Schwester Adelheid mit nach Oslo um. Mit ihrer musikalischen Sprachbegabung erlernte sie rasch die norwegische Sprache. Mir wurde dort während dreier Monate ein Privatunterricht durch den schwäbischen Vikar Hermann Häberle zuteil, der mir das Vaterunser auf eine Weise deutete und nahebrachte, die allem Glaubensüberschwang oder tiefem Zweifel standhielt.

Weltweite Resonanz auf ihre großartige Literatur und Malerei hatten die Norweger am stärksten auf dem Wege über Deutschland gefunden. Politisch neigten sie dagegen mehr den Briten zu. Am liebsten konzentrierten sie sich auf den Skandinavismus.

Dennoch hatten meine Eltern politische Spannungen in Norwegen zunächst nicht zu bestehen.

Um so dramatischer überstürzten sich die Ereignisse in Deutschland. Als zwölfjähriger Schüler wohnte ich bei Freunden meiner Eltern in Berlin. Der 30. Januar 1933 rückte heran, und ich erlebte sein Signal auf eine Weise mit, die sich in der Erinnerung fest eingeprägt hat. Ein Onkel hatte mich zu einem Reit- und Fahrturnier in den Sportpalast eingeladen. Freudig erregt war ich gekommen, weil ich so etwas noch nie gesehen hatte.

Mitten in einem atemlos verfolgten Springwettbewerb sprangen plötzlich von allen Seiten Zeitungsverkäufer durch die Reihen der Tribünen und brüllten die Überschrift ihres Extrablattes heraus: »Hitler berufen!« Sowenig ich die Bedeutung dieser Nachricht sachlich bewerten konnte, so war mir doch sofort bewußt, daß es etwas ungeheuer Aufregendes für uns in Berlin und für die Eltern in Norwegen sein würde. Entsprechend war die allgemeine Reaktion in der Halle.

Aber die Eltern waren fern. Mein Leben als Schulbub ging eben einfach weiter. Die Atmosphäre erschien undurchsichtig. Im sogenannten gebildeten Bürgertum gab es noch immer kaum ein Gespür für die Bewegungen und Ressentiments in tieferen Schichten der Gesellschaft und ebensowenig für die Hohlräume in der eigenen konservativen Denkweise. Viele der Ahnungsvollen waren seltsam waffenlos.

Weithin hatte man die »Bewegung« unterschätzt. Für ihr Programm und Ziel hatte es ja genug einschlägige Texte gegeben, aber man hatte sie nicht ernst oder gar nicht erst zur Kenntnis genommen. Von »Schulbuben, die Politik spielen« hatte mein Vater gesprochen, als er 1931 und 1932 im Auswärtigen Ausschuß des Reichstages über den Völkerbund zu berichten und mit Abgeordneten der NSDAP zu diskutieren hatte. Eine weitverbreitete, gefährliche Unkenntnis der Diplomaten von der Stimmungslage im Inneren trat zutage.

Bald kam es im Ausland zu Reibungen. Auch in Oslo mußte plötzlich die deutsche Gesandtschaft polizeilich geschützt werden. In seiner Behörde gab mein Vater bekannt, er werde Weisungen aus Berlin ausführen, soweit sie mit dem Gewissen zu vereinbaren seien. Aufgrund seiner Genfer Erfahrungen sah er zwar sofort nach den ersten außenpolitischen Parolen der Hitlerregierung eine neue Kriegsgefahr, glaubte jedoch, die Krise könne am Ende überwunden werden. Auf eine Anfrage des Außenministers Neurath, ob er bereit sei, Staatssekretär des Äußeren zu werden, antwortete er ablehnend, hielt aber, wie fast alle seine Kollegen, an der Überzeugung fest, man dürfe die alte, voll funktionsfähige, untereinander vertraute deutsche Diplomatie nicht den neuen Dilettanten überlassen und habe daher im Amt zu bleiben. Nicht zuletzt der ehemalige Reichskanzler Brüning, der eine hohe Meinung von meinem Vater hatte, bestärkte ihn in dieser Auffassung.

Das bedeutete die Übernahme einer Funktion, deren Ziel es war, das Land abzuschirmen. Aber wie lange würde sie standhalten? Würde sie überhaupt etwas nach außen und vor allem nach innen bewirken können? Das blieben nun die entscheidenden Fragen der Politik und des Gewissens – für meinen Vater wie für viele andere.

Schulzeit in Bern; Vater Staatssekretär in Berlin; Münchner Abkommen und die Folgen

Zu Beginn des Jahres 1933 wurde mein Vater deutscher Gesandter in Bern. Es war nach Basel und Genf seine dritte Aufgabe in der Schweiz, mit der die Familienbeziehungen immer enger wurden, zumal mein Bruder Carl Friedrich bei der Familie Wille in Mariafeld am Zürichsee seine Frau Gundalena fand, eine Doktorandin Carl Burckhardts, die mit ihrem geistvollen Temperament, ihrem souveränen Stil und ihrer Wärme ein Glück für unsere ganze Familie wurde.

So gern ich in Berlin gewesen war, die Aussicht auf einen neuen Umzug hatte mein jugendliches Gemüt alsbald mit Begeisterung erfüllt. Die Last der Arbeit lag ja nicht bei mir, sondern bei meiner Mutter, die es in ihrem Leben auf insgesamt 26 Umzüge brachte; mit Hilfe ihrer Umsicht widerlegte sie den bekannten Spruch, fünf Umzüge seien gleichbedeutend mit einem kompletten Brand.

Meine Probleme lagen bei der Umschulung. In Berlin hatte ich bei meinem Abgang – zum ersten und einzigen Mal in meiner Schulzeit – das beste Zeugnis der Klasse erhalten. Für die entsprechende Untertertia machte ich in Bern die Aufnahmeprüfung und war in Deutsch knapp ausreichend, in den anderen vier Fächern glatt ungenügend. An der Literarschule des Berner Städtischen Gymnasium ging es streng zu. Niemand ließ sich von äußeren, zumal politischen Verhältnissen ablenken. Stattdessen wurde gründlich gepaukt. Durch intensive Nachhilfestunden schaffte ich die großzügig erlaubte Wiederholung des Eingangsexamens und verbrachte dann drei ausgefüllte Jahre mit den Berner Schulkameraden, mit denen ich bis heute in freundschaftlichem Kontakt bin. Schweizerdeutsch lernte ich zwar im verborgenen, genierte mich aber, es in der Klasse zu sprechen.

Verständlicherweise verbreiteten sich unter den Schweizern in wachsendem Maß böse Empfindungen gegenüber dem nördlichen Nachbarn. Man fühlte sich von ihm bedrängt, um so mehr, als die Diktatoren in Deutschland und in Italien begannen, sich einander anzunähern. Hinzu kamen schrille verbale Attacken aus Deutschland. Göring redete in Freiburg im Breisgau öffentlich von südlichen Nachbarn, die »Dreck in der Hirnschale« hätten. Unser Geschichtslehrer, ein ebenso scharfsinniger wie scharfzüngiger Mann, ließ mich, den vierzehnjährigen Sohn des deutschen Missionschefs, seine Abneigung gegen Deutschland deutlich spüren. Meine Mitschüler aber, keine schlechteren Schweizer als er, stellten sich schützend vor mich, aus Loyalität zum Klassenkameraden. Wir waren fleißige und zugleich ungemein sportliche Schüler. Einer von uns, Marc Hodler, hat es im internationalen Ansehen besonders weit gebracht. Er wurde Studentenweltmeister in den alpinen Skidisziplinen, später Präsident des Weltskiverbandes und ist heute Vizepräsident des Internationalen Olympischen Komitees. Meine Skikünste erreichten nie ganz das hohe Niveau der Klasse, dafür wurde ich ein ganz passabler Mittelstreckenläufer, auch wenn es mir nie gelang, über 800 Meter die Zweiminutengrenze zu unterbieten.

Trotz mancher Giftpfeile über die Grenze hinweg beschäftigten meinen Vater weniger die Sorgen um die bilateralen Beziehungen, die zunächst einigermaßen normal blieben, als vielmehr die innere Entwicklung in Deutschland und ihre Auswirkung auf die internationale Lage. Am 1. April 1933 hatte er zum ersten Mal eingeschlagene Fensterscheiben jüdischer Geschäfte in Altona mit eigenen Augen gesehen und uns dies in tiefer Erregung berichtet. In einer Kirche in Berlin-Tiergarten erlebte er, wie bei einer Feier die Hakenkreuzfahne neben den Altar gestellt wurde. Das Ermächtigungsgesetz war erlassen. Der sogenannte Reichsbischof Müller sollte die Evangelische Kirche leiten. Im Widerstand dagegen formierte sich die Bekennende Kirche mit ihrer grundlegenden Barmer Erklärung. Pastor Niemöller wurde zum ersten Mal verhaftet. In Württemberg standen sich der Parteistatthalter Murr und der evangelische Bischof Wurm gegenüber und bald hieß es: Es wurmt den Murr, daß der Wurm murrt.

Am 17. Juni 1934 hielt Papen, noch Vizekanzler, seine für damalige Begriffe kühne Marburger Rede. Er wandte sich gegen den »widernatürlichen Totalitätsanspruch«, gegen das Plebejertum und den ungezügelten Radikalismus der nationalsozialistischen Revolution und sagte: »Kein Volk kann sich den ewigen Aufstand von unten leisten, wenn es vor der Geschichte bestehen will. Einmal muß die Bewegung zu Ende kommen, einmal ein festes soziales Gefüge, zusammengehalten durch eine unbeeinflußbare Rechtspflege und durch eine unbestrittene Staatsgewalt, entstehen. Mit ewiger Dynamik kann nichts gestaltet werden. Deutschland darf nicht ein Zug ins Blaue werden.« Goebbels verbot sofort den Abdruck der Rede.

Es folgten Machtkampf und Massaker am 30. Juni 1934, aus Anlaß des sogenannten Röhm-Putsches, den Hitler und Himmler dazu benutzten, sowohl selektiv als auch wahllos verhaften und morden zu lassen. Unter den Opfern war auch Edgar Jung, der die Marburger Rede für Papen entworfen hatte. Elementarste Regeln des Rechtsstaates wurden öffentlich mit Füßen getreten. Ich erinnere mich der aufgewühlten Empfindungen meiner Eltern an diesem Tage genau. Sie hatten mir eindringlich erklärt, was da im Gange war, und mich beauftragt, den ganzen Tag Radio zu hören und ihnen jede Nachricht sofort zu melden.

Kurze Zeit darauf wurde bei einem nationalsozialistischen Putschversuch der österreichische Bundeskanzler und Außenminister Dollfuß in Wien ermordet. Am 2. August 1934 starb der Reichspräsident Hindenburg, der noch einen Rest von Respekt und politischem Anstand um sich verbreitet hatte.

Indessen reagierte das Ausland auf das neue Hitler-Deutschland überwiegend zögerlich, in vielen Fällen geradezu kooperativ. Man nahm den Austritt aus dem Völkerbund und die Wiedereinführung der Wehrpflicht hin, später selbst die Wiederbesetzung des Rheinlandes. Hitler erreichte ein Flottenabkommen mit Großbritannien, ein neues Konkordat mit dem Vatikan und erzielte eine Verständigung mit Polen.

Im auswärtigen Dienst rangen die Kollegen um guten Rat. Die nationalsozialistische Führung verhielt sich gegenüber den Berufsdiplomaten zunächst doppeldeutig. Einerseits wollte man »Köpfe rollen« lassen, was ein vertrauter Kollege meinem Vater gegenüber lakonisch mit der Frage kommentierte: »Wo sind denn die Köpfe im Amt?« Andererseits wollte man möglichen internationalen Gefahren mit Hilfe der geschulten Kräfte vorbeugen.

Für die Diplomaten wuchs die Anspannung immer mehr. Vielen von ihnen, wie meinem Vater, war die Scharfmacherei der neuen Machthaber mit ihren rücksichtslosen internationalen Kraftakten ein Greuel. Zugleich waren sie aber deutsche Patrioten. Sie hatten die Friedensbedingungen am Ende des ersten Krieges weitgehend als unmoralisch und als auf die Dauer politisch unhaltbar empfunden. Gewiß, Sieger sind fast immer verblendet, zumal mit ihrer Sucht nach Reparationszahlungen, für die auch das Deutsche Reich vorsorglich bereits 1914 gewaltige Summen zu Lasten der noch zu besiegenden Gegner geplant hatte. Zwar waren bis 1930 schon manche der schweren Bedingungen des Versailler Vertrages erfüllt und erledigt, aber am Kern der allgemeinen und verständlichen Empfindungen in Deutschland gegenüber Versailles änderte dies wenig. Man mußte kein reaktionärer deutscher Nationalist sein, um den Vertrag als verhängnisvoll zu empfinden, zumal wenn man die ungeheure Wirkung der Hitlerschen Agitation gegen Versailles fürchtete.

Es gab ja auch bei den Alliierten entsprechende Stimmen. Als Delegationsführer des britischen Schatzamtes hatte der berühmte Ökonom John Maynard Keynes an den Friedensverhandlungen teilgenommen und sich mit seinen Vorstellungen geringerer deutscher Reparationslasten nicht durchgesetzt. Mit der ihm eigenen brillanten und spitzen Feder schrieb er das kürzeste und schärfste, wenn auch viel umstrittene Urteil über den Vertrag, indem er die drei verantwortlichen westlichen Staatsmänner in Versailles schilderte, den französischen Ministerpräsidenten Clemenceau, den britischen Premierminister Lloyd George und den amerikanischen Präsidenten Wilson: »These were the personalities of Paris – I forbear to mention other nations or lesser men: Clemenceau, aesthetically the noblest; the President, morally the most admirable; Lloyd George, intellectually the subtlest. Out of their disparities and weaknesses the Treaty was born, child of the least worthy attributes of each of its parents, without nobility, without morality, without intellect« (The collected writings of John Maynard Keynes, volume X: Essays in Biography, Edition 1972, S. 26).

Es war kein Wunder, für niemanden im Ausland eine Überraschung, sondern beinahe eine Selbstverständlichkeit, daß deutsche Diplomaten, wie mein Vater, das klare Ziel einer Revisionspolitik gegenüber Versailles verfolgten, aber mit der unbedingten Priorität, dabei den Frieden zu bewahren. Noch ließ das Ausland zu, daß Hitler mit seinen ersten internationalen Erfolgen zu Hause für sich werben konnte. Wann würden die Ziele durch die Mittel, deren er sich im Inneren bediente, bis zur Unerträglichkeit diskreditiert? Würden ihm seine Etappensiege zu Kopf steigen? Würde er bald jede Weltkriegsgefahr für Hirngespinste erklären und kleine begrenzte Kriege dafür um so verlockender empfinden?

Der entscheidende Moment im beruflichen Leben meines Vater war gekommen, als er aus Bern abberufen und in Berlin Anfang 1938 noch einmal aufgefordert wurde, Staatssekretär des Auswärtigen Amtes zu werden. Inzwischen war Neurath durch Ribbentrop als Reichsaußenminister ersetzt worden. Mein Vater ging mit sich in der Tiefe seines Gewissens zu Rate. Die Frage trieb ihn in seiner ganzen Existenz um. Ehrgeiz hatte ihn nie entscheidend geprägt. Die Spitzenposition im Amt hatte Neurath ihm schon fünf Jahre früher und unter weit beruhigenderen äußeren Umständen angeboten, er hatte sie ausgeschlagen. Er beriet sich mit seinen Vertrauten und Freunden. Zu ihnen zählte der Generaloberst Ludwig Beck, der ihm sagte: Ein Generalstabschef könne mit seinem Rücktritt nicht bis zu einem Kriegsausbruch warten, denn dann sei es zu spät. Der leitende Diplomat dagegen müsse sein Amt wahrnehmen und bis zum letzten Tag ausharren, um zu versuchen, das Unheil abzuwenden.

Über den wahren Charakter der Nazis wußte mein Vater zuwenig, und von den unsäglichen Verbrechen, die kommen sollten, ahnte er so gut wie nichts. In seinem ganzen Weltbild fehlte es an der Vorstellungskraft, die Dämonie des Bösen zu begreifen, wie sie bereits am Werk war. Um so zentraler konzentrierte er sich darauf, ob es wirklich noch eine Chance geben würde, das Gewicht des einigermaßen intakten Auswärtigen Amtes für den Frieden einzusetzen. Dies war in seinen Augen das einzige, zugleich am Ende das durchschlagende Argument, und so übernahm er die Aufgabe.

Wenige Monate darauf, im Frühherbst 1938, kam es zur ersten und, wie sich später zeigen sollte, zur letzten Probe aufs Exempel: zur sogenannten Sudetenkrise. Um Haaresbreite führte sie am Krieg vorbei. Heute ist es die so gut wie unbestrittene dezidierte Meinung, daß der Menschheit das größte Leid erspart geblieben wäre, wenn sich die Weltmächte damals nicht auf eine friedliche Lösung des Sudetenkonflikts durch das Münchener Abkommen eingelassen hätten. »München« ist zum Symbolwort für Schwäche und Verblendung geworden. Man braucht das Stichwort nur zu nennen, um jeden Gedanken an ein Nachgeben gegenüber Diktatoren als moralisch verwerflich und politisch selbstmörderisch zu entlarven. Man durchschaut das alles heute ganz genau. Aber weiß man denn in der jeweiligen historischen Situation immer so eindeutig wie die späteren, durch den Verlauf der Geschichte belehrten Generationen, was das Richtige ist, welche Folgen ein Standhalten oder Nachgeben haben wird, ob es überzeugende Mittelwege gibt?

Und wie war es damals? Das Dilemma für die französische und vor allem für die britische Haltung ist durch die zeitgeschichtliche Forschung vielfach behandelt worden. Fest steht, daß der Aufstieg Churchills zur Leitfigur des Widerstandes gegen die Hitlersche Bedrohung eine Folge der Demontage des britischen Premierministers Chamberlain war, der das Münchener Abkommen unterschrieben hatte.

In Deutschland gab es drei Gruppierungen. Die eine war die

Kriegspartei. Hitler wollte unbedingt das Sudetenland und mehr als das; wenn die kriegerische Auseinandersetzung doch unvermeidlich würde, so wollte er sie rasch auf sich nehmen. Neben Himmler drängte vor allem Ribbentrop auf Gewalt. Goebbels, der aus seinem Hause beobachtet hatte, wie eine Wehrmachtsabteilung im Vorbeimarsch auf der Wilhelmstraße von der Berliner Bevölkerung mit spürbar schweigender Reserve begleitet worden war, verhielt sich vorsichtiger.

Der Kriegspartei entgegengesetzt stand der sich erstmals formierende aktive Widerstand, zu dem die Generale Beck, Halder und Witzleben, Admiral Canaris und Oberstleutnant Oster gehörten, daneben eine Reihe von Diplomaten, unter ihnen Adam von Trott und Albrecht Haushofer. Ihr Ziel war es, Hitler im Falle einer kriegerischen Zuspitzung der Sudetenkrise unter Ausnutzung der besorgten Stimmung in der Bevölkerung mit Gewalt auszuschalten. Mein Vater stand in enger beratender Verbindung mit ihnen. Haushofer nannte ihn das »nichteingeschriebene Mitglied« der Gruppe.

Zugleich aber war er während der ganzen Sudetenkrise in voller diplomatischer Aktion, wie vorher und nachher nie wieder. Er verkörperte die dritte Richtung: Frieden erhalten, koste es, was es wolle. Mit Henderson und Attolico, dem britischen und dem italienischen Botschafter, und mit seinem Freunde Carl Burckhardt, damals Hoher Kommissar des Völkerbundes in Danzig, konspirierte er aufs engste. Es gelang nach dramatischen Tagen, Hitler zu einem kleinen, zunächst noch unzureichenden Einlenken gegenüber Chamberlain zu bewegen, schließlich Mussolini in letzter Stunde einen Kompromißvorschlag zuzuspielen, den dieser beim Treffen der europäischen »Großen Vier« zur erfolgreichen Grundlage des Münchener Abkommens zu machen wußte. Ribbentrop kochte, alles hatte sich hinter seinem Rücken abgespielt. Hitler war später noch lange wütend, daß er, wie er meinte, zurückgewichen war. Bis in die zweite Kriegshälfte hinein bezeichnete er sein Nachgeben in

Um einen kriegerischen Ausgang der Münchner Konferenz 1938 zu verhindern, arbeitete mein Vater (zweiter von links) eng mit dem italienischen Botschafter Bernardo Attolico (links), dem britischen Botschafter Neville Henderson (Mitte rechts) und dem französischen Botschafter André François-Poncet (rechts) zusammen, gegen den Willen Hitlers, der noch Jahre später sein »Nachgeben« in München als seinen größten Fehler bezeichnete.

München als seinen größten außenpolitischen Fehler. Chamberlain und Daladier dagegen fuhren erleichtert davon. Überall in der Welt wurden die Bilder gezeigt, wie die beiden Staatsmänner zu Hause gefeiert wurden: »Peace in our time«.

Meinem Vater war einfach eine Zentnerlast vom Herzen gefallen. Sein enger Vertrauter und Mitarbeiter, der aktiv zur Widerstandsgruppe gehörende Erich Kordt, sagte ihm über das Münchener Abkommen nur: »Die zweitbeste Lösung.«

Wer will über wen den Stab brechen? Angesichts der allzu schweren Erfahrungen sind wir heute zu der Überzeugung gelangt, daß man internationale Erpressungsmanöver von Gewaltherrschern nur dann eindämmen oder verhüten kann, wenn man kein Vertrauen auf ihre Versprechen für künftiges Wohlverhalten setzt und sich von ihnen auch nicht partiell unter Druck setzen läßt. München ist und bleibt die historische Warntafel. Davon bin ich ebenso überzeugt, wie ich der Haltung meines Vater in jenen Tagen ohne Einschränkung mit Achtung gedenke.

In seiner damaligen Gegenwart sah er das, was kommen sollte, nicht voraus. Zur Zeit der Sudetenkrise rechnete er mit dem unmittelbar bevorstehenden Krieg, und das war es, was er am allermeisten fürchtete. Mit jeder Faser seines Wesens empfand er im Greuel und Leid eines Krieges das größte Unheil für die Menschen. Zu schrecklich hatte schon der Erste Weltkrieg im Lebensglück seiner Generation und Familie gewütet. Wahr ist, daß mein Vater auf eine Veränderung bestimmter Teile des Versailler Vertrages hinarbeitete und insoweit auch diplomatischen Druck als legitim ansah. Wahr ist aber auch, daß er zu keiner Sekunde bereit war, für die Revisionspolitik Gewalt zu riskieren.

Ohne Hoffnung auf die Chance, eine aktive Rolle bei der Verhinderung eines Krieges spielen zu können, hätte er seinen Posten an der Spitze der deutschen Diplomatie nicht angetreten. Solange er die Mittel dazu in seinem Amt fand, setzte er sie ein. Sein Einfluß während der Sudetenkrise war einigermaßen zentral. Unmittelbar nachdem man am Abgrund des Krieges vorbeigeschlittert war, schrieb er: »Eine Entspannung ohnegleichen; die Kinder, das Leben – alles war einem wie neu geschenkt.«

»Gedenkt unser mit Nachsicht«, ruft Bert Brecht den Nachgeborenen zu – dann nämlich, »wenn es soweit sein wird, daß der Mensch dem Menschen ein Helfer ist«. Sind wir das geworden? Zur Nachsicht gehört die Einsicht, daß die Kenntnis der Geschichte von uns verlangt, damaliges mit heutigem Bewußtsein nicht gleichzusetzen. Nichts ist vergleichbar mit früher, doch die Bitte um Nachsicht wandert von Generation zu Generation weiter. Für meinen Vater war München der letzte glückliche Tag seines Lebens. So hatte er es empfunden und aufgeschrieben. Täglich spürten wir zu Hause, wie ernst und schweigsam er danach wurde.

Der letzte glückliche Tag, denn alsbald danach spitzte sich die Lage von neuem und nun unaufhaltsam zu. Zunächst im Inneren: Es kamen die Pogrome des 9. November 1938 gegen die Juden. Wer sie mit angesehen hat, wie ich damals als Achtzehnjähriger rund um die Gedächtniskirche in Berlin, der konnte die Fratzen organisierter Brutalität nicht vergessen. Die meisten Passanten gingen, wie ich, an den zertrümmerten Geschäftsauslagen stumm und fassungslos vorbei. Die Verfolgung der Kirchen nahm zu. Mehrfach intervenierte meine Mutter vergeblich bei Himmler zugunsten von Niemöller. Himmler antwortete ihr sinngemäß: »Wir werden nicht ruhen, bis das Christentum vernichtet ist. Es ist eine Krankheit.« Einmal fuhr sie mit einem befreundeten Theologen in die brandenburgische Schorfheide nach Karinhall zu Göring, um für die Freilassung von Pfarrern einzutreten. Görings Frau hatte das Treffen ermöglicht. Doch Göring antwortete brüsk mit Nein, verließ das Zimmer, um sich freilich kurz darauf noch einmal mit einer einlenkenden Bemerkung an der Tür zu zeigen und zwei kleine Päckchen Kaffee für die Besucher zu hinterlassen, zum Zorn meiner Mutter. Wie es damals zuging, das ist für heutige Begriffe unbeschreiblich.

Das Spitzel- und Überwachungssystem wurde immer perfekter. In Notizen und Familienbriefen kam es bei uns zu simplen Tarnmitteln. Ein Gedankenstrich am Ende des Satzes bedeutete, daß das genaue Gegenteil des geschriebenen Textes gemeint war. Hitler hieß bei uns in unserer Korrespondenz Pfeifer, Himmler Engelke, Niemöller Immermeier, Italien Tante Camilla usw. Als mein Vater einmal wegen eines kleinen Eingriffs im Krankenhaus unter Narkose gesetzt werden mußte, wachte meine Mutter an seinem Bett, um ihm ins Wort zu fallen, falls er im Ätherrausch unkontrolliert reden würde.

Die entscheidende außenpolitische Wendung kam, als Hitler unter Bruch des Münchener Abkommens im Frühjahr 1939 in Prag einmarschierte. Nun waren die Würfel in London endgültig gefallen. Jedes weitere westliche Nachgeben gegenüber Hitler wurde undenkbar. Polen erhielt eine Garantie der Westmächte. Mein Vater war noch wochenlang verzweifelt damit beschäftigt, Hitler und Ribbentrop von der vollkommenen Unausweichlichkeit einer britischen und französischen Kriegserklärung im Falle von deutschen Gewaltakten gegen Polen zu überzeugen. Aber das Unheil brach herein. Um seines bei der Sudetenkrise noch erfolgreichen Einflusses willen hatte mein Vater in diesen Monaten und Wochen vergeblich das Odium auf sich genommen, im Amt der Machthaber geblieben zu sein. Nun war, wie er schrieb, der Sinn seiner Arbeit zerstört.

Am Tage vor Kriegsausbruch notierte meine Mutter: »Kann Gott zulassen, daß *ein* Mensch diese Katastrophe über Deutschland und ganz Europa bringt? Und unsere Söhne? Keinen, keinen bin ich bereit, für diesen Krieg zu opfern. Der Ring der Familie, der unendliche Reichtum in den Kindern, unser ganzer Stolz – ich weiß es doch vom letzten Krieg, was das Wort heißt: Vergangen. Dann geht das Leben weiter, und nie, nie mehr kommt zurück, was unser war. Neue Menschen kommen, die nicht gekannt haben die, die unser Stolz waren.«

In ihrer heißen Liebe zu uns schrieb sie es auf. Am folgenden

Morgen brach der Krieg los. Und am Tag darauf, am 2. September 1939, fiel im polnischen Korridor in der Tucheler Heide mein Bruder Heinrich, ihr zweiter Sohn.

Abitur in Berlin; Studium in Oxford und Grenoble

Noch einmal richte ich den Blick zurück ins Jahr 1937, um von eigenen Erlebnissen zu erzählen. Im Frühjahr waren in Deutschland auch schon für die Unterprimaner Abiturprüfungen angesetzt. Ihnen wurde die Oberprima erlassen, um des Nachwuchses für die Wehrmacht willen. Im Januar 1937 verließ ich die mir liebgewordene Berner Schule und verbrachte die letzten drei Monate in meiner alten Klasse des Bismarck-Gymnasiums. Mein Wahlfach für das Abitur war Geschichte, mein Wahlthema die Französische Revolution. Sie bildete ein klassisches Kontrastprogramm zur Realität und Stimmung im Deutschland unter Hitler. Pflichtprüfungsfach für die ganze Klasse aber war Biologie. Wir sollten unsere Kenntnisse in der von der NSDAP zum Glaubenssatz erhobenen Vererbungslehre und Rassenideologie nachweisen. Das paßte uns so wenig wie unserem Biologielehrer. So kam es vor der Prüfung zu einer veritablen Konspiration zwischen Lehrer und Schülern über Fragen und Antworten. Er wollte uns schonen und sich selbst keine pseudowissenschaftlichen Bekenntnisse abverlangen. Auch sonst herrschte an der Schule ein guter Geist. Unsere jüdischen Mitschüler zählten zu den Klassenbesten, und unsere aufrechten Lehrer erkämpften für sie in der Zensurenkonferenz einigermaßen faire Abschlußnoten.

Mein eigenes Abitur war mir nicht nur durch den vorzüglichen Berner Unterricht erleichtert, sondern auch durch den noch keineswegs verblaßten Ruhm meines Bruders Carl Friedrich, der dort acht Jahre früher sein Abitur glanzvoll bestanden hatte. So blieben meine mathematischen Schwächen weitgehend unentdeckt. Zur Beruhigung meiner Nerven hatte sich überdies meine Mutter für den Nachmittag vor der Prüfung ein wirksames Mittel ausgedacht: Wir besuchten stundenlang den geliebten Berliner Zoo. Das rückte die Maßstäbe zurecht. Die Mienen der gefürchteten Lehrer verloren ihren bedrohlichen Charakter dank frappierender Ähnlichkeiten mit ganz anderen Lebewesen. Am Ende ging alles ziemlich einfach über die Bühne.

Obwohl nun im Besitz des »Reifezeugnisses«, war es doch mit meiner Reife nicht weit her. Ich war noch nicht ganz siebzehn Jahre alt und daher auch für den vorgeschriebenen Arbeits- und Wehrdienst noch zu jung. Durch ein Austauschprogramm erhielt ich den für damalige junge Deutsche ganz außergewöhnlichen Vorzug, zwei Semester im Ausland studieren zu können. Zunächst ging es für ein halbes Jahr nach England. In Oxford lernte ich so manche der unnachahmlichen britischen Eigenschaften kennen. Ich erlebte die dortigen Studenten als fair und unaufgeregt, hilfsbereit und oft ganz ungeniert hochmütig, behäbig am Anfang, aber im »finish« überlegen. Sie wirkten konziliant und kannten doch ganz genau die Grenze, jenseits deren sie sich zu keinem Kompromiß mehr bewegen ließen. Wenn sie, wie bei großen Universitätsfeiern, ihr Oxfordlatein sprachen, hielten es alle gebildeten Humanisten des Kontinents für einen britischen Dialekt.

Mit Feuereifer kämpften sie für die Notwendigkeit einer moralischen Politik, ohne auch nur die geringsten Skrupel gegenüber dem »right or wrong my country« zu empfinden. Ein Landarzt in Wiltshire, bei dem ich zwei herrliche Sommerferienmonate zubrachte und der nebenher eine in Großbritannien gar nicht so seltene, uneingeschränkte Bewunderung für Napoleon hegte, stritt mit mir den ganzen Sommer Abend für Abend über den Kriegsausbruch 1914. Hätten die Deutschen nicht die belgische Neutralität verletzt, so meinte er, wären die Engländer niemals in den Krieg mit uns eingetreten. Es gibt Fragen, wo ein Engländer unfähig ist zu zweifeln, insbesondere an sich selbst.

Überdies war ihm seine Gastgeberpflicht mir gegenüber ebensowenig zweifelhaft. Man war dort auf dem Land während der Schul- und Semesterferien beinahe täglich in die Nachbarschaft zum Tee und zu Spielen eingeladen. Einige dieser Nachbarn bedeuteten dem Arzt, er sei mit seiner Familie wie stets willkommen, aber natürlich nur ohne jenen Jüngling aus dem deutschen Barbarenland. So entsprach es der Stimmung im Land. Mein Wirt erklärte ebenso regelmäßig, es sei vollkommen selbstverständlich, daß seine Familie entweder mit dem Gast oder gar nicht kommen würde. Ohne geringstes Zögern und ohne es mir gegenüber je zu erwähnen, nahm er vorübergehende nachbarschaftliche Entfremdungen um der heiligen Gastfreundschaft willen in Kauf.

Nur einen Deutschen habe ich 1937 in England erlebt, dessen Ansehen auf der Insel völlig unangefochten war: den Tennisbaron Gottfried von Cramm im Wimbledon-Finale. Mit der Kombination seines zähen Sportgeistes und seiner bezwingend liebenswürdigen Fairneß legte er für den deutschen Namen Ehre ein.

Die Tradition und Pracht der britischen Monarchie erlebte ich beim Krönungszug von König Georg VI. und seiner Frau, der Königin Elisabeth, der heutigen Königinmutter. Den größten Beifall in dem Geleitzug der Kutschen erhielt Lord Baldwin, der Premierminister, der die Fäden gezogen hatte, um den älteren Bruder Georgs VI., Eduard VIII., wegen seiner Verbindung mit Mrs. Simpson zum Thronverzicht zu bewegen.

Im Winterhalbjahr 1937/38 ging es an die französische Universität Grenoble. Dort war ein internationales Studentenvolk versammelt, um Französisch zu lernen. Der Ort bot die ideale Gelegenheit, die Verhaltensunterschiede der Kulturen zu beobachten. Als wir zum Semesterschluß in einem großen Hörsaal eine gemeinsame Abschlußarbeit geschrieben hatten, zeigte sich, daß die meisten Angelsachsen und Skandinavier durchgefallen waren, die Südländer und Südosteuropäer dagegen glanzvoll bestanden hatten. Der Grund war einfach: Die einen hatten die Vorschriften diszipliniert eingehalten, keinerlei Hilfsmittel benutzt und nicht voneinander abgeschrieben. Die Südländer und Balkanvölker dagegen waren mit Lexika, Spickzetteln und mündlichen Hilfsmitteln aller Art ans Werk gegangen. Natürlich hatten sie keinen schlechteren Charakter, sondern nur andere anerzogene Gewohnheiten.

Für mich waren es aufregende, freie Monate, die ersten fern von zu Hause. Von der Politik nur wenig berührt, begab ich mich auf Entdeckungsreisen in das Erwachsenwerden, was nicht immer ein leichtes Unterfangen ist. Schwankend in seinen Stimmungen und uneins mit sich selbst, versucht man, erwachsener zu wirken, als man es ist. Hinzu kamen bei mir die Folgen einiger traditioneller Erziehungsmaximen von Elternhaus und Schule. Sie überließen es der Phantasie, dem Studium von Lexika und vorsichtigen eigenen Spähtrupps, das unheimliche Rätsel zu ergründen, das in der Aufteilung von Menschen in männlich und weiblich begründet ist. Kein Wunder, daß man heute in das auch nicht immer besonders hilfreiche Gegenteil einer allzu frühen, tabulosen Aufklärung verfallen ist. Jugendzeiten sind herrlich und doch nicht immer nur beneidenswert.

Wenn es ernst wird, finden sich die Maßstäbe leichter. Im Auftrag des deutschen Konsuls mußte ich in Lyon einen französischen Arzt aufsuchen, der mich für die deutsche Wehrmacht gesundheitlich zu mustern hatte. Was er also pflichtgemäß tat, war, mir zu bescheinigen, daß ich die körperliche Fähigkeit hatte, gegen Frankreich in den Krieg zu ziehen. So geordnet ging es zwischen zwei Staaten damals zu, die sich auf einen neuen Waffengang gegeneinander vorbereiteten.

Ich kehrte nach Deutschland zurück, wo ich vor Ableistung des Arbeits- und Wehrdienstes nicht weiterstudieren durfte. Also zog ich die Uniform an. Es sollte sieben Jahre dauern, bis ich sie wieder los wurde.

An die Vorgesetzten im Arbeitsdienst habe ich keine guten Erinnerungen. Viele von ihnen hatte es dorthin verschlagen, weil sie den Anforderungen der Wehrmacht auf Anhieb nicht genügt hatten. Das meiste wurde auf primitive Weise dem Militär nachgemacht. In Ermangelung von Schußwaffen wurde der Spaten zum geheiligten Objekt des Exerzierreglements. Jeder hatte neben dem Arbeitsspaten einen zweiten, spiegelblank geputzten Spaten, mit dem wie mit einem Gewehr hantiert wurde. Wir mußten üben, ihn zu präsentieren, daß es in der Sonne nur so blitzte. Ebensogut hätte man auch einen Besen präsentieren können. Doch mein Zugführer gab uns den weltanschaulichen Unterricht dazu: »Alles, was wir von der Geschichte wissen, verdanken wir den Ausgrabungen. Sie werden mit dem Spaten gemacht. Die Geschichte ist also nichts anders als die Geschichte des Spatens.«

Wir waren zum Roden von Baumstubben und zum Anpflanzen von Schonungen in der Schorfheide am Werbellinsee nördlich von Berlin eingesetzt, aber ich glaube nicht, daß viele unserer Tännlinge groß geworden sind. In meinem fünfzig Mann starken Zug war ich der einzige Abiturient. Gleichwohl entwickelte sich eine pädagogisch und menschlich für mich wertvolle Kameradschaft. Meine Stütze war vor allem eine kleine Gruppe von Berliner Ofensetzern, die mich in wichtige Geheimnisse des Lebens einweihten. Sie amüsierten sich über meine Aufklärungs- und Erziehungslücken im Verhältnis von Männlein und Weiblein, waren aber mitfühlend bereit, mich aus dem Zustand der Unwissenheit zu befreien.

Im Herbst 1938 wurde ich Rekrut in einer Maschinengewehrkompanie des Potsdamer Infanterieregiments 9. Mein Bruder Heinrich war dort schon zwei Jahre zuvor als Fahnenjunker eingetreten und mittlerweile Leutnant geworden. Seine Liebe und Berufsabsicht hatten zwar dem Mittelalter gegolten, vor allem der Zeit des Stauferkaisers Friedrich II. Doch wollte er sich der politischen Indoktrination durch die zunehmende braune Ideologie im Geschichtsstudium nicht aussetzen. Deshalb entschied er sich für die Offizierslaufbahn.

Mit seinen geistigen Interessen und seiner schwäbischen Herkunft wirkte er in diesem ausgeprägt preußisch-traditionellen Regiment wie ein Außenseiter. Die Überlieferung im Potsdamer Offizierskasino war national-konservativ. Man war dort froh über die Förderung und das neue Ansehen der Soldaten. Hatte nicht Hindenburg schon am 21. März 1933, dem sogenannten Tag von Potsdam, Hitler aufs Preußentum getauft und eingeschworen – unter den präsentierten Gewehren des Regiments?

Je weiter die Zeit fortschritt, desto klarer zeigte sich jedoch, daß man in Potsdam nicht ganz vergessen hatte, was wirklich als preußisch gelten durfte. Am Kamin des Kasinos sprachen die jungen Offiziere, einer alten preußischen Tradition folgend, offen miteinander, offener als draußen. Zu Preußen gehörte der Rechtsstaat. Die willkürlichen Verhaftungen und Bluttaten der SA und SS am 30. Juni 1934 waren im Regiment als schwere Verstöße empfunden worden. Über die vulgäre Tonart der Parteigrößen wurde verächtlich geurteilt. Man fühlte sich als »Republik der freien Grenadiere«.

Es half aber nichts. Die Soldaten wuchsen unausweichlich in einen Widerspruch hinein. Auf der einen Seite wurde das Regiment für viele zum Refugium vor der Propaganda und Infiltration durch die verpönte Partei. Auch wenn der bekannte Ausspruch von Gottfried Benn, wonach die Armee die aristo-

Das Infanterieregiment 9 beim Aufmarsch in Potsdam 1938. Mein Bruder Heinrich marschiert hier als Leutnant hinter den beiden Fahnenreihen. Heinrich hatte eigentlich Geschichte studieren wollen, aber um der nationalsozialistischen Indoktrinierung zu entgehen, war er zu dieser traditionsreichen Truppe gestoßen, die sich als »Republik der freien Grenadiere« fühlte. Im Hintergrund der Turm der vom Soldatenkönig Friedrich Wilhelm I. 1735 fertiggestellten Potsdamer Garnisonkirche.

kratische Form der Emigration gewesen sei, ganz gewiß nicht verallgemeinert werden darf – auf manchen wachen jungen »Neuner« traf er zu. Andererseits aber bekannte man sich zur Wiederherstellung der Wehrmacht und zu einem Soldatentum als Leitbild der Gesellschaft, geprägt durch das Pflichtgefühl für den Staat und gebunden durch den Eid, den Hitler mit sicherem Instinkt sofort nach Hindenburgs Tod auf sich hatte leisten lassen, selbstverständlich auch in Potsdam.

Vor den Kasernen spielten die Glocken der Garnisonkirche zu jeder Stunde »Üb immer Treu und Redlichkeit«. Redliche Treue wozu? Zur Tradition? Oder zur neuen Zeit? Loyalität oder Distanz? Bei meinen Vorgesetzten erlebte ich eine Mischung von beidem. Einer von ihnen war mein eigener Kompaniechef, Oberleutnant Ekkehard von Ardenne, überdies ein Enkel jener Frau, die vielen von uns als »Effi Briest« ans Herz gewachsen ist, dank der Schilderung ihres Schicksals im Roman von Theodor Fontane. Befehlsgemäß mußte Ardenne die Truppe zum Gedenken an den Marsch von Hitler und Ludendorff am 9. November 1923 auf die Münchner Feldherrenhalle antreten lassen. Das paßte ihm gar nicht. Also sprach er ausführlich über den 9. November 1918 als das Ende des Ersten Weltkrieges und fügte zum Schluß nur knapp hinzu: »Was sich am 9. November 1923 zugetragen hat, das können Sie den Zeitungen entnehmen.« Es hätte für ihn gefährlich werden können, wenn jemand ihn angezeigt hätte.

Ein anderer unter den jüngeren Offizieren tonangebender Mann war Hauptmann Graf Baudissin. Er fungierte in der Schlüsselposition des Regimentsadjutanten. Nach dem Krieg wurde er als Bundeswehrgeneral der Vater des Konzepts vom »Bürger in Uniform«.

Ende August 1939 kam es zur allgemeinen Mobilmachung. Gerade hatte ich ein knappes Jahr in Uniform hinter mir. Als einfache Soldaten konnten wir die Hintergründe der politischen Entwicklung unmittelbar vor Kriegsausbruch nicht durchschauen. Vom geheimen Protokoll zwischen Stalin und Hitler, das die entscheidende Voraussetzung für den deutschen Angriff auf Polen schuf, wußten wir nichts. Die deutschen Zeitungen waren voll von Berichten polnischer Provokationen und Übergriffe gegen die deutschen Minderheiten. Wer wußte, ob die Berichte stimmten? Geglaubt wurde das meiste.

Nachts marschierten wir aus den Kasernen zum Verladebahnhof. Einige Angehörige und Passanten standen am Straßenrand, so hörbar stumm und sorgenvoll, wie eine Menschenansammlung nur sein kann. Welch ein Kontrast zur Begeisterung, mit der die Bevölkerung ihre Truppen in den Ersten Weltkrieg begleitet hatte!

In der Garnisonkirche, dem Wahrzeichen von Potsdam, hatte Hindenburg am 21. März 1933, dem sogenannten »Tag von Potsdam«, Hitler aufs Preußentum taufen und einschwören wollen, unter den präsentierten Gewehren des Infanterieregiments 9. Wenige Jahre später folgte der deutsche Angriff auf Polen und weitere fünf Jahre später der englische Luftangriff auf Potsdam am 14. April 1945, der die Stadt des Preußenkönigs fast auslöschte. Hier die Turmruine der Garnisonkirche, deren Reste später weggesprengt wurden, im Hintergrund die wiederaufgebaute Schinkel-Stülersche Nikolaikirche.

Wir Soldaten waren damals keine besseren oder schlechteren Menschen als unsere Väter, die fünfundzwanzig Jahre zuvor in den Krieg gezogen waren, oder als unsere Nachkommen, die heute über uns urteilen. Wie die Soldaten in aller Welt waren wir unserer Heimat verbunden. Zum Gehorsam waren wir erzogen und gezwungen. Und so marschierten wir, ohne Enthusiasmus, aber im Bewußtsein, die Pflicht zu tun.

Am frühen Morgen des 1. September überschritten wir die polnische Grenze. Tags darauf kam es gegen Abend zum ersten Gefecht mit polnischen Truppen, am Bahndamm von Klonowo in der Tucheler Heide. Als erster der Offiziere des Regiments fiel Heinrich, einige hundert Meter von mir entfernt. In der Nacht wachte ich bei ihm, dem heißgeliebten Bruder, bis wir ihn morgens zusammen mit den anderen Gefallenen am Waldrand begruben. Dann mußten wir weiterziehen. Wer könnte die Empfindungen dieser Stunden beschreiben? Kaum hatte der Krieg begonnen, hatte er mein Leben schon für immer geprägt; es war nie mehr dasselbe wie zuvor.

Kriegsdienst bis zum Ende

Die Kriegszeit nahm ihren Lauf, voller Leid auf allen Seiten, unbegriffen in ihrer damaligen Gegenwart, ganz unbegreiflich im späteren Rückblick, zumal für Nachgeborene. Warum noch einmal darauf zurückschauen, mehr als ein halbes Jahrhundert danach? Was darf man davon erwarten? Zeitgeschichte steht für mich lebenslang stets im Mittelpunkt gemeinsamer Reflexionen mit Jüngeren. Aber es gibt Hemmungen, die eigenen Kriegserinnerungen mit ihnen zu teilen. Für die weltgeschichtliche Bedeutung des Krieges, die jedermann interessiert und betrifft, wirkt das Schicksal des einzelnen jungen Soldaten doch ganz unwichtig. Ihn selbst aber haben seine tiefen menschlichen Erfahrungen

Vier Wochen nach Kriegsausbruch. Am zweiten Kriegstag war mein Bruder Heinrich gefallen, ein paar hundert Meter von mir entfernt. Kaum hatte der Krieg begonnen, hatte er schon mein Leben für immer geprägt; es war nie mehr dasselbe wie zuvor.

im Krieg für immer beeinflußt. Wie läßt sich diese Diskrepanz überwinden? Warum soll man es überhaupt versuchen? Vielleicht nur deshalb, um der Geschichte ihren abstrakten Charakter zu nehmen? Wohl kaum. Wer wollte schon seine persönlichen Erlebnisse für so exemplarisch halten?

Die große Geschichte kann ich natürlich nicht erzählen. Ich kann nur meine eigene kleine Erinnerung den vielen anderen hinzufügen. Das ist allenfalls ein Beitrag zur »Geschichtsschreibung von unten«. Dabei kann ich die Historiker bei ihrer gewissenhaften Arbeit kaum unterstützen. Mir geht es darum, der Erinnerung nicht auszuweichen. Sie begleitet mich ohnehin ständig mit ihren bösen und guten Erfahrungen aus einer schweren Zeit.

Ganz gewiß ist auch meine wie jede Erinnerung subjektiv. Zumeist unbewußt, trifft sie eine Auswahl. Doch auch soweit sie dabei Ereignisse übergeht oder vielleicht gar verändert, so kann sie ihren Träger doch nicht verleugnen. Selbst wenn sie es versuchen würde – dem Leser, den Baudelaire vorsorglich einen Mitheuchler nennt, würde es kaum entgehen.

Wer heute einen Kriegsteilnehmer befragt, will vor allem verstehen, wie alles so kommen konnte. War das, was wir als junge Männer taten und dachten, im Einklang mit dem, was wir wußten und beurteilen konnten? Mancher der Alten sagt, er wußte gar nicht, daß er nichts wußte, weil er nicht wußte, daß es etwas zu wissen gab. Darüber will ich nicht streiten. Die entscheidende Frage, die jeder nur sich selbst stellen kann, aber auch stellen muß, bleibt ja nicht die, was er wußte, sondern was er nach seinen konkreten Lebensbedingungen hätte wissen können und überhaupt wissen wollte. Die Schuldigen zu suchen ist eine Sache für sich. Das Recht auf ein gutes Gewissen verschafft sie keinem von uns.

Unser Regiment nahm am Krieg gegen Polen teil. Danach wurden wir an die luxemburgische Grenze verlegt. Unvergeßlich ist mir die Stimmung, mit der uns die Bevölkerung in den westlichen Eifeldörfern begegnete. Gerade hatten wir den sogenannten polnischen Korridor durchquert und damit die seit dem Versailler Vertrag beseitigte direkte Verbindung nach Ostpreußen wiederhergestellt; mit Jubel hatten uns die Ostpreußen empfangen. An der deutschen Westgrenze dagegen waren wir unwillkommen. Im vertrauten Abendgespräch sagten uns die Bauern, es sei ihnen ziemlich gleichgültig, ob sie unter deutscher, französischer oder gar europäischer Herrschaft lebten, wenn ihnen nur ein Krieg erspart bliebe.

Doch der siegreiche Frankreichfeldzug folgte auf dem Fuß und löste in der Heimat ein ungeheures Echo aus. Das Regiment war dabei und wurde bald wieder in den Osten verlegt, zunächst an die Weichsel bei Thorn, später an die polnisch-russische

Auf Genesungsurlaub nach der ersten Verwundung im Rußlandkrieg, August 1941.

Grenze. Vom Beginn des Krieges gegen die Sowjetunion bis zum Ende blieben wir an der Ostfront eingesetzt.

Im Sommer 1941 wurde ich zum ersten Mal verwundet, war aber nach vier Lazarettwochen wieder bei meinem Truppenteil. Im Winter 1941/42 wurde das Regiment fast ganz aufgerieben, einen Tagesmarsch von Moskau entfernt, beinahe auf Sichtweite zur Hauptstadt. Nach einer kurzen Phase der Neuaufstellung in Jütland ging es wieder an die Front, diesmal bei Leningrad und südlich des Ladogasees, später beim Rückzug über Newel, die baltischen Inseln und Litauen zuletzt wieder nach Ostpreußen, wo es im März und April 1945 für die verbliebenen Reste des

Regiments noch zu den schwersten Kämpfen des ganzen Krieges kam. Aufgrund einer weiteren Verwundung blieb mir die russische Gefangenschaft erspart. In der ersten Aprilhälfte wurde ich über Königsberg und die Ostsee nach Potsdam abtransportiert.

Was also hatten wir erlebt, die wir im Alter rund um die zwanzig Jahre am ganzen Krieg teilgenommen hatten? Eines nahen Freundes Antwort lautete nur: »Wir haben überlebt.« Der es sagte, Axel von dem Bussche, empfand dies zeitlebens als schwere Last, er, der im Jahre 1943 seine Bereitschaft bewiesen hatte, sich selbst bei einem Anschlag auf Hitler zu opfern.

Dennoch waren es für uns junge Soldaten menschlich prägende und prüfende Jahre des Lebens, auch für Axel. Voller Widersprüche waren sie, eine Mischung von Kälte und Wärme, von jugendhafter Sorglosigkeit und tödlichem Ernst, von Anstand und ethischer Ausweglosigkeit. Man lebte im eigenen Truppenteil enger zusammen als irgendwo sonst auf der Welt und machte existentielle Erfahrungen mit den anderen und mit sich selbst. Vor dem Krieg hatten wir als Rekruten auf Potsdamer Übungsmärschen oft genug Friedrich Schillers »Wohlauf Kameraden« gesungen:

»Ins Feld, in die Freiheit gezogen!
Im Felde, da ist der Mann noch was wert,
Da wird das Herz noch gewogen,
Da tritt kein anderer für ihn ein,
Auf sich selber steht er da ganz allein.
…
Der dem Tod ins Angesicht schauen kann,
Der Soldat allein ist der freie Mann!«

Von einem solchen Freiheitsgefühl war allerdings bei uns keine Rede; Schiller hatte sein Lied ja auch für Wallensteins Reiter gedichtet, nicht für unsere Zeit. Aber auch in unserem Krieg wurde das Herz noch gewogen, vor allem das Herz für andere, ob eben doch einer für den anderen eintrat oder nicht. Es konnte einer von Natur aus auf eine Art mutig sein, daß er gar nicht wußte, was Angst ist. Das machte ihn eher unheimlich, und er half anderen wenig, zumal wenn er auch noch ein ehrgeiziger Vorgesetzter war, wenn er gar »Halsschmerzen« hatte, wie wir das erkennbare Streben nach einem Orden um den Hals nannten. So einer stand gewiß – siehe Schiller – auf sich selber ganz allein, anders als jener, der tapfer genug mit seiner Angst rang, um sie vor den anderen zu verbergen, sie damit nicht anzustecken. Unbegrenztes Vertrauen zueinander konnte wachsen. Freundschaften entstanden, wie sie das Leben sonst kaum bietet; sie sind nie mehr abgerissen. In sehr jungen Jahren wurde manchem von uns eine menschlich größere Verantwortung zugewiesen als je später, in welchen Aufgaben und Ämtern auch immer.

Dennoch war uns völlig fremd, was der Philosoph Max Scheler 1915 in seinem »Genius des Krieges« überschriebenen großen Essay gesagt hatte; dort wird der Krieg als die »Stunde der Wahrheit« beschrieben, als das »Geheimnis der Selbstbehauptung der Kulturen«, der das Echte vom Unechten trennt und die wahre Substanz offenbart. Von einem solchen Genius wollte diesmal keiner von uns etwas wissen. Mit meinen eigenen Erlebnissen aus dem Krieg der Hitlerzeit und nicht erst im Licht der heutigen Waffensysteme sehe ich im Krieg, wie die meisten von uns, nichts als den grausamen Zerstörer des Lebens.

Mit Grausamkeiten anderer Art als die, die ich bei meinem Regiment in der vorderen Linie erlebte, befaßt sich eine Wanderausstellung »Vernichtungskrieg«, die das Hamburger Institut für Sozialforschung 1995 auf die Reise geschickt hat. Sie soll das Tabu brechen, daß die Wehrmacht »sauber« geblieben sei. Diese habe sich vielmehr in wachsendem Maße aktiv an Kriegsverbrechen beteiligt. Die Beispiele stammen vor allem aus Weißrußland, vom Marsch auf Stalingrad und aus Serbien. Es ist schwer, vor den Texten und Bildern der Ausstellung standzuhalten. In einem Befehl an die Truppe über ihr Verhalten »im Ostraum« hatte der Feldmarschall von Reichenau verordnet, das wesentliche Ziel des Feldzuges richte sich gegen das »jüdisch-bolschewistische System«; es ginge um die Ausrottung des asiatischen Einflusses im europäischen Kulturkreis. Es gab Führungsstäbe und Einheiten der Wehrmacht, die sich an barbarischen Gewalttaten gegen wehrlose Juden, Zivilbevölkerung und Kriegsgefangene beteiligten. Ganz gewiß nicht erst durch diese Ausstellung wissen wir, daß wir von keiner insgesamt integren Wehrmacht sprechen können, die sich inmitten böser Mächte allein als heile Zufluchtsburg des Anstandes bewahrt hätte.

Schwere und notwendige Einsichten sind es, die nach meiner Erfahrung zwei unterschiedliche Anmerkungen nach sich ziehen. Zum einen: Nicht weniger notwendig ist es, zu differenzieren. Verbrechen der Wehrmacht hat es gegeben. Etwas ganz anderes und Falsches wäre es, von *der* verbrecherischen Wehrmacht zu sprechen. Es wäre unsinnig, den Unterschied der Verhältnisse im Frankreichfeldzug, im Afrikakorps, im Osten an der Front und im rückwärtigen Heeresgebiet des Ostens zu leugnen. So etwas liefe darauf hinaus, kollektive Urteile über Schuld oder Unschuld anzustreben. Wer das versucht, verirrt sich im ethischen Niemandsland; er erstickt schon im Keim den Prozeß der Erkenntnis, um den es nicht nur den Nachfahren, sondern auch den Kriegsteilnehmern selbst gerade aus ethischen Gründen gehen muß. Aber dieser Prozeß – und das ist die andere Anmerkung – erfüllt sich eben auch nicht in der bloßen Abwehr pauschaler Bewertungen, sondern nur in der Bereitschaft des einzelnen, der abgründigen Lage ins Auge zu sehen, die der Krieg für ihn in seinem Verband und seiner konkreten Situation mit sich brachte.

Daher gehe ich zunächst noch einmal von den Erfahrungen aus, die ich in meinem Truppenteil hatte. Eine wahrheitsgemäße Kenntnis besaßen wir im Grunde nur von den Verlusten in den eigenen Reihen, dagegen praktisch nie einen Überblick über den militärischen Verlauf der Feldzüge und kaum je verbürgte Nachrichten über Gewalttaten gegen wehrlose Menschen im rückwärtigen Heeresgebiet. Es gab dumpfe Gerüchte, denen wir zu lange nicht konsequent genug nachgingen, das ist wahr. In der vorderen Linie aber haben wir Kriegsverbrechen unter wehrhaften Soldaten kaum erlebt. In ganz seltenen einzelnen Fällen waren verwundete deutsche Soldaten, die bei bewegter Frontlinie vorübergehend in Feindeshand geraten waren, verstümmelt wieder aufgefunden worden. Furcht und Schrecken herrschte bei uns im Gedanken an eine sowjetische Gefangenschaft.

Einmal kam ein Befehl von oben, wir sollten keine Gefangenen machen. Ich erinnere mich lebhaft an unsere Empörung über diesen Quasi-Mordbefehl, den wir vom Regimentsstab aus – ich war damals Regimentsadjutant – nicht weitergaben und der, soweit mein Überblick reichte, bei uns auch nirgends angewendet wurde. Ferner gab es auf deutscher Seite den berüchtigten sogenannten Kommissarbefehl; danach sollten vor allem die Politkommissare sowjetischer Einheiten bei Gefangennahme erschossen werden. Unter uns wurde diese Anordnung als Ungeheuerlichkeit und als Verbrechen gegen das Kriegsrecht empfunden. Auch hier weiß ich von keinem einzigen Fall seiner Anwendung im Bereich unseres Regiments.

Auf beiden Seiten der Kampffront standen sich Menschen gegenüber, deren Sorgen um die eigene Haut kreisten und untereinander daher oft denkbar ähnlich sein mußten. Man konnte Beispiele dafür erleben. Ich besinne mich eines lautlosen Nachtmarsches in langer Reihe, bei dem uns auf einmal eine andere, ebenfalls ganz stille Reihe entgegenkam. Man sah sich kaum und merkte doch plötzlich, daß es Russen waren. Nun galt es, auf beiden Seiten die Nerven zu behalten, und so tasteten wir uns schweigend und unversehrt aneinander vorbei. Man hätte sich umbringen sollen und sich doch eher umarmen mögen.

Die innere Anspannung wuchs, je länger der Krieg dauerte. Je größer bei uns die Verluste waren, desto schriller tönte die Propaganda von hinten. Man hatte uns im Mittelabschnitt der Ostfront so lange in Richtung Moskau vorwärtskommandiert, bis wir im tiefen Winter nahe der Hauptstadt bei klirrender Kälte ohne Winterausrüstung erstarrten und steckenblieben. Kurz darauf leitete der sogenannte Reichspressechef Dietrich eine Radiorede mit den mir unvergeßlichen Worten ein: »Als uns im Dezember in Rußland der Winter überraschte ...« Zum ersten Mal ging damals eine Welle der Erbitterung auch durch die Reihen der regimegläubigen Soldaten des Regiments. Was war das für eine Führung zu Hause, die sich zunächst über die Kräfteverhältnisse und den Zeitbedarf ihres Feldzugsplanes völlig getäuscht und dann Zentralrußland klimatisch offenbar auch noch mit der Riviera verwechselt hatte?

In der langen Zeit der Rückzüge kamen von den vorgesetzten Stäben immer häufiger Befehle zum Durchhalten in Verteidigungslinien, die für den normalen Verstand als unhaltbar zu erkennen waren. Wie sollte man solche Befehle entgegen eigener Einsicht anderen weitergeben, für die man verantwortlich war? Genügte es, daß man sich selbst als Vorgesetztem mehr abverlangte als den Untergebenen? Gab es eine Antwort, die vor dem eigenen Gewissen standhielt?

Ob wir solche Befehle richtig beurteilen konnten, ob wir viel oder wenig von Verbrechen wußten – eines wurde immer klarer: Indem wir die uns zugewiesene Pflicht erfüllten, wurden wir mit unserer Haltung zum Bösen hin instrumentalisiert. In dieser Falle waren wir; das war das Entscheidende, und früher oder später wußten wir es. Wo waren die ethischen Maßstäbe mit der nötigen Reichweite für diese extremen Lagen? Wer von den Nachfahren ist sich heute dessen sicher, daß er damals die Antworten gewußt hätte? Wir versuchten als Soldaten, uns in der konkreten Situation eines jeden Tages, so gut wir es vermochten, an den persönlichen Maßstäben von Werten und von Anstand zu orientieren, mit denen wir aufgewachsen waren. Zugleich lag hier die Erfahrung von der Abgründigkeit aller endlichen Existenz, vor der das ethische Urteil versagt.

Vormarsch unserer Maschinengewehrkompanie im Herbst 1941 bei Smolensk in der Sowjetunion; vorne im Bild ein alter Freund, Hans-Lothar von Salmuth.

Aber dabei blieben wir nicht stehen. Als Soldaten waren wir zum Gehorsam verpflichtet. Darauf hatten wir den Eid schon als Rekruten geleistet, nicht in abstrakter ethischer Form, sondern persönlich auf den »Führer«. Anders und länger als die sonstigen nazistischen Größen und Instanzen schützte dies Hitler in der Wehrmacht vor dem Aufbegehren. Dennoch wurde bei uns im engen Kreis der Vertrauten genau darüber immer offener diskutiert. Was konnte für uns der Eid noch bedeuten, nach alter rechtlicher und religiöser Überlieferung ein Vertrag von Freien, der zur gegenseitigen Treue verpflichtete, wenn es an der Treue von oben fehlte?

Solche Gespräche verliefen unter uns jungen Leuten naturgemäß nicht wie eine ethische Seminarübung. Als wir einmal für kurze Zeit in einer Reservestellung lagen, trafen wir uns unter sechs Freunden in einem Gehöft. Die Wogen gingen hoch, bis einer von uns in der Erregung seine Pistole zog und auf das Hitlerbild schoß, das dort an der Wand hing. Das war ein gefährlicher Schuß, der aus dem Herzen kam, aber des Schutzes durch eine Demonstration der Solidarität bedurfte. Deshalb schoß ich mit meiner Pistole sofort hinterher, und die anderen folgten. Keiner durfte und keiner wollte sich ausschließen von dem, was geschehen war und noch hätte folgen können. Das Bild verschwand im Ofen, die Wand wurde mit einer Karte geschmückt, das Ganze gegenüber dem später eintreffenden Regimentskommandeur durch eine fingierte Keilerei drapiert.

Es blieb aber nicht bei solchen naiven Ausbrüchen der Ohnmacht. Wir waren in unserem Regiment weit weg von den Machtzentralen, und doch ging es nun vor allem um eines: um Widerstand. Zwei Offiziere waren für mich die Vorbilder und Wegweiser.

Der eine war mein schon erwähnter gleichaltriger Freund Axel Bussche. Er war es, der uns das Beispiel dafür gab, sich selbst am allermeisten zuzumuten, wenn es um die Befolgung fragwürdiger Befehle ging. Immer wieder wurde er verwundet, weil er sich am schonungslosesten exponiert hatte. Nach einer dieser Verwundungen war er vorübergehend zu einer Einheit im rückwärtigen Heeresgebiet bei Dubno in der Ukraine abkommandiert worden. Im Herbst 1942 wurde er dort mit eigenen Augen Zeuge, wie tiefe Gräben gezogen, wehrlose Menschen in Massen erschossen und in die Gräben geworfen wurden. Es waren Juden, Opfer der berüchtigten Einsatzgruppen. Als er zum Regiment zurückkehrte, berichtete er mir von diesem unvorstellbaren Grauen. Es waren tief aufwühlende Freundesgespräche. Sein Entschluß reifte heran, das eigene Leben zu opfern, sobald es zu einem Attentat auf Hitler kommen würde.

Was dafür notwendig wäre, darüber sprachen wir mit dem anderen, weitaus älteren Freund, Fritz-Dietlof Graf von der Schulenburg, Fritzi genannt, Reserveoffizier in unserem Regi-

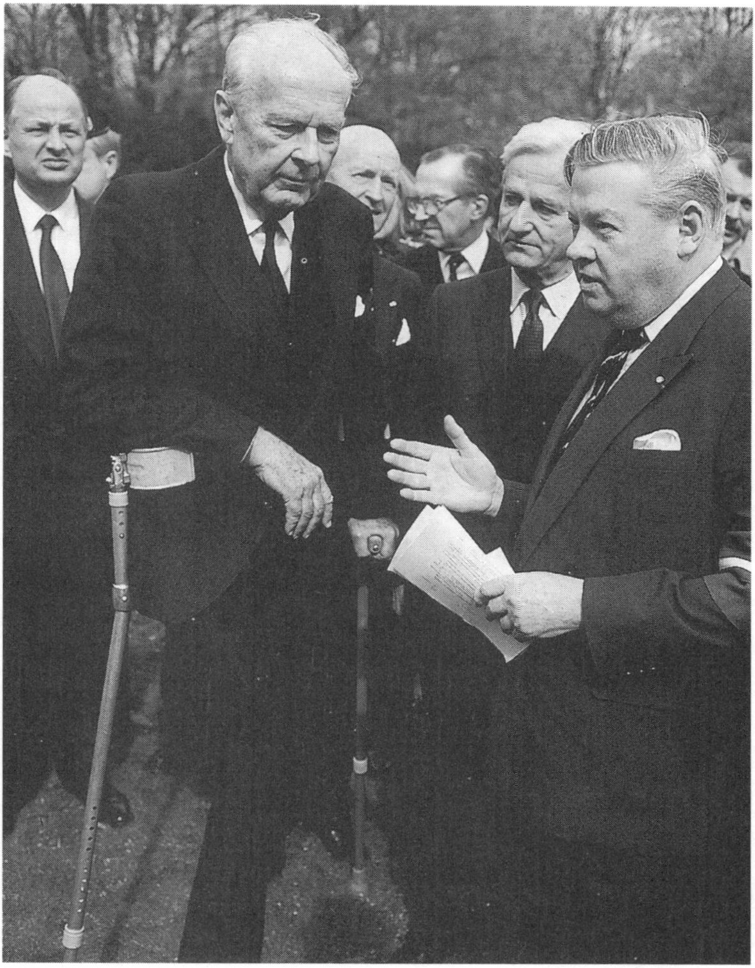

Axel von dem Bussche hatte während des Rußlandkrieges einen Massenmord an Juden in der Ukraine mit eigenen Augen gesehen. Wenig später stellte er sich dem Grafen Stauffenberg zur Verfügung, um bei einer Uniformvorführung Hitler und sich selbst in die Luft zu sprengen. Doch ein britischer Luftangriff zerstörte die Uniformen, und Bussche verlor an der Ostfront sein rechtes Bein. Wir waren Regimentskameraden und seit der Vorkriegszeit befreundet. Hier besuchten wir dänische Widerstandskämpfer an einer Gedenkstätte in Kopenhagen.

ment. Er hatte schon einen dramatischen Weg hinter sich. Auf der Suche nach einem nationalen Sozialismus war er 1932 der NSDAP beigetreten, wurde Polizeivizepräsident von Berlin und später stellvertretender Oberpräsident von Schlesien. Aber seine anfängliche Begeisterung verwandelte sich rasch in schroffe Enttäuschung. Entsetzen über Rechtsbrüche und Verbrechen führte ihn Schritt für Schritt in den Widerstand, in dem er schließlich zu einer zentralen, treibenden Führungspersönlichkeit wurde. Er war eine revolutionäre Ausnahmeerscheinung, so kompromißlos und provokant im Denken wie bedenkenlos im Handeln.

Planmäßig sammelte er Gesinnungsfreunde. Als Graf Stauffenberg in Berlin anläßlich einer Vorführung neuer Uniformen bei Hitler die Gelegenheit zu einem Attentat gekommen sah, schlug ihm Schulenburg als den gesuchten jungen Offizier Axel Bussche vor, der sich auf Hitler stürzen und sich mit ihm in die Luft sprengen sollte. Im Regimentsstab organisierte ich für Bussche die technisch schwierige, getarnte Verständigung mit Stauffenberg und die Reisepapiere nach Berlin. Er stand schon in der Zentrale bereit, als im letzten Moment ein alliierter Fliegerangriff die Uniformen zerstörte. Bussche kehrte an die Front zurück, und bevor eine neue Uniformvorführung arrangiert werden konnte, wurde er bei uns erneut so schwer verwundet, daß er ausfiel.

Schulenburg wurde vom Regiment nach Berlin zurückversetzt. Zum letzten Mal traf ich ihn im Juni 1944 während eines Heimaturlaubs in Potsdam. Ohne genaue Einzelheiten unterrichtete er mich über einen bald bevorstehenden neuen Anschlag durch Stauffenberg und besprach notwendige Schritte unmittelbar danach, für die er sich meiner Bereitschaft versicherte, sobald ich die Signale bekäme. Vier Wochen später scheiterte das Attentat des 20. Juli 1944. Fritzi wurde am selben Abend verhaftet. Vor dem Volksgerichtshof begegnete er dem schreienden Freisler mit unerschrockener Ruhe und beantwortete die Forderung nach Reue, indem er der Hoffnung Ausdruck verlieh, ein anderer werde mehr Glück haben. Am 10. August 1944 wurde dieser kühne und einzigartige Mann in Plötzensee hingerichtet.

Nach dem 20. Juli folgten auch in unserem Regiment und bei der Division Vernehmungen und Untersuchungen. Fernschreiben kamen ans Tageslicht, mit denen Bussche Monate früher für Berlin angefordert wurde, und die als Unterschrift den Namen Stauffenberg trugen. Durch unbegreifliche Wunder, Beseitigung weiterer Papiere und eisiges Schweigen von Kameraden in Verhören kamen Bussche und andere unentdeckt durch. Aber nicht alle. Am Ende hatte keine andere Einheit der Wehrmacht so viele Beteiligte am Widerstand als Opfer zu beklagen wie unser Regiment.

Die neun Monate nach dem 20. Juli bis zum Kriegsende waren nur Agonie. Wie erbittert war oft unter oppositionell Gesinnten darüber gestritten worden, ob es einen richtigen Zeitpunkt für ein Attentat auf Hitler gebe. Manche meinten, es dürfe nicht zu früh kommen, um keine zweite Dolchstoßlegende wie am Ende des Ersten Krieges entstehen zu lassen. Erst wenn die Alliierten tief genug in Deutschland eingedrungen seien, werde die Bevölkerung begreifen, worum es gehe. Ich erinnere mich an eine solche heiße, die ganze Nacht dauernde Diskussion wenige Wochen vor dem 20. Juli 1944 im Hause meines Bruders mit ihm und unserem gemeinsamen nahen Freunde Hellmut Becker. Es ist schwer erträglich, im nachhinein an diese Debatten zu denken wie auch an die vielen Hindernisse und Versäumnisse im Widerstand. Warum konnten damals kluge und tapfere Leute nicht erkennen, daß es längst nicht mehr um Legenden oder um das spätere Verständnis historischer Rollen und Taten ging, sondern um die Menschenleben eines jeden Tages? Die Zahl der Opfer in den Vernichtungslagern und bei der kämpfenden Truppe, bei Luftangriffen und auf der Flucht war in den Monaten nach dem gescheiterten Attentat größer als in der ganzen Kriegszeit davor zusammengenommen. Wir haben es nicht geschafft.

Dritter Abschnitt

Teilung Europas und Deutschlands in der bipolaren Welt

Deutschland kapituliert; bei der Familie in Lindau

Am 8. Mai 1945 hatte Deutschland bedingungslos kapituliert und war von den Siegermächten besetzt worden. Alle wurden von der nationalsozialistischen Zwangsherrschaft befreit. Verfolgte des Regimes wurden endlich von drohender Lebensgefahr erlöst. Für viele andere aber waren Not und Todesgefahr nicht vorüber. Für zahllose Menschen begann das Leid erst mit dem Ende des Krieges. Weithin war die Heimat zerstört und verloren. Ungewiß war das Schicksal der Angehörigen. Jeder, der überlebt hatte, suchte den Weg zu einem neuen Anfang.

Das Berliner Haus, in dem die Familie zuletzt gewohnt hatte, war den Bomben zum Opfer gefallen und abgebrannt. Oberhalb von Lindau am Bodensee gab es eine kleine Hühnerfarm, die von der über achtzigjährigen Mutter meines Vaters bewirtschaftet wurde. Das alte Bauernhaus machte sie nun zu einem neuen Familienrefugium für Kinder und Enkel. Dort fand auch ich die erste Unterkunft.

Auf dieser »Halde«, wie wir sie nannten, traf ich einen reinen Frauenhaushalt an, Folge des Krieges. Meine Schwester hatte mit ihren beiden kleinen Töchtern die angestammte ostpreußische Heimat ihrer schwiegerelterlichen Familie verlassen müssen und fand hier Schutz. Von ihrem Mann, seit 1944 an der Front vermißt, kam nie wieder ein Lebenszeichen. Aus Schlesiens Hauptstadt Breslau war meine Tante Olympia Weizsäcker, Frau von Viktor, dem Bruder meines Vaters, mit ihren beiden Töchtern auf die Halde gekommen; ihre beiden Söhne waren im

Krieg gefallen. Ihr Mann war interniert. Dasselbe Schicksal hatte auch meinen Bruder Carl Friedrich getroffen. Zusammen mit Otto Hahn, Werner Heisenberg, Max von Laue und einigen anderen deutschen Physikern war er auf Betreiben der USA festgesetzt und nach England verbracht worden. Diese deutschen Wissenschaftler gerieten unter den irrtümlichen Verdacht der Amerikaner, an der Herstellung einer deutschen Atombombe gearbeitet zu haben. Damals stand die amerikanische Bombe unmittelbar vor ihrer Vollendung und dem Abwurf auf Hiroshima und Nagasaki.

Im Sommer 1945 kam noch ein Flüchtlingspaar auf die Halde; es waren die Schwiegereltern meiner Schwester. Er, der alte Siegfried Eulenburg, hatte im ersten Weltkrieg das Erste Garderegiment zu Fuß kommandiert, dessen Tradition später meinem Potsdamer Regiment 9 übertragen worden war. Am Anfang des Jahres 1945 hatte er in seiner ostpreußischen Heimat drei Pferde vor einen Landauer gespannt, seine Frau in den Fond des Wagens und sich selbst auf den Bock gesetzt. So waren sie nun, die beiden Achtzigjährigen, durch ganz Deutschland bis an den Bodensee gefahren. Wer kann sich heute noch alle diese Schicksale vorstellen, wer die unermeßliche Last begreifen, die vor allem die Frauen zu tragen hatten? Sie hatten gearbeitet und gebangt, menschliches Leben getragen und beschützt. Sie trauerten um gefallene Söhne, Männer, Brüder und Freunde. Niemand, der es miterlebt und mitempfunden hat, kann ihren Schmerz, ihre Entsagung, ihre stille aufopfernde Kraft vergessen.

Während dieser ersten Nachkriegsmonate lebte man wieder einmal wie in prätechnischen Zeiten. Der Geldverkehr war dem Tauschhandel gewichen, die Zeitung durch das Gerücht ersetzt. An die Stelle eines geregelten Postumlaufs waren Pfarramtsstafetten oder fahrende Privatboten getreten. Man mußte sich auf das Lebensnotwendige konzentrieren, und das ging auch ganz gut.

Eines Oktobertages 1945 stand überraschenderweise einer dieser Privatboten vor mir in Lindau. Es war der ehemalige Führer des Nachrichtenzuges aus unserem Regimentsstab. Axel Bussche, der bald nach Kriegsende aus dem Lazarett nach Göttingen entlassen worden war, hatte ihn zu mir geschickt, um mich zum Studium nach Göttingen quasi einzuberufen. Bei der umworbenen Zulassungsstelle der Universität hatte Axel schon für mich Quartier gemacht.

So unternahm ich denn die mehrtägige Reise vom Bodensee nach Niedersachsen. Die völlig überfüllten Züge über lauter Zonengrenzen der Siegermächte hinweg erleichterten es mir entscheidend zu verbergen, daß ich keine gültigen Papiere und Passierscheine hatte. Da ich in Lindau der öffentlichen Anordnung der französischen Besatzungsmacht nicht gefolgt war, daß Wehrmachtsangehörige sich zu melden hätten, war ich von ihr auch noch nicht einmal ordnungsgemäß aus der Wehrmacht entlassen; so ist es überdies bis auf den heutigen Tag geblieben.

Seit meinen beiden Vorkriegssemestern waren sieben Jahren in Uniform und Krieg dahingegangen. In meinem Alter hatte man das Studium früher längst beendet. Jetzt kam eine seltsame Generation mit widersprüchlichen Empfindungen an die Hochschulen, unschuldig-schuldig, durch Nazizeit und Krieg verwirrt und gereift zugleich. Mit unserem Wissen war es nicht weit her. Wir hatten jedoch auch ohne vertiefte Kenntnisse ein Gefühl für Gut und Böse gewonnen, hatten wichtig von unwichtig zu unterscheiden gelernt. Nunmehr begann eine ungewohnte Freiheit, in der man sich neu orientieren wollte, sich aber auch verlaufen konnte. Einerseits war man ungeduldig, um nicht durch endloses Lernen immer älter zu werden, bevor das vermeintliche Leben beginnen konnte. Auf der anderen Seite war man neugierig und voller fundamentaler Fragen.

Wir stellten die Universität auf eine harte Probe. Was hatte sie zu bieten? Womit konnte sie uns überzeugen? Die jahrhundertealten abstrakten Gedankengebäude des Zivilrechts zum Beispiel – was hatten sie mit den Mühen des menschlichen Alltags zu tun? Was halfen die großen geistigen Entwürfe und Ideologien beim Wettbewerb um Brotkarten, Zigaretten und Kanonenöfen? Stadt und Universität waren, fünfzehn Kilometer von der sowjetisch besetzten Zone entfernt, mit Flüchtlingen überfüllt. Soweit es Studentenbuden gab, waren sie zumeist ungeheizt. Bei den Lehrveranstaltungen platzten die Hochschulräume aus allen Nähten. Wissenschaftliche Literatur in den Seminaren war kaum zugänglich. Zwangsläufig waren wir darauf eingestellt, die Realität zu nehmen, wie sie war, ganz konkret, zwar ohne Gleichgültigkeit oder gar Zynismus, aber doch voller Skepsis, zumal gegenüber der älteren Generation, also den Professoren. Sie mußten in der Schreckenszeit etwas gedacht und getan haben. Welchen Wert hatten sie in ihren Wissenschaften gefunden und praktiziert? Hatten sie irgendeine Verantwortung in der Gesellschaft übernommen?

Uns beschäftigten zunächst mehr die Persönlichkeiten als ihre Sachgebiete. Aber das ging rasch ineinander über. Die Wißbegierde steigerte sich. Wir waren wie ausgetrocknete Schwämme und suchten eben doch nicht nur das Handwerkszeug für den praktischen Beruf, sondern gültige Maßstäbe für das weitere Leben. Nicht alle, aber die führenden Köpfe des Lehrkörpers spürten es genau. Sie traten uns nicht als privilegierte Ordinarien mit Herrschaftswissen und Distanz gegenüber. Vielmehr wußten sie, daß unsere Fragen auch die ihrigen waren, die sie ganz offen an sich selbst und ihre Fachgebiete stellten. Und so wurde es eine aufregende und bewegende Zeit, in der die Universität dank einiger großer Persönlichkeiten ihre Herausforderung bestand.

Nach dem Kriegsende war es der Universität Göttingen gelungen, als erste in Deutschland den Betrieb für Forschung und Lehre wieder aufzunehmen und alsbald eine führende akademische Stellung in Deutschland zu erwerben, nicht zuletzt aufgrund der Zuwanderung aus der nahen Ostzone.

Traditionell hatte Göttingen seinen Rang der Mathematik und den Naturwissenschaften zu verdanken. Die bedeutendsten deutschen Mathematiker der letzten 150 Jahre, Carl Friedrich Gauß und David Hilbert, hatten hier gelehrt. An die große Überlieferung der Göttinger Physiker, unter ihnen James Franck und Max Born, knüpfte nun die Max-Planck-Gesellschaft an. Diese bei weitem größte und wichtigste deutsche Forschungsgesellschaft verlegte jetzt ihren Sitz nach Göttingen. Im Jahre 1946 habe ich dort noch einen der letzten Vorträge des greisen Max Planck gehört. Mit den Nobelpreisträgern Otto Hahn, Werner Heisenberg, Max von Laue, Adolf Windaus und mit anderen hervorragenden Forschern und Lehrern, unter ihnen mein Bruder Carl Friedrich, bildete sich rasch ein starker naturwissenschaftlicher Anziehungspunkt für das In- und Ausland.

Insgesamt wurden es Jahre einer wachsenden Symbiose zwischen Natur- und Geisteswissenschaften. Physiker philosophierten, Theologen interessierten sich für die Quantentheorie, in der Medizin wurde über Psychosomatik debattiert. Wer als Spezialist etwas auf sich hielt, suchte nach seinem persönlichen Beitrag für das Allgemeine. Und für die zahlreichen interessierten Studenten aller Fakultäten wurde es eine Blütezeit des Studium generale, getragen von einigen außergewöhnlichen akademischen Lehrern.

Einer von ihnen war der Anglist Herbert Schöffler. Er

brachte uns nicht nur sein Spezialgebiet nahe, mit dem man immer durchs Leben kommt, nämlich William Shakespeare. Vor allem verhalf er den Studenten dazu, in ihrer tiefen Abneigung gegen die verderblich mißbrauchte Idee einer Volksgemeinschaft in der Nazizeit nun nicht in das Gegenteil einer völligen Vereinzelung zu verfallen. Gewiß bedurfte es keiner großen Anstrengung, uns als Kriegsgeneration gegen übersteigerte Ehrbegriffe und das Satisfaktionsprinzip des alten Waffenstudententums einzunehmen. Von Verbindungen wollte kaum einer von uns etwas wissen. Schöfflers Ziel aber war es, den Zugang zu einem Gemeinsinn ohne seine überlieferten Fragwürdigkeiten freizulegen. Das war damals eine Leistung, an die ich später oft denken mußte, je mehr sie sich im Laufe der Jahrzehnte verlor.

Der allzu früh verstorbene Schöffler hat uns auch ein unscheinbares, besonders köstliches Büchlein hinterlassen, die »Kleine Geographie des deutschen Witzes«. In der Form einer vergleichenden Typenlehre des Witzes schuf er ein überzeugendes und hilfreiches Mittel der Völkerpsychologie. Er entwickelte damit sein Verständnis der Kulturen als die Kunst, Zusammenleben zu lernen.

Eine der großen und glanzvollen Göttinger Erscheinungen war der Historiker Hermann Heimpel. Gemäß seiner ständigen Suche nach einem »feinen oder doch wenigstens nervösen Gewissen« setzte er sich mit der Geschichte des späten Mittelalters ebenso sensibel auseinander wie mit dem Zwiespalt seiner eigenen Generation in der ersten Hälfte unseres Jahrhunderts. Seine Vorlesungen brachten mir jenen Stoff eindringlich nahe, den mein gefallener Bruder Heinrich sich in seinem Herzen erwählt hatte. Heimpels Kollegs waren voll tiefen Ernstes und zugleich quasi künstlerische Feste der Kommunikation. Bei ihm konnte man lernen, was ihn selber bewegte: Geschichte zu lieben, ohne zu verkennen, wie schwer es ist, sie zu verantworten.

Auch in der evangelisch-theologischen Fakultät widmeten sich akademische Lehrer mit Leidenschaft der Aufgabe, ihr Fach und die Zeit aufeinander zu beziehen. Hans-Joachim Iwand berichtete vom Kirchenkampf gegen die »Deutschen Christen« mit ihren braunen Hintergründen, an dem er aktiv teilgenommen hatte. Friedrich Gogarten behandelte als Thema die Kirche; er wurde neben und abweichend von Karl Barth für die Begründung der dialektischen Theologie von ausschlaggebender Bedeutung. Es war aber nicht leicht, seinen Gedankengängen zu folgen. Wenn ich ihm zuhörte, mußte ich an die von Werner Heisenberg empfohlene Maxime für einen geistreichen und schwierigen Vortrag denken: Ein Drittel solle sich durch leicht verständliche, beinahe triviale Gedankenführung auszeichnen; ein zweites Drittel sollte anspruchsvoll und schwer, aber doch von bleibender, konstruktiver Verständlichkeit geprägt sein; das letzte Drittel hingegen sollte allen Zuhörern bis an ihr Lebensende unbegreiflich bleiben. Mit Physik hatte es Werner Heisenberg, der Freund meines Bruders Carl Friedrich, bei mir nie versucht. Dafür habe ich um so besser bei ihm Tischtennis spielen gelernt und mit größter Freude seinem vorzüglichen Klavierspiel zugehört. Diese Künste gehörten also zu seinem zweiten Drittel.

Einen starken Eindruck hat der Alttestamentler Gerhard von Rad auf mich gemacht. Ihm verdanke ich das Verständnis von der Kraft der Erinnerung in der menschlichen Existenz, wie sie in einem religiösen Sinn der jüdische Glaube vielleicht am tiefsten erfaßt, für den der Glaube an Gott der Glaube an Gottes Wirken in der Geschichte ist. Das Alte Testament, die Bibel der Juden, ist zugleich ihr Geschichtsbuch. Ihre Erinnerung ist demzufolge ihre Erfahrung von Gottes Wirken in ihrer eigenen Geschichte und damit zugleich ihre Hoffnung auf Erlösung, das heißt auf die Überwindung des Zwiespältigen, auf Wiedervereinigung des Getrennten. Erinnerung heißt in diesem Sinne für sie das Geheimnis der Erlösung. Wer aber vergißt, verliert den Glauben.

Im stets überfüllten Auditorium maximum gab es Publikumsvorlesungen aller Art. Der Rektor der Universität, Ludwig Raiser, brachte uns die Grundzüge der gesellschaftsrechtlichen Mitbestimmung nahe; mit ihr hatte ich bald darauf beruflich viel zu tun. Der berühmte Philosoph Nicolai Hartmann las mit großer Klarheit über Ethik und Ästhetik, aber Heidegger hätte uns wohl mehr fasziniert. Der Slawist Maximilian Braun begründete in mir die seither nie mehr revidierte Überzeugung, daß ich unter allen Beiträgen zur Weltliteratur des 19. Jahrhunderts erst zu allerletzt auf die russischen verzichten könne. Mein Bruder Carl Friedrich hielt eine Vorlesung über die Geschichte der Natur; es war ein gewagter und gewaltiger interdisziplinärer Ausblick auf das Ganze, über den heftig diskutiert wurde.

All das mag den Anschein erwecken, als hätte damals ein Jurastudent auf die trockene und nüchterne Ausbildung im eigenen Fach weitgehend verzichten können. Ganz so war es natürlich nicht. Man machte seine Übungen, jagte den Scheinen hinterher und ging zum besten Repetitor. Dennoch suchten und fanden wir den Spielraum, um der weiten Welt der Gedanken und Erfahrungen auch ohne direkten Bezug zu einem späteren Beruf zu begegnen.

Daß ich so wenig von meiner eigenen, der rechtswissenschaftlichen Fakultät berichte, hat seinen Grund in den Anfangsschwierigkeiten, die das Jurastudium oft bietet. Was man da alles in seinem glorreichsten Sektor, dem Bürgerlichen Recht, hörte, war eine Fülle komplizierter Einzelheiten ohne leichtverständlichen Zusammenhang. Daß sie sich in ein systematisches, imponierendes Großbauwerk einfügen, das den Menschen ein humanes Zusammenleben sichern soll, wurde nur äußerst langsam sichtbar. Und auch etwas anderes, wonach es uns verlangte, nämlich eine begründete Zuversicht, daß es im Strafrecht um das erreichbare Höchstmaß von Gerechtigkeit unter Menschen geht, wurde uns bei der Pedanterie der minuziösen einzelnen Straftatbestandsmerkmale kaum unmittelbar zugänglich.

Viele der Professoren brillierten mit ihrem Scharfsinn, um

den Gedankengebäuden der Kollegen die »richtige Meinung« gegenüberzustellen, also ihre eigene, zumeist ebenso subjektive. Oft war es eine spitzfindige, ziemlich abstoßende Rechthaberei. Gerade in der Rechtswissenschaft hätten sich doch die Selbstkritik im Blick auf die jüngste Vergangenheit und die Suche nach einem orientierenden Neuanfang deutlich und verständlich Gehör verschaffen sollen. Das war es, wonach wir durch den Krieg geprägten Studenten suchten; zu viele ließen uns dabei allein und in der Schwebe.

Es gab gewichtige Ausnahmen. Zu ihnen zählten der Staats- und Kirchenrechtler Rudolf Smend und der Privatrechtslehrer Franz Wieacker. Dieser machte uns die wechselseitige Bedingtheit des peniblen Details und des ethisch-rechtlichen Ganzen begreifbar. Er ließ uns nicht nur verstehen, wie sehr das Recht von der ganzen Kultur seiner Zeit geprägt ist, sondern in einem wie unersetzlich hohen Maß die Kultur ihr Wesen im Recht findet und ausdrückt. Sein großes Thema nannte er die Privatrechtsgeschichte der Neuzeit. In Wahrheit war es die denkbar überzeugendste Kulturgeschichte, die uns dieser zarte und liebenswerte Mann nahebrachte.

Es gab noch einen anderen Hochschullehrer, der sich meiner Fragen nach Unrecht, Gerechtigkeit und zivilisatorischer Entwicklung annahm. Weder war er Jurist, noch lebte er in Göttingen. Es war Viktor von Weizsäcker, der Bruder meines Vaters, Kliniker in Heidelberg und Begründer der psychosomatischen Medizin in Deutschland. Bei ihm ging es gleichsam leiblich denkend zu. Seine weit vorausgedachten neuen Ansätze für die Allgemeine Medizin kann ich nicht sachgemäß schildern. Er hatte zugleich tief in die Religion und Philosophie, in die soziale und rechtlich verfaßte Gesellschaft hinein geforscht. Im engen geistigen Austausch mit dem Heidelberger Rechtsphilosophen und Weimarer Reichsjustizminister Gustav Radbruch hatte er eine ethische Denkweise entwickelt, die mir verständlicher war als die Lektionen der meisten juristischen Fachgelehrten. Diesem

Onkel, der drei seiner vier Kinder verloren hatte und mich mit meinen Fragen wie einen eigenen Sohn aufnahm, verdanke ich viel von der Lebenshilfe, um die es uns damals neben der fachlichen Berufsausbildung ging.

Eine Universität kann nicht alles. Was sie aber für den Horizont einer Generation beizutragen vermag, das hat uns die Göttinger Georgia Augusta in einem Maße erschlossen, für das wir lebenslang mit ihr verbunden bleiben. Man hat uns getreu der Devise Georg Christoph Lichtenbergs, des großes Göttingers aus der Frühzeit der Universität, unterwiesen: »Man muß die Menschen lehren, *wie* sie denken sollten, und nicht ewig hin, *was* sie denken sollten.« Für diese Botschaft weckte man unsere Leidenschaft.

Es ist schwer, das Lebensgefühl verschiedener Zeiten und Generationen miteinander zu vergleichen. Auch lehrt die Erfahrung, daß Eltern und Großeltern zumeist nicht sehr weit kommen, wenn sie von den Entbehrungen und Glücksgefühlen ihrer eigenen Ausbildungszeit sprechen, um damit den jungen Menschen der Gegenwart erzieherisch zu helfen. Man kann nur absichtslos berichten.

Gewiß waren die materiellen Lebensbedingungen in diesen ersten Nachkriegsjahren dürftig. Schwer zu ertragen war dies nicht, weil alle gleichermaßen davon betroffen waren. Viele liefen in abgetragenen und umgefärbten Uniformteilen herum. Übergewichtsprobleme hatte niemand. BAföG war eine unbekannte Vokabel. Man hatte und brauchte wenig. Gewitzte Leute lebten, wie immer in solchen Zeiten, vom Schwarzhandel. Andere verdingten sich als abendliche Hilfsarbeiter oder gaben Nachhilfeunterricht. Meine erste Einnahmequelle war der Bayerische Rundfunk. Das dortige Nachtstudio unter seinem hervorragenden Leiter Gerhard Szczesny sendete interessante kulturpolitische Programme und beschäftigte freie Fern-Mitarbeiter, zu denen ich mich mit Berichten über das Leben der Kriegsgeneration an den Universitäten zählen durfte.

Viktor Weizsäcker war ein jüngerer Bruder meines Vaters. Als Professor in Heidelberg und Breslau, wo er Studien über eine anthropologische Medizin und Sozialmedizin betrieben hatte, arbeitete er an einer radikal veränderten Vorstellung von Krankheit. Er wurde einer der Begründer der Psychosomatik.

Politisch waren die Zeiten unruhig. Die Siegermächte bewegten sich auf den Kalten Krieg zu. Die Atmosphäre war oft voller Gerüchte. Manche von uns hatten halbgepackte Rucksäcke unter dem Bett, um wieder auf die Wanderschaft zu gehen, falls sowjetische Truppen nach Westen vorstoßen sollten.

Noch hatten die Besatzungszonen keinen staatlichen Teilungscharakter angenommen. Mit der Zeit aber schlossen uns ihre Grenzen zwischen Ost und West immer hermetischer gegeneinander ab. Das erlebte ich auch einmal am eigenen Leibe. Wir hatten zum Studium fast keine Literatur. Es hieß bei uns, daß man in Halle oder Leipzig bei wissenschaftlichen Antiquariaten für billiges Geld etwas finden könne. Also machte ich mich von Göttingen aus auf einen nächtlichen Schleichweg über die grüne Grenze in die Ostzone. Aber er endete bei schießenden Grenzposten des Ostens und in einem Quasi-Gefängnis, einem Haus im Wald mit zwei Stockwerken, oben die Frauen, unten die Männer, alles erwischte nächtliche Grenzgänger. Wie sollte man da wieder herauskommen?

Auf halber Treppe traf ich mich mit einer anziehenden und willensstarken jungen Frau. Wir machten einen Plan. Sie sollte mitten in der Nacht ein großes Geschrei anfangen, den russischen Posten dann erklären, sie sei schwanger und schon in Wehen, habe schweres Gepäck, ihr Bräutigam sei unten im Haus und müsse sie mit ihren Sachen zum nächsten Arzt bringen. Alles geschah, wie besprochen und erhofft. Die Wachtposten wollten Ruhe im Haus. Ich wurde als Bräutigam alarmiert, und wir wurden beide in die Nacht entlassen. Nach zwölf Stunden kam diese meine erste Verlobungszeit, geprägt nur durch schweres Kofferschleppen für eine charmante und gewitzte junge Dame, auf dem nächsten Bahnhof zu ihrem planmäßigen Ende. In Halle fand ich die gesuchten Bücher und konnte weiterstudieren.

Diese Studienjahre gleich nach dem Krieg waren für uns eine erfüllende und prägende Epoche des Lebens. Noch einmal nach der Soldatenzeit boten sie die Gelegenheit, einen Freundeskreis zu finden, der immer bestehenblieb. Im vorgerückten Alter sagte einmal jemand über mich, das Beste an mir seien meine Freunde. Etwas Schöneres hätte er gar nicht sagen können.

Axel Bussche war die moralische Autorität und der überzeugende Repräsentant unserer Generation. Schon im ersten Nachkriegssemester war er zum Asta-Vorsitzenden gewählt worden. In einem großen Diskussionsvortrag sprach er über das Thema »Eid und Schuld«. Die Universitätsleitung, aber auch die britische Besatzung taten gut daran, seinen Ratschlägen zu folgen. Leider blieb er uns nur kurz in Göttingen erhalten. Sehr bald wurde er nach England eingeladen. Mit seiner Hilfe kam es zu einem ersten Brückenschlag zwischen den Kriegsgenerationen der eben noch verfeindeten Völker. Es war überdies damals sehr schwer, ins Ausland zu reisen. Ein angesehener Juraprofessor, später Richter am Europäischen Gerichtshof, hatte mich zu zwei Semestern in die Schweiz nach Lausanne eingeladen. Ich erhielt aber, wie es damals üblich war, kein exit permit.

Einer der Freunde aus der Göttinger Zeit ist Klaus Ritter. Wir kannten uns schon aus dem Krieg. Er war Jurastudent wie ich, aber mit stärkeren philosophischen Neigungen. Seine Doktorarbeit schrieb er über »Naturrecht und Positivismus«, ein Fundamentalthema der Rechtsphilosophie. Sinngemäß schrieb sein Doktorvater unter die Arbeit, er habe sie nicht verstanden und bewerte sie daher mit ausgezeichnet. Dies war ein Ausdruck seiner Ehrlichkeit und seines hohen Respekts vor der eminenten Qualität seines Doktoranden. Später wurde Klaus Ritter ein wahrer Pionier in der wissenschaftlichen Politikbearbeitung. Das gab mir zu meinem Glück die Chance, eine engverwandte berufliche Blickrichtung mit der steten persönlichen Nähe zu verbinden. Mit keinem meiner Freunde habe ich durch alle Lebensphasen hindurch einen so kontinuierlichen und für mich immer erhellenden Gedankenaustausch über die Grundstrukturen der internationalen Politik gehabt wie mit ihm. Sein vom Herzen erwärmter Verstand ist eine wunderbare Gabe.

Mein Freund Klaus Ritter, den ich schon aus Kriegszeiten kannte, war der Pionier der unabhängigen wissenschaftlichen Politikberatung in Deutschland mit dem von ihm gegründeten Institut in Eggenberg bei München. Sein vom Herzen erwärmter Verstand ist eine große Gabe.

In der Studentenzeit entstand die Freundschaft mit Hartmut von Hentig. Unsere Väter waren Kollegen im alten Auswärtigen Amt gewesen, ohne sich dort je besonders nahegekommen zu sein. Das haben wir in unserer Generation gründlich verändert. Er ging streng mit sich um und hatte es folglich nicht leicht. Eines Tages erwischte er unterwegs durch Hitchhiking einen amerikanischen Wagen mit Thornton Wilder als Insasse. Dieser Dichter und Menschenfreund stand ohnehin schon im Mittelpunkt unserer dankbaren Gefühle. Nun trug er auch noch dazu bei, dem ihm unbekannten jungen Deutschen einen Zugang in die USA für einen zweijährigen Studienaufenthalt zu öffnen. Diese Tat und die folgende Zeit haben Hentig unendlich gutgetan. Im Lauf der Jahrzehnte machte er sich als Pädagoge einen großen Namen in der Bildungsforschung und -praxis. Stets habe ich dafür als entscheidend sein ursprüngliches, ihn bewegendes

Hartmut von Hentig, Freund aus Studienzeiten, Altphilologe und ein führender Pädagoge in Deutschland, schuf neue Ausbildungswege, um junge Menschen zu Selbständigkeit und zu eigenen Urteilen zu inspirieren.

Studienfach angesehen: das alte Griechenland. Wer hat es heutzutage schwerer als der Pädagoge? Hentig hat sich nie fesseln lassen. Mit seiner Willenskraft und Phantasie hat er es immer wieder vermocht, neue Wege zu finden, Modelle für die Ausbildung zu schaffen, Menschen zur Selbständigkeit und zu eigenen Urteilen zu inspirieren und mit ihnen etwas zum Besseren zu wenden.

Die Brüder Peter und Konrad Kraske waren mir auch schon aus der Militärzeit vertraut. Peter wurde in Göttingen Theologe. Die Taufpredigten, die er bei dreien von unseren vier Kindern gehalten hat, sind ein geistliches Fundament der Familie geworden. Bei unserem Sohn Fritz, dem jüngsten, übernahm er das Patenamt. Sein jüngerer Bruder Konrad wurde Historiker. Seine Begabung zum Schreiben war außergewöhnlich. Noch heute steht er bei mir in dem Verdacht, seine vorzügliche Doktorarbeit über Martin Luther in einer Nacht geschrieben zu haben. Aus unserem Göttinger Kreis war er der erste, der die Politik zum Gegenstand seiner aktiven Tätigkeit machte. Er wurde Mitglied des Bundestages und versah mit hoher Kompetenz und Integrität eine der heikelsten Aufgaben in unserer Parteiendemokratie, nämlich das Amt des Generalsekretärs in einer großen Volkspartei.

Der jüngste unter uns war Wolfgang von Buch. Er stammt aus der brandenburgischen Uckermark. Als Fünfzehnjähriger war er noch in der letzten Phase zum Kriegsdienst eingezogen worden. Nachdem er in der russischen Gefangenschaft um ein Haar verhungert wäre, kam er an die Universität, noch immer für alles zu jung und zugleich voller Reife des Wesens. Es schien so widersprüchlich und war doch für ihn so charakteristisch, daß er sich mit dem systematischen Erlernen der juristischen Denksysteme lange Zeit schwertat, aber zugleich zur lebenspendenden menschlichen Stütze unseres geistig bedeutendsten Rechtsgelehrten wurde, des schon erwähnten Professors Franz Wieacker. An Wolfgang Buch, der seit langem als Rechtsanwalt tätig ist, lerne ich immer von neuem, daß die Rechtskenntnisse nur das Werkzeug, aber nicht die Sache selbst sind, wenn es um Recht und Gerechtigkeit unter Menschen geht.

Es war ein angefülltes und bisweilen turbulentes Leben im Freundeskreis. Solange die Besatzungsmacht noch einigermaßen streng durchgriff, wurden die Abende vom sogenannten »curfew« beherrscht: nach zweiundzwanzig Uhr abends durfte sich kein Deutscher mehr ohne Sondererlaubnis auf der Straße sehen lassen. Wir waren aber mit unseren abendlichen Meetings um diese Zeit oft noch nicht am Ende. Also blieb man nicht selten bis zum Ende des »curfew« zusammen, also bis sechs Uhr morgens. Ratespiele waren ein beliebter Zeitvertreib. Man mußte zum Beispiel Begriffe verständlich machen, ohne sie mit Worten zu erläutern. Einmal fiel mir die Aufgabe zu, »Opium für das Volk« darzustellen. Ich legte eine brennende Zigarette auf eine Bibel, aber keiner löste dieses einfache Rätsel. Ein anderes Mal mußte Ritter das »Nichts« raten; dazu mußte er Fragen stellen, die wir mit ja oder nein zu beantworten hatten. Also konnte gefragt werden, ob die zu ratende Sache im Raume anwesend, ob sie groß, lebendig, dem Tierreich angehörig sei und so weiter. Seine erste Frage lautete: »Abstrakt? Konkret?« Über die richtige Antwort stritten Hentig und ich stundenlang, buchstäblich solange, bis der »curfew« vorbei war. Wir streiten uns noch heute darüber.

Unvergeßliche Abende verbrachten wir im Göttinger Theater. Intendant war dort Fritz Lehmann, der große Oratoriendirigent. Durch ihn und alle Künstler wurde für uns unkundige und hungrige Kunstschüler die Welt der sprechenden und musizierenden Bühne in einzigartiger Weise offenbart. Wir erlebten den »Mord im Dom« von T.S. Eliot, »Die Fliegen« von J.P. Sartre, »Wir sind noch einmal davongekommen« von Th. Wilder, die Stücke von E. O'Neill, T. Williams, B. Brecht und anderen. In den ersten zwei Nachkriegsjahren inszenierte Lehmann die fünf großen Mozartopern, den Fidelio, zweimal Verdi (Macht des Schicksals und Maskenball), die Carmen und den Rosenkavalier. Auf den hintersten Plätzen gab es für uns Karten zum Preis von einer Mark. Wir besuchten jede der Opern, sooft es die Zeit zuließ, und haben sie auf diese Weise wirklich zu einem Teil unseres Inneren gemacht – ein lebenslanger Schatz, nur mit dem Nachteil, daß man immer leise mitsingen möchte, wenn man sie wieder einmal hört. Meine Frau schätzt dies gar nicht, und sie hat natürlich vollkommen recht.

Vielen Kommilitonen aus der damaligen Studienzeit bin ich später wieder begegnet: Dem Max-Weber-Forscher Wilhelm Hennis, von dem ich über die Programmatik der politischen

Parteien Entscheidendes gelernt habe; Wolter Russell, dem wunderbaren Arzt und menschlichen Wohltäter in Bonn; Horst Ehmke und Peter von Oertzen in der Politik; Uwe Jessen, dem späteren Gerichtspräsidenten in Berlin; Schroeder-Hohenwarth in der Wirtschaft. Sie alle und viele andere haben die ersten Jahre nach dem Krieg nutzen können, um eine geistige Lebensgrundlage zu gewinnen, die sie mit Göttingen verbindet.

Im politischen und wirtschaftlichen Leben trat die erste große Zäsur mit der Währungsreform im Sommer 1948 auf. Die Zeit des wertbeständigen Geldes begann; freilich hatte man es nicht. Jeder mußte nun irgendwie anfangen, auch im privaten Leben das Wirtschaften zu erlernen. Am Tage der Währungsreform bekam man pro Kopf vierzig DM. Abends hatte ich nichts mehr davon, denn ich hatte mir einen passablen gebrauchten Anzug und ein Secondhand-Fahrrad dafür gekauft.

Für mich aber trat eine Unterbrechung in anderer Form auf, die mit dem weiteren Schicksal meiner Eltern zusammenhing.

Hilfsverteidiger im Nürnberger Prozeß des Vaters

Mein Vater war 1943 als Botschafter an den Vatikan versetzt worden, in dessen Mauern er auch nach dem Kriegsende Gastrecht behielt. Zu einem ersten Nachkriegswiedersehen mit ihm kam es für mich im Winter 1945/46 in Nürnberg. Unter dem zugesicherten Geleit der Alliierten war mein Vater dorthin als Zeuge für den sogenannten Hauptkriegsverbrecherprozeß geladen worden.

Marion Dönhoff, Axel Bussche und ich beschlossen in Göttingen, nach Nürnberg zu fahren, um uns ein eigenes Bild vom gerichtlichen Umgang mit der Nazizeit zu machen. Unterwegs besuchten wir Martin Niemöller, einen der frühesten KZ-Häftlinge aus dem kirchlichen Bereich. Meine Mutter stand ihm nahe. Mit dem ihm eigenen, unvergleichlichen Feuer suchte er im Gespräch mit uns nicht nach alliierten Kommandos, sondern nach deutschen Impulsen für einen moralischen Neubeginn. Ohne Niemöller fuhren wir weiter nach Nürnberg. Die kostbare mittelalterliche Stadt, die vor allem aus Fachwerkhäusern bestanden hatte, war weithin zerstört.

In vollem Glanz aber prangte der wilhelminische Justizpalast, bereit, die Lebenden zu richten. An seinem Eingang standen zwei amerikanische Panzer mit Besatzung. Marion Dönhoff erinnert sich, daß Axel und ich im Auto laut aufbegehrten: »Die raus, wir rein.« Marion blickte leicht entsetzt angesichts unserer offenbar noch ungestillten soldatischen Triebe. Aber wir wollten natürlich nicht den Krieg fortführen. Uns bedrückte eine Entwicklung, in der die Entnazifizierung eine Sache der Siegermächte zu bleiben drohte. Wir empfanden es als eine Aufgabe der Deutschen, über Verbrechen zu Gericht zu sitzen, deren Opfer Menschen vieler Nationen geworden waren, darunter nicht minder auch die eigenen Landsleute. Es sollte am Ende doch nicht allein bei dem Stichwort »reeducation« als Ausdruck amerikanischer Besatzungspolitik gegenüber den Deutschen bleiben! Der amerikanische Hauptankläger Robert Jackson schrieb nach den Nürnberger Prozessen im Januar 1950, eine Überantwortung der Verfahren an die Deutschen hätte alle frei ausgehen lassen. Wirklich? Hätte eine Aburteilung der wahren Verbrecher nach deutschem Strafrecht die Besinnung in Deutschland nicht weit mehr gefördert und das Rechtsbewußtsein weniger strapaziert – Siegerjustiz? –, auch wenn es schwer gewesen wäre, kurzfristig befähigte deutsche Richter zu finden? Die Entwicklung lief anders.

Doch stand für mich die Reise nach Nürnberg ganz unter dem Eindruck des Wiedersehens mit dem Vater. Die grauenhaften Jahre hatten ihn tief gezeichnet. Alles war für ihn vergeblich gewesen: dem Ausbruch der Gewalt zu wehren, den Flächenbrand über ganz Europa zu dämmen, den Lauf des Krieges wenigstens zu kürzen, dem Verbrechen in den Arm zu fallen, schließlich die Zerstörung des eigenen Landes und die Belastung seines Namens aufzuhalten.

Seinem Wesen gemäß hatte mein Vater sich stets gescheut, den Empfindungen seiner Seele frei sichtbaren Lauf zu geben, die sein Leben von Grund auf bestimmten. Nun aber überwältigten sie ihn beim Wiedersehen, in Gedanken an das Inferno, an den Sohn und den Schwiegersohn, die nicht wiedergekommen waren, an die allein gebliebene Tochter, an die Trümmer in den Herzen der Menschen.

Doch er wollte mithelfen, wo es noch möglich war. Als freier Mann war er nach Nürnberg gekommen, um auszusagen, was er wußte. Er arbeitete an Entwürfen für eine Verfassung im eigenen Land und für die Gestalt eines künftigen Europa. Er beschrieb die unselige Diskrepanz zwischen öffentlicher und privater Moral. Es drängte ihn mit Macht zur endgültigen Rückkehr nach Deutschland.

Zunächst kehrte er nach seiner Zeugenaussage vor dem Internationalen Tribunal noch einmal nach Rom in den Vatikan zurück. Nachdem ihm, wie schon zuvor die Amerikaner, dann auch die französischen Behörden einen freien Aufenthalt in ihrer Besatzungszone zugesichert hatten, verließen die Eltern Anfang 1947 die Heilige Stadt und nahmen ebenfalls auf der Halde bei Lindau ihr bescheidenes Quartier.

Im Juli 1947 wurde mein Vater zu erneuten Aussagen nach Nürnberg eingeladen, wozu er sich ohne Zögern bereit fand. Dort wurde er aber sofort nach seiner Ankunft verhaftet. Es folgten Verhöre, Angebote und schließlich Anklagen mit einem Prozeß, der bis 1949 dauerte. Die Freiheit wurde meinem Vater erst im folgenden Jahr wiedergegeben.

Dieser Prozeß fand damals in Deutschland wie auch international große Aufmerksamkeit. Ich unterbrach mein Studium und zog nach Nürnberg. Obwohl ich erst Jurastudent im fünften Semester war, wurde ich von der amerikanischen Justiz formell als

Im Nürnberger Gerichtssaal 1948. Als der »Spiegel« dieses Bild veröffentlichte, das meinen Vater mit mir in der Anwaltsrobe zeigt, betitelte er es nach einem damals allgemein bekannten Schlager: »Open the door, Richard!«.

Assistent der Verteidigung zugelassen, in der ich nun eineinhalb Jahre mitarbeitete. Mein Vater war darüber zunächst sehr beunruhigt; denn er wollte ganz und gar nicht, daß ich ihm meine Zeit opferte und um seines Verfahrens willen meinen Weg ins Berufsleben verzögerte. Für mich aber war es wahrlich alles andere als ein Opfer. Es brachte ein unersetzliches, zentrales Kapitel meines Lebens mit sich. So schwer die Zeit, so menschlich erfüllend war sie. Im intensiven, oft täglichen Zusammensein mit dem eigenen Vater wuchs eine tiefe innere Bindung. Im übrigen erhielt ich einen zeitgeschichtlichen Unterricht von einer prägenden Eindrücklichkeit, wie sie kein abstraktes Studium je hätte bieten können.

Bei den Aufgaben der Verteidigung wirkten wir in einem

Kreis von Freunden zusammen. Gemeinsam mit dem amerikanischen Anwalt Warren E. Magee leitete Hellmut Becker unser Team. Aus seiner Studienfreundschaft mit meinem Bruder Carl Friedrich waren enge menschliche Bande mit unserer ganzen Familie gewachsen. Mit seiner hohen kritischen Intelligenz und seiner nie ermüdenden Arbeitskraft steuerte er uns durch das Verfahren. Sigismund von Braun war zur Mitarbeit bereit; auch er war ein Freund der Familie und zuletzt als Diplomat an der Vatikanbotschaft tätig. In der Bundesrepublik wurde er später unser Botschafter in Paris, London und bei den Vereinten Nationen, sodann Staatssekretär im Auswärtigen Amt. Aus dem Kreis der früheren Mitarbeiter meines Vaters war Albrecht von Kessel für mich zu einem nahen Freund geworden. Er half uns von außen in Nürnberg, so wie er schon zuvor meinem Vater in den schwierigsten Amtszeiten zur Seite gestanden hatte. Er gehörte zum engsten Kreis derer, die als Diplomaten am Widerstand gegen Hitler teilgenommen hatten. Sein Mut, seine Klugheit und seine Kultur machten ihn beim Wiederaufbau des diplomatischen Dienstes nach dem Krieg zu einer menschlichen und politischen Zentralfigur.

Exemplarische Bedeutung für das Verstehen einer so unbegreiflichen Zeit erhielt durch den Prozeß gegen meinen Vater vor allem eine Frage: War es möglich, war es überhaupt denkbar, den Charakter und die Verbrechen des Regimes zu verabscheuen, ja zu bekämpfen, und ihm dennoch zur Verfügung zu stehen? Konnte dies unter bestimmten Voraussetzungen geradezu geboten sein? Oder war es schlechthin nicht zu rechtfertigen? Welchen Preis mußte einer bezahlen, der im Amt blieb, also mitwirkte, um auf die Entwicklung in seinem Sinne verändernd einzuwirken oder um wenigstens Schlimmeres zu verhüten? Was konnte es überhaupt heißen, Schlimmeres verhüten zu wollen, da doch das undenkbar Schlimmste geschah? Und so argumentierten denn die Ankläger, daß einer, der nun vorgab, das geringere Übel gesucht zu haben, in Wahrheit nur für sich selbst das geringere Übel gewollt habe.

In einem Strafprozeß geht es um Schuld oder Unschuld eines Angeklagten, also am Ende nicht um das politische Urteil über eine Zeit, sondern um das menschliche Verhalten einer Person. Von Anfang an war ich aber in Nürnberg der Überzeugung, daß kein vernünftiges Verständnis erreichbar sein werde, wenn man versuchen würde, das eine vom anderen zu trennen. Das Gericht sollte seinerseits ein wahres Bild des Menschen gewinnen. Die Verteidigung mußte sich aber auch vorbehaltlos bei der Analyse der politischen Verhältnisse beteiligen.

Das war notwendig und zugleich ungemein schwierig. Schon die europäische und deutsche Geschichte war den drei amerikanischen Richtern reichlich unbekannt. Erst recht blieben die Lebensverhältnisse unter einer Bespitzelungsdiktatur diesen Bürgern einer stets freien Demokratie im Grunde bis zuletzt ein Buch mit beinahe sieben Siegeln.

Hinzu kamen auch bei der öffentlichen Diskussion in Europa Meinungsfronten mit einer Mischung alter und neuer Vorurteile an die Oberfläche: Luther – Bismarck – Hitler = eine konsequente Linie? Wer speziell bei den Deutschen immer schon ganz typische Gefahren vermutet hatte, den übersteigerten Nationalismus, den Militarismus, die Abneigung gegen Demokratie, wer in den zwanziger Jahren selbst bei Politikern wie Stresemann und Groener solche Neigungen entdeckt zu haben glaubte, der konnte offenbar den Nazismus nur als die schlüssige Vollendung jener tödlichen deutschen Schwächen sehen. Wer generell so dachte wie zum Beispiel der bekannte damalige Chef der britischen Diplomatie, Lord Robert Vansittart, der die Deutschen nun einmal für moralisch haltlos hielt und verkündete: »No sane man can trust Germans«, der konnte es nur als Ausrede deuten, wenn ein Deutscher, wie mein Vater, bekundete, er habe Hitler immer als etwas uns Fremdes empfunden.

Es war ja auch alles unvorstellbar grauenhaft genug, was geschehen war. Uns konnte es primär keineswegs um einen Kampf gegen solche alten antideutschen Vorurteile gehen. Auch für das unvoreingenommene Bewußtsein war es schwer genug, irgend etwas zu begreifen. Niemand hatte damals schon die großen Geschichtswerke über Hitler von Alan Bullock und Joachim Fest in der Hand, oder Sebastian Haffners »Anmerkungen zu Hitler«, in denen dieser nicht nur die verhängnisvollen Folgen der Fehler von Versailles schilderte, sondern auch scharfsinnig den innenpolitischen Prozeß der Zersetzung bereits während der Weimarer Zeit: die »Armee von Verfassungsfeinden im öffentlichen Dienst« des Weimarer Staates; die wenigen »Vernunftrepublikaner in der Republik ohne Republikaner«; die Hindenburg-Wahl des Jahres 1925 als Glücksfall insoweit, als sie wenigstens temporär die Rechten nötigte, die Republik mitzutragen; das praktische Ende der Weimarer Republik durch Weltwirtschaftskrise, Arbeitslosigkeit und die Regierung Brüning mit halbdiktatorischen Vollmachten; das Papensche »Kabinett der Barone« ohne parlamentarisches Mandat; den Weg zum faschistoiden Ständestaat, wie er Schleicher vorschwebte; die Berufung Hitlers durch Hindenburg auf Anraten Papens; den heroischen ausweglosen Widerstand der Linken, der sich für Hitler schließlich auf eine geheimpolizeiliche Aufgabe konzentrierte und in der inneren oder äußeren Emigration endete.

Waren da nicht, wie Haffner meint, Beamte, Offiziere, Konservative an wichtigen Schaltstellen des Staates ein schwierigeres Problem für Hitler, weil er mindestens zunächst auf sie angewiesen war? Machten sie, die mit ihren eigenen, herkömmlichen Vorstellungen im Amt blieben, ihm etwa mehr zu schaffen? Oder waren sie schließlich doch nur eine Hilfe für Hitler, indem sie ihm mit ihrer Erfahrung nutzten und den Anschein der Seriosität des Regimes nach innen und außen beglaubigten? Waren nicht letzten Endes auch manche Teile des Widerstandes bis hin zum 20. Juli 1944 durch romantisch-konservative Staatsideen geprägt und der Wirklichkeit zu fern?

Das war der Hintergrund der Fragen, die nun im sogenannten Wilhelmstraßen-Prozeß geklärt werden sollten, in den mein

Vater mit zwanzig anderen Angeklagten einbezogen wurde. Tätigkeiten und Auffassungen dieser einundzwanzig waren freilich so verschieden, daß das Verfahren von den Medien alsbald auf den Namen Omnibus-Prozeß getauft wurde.

Eine gigantische Materialschlacht entfaltete sich. Das dokumentarische Beweismaterial umfaßte 39 000 Seiten, die englischen Verhandlungsprotokolle mit Zeugenaussagen und Plädoyers füllten 28 000 Seiten.

Der Prozeß brachte ein erschütterndes Ausmaß von Verbrechen während der nationalsozialistischen Zeit ans Licht. Fast alle überlebenden Akteure aus jener Zeit sagten als Zeugen aus. Unübersehbar groß war auch die Zahl der Äußerungen aus dem Ausland.

Die Anklage konzentrierte sich auf die Führung von Angriffskriegen und auf Verbrechen gegen die Menschlichkeit, vor allem auf die Deportation von Juden aus dem Ausland in die Konzentrations- und Vernichtungslager. Sie stützte sich dabei hauptsächlich auf die nicht kodifizierten, weithin naturrechtlichen Prinzipien des Nürnberger Hauptprozesses. In der Sache meines Vaters ging es uns aber von vornherein nicht um eine Auseinandersetzung über strafrechtliche Grundsatzfragen, also auch nicht um den zentralen Grundsatz »nulla poena sine lege«. Am verbrecherischen Charakter der Untaten, die nun ans Tageslicht kamen, gab es bei uns nicht den geringsten Zweifel, ob mit oder ohne darauf anwendbare formulierte Strafgesetze.

Was über das Schicksal der Juden in den Vernichtungslagern bekannt wurde, erschütterte die ganze Welt. Es mußte im Mittelpunkt der Nürnberger Prozesse stehen und zu Anklagen von ungeheurem Ausmaß führen. Wer hatte was geplant, ausgeführt, gewußt, geschehen lassen? Hatte niemand aufbegehrt? Wo waren die Schuldigen? Oder hatte, wie einer der Ankläger sarkastisch fragte, jeder die wenigen gerettet, dagegen keiner die vielen umgebracht?

In einem der Nürnberger Verfahren gegen Wirtschaftsführer,

die in der Nähe von Konzentrationslagern industrielle Produktionsstätten geleitet hatten, legte die Verteidigung einen großen Band von Beweisstücken unter dem Titel »Der gute Glaube des Deutschen Volkes« vor. Daß von dem millionenfachen Mord in Auschwitz und anderen Lagern nur die wenigsten Deutschen etwas Gesichertes und Konkretes wußten, ist im Kern kaum zu bezweifeln. Es fehlte ihnen nicht nur die Information, sondern es überstieg einfach ihre Vorstellungskraft, daß so Ungeheuerliches hatte geschehen können. Von dieser Unkenntnis bis zu einem »guten Glauben« über das Judenschicksal ist es aber ein weiter, ein viel zu weiter Weg. Bis auf den heutigen Tag verfolgen uns diese Fragen.

Wer in den bewegenden Tagebüchern des jüdischen Romanisten Victor Klemperer liest, der stößt auf die überzeugendsten Schilderungen von öffentlich sichtbaren Judenmißhandlungen. Klemperer beschreibt sie mit großer Selbstbeherrschung und Genauigkeit; zugleich macht er verständlich, wie sich die tödliche Erkrankung des Nazismus unter den Bedingungen eines schon von langer Hand her geschwächten Immunsystems deutschen Bürgertums entwickelt hatte. Niemand konnte doch die Brände der Synagogen oder die gelben Sterne, die die Juden nicht nur auf den Straßen, sondern selbst im privaten Umfeld tragen mußten, ahnungslos gutgläubig mitansehen. Es war ja auch nicht bei dem alten drohenden Pamphlet »Mein Kampf« des damals jungen und noch machtlosen Agitators geblieben; vielmehr hatte Hitler schon vor dem Krieg in einer Reichstagsrede dem Volk laut und öffentlich verkündet: »Wenn es dem internationalen Finanzjudentum inner- und außerhalb Europas gelingen sollte, die Völker noch einmal in einen Weltkrieg zu stürzen, dann wird das Ergebnis nicht die Bolschewisierung der Erde und damit der Sieg des Judentums sein, sondern die Vernichtung der jüdischen Rasse in Europa.« Laut Protokoll war »anhaltender stürmischer Beifall« die Antwort des Hauses. Konnte denn dem angeblich so guten Glauben des deutschen

Volkes noch dramatischer und öffentlicher der Boden entzogen werden?

Als ich vierzig Jahre später einmal öffentlich sagte, es hätte denen, die ihre Ohren und Augen aufmachen wollten, nicht entgehen können, daß Deportationszüge rollten, da wurde ich von ernsten und vertrauenswürdigen Zeitgenossen gerügt: Sie hätten es nicht gewußt und auch nicht wissen können. Das muß ich ihnen glauben. Es richtete sich nach den konkreten Verhältnissen des einzelnen. Aufs Ganze gesehen aber kam nun zur Sprache, was zu allen Zeiten eine Versuchung ist: Möglichst wenig zur Kenntnis nehmen, wenn etwas geschieht oder gerüchtweise verlautet, was nicht geheuer ist; das Gewissen ablenken lassen, wegschauen, schweigen. Kaum einer von uns, die wir die damalige Zeit als Erwachsene erlebten, war davon wirklich ganz frei, auch ich nicht.

Im Prozeß gegen meinen Vater ging es um seine konkrete Position. Er hatte selbst keinen unmittelbaren Anteil an der Macht gehabt, aber er war den Machtzentren nahe gewesen. Auch wenn seine Informationen, sein Argwohn und seine Phantasie bei weitem nicht ausgereicht hatten, um sich ein wahres Bild vom Holocaust zu machen, so wußte er doch aus den Akten und durch mündliche Informationen für seine Entscheidungen mehr als genug. Er war sich vollkommen bewußt, daß er das Odium auf sich genommen hatte, im Amt eines verruchten Systems geblieben zu sein. Er selber hat die große Anzahl einzelner Menschenschicksale, bei denen er selbst in Berlin und später in Rom beschützend und lebensrettend helfen konnte und die alle öffentlich bezeugt sind, nie als eine Rechtfertigung für das Verbleiben im Amt betrachtet, genausowenig wie er umgekehrt eine Chance dafür gesehen hatte, schwerste Verbrechen vor allem gegen Juden zu verhindern, die im Prozeß zur Sprache kamen, Verbrechen, von denen er wußte oder eine Ahnung haben konnte.

Sein einziger Grund, das Amt zu übernehmen und in ihm

auszuharren, war der Versuch, in den Gang der Außenpolitik wirklich einzugreifen, um den Ausbruch und danach die Erweiterung und Verlängerung des Krieges, in allererster Linie den Angriff auf die Sowjetunion zu verhindern. Niemand hat schärfer gesehen und tiefer empfunden als er selbst, daß gescheitert war, was er sich vorgenommen hatte. Aber es zu versuchen, das hielt er für seine Pflicht, und es wurde der Inhalt seiner Tätigkeit.

Der erste Punkt der Anklage gegen ihn hatte die Führung von Angriffskriegen zum Gegenstand. Er nahm den größten Umfang des ganzen Verfahrens ein. Die Anklagevertreter behaupteten, mein Vater habe Hitlers Kriegspolitik begeistert unterstützt, ja möglich gemacht.

Diese Beschuldigung war vollkommen absurd; sie war das genaue und groteske Gegenteil der Wahrheit. Die Beweisführung war aber deshalb nicht immer leicht, weil es dazu der Zeugenaussagen der ausländischen Verhandlungspartner meines Vaters bedurfte, und diese waren für uns zum Teil unzugänglich. Die wichtigsten waren die britischen Außenpolitiker und Diplomaten, die die Anstrengungen meines Vaters vor allem zur Verhinderung eines Kriegsausbruchs in den Jahren 1938 und 1939 selbst miterlebt hatten. Jetzt aber empfahl ihnen ihr Außenministerium, zu schweigen. Die meisten hielten sich daran, zu unserem Nachteil. Eine Ausnahme machte der damalige britische Außenminister selbst, Lord Halifax. Er gab ein ehrliches und hilfreiches Zeugnis für meinen Vater ab.

In der höchst umfangreichen zeitgeschichtlichen Literatur des In- und Auslandes gibt es mittlerweile kaum noch ernstzunehmende Zweifel an der Unsinnigkeit dieser Anklage ausgerechnet gegen meinen Vater. Nach den Worten von Klemens von Klemperer diente er der Kriegsverhütung »mit angemessener Verbissenheit und Gerissenheit«, mit Hochverrat und dem Risiko des Landesverrates um des Friedens willen. Er blieb erfolglos. Wenn er aber wegen seiner Tätigkeit einen Gerichtsprozeß zu erwarten hatte, dann wäre Freislers Volksgerichtshof die richtige Instanz gewesen, nicht aber das Militärgericht der Alliierten in Nürnberg. So wurde ja auch durch Zeugen belegt, was vorher Ribbentrop schon geäußert hatte: daß nämlich mein Vater nach dem 20. Juli 1944 nur deshalb vor einer Verhaftung durch die Gestapo bewahrt blieb, weil er für sie unerreichbar geworden war; zwischen seinem damaligen Aufenthaltsort, dem Vatikan, und Deutschland verlief bereits die alliierte Front.

Von einer mehr menschlichen als politischen allgemeinen Erfahrung beim Prozeß möchte ich noch berichten. Sie hängt mit dem amerikanischen Strafprozeßrecht zusammen, das ganz anders strukturiert ist als das unsrige. Bei uns führt der Vorsitzende Richter selbst die Verhandlung. Es ist seine eigene Aufgabe, durch Befragungen und Anleitungen die Wahrheit zu ermitteln. Bei uns gibt es, anders als in den USA, keinen »Ankläger«, sondern den Staatsanwalt. Im Gegensatz zum Verteidiger ist er schon äußerlich durch seine Robe dem Richter gleichgestellt. Von Amts wegen ist er verpflichtet, nur der Wahrheit zu dienen, auch wenn er als Mensch manchmal versucht sein mag, mehr den von ihm Angeklagten zu verfolgen, als ausschließlich die Spur der Wahrheit auch dort zu suchen, wo sie den Angeklagten entlasten könnte.

Im amerikanischen Strafprozeß stehen sich dagegen Ankläger und Verteidiger wie zwei gleichberechtigte Streitparteien gegenüber. Sie bekämpfen sich nicht nur mit Dokumenten und Argumenten, sondern jede Seite setzt ihre Mittel ein, um die Zeugen der Gegenseite als persönlich unglaubwürdig zu entlarven, sie menschlich zu diskreditieren. Es ist ein gnadenloser Ringkampf. Die Richter sitzen oben, befinden zunächst nur über Verfahrensanträge und hören im übrigen zu. Am Ende entscheiden sie oder die Geschworenen, welche der beiden Seiten wohl am weitesten in das Feld der Unwahrheit vorgedrungen sein dürfte.

Hinzu kam nun im Nürnberger Verfahren eine nach dem amerikanischen Prozeßrecht im Prinzip zulässige Methode der

Anklage, nämlich die Gewinnung von Kronzeugen. Eine solche Praxis, wie sie mittlerweile ja auch bei uns in kleinerem Umfang eingeführt worden ist, kann ihren Sinn haben. Aber sie kann auch sehr problematisch werden. Das haben wir in Nürnberg auf dramatische Weise erlebt.

Der amerikanische Ankläger war Robert Kempner, selbst noch deutscher Kriegsteilnehmer im Ersten Weltkrieg, danach preußischer Beamter und Justitiar der Polizeiabteilung im Innenministerium, 1933 als Jude aus dem öffentlichen Dienst entlassen, später über Italien in die USA emigriert. Es war für ihn ein schwerer Weg.

Am Ende unseres Jahrhunderts kann sich bei uns kaum noch jemand vorstellen, was das Emigrantenschicksal für verfolgte und aus ihrer deutschen Heimat vertriebene Menschen bedeutete. Einige von ihnen waren später nach Israel gekommen und bauten unter unsäglichen Mühen eine neue Heimat auf. Zu ihnen zählte Yohanan Meroz aus Berlin, fast auf den Tag genau so alt wie ich, ein großartiger Diplomat und Philologe, mit dem ich mich während seiner Zeit als Botschafter Israels in Bonn nahe befreundete. Andere suchten nach dem Krieg einen Weg zurück nach Deutschland. Für sie alle war es schwer. Der große Germanist Hans Mayer ging zunächst nach Leipzig, um sich an einer klaren Alternative zum Faschismus auf deutschem Boden zu beteiligen, bevor er dann später aus Gründen der geistigen Redlichkeit nach Tübingen umzog. Der Kunsthistoriker Otto von Simson, Urenkel von Eduard von Simson, dem Präsidenten der Nationalversammlung in der Frankfurter Paulskirche 1848 und ersten Präsidenten des Reichsgerichts in Leipzig, blieb als Emigrant nicht auf die Dauer in den USA, wo er großartige Wirkungsmöglichkeiten hatte; 1949 kam er nach Deutschland zurück und leistete danach Unersetzliches, um Kultur und Wissenschaft in der alten Heimat wiederaufzubauen. Eric Warburg kam aus der Emigration als amerikanischer Offizier nach Deutschland, um dann aber alsbald hierzubleiben und für uns ein Vorbild an Humanität und uneigennützigem Gemeinsinn zu werden. Bei jedem von denen, die wieder nach Deutschland zurückkehrten, verlief der Weg wieder anders. Alle waren einmal auf brutale Weise aus einem Lebenskreis herausgerissen worden, der der ihre gewesen war. Das hatte tiefe Wunden hinterlassen.

So hatte es auch Robert Kempner empfunden. Er, der ehemalige deutsche Beamte, litt gerade unter der Erinnerung an dieses Milieu besonders schwer. Es war zu verstehen, daß er sich nun als amerikanischer Ankläger auf Typus, Wirkung und Schuld der deutschen Beamtenschaft konzentrierte, wenngleich mit seltsamen Methoden. Für seine Prozeßvorbereitung bediente er sich unter anderem einer engen Zusammenarbeit mit dem scharfsinnigen deutschen Staatsrechtler Carl Schmitt. Dieser hatte sich für die autoritäre Veränderung des parlamentarischen Systems und für eine »kommissarische Diktatur« eingesetzt. Bei Kempner und vielen anderen galt er als »Kronjurist des Dritten Reichs« – ob zu Recht oder Unrecht, diese vieldiskutierte Frage will ich hier nicht erörtern. Jedenfalls aber erschien er Kempner nützlich für dessen Anklageziele. Deshalb wurde er auf Veranlassung Kempners außer Verfolgung gesetzt und im Mai 1947 endgültig aus der Haft entlassen.

Besonders bekannt geworden ist Kempners Versuch, einen Spitzenbeamten des Auswärtigen Amtes, den Ministerialdirektor Friedrich Wilhelm Gaus, vor den eigenen Karren zu spannen. Durch einen Zufall gelang es mir, die Wortprotokolle zu finden, die die Vernehmungen des zunächst inhaftierten Gaus durch Kempner verzeichnen. Wir legten die einschlägigen Auszüge im Gericht als Beweisstücke vor; sie wurden in der deutschen Presse weithin abgedruckt. »Sie müssen uns helfen, die Sache aufzuklären«, hatte Kempner zu Gaus gesagt und hinzugefügt: »Wenn ich meinen Kopf retten könnte, würde ich jeden Meineid schwören.« Ich glaube nicht, daß Gaus später gerichtliche Meineide geleistet hat. Aber er wurde durch Kempner dazu gebracht, die ihm angedrohte Rolle des Angeklagten gegen die eines Mitarbeiters der Anklage einzutauschen. Zwei Tage nach jener protokollarischen Vernehmung wurde er aus der Einzelhaft entlassen. Wenige Tage später publizierte die »Neue Zeitung« auf ihrer ersten Seite eine längere handgeschriebene Erklärung von Gaus, in der er sich, wie die Zeitung selbst kommentierte, zur Kollektivschuld der deutschen Beamten bekannte. Ferner war zu lesen, daß die Zeitung den Text von Kempner erhalten habe.

In den ersten Vernehmungen meines Vaters vor dem Prozeß war es zu ähnlichen Ansinnen der Kooperation von seiten der Anklage gekommen. Befremdet wies er dies von sich. Daraufhin schaltete Kempner sofort auf die Haltung des feindlichen Ermittlers um. Ein tiefer Graben mißtrauischer Abneigung zwischen beiden entstand. Meinem Vater war und blieb es moralisch und menschlich unbegreiflich, was es mit Wahrheitssuche und Gerechtigkeit zu tun haben sollte, einen Untersuchungshäftling zum mehr oder weniger manipulierten Mithelfer der Anklage zu machen und ihn dafür mit Anklageverschonung zu belohnen. Er war selbst auf das lebhafteste an einer profunden und ganz offenen Erörterung mit den Anklagevertretern interessiert, um einer Aufklärung über die politischen und moralischen Bedingungen für einen Widerstand gegen eine Gewaltherrschaft durch Verbleiben im Amt näherzukommen. Es waren nicht die bohrenden Fragen nach dem Anschein von Zweideutigkeit seines Weges, die er scheute und die ihn verletzten. Was er aber nicht ertrug, war die Kempnersche Taktik, ihn von vornherein als unglaubwürdig, als Feind der Wahrheit zu behandeln. Je mehr er empfand, daß ihm jedes Wort im Munde herumgedreht wurde, je mehr er sich von Mißtrauen und gestellten Fallen umgeben fühlte, desto mehr verschloß es ihm den Mund.

Kempner dürfte bei seinen Prozeßmethoden kaum von Skrupeln geplagt gewesen sein. Warum auch? Er handelte, wie er war und wie es das amerikanische Verfahrensrecht zuließ. Er war der

Prototyp des anklagenden Verfolgers. Ohne Zweifel sind seine späteren Beiträge zur Aufklärung von Verbrechen, zu zeitgeschichtlichen Erkenntnissen und ganz allgemein zur Wachsamkeit als Bedingung der Freiheit ebenso wie zum liberalen Rechtsstaat sehr groß. Ich habe sie stets geachtet. In den folgenden Jahrzehnten haben wir manchmal miteinander korrespondiert. Zu einer näheren Beziehung zwischen uns ist es dennoch nicht gekommen, schon gar nicht in Nürnberg. Während des Verfahrens sagte Kempner einmal zu mir, unsere Verteidigungsarbeit sei zwar gut, litte aber unter einem Fehler: Wir hätten ihn, Kempner, zum Verteidiger meines Vaters machen sollen. Konnte er wirklich nicht verstehen, daß dies für mein Empfinden der reine Zynismus war? Jedenfalls reichte mein Vorrat an Humor dafür nicht aus.

Familie und Freunde bemühten sich, das verletzte Verstummen meines Vaters aufzutauen. Er verstand dies wohl; einmal schrieb er mir im Gerichtssaal einen Zettel: »Manche denken ja sogar, meine heutige Aufgabe sei wichtiger als meine damalige« – also mit seinen Erfahrungen in einer Schlüsselposition an der nachträglichen Aufklärung mitzuwirken. Aber es fiel ihm schwer.

Sein Leben lang hatte es ihm nicht gelegen, über sich selbst zu sprechen. Es war ihm stets als aufdringlich erschienen, anderen Leuten von seinen eigenen Motiven und Taten zu erzählen. So kostete es ihn auch eine große Überwindung, seine Memoiren abzuschließen und zu publizieren, worum wir ihn nachdrücklich gebeten hatten. Schließlich überzeugte ihn nur die Begründung, daß er mit einer solchen Arbeit etwas zum Unterhalt für Frau und Tochter beitragen könne.

Auf seinem bisherigen Lebensweg waren ihm die Menschen zumeist mit Vernunft und Zutrauen begegnet. Doch gegen das ihm so unverständliche und kränkende Mißtrauen, welches ihm hier begegnete, hatte er nur die ganz hilflose Waffe der Verschlossenheit. Sie war seine Art eines Selbstschutzes, die ihm aber als Hochmut angekreidet wurde, wenn sie sich mit der stillschweigenden Erwartung verband, verstanden zu werden. Es fiel ihm schwer, sich gegen Mentalität und Methoden der Anklage zu verteidigen. Seinem Herzen folgend, hätte er geschwiegen.

Hier lag die tiefste Schwierigkeit, mit der er immer wieder rang, und zugleich für mich die bewegendste menschliche Erfahrung mit dem eigenen Vater. Nie hat mein Vater für sich und seinen Charakter geworben, bei Gegnern sowenig wie bei Freunden. Und doch hat mich gerade die harte Prozeßzeit erkennen lassen, daß an ihm nichts klarer war als sein Wesen, verständlicher vielleicht als manche seiner Handlungen, und daß das Lehrreiche an seinem Beispiel gar nicht nur seine politische Rolle war; anziehend war vielmehr vor allem seine menschliche Gestalt, so schwer zugänglich gerade sie den Anklägern und manchen Historikern erschien. Die Zeit in Nürnberg hat mich gelehrt, mir selbst und vor allem anderen jungen Menschen nur zu wünschen, niemals in eine Lage zu kommen, in der mein Vater war; wenn aber, dann mit derjenigen Tiefe des eigenen Gewissens zu leben und zu handeln, die ich bei ihm durch die Jahre hindurch miterlebt habe.

Was an ihm deutlich wurde, war eine menschliche Existenz mit ihrem Horizont und Handeln in einer extremen Situation. Wie sollen wir dem Drama der Geschichte gerecht werden, das uns überwältigt und dessen Mitwirkende wir doch sind? Handeln und Leiden ist eins, sagt T.S. Eliot. Keiner ist ohne Schuld. Wer die extreme Lage durchlebt, dem fehlen die Begriffe, sie zu beschreiben. Wer sie nicht miterlebt hat, soll sie angemessen beurteilen; kein Weg führt daran vorbei. Doch wie sollen wir bei aller notwendigen Suche nach irdischer Gerechtigkeit diesem Drama der Geschichte gerecht werden?

Nach achtzehnmonatiger Verhandlung verurteilten zwei der drei Richter meinen Vater zunächst zu sieben Jahren Gefängnis und wandelten diesen Spruch kurz darauf in eine fünfjährige Haftstrafe um. Der dritte Richter plädierte von vornherein auf völligen Freispruch und legte dazu eine ausführlich begründete »dissenting opinion« vor. Drei Tage lang dauerte die Verlesung des Urteils. Als der meinem Vater zugedachte Spruch verkündet wurde, fiel sein Kopfhörer mit Gepolter zu Boden. Es war aber keine Gemütsaufwallung, sondern reines Versehen. Er nahm die Sätze mit einer inneren Ruhe auf, wie ich sie beinahe seit Jahren nicht mehr bei ihm erlebt hatte und wie ich sie nicht aufbringen konnte. Aber ganz gewiß hätte ich in diesem Moment nirgendwo anders in der Welt sein wollen als hier in diesem Saal, wenige Meter von ihm entfernt. Es war der 13. April 1949, mitten in der Karwoche. »Sie gibt den Gedanken von selbst die gute Richtung«, sagte er dazu, »das eigene Ich wird da zur gebührenden Null.«

Einige Zeit später trat der Hohe Kommissar in der amerikanischen Besatzungszone, John D. McCloy, in Aktion. Er war keine formelle Berufungsinstanz; so etwas gab es gar nicht. Aber er nahm Stellung und ordnete die sofortige Haftentlassung meines Vaters an; es war seine erste Maßnahme zu den Nürnberger Urteilssprüchen. Dies geschah im Herbst 1950.

In ihrem Leitartikel vom 16. Oktober 1950 schrieb die Frankfurter Allgemeine Zeitung: »Die vielen von Weizsäcker vor Tod und KZ bewahrten Menschen haben das Gericht seinerzeit nicht zu überzeugen vermocht. Die Forderungen nach Recht für ihn sind nie verstummt ... (McCloy) hat die vielen, vor allem ausländischen Stimmen, die den Urteilsspruch als ungerecht empfinden, gewogen und hat dabei das Nürnberger Urteil aus dem Jahre 1949 als zu leicht empfunden. Er hat es de facto aufgehoben.«

Churchill selber hatte schon früher das Verfahren gegen meinen Vater bei einer öffentlichen Unterhausdebatte als einen »deadly error«, einen tödlichen Irrtum der amerikanischen Anklagebehörde bezeichnet.

Ein allgemeiner zeithistorischer Nachtrag sei mir noch erlaubt. Er bezieht sich vor allem auf Großbritannien, die Schlüsselmacht im Ringen um den Kriegsausbruch, im Widerstand gegen die Aggressionen Hitlers und in der Vorbereitung einer Nachkriegsordnung. Von London war im Frühjahr 1939 nach der Besetzung Prags die entscheidende Warnung ausgegangen, jede weitere Angriffshandlung Hitlers werde zum Krieg führen. Die Briten waren es, die Hitler sofort nach dem Angriff auf Polen den Krieg erklärten. Sie waren in Europa die politisch und moralisch führende Macht gegen den nationalsozialistischen Ungeist. Nach der Niederlage Frankreichs leisteten sie in der für sie schweren Zeit den maßgeblichen Widerstand, bis Hitler seine Kräfte im Rußlandkrieg verbrauchte und der alles entscheidende Kriegseintritt Amerikas erfolgte.

Auf verborgenen Kanälen hatte es intensive Kontakte zwischen deutschen Emissären und maßgeblichen britischen Partnern gegeben. Diesen Deutschen, unter ihnen vor allem meinem Vater, ging es darum, die Briten zu einer öffentlich erklärten, unmißverständlich festen Haltung gegen Hitlers Angriffspläne zu bewegen, um den Kriegsausbruch zu verhindern. Während des Krieges galt es, in London die Existenz und das Gewicht des Widerstandes innerhalb Deutschlands zu bezeugen und ihm eine außenpolitische Chance für einen Kriegsabbruch ohne Hitler einzuräumen. Es bedurfte für diesen Widerstand einer Hilfe von außen, um seine Handlungsweise eines Tages auch der eigenen Bevölkerung verständlich machen zu können.

Über diese deutschen Kontakte in Richtung Großbritannien gibt es eine umfangreiche und heute kaum noch strittige Literatur. Der nach dem 20. Juli 1944 hingerichtete Adam von Trott knüpfte sie ebenso wie die Diplomatenbrüder Theo und Erich Kordt und andere. Sie verstanden sich als Freundeskreis, die nach ihrem eigenen Zeugnis unter dem Schutz und nach Weisungen meines Vaters arbeiteten. Auf sein Drängen hatten auch der Schweizer Historiker und Hohe Kommissar des Völkerbundes in Danzig, Carl J. Burckhardt, und der Primas der norwegischen Kirche, Bischof Berggrav, Haupt des norwegischen Widerstandes gegen Hitler, auf die Engländer eingewirkt.

Aber vergeblich. Die britischen Demokraten und der deutsche Widerstand fanden nicht zusammen.

Gewiß war es für die Briten schwer, sich ein zuverlässiges Bild über Umfang und Gewicht dieser Stimmen aus Deutschland zu verschaffen. Darüber hinaus fehlte es jedoch vielen von ihnen auch am Willen. In London herrschte nicht nur Empörung über Hitler; vielmehr gesellte sie sich zu einer generellen antideutschen Stimmung. Der Außenminister Anthony Eden machte gar keinen Hehl daraus, zwischen einem Deutschland Hitlers und einem des Widerstandes nicht unterscheiden zu wollen. Über das Scheitern des Attentats am 20. Juli 1944 waren manche im britischen Foreign Office geradezu erleichtert. Enthüllend sind Anmerkungen aus den Akten dieser Behörde, die aus der Feder von John Wheeler-Bennett stammen. Er war ein enger Freund von Eden, Mitglied des Foreign Office Intelligence Department und Verfasser der »Nemesis der Macht«, eines der ersten Nachkriegsbücher über die Nazizeit. In jenen Akten schrieb er unter anderem:

»It may now be said with some definiteness that we are better off with things as they are today, than if the plot of July 20th had succeeded and Hitler had been assassinated... The Gestapo and the SS have done us an appreciable service in removing a selection of those who would undoubtedly have posed as ›good‹ Germans after the war... It is to our advantage therefore that the purge should continue, since the killing of Germans by Germans will save us from future embarassments of many kinds.«

Wer so urteilte, wollte eben nichts von einer Opposition in Deutschland gegen das Regime hören. Auch die unselige Formel von der bedingungslosen Kapitulation gehört in diesen Zusammenhang, da sie dazu beitragen konnte, einen Staatsstreich in Deutschland zu erschweren. Dazu noch einmal Wheeler-Bennett: »Wir sollten uns nicht in die Position bringen, mit irgendwelchen Deutschen, ob gut oder schlecht, zu verhandeln [...] Dies entspricht dem Prinzip der bedingungslosen Kapitulation« (zitiert nach Richard Lamb, Das Foreign Office und der deutsche Widerstand 1938–1944, in Müller/Dilkes, Großbritannien und der deutsche Widerstand, 1994).

Churchill hatte dieser Formel der Alliierten zugestimmt. Nach dem Krieg räumte er ein, über den Widerstand in Deutschland irregeleitet worden zu sein. Man hatte die entsprechenden Signale im Foreign Office versickern lassen. Auf eine Frage von Roosevelt nach dem späteren Namen des Krieges antwortete Churchill: »The unnecessary war«; man habe sich vor dem Krieg von Hitler zu lange erpressen lassen und im Krieg den Widerstand in Deutschland ignoriert.

Kein denkender Mensch wird mit Hilfe solcher Erkenntnisse versucht sein, die Verbrechen Hitlers und des Krieges zu relativieren. Dennoch sehen wir heute die Ereignisse der ersten Hälfte unseres Jahrhunderts in einem größeren Zusammenhang. Großbritannien und Deutschland waren beide zunächst imperiale Mächte, dank der Kolonial- und Flottenpolitik in wachsender Rivalität. Die Untaten und der Angriff Hitlers auf ganz Europa gaben Deutschland schließlich dem Verdammungsurteil der ganzen Welt preis. Großbritannien war an seiner Exekution führend beteiligt und sah damit nicht nur zu Recht das Böse bestraft, sondern auch den alten Konflikt mit Deutschland als endgültig entschieden an.

Die beiden Weltkriege hatten aber eine neue Weltordnung heraufgeführt, zu Lasten nicht nur Deutschlands, sondern auch des Vereinigten Königreichs. Aus dem Konflikt wuchsen allmählich gemeinsame Probleme hervor. Von solchen Vorahnungen waren aber die meisten Briten bis zum Ende des zweiten

Krieges noch ziemlich weit entfernt. Wiederum war es Churchill, der als einer der ersten die Zeichen der kommenden Zeit erkannte. Sein großer Appell an die Europäer in seiner Züricher Rede des Jahres 1946 ist dafür ein Beweis.

Berufswahl, Heirat; Familie Kretschmann

Die Göttinger Studien waren beendet, der Nürnberger Prozeß abgeschlossen. Nun ging es für mich um berufliche Entscheidungen. Ich war Anfang dreißig, es wurde damit also höchste Zeit. Ein mir befreundeter Mentor meinte, ich solle die konkrete Berufssparte in ihrer Bedeutung für mich nicht überschätzen. Früher oder später würden sich meine Hauptinteressen in jedem gewählten Beruf durchsetzen. Für das eigene Lebensgefühl sei auf die Dauer etwas anderes das Wichtigste: möglichst keine Vorgesetzten, möglichst wenig Kollegen. Die Selbständigkeit sei ein unüberbietbares erzieherisches Gut.

Er hat gut reden, dachte ich. Sein Rat kam mir damals ziemlich hochgestochen vor. Ein ererbter Berufseinstieg stand mir nicht zur Verfügung. Frei wählen konnte ich auch nicht. Niemand bewarb sich um mich, ich hatte mich um Berufe zu bewerben. Und so habe ich selbstverständlich auch gelernt, unter den verschiedenartigsten Vorgesetzten zu arbeiten. Es gab gute und schlechte unter ihnen, abschreckende Beispiele und wahre Vorbilder.

Dennoch lernte ich mit wachsender Lebenserfahrung den Rat jenes Mentors immer höher schätzen. Sein Ausspruch und Zutrauen waren ein heilsamer Ansporn.

Meine Hauptinteressen waren Politik und Zeitgeschichte. Meine Hoffnung war es, dabei den Kontakt mit den Freunden aus dem Krieg und der Universität bei den nun kommenden praktischen Tätigkeiten zu erhalten und zu nutzen.

Die erste Frage, die sich mir stellte, ging in Richtung des Instituts für Zeitgeschichte, das sich mittlerweile in München unter der vortrefflichen Leitung von Hermann Mau etabliert hatte. Bei meiner Nürnberger Aufgabe hatte ich schon als einer der ersten Deutschen Einblick in Akten aus der nationalsozialistischen Zeit erhalten und darüber Schriftsätze von mehr als tausend Seiten verfaßt. Es schien für mich nahezuliegen, diese Arbeit in München fortzusetzen. Das Institut war nicht abgeneigt, mir die Chance dafür zu bieten.

Nach reiflicher Überlegung entschied ich mich aber anders. Die wissenschaftliche Ader der Familie hatte ich nicht geerbt. Vor allem aber wollte ich den Nationalsozialismus nicht lebenslang erforschen, sondern gemeinsam mit den Freunden das Mögliche tun, um aus den selbst miterlebten Lehren der jüngsten Vergangenheit konkrete Folgerungen zu ziehen.

In Richtung auf die Politik gab es mehrere denkbare Ansätze. Sollten wir zum Beispiel versuchen, alsbald einen Anlauf auf ein politisches Wahlamt zu nehmen? Aber wie und wohin? Die Parteien und ihre Führungen machten uns die Orientierung zunächst nicht ganz leicht. Sie formierten sich erst allmählich und trugen interne Kämpfe um Richtung und Macht aus. Das war normal und legitim, bedurfte jedoch noch größerer Klarheit.

An der Spitze der CDU verfolgte Konrad Adenauer mit Vehemenz den Anschluß an den Westen, während es Jakob Kaiser und seinen Freunden in derselben Partei in erster Linie um die gesamtdeutsche Option ging. Halbwegs vergleichbar war es bei der SPD. Dort votierte vor allem der Berliner Bürgermeister Ernst Reuter zugunsten der amerikanischen Forderung, wir Westdeutschen sollten möglichst rasch einen eigenen Staat gründen. Andere Sozialdemokraten, unter ihnen Kurt Schumacher, zögerten gegenüber einem solchen Schritt, weil sie in ihm einen deutschen Beitrag zur Teilung des Landes fürchteten, den sie vermeiden wollten. Bei der FDP ging es im Südwesten mit

Theodor Heuss, Reinhold Maier und Wolfgang Haussmann auf altvertraute und bewährte Weise wieder gut liberal zu, während die Zweigstelle derselben Partei in Niedersachsen damals eindeutig zu weit rechts und zu wenig liberal war.

Allen internen Flügelkämpfen zum Trotz aber waren sich die Führungsriegen der Parteien in einem ziemlich einig: Die Väter- und Großvätergeneration war wieder da. Jetzt waren die alten Veteranen aus der Weimarer Zeit und die Heimkehrer aus der äußeren oder inneren Emigration an der Reihe, wir jungen Kriegsteilnehmer dagegen noch lange nicht. Jugend war damals in der Politik nicht sehr gefragt. Es gab noch nicht jene Gepflogenheit, die in der Zwischenzeit mit der Kraft eines Unkrauts herangewachsen ist, nämlich sich schon beinahe von der zehnten Schulklasse an die Politik zum Lebensberuf zu wählen, und zwar auf den Himmelsleitern der Parteien. Natürlich ist keine Pauschalkritik dagegen angebracht. Es ist immer noch besser, das Interesse für Politik rumort sehr früh, als daß es gar nicht erst erwacht. Ohne Parteien ist demokratische Politik in einer Gesellschaft wie der unsrigen nicht denkbar. Auch gibt es zu allen Zeiten starke und beeindruckende Frühberufene, die sich je nach den Angeboten ihrer Epoche auf dem einen oder anderen Weg als junge Napoleons durchsetzen.

In der Mehrzahl der Fälle aber sind die jugendlichen Karrieristen bei uns keine rühmenswerte Stärke. Früh machen sie in den politischen Jugendorganisationen mit einer maßvoll provokativen Aufmüpfigkeit von sich reden. Wenn dann die ersten interessanten, nach oben offenen Mandate errungen sind, lassen sie sich allmählich domestizieren. Über eigenständige Erfahrungen in einer normalen Tätigkeit verfügen sie kaum oder gar nicht. Rückzugsmöglichkeiten in einen privaten Beruf besitzen sie selten. Allzu rasch droht ihnen dadurch eine ideelle und vor allem eine materielle Abhängigkeit von derjenigen politischen Instanz, deren Brot sie essen dürfen, sofern sie die dafür erwarteten Lieder singen.

Damals blieben wir Jungen von solchen Versuchungen also schon deshalb verschont, weil die Alten befanden, daß sie uns nicht brauchten, um uns zu regieren. Bekümmert waren wir darüber allerdings nicht. Uns bestimmte weit mehr ein elementares Bedürfnis nach politischer Unabhängigkeit. Wir wollten eigene berufliche Erfahrungen erwerben und uns möglichst eine ausreichende materielle Basis für später schaffen, um in unseren Dispositionen jederzeit frei zu bleiben.

Nun hätte in einem weiter verstandenen politischen Sinn bei der Berufswahl auch der öffentliche Dienst nahegelegen. Dafür gab es bei mir einige Ansätze, von denen aber nur einer ernst gemeint war.

Auf Anregung eines Ministerialdirektors des Auswärtigen Amtes schickte ich meine Unterlagen an die dortige Personalabteilung. Die beiden juristischen Staatsexamina und die Doktorprüfung hatte ich ganz ordentlich bestanden. Der zwei erforderlichen Fremdsprachen, Englisch und Französisch, war ich einigermaßen mächtig. Auch die damals stets gestellte Frage nach einer politischen Belastung durch das Dritte Reich konnte ich befriedigend beantworten; die zuständige Spruchkammer bescheinigte mir die Unbedenklichkeit mit dem Vermerk, ich sei vom Entnazifizierungsgesetz »nicht betroffen«. Das alles wurde in Bonn zunächst wohlwollend entgegengenommen. Das Amt avisierte mir die baldige Vorladung zu einer Zulassungsprüfung.

Dazu kam es dann aber doch nicht. Von höchster Stelle habe man abgewinkt, so wurde mir bedeutet. Wer konnte damit gemeint sein? Einen eigenen Außenminister hatten wir zu jener Zeit noch nicht. Adenauer war in Personalunion Kanzler und Außenminister. So hoch war aber die »höchste« Stelle gewiß nicht, an der ich gescheitert war. Der Alte konnte sich ja nicht auch noch persönlich um den Diplomatennachwuchs kümmern. Im übrigen hätte er auch wohl kaum an meinem Namen soviel Anstoß genommen, wie es ein anderer tat: der Staatssekretär des

Auswärtigen Amtes, Professor Walter Hallstein. Er war die Bedenken tragende höchste Stelle.

So etwas konnte man also damals im wieder frei gewordenen Teil Deutschlands erleben. Hatten wir die zuvor praktizierte Sippenhaft gemeinsam verdammt, so gab es nun vereinzelt solche Zeichen der Ängstlichkeit, die ich als schmählich und unsouverän empfand. Aber das half mir nichts, und schließlich ist auch kein berufliches Unglück daraus entstanden.

In der persönlichen Beziehung zu Hallstein folgte später ein vergnüglicheres Kapitel, da wir uns als Fraktionskollegen begegneten und Anfang der siebziger Jahre über die Ostverträge die Klinge kreuzten. Seine bahnbrechende Europapolitik an der Spitze der Brüsseler Kommission hatte ich in der Zwischenzeit hoch schätzengelernt, noch etwas höher als die nach ihm benannte Doktrin in der Deutschlandpolitik.

Meine zeitlich erste Chance zum Eintritt in den Staatsdienst hatte ich überdies aus eigener Schuld vertan. Dafür hatte es private Ursachen gegeben. Routinegemäß hatte ich am Ende meiner Referendarzeit den Antrag auf dauerhafte Übernahme in den Justizdienst gestellt. Das war so üblich, man wollte diese berufliche Option aus Sicherheitsgründen offenhalten. Die Justizbehörden waren natürlich vollkommen frei, je nach ihren Eindrücken von den Examensleistungen der Kandidaten so oder anders zu entscheiden.

Nun hatte ich es zwar nicht bis zur Mitgliedschaft in der ebenso bewunderten wie berüchtigten Klasse der Einserjuristen gebracht. Dennoch hatte meine Assessornote höheren Ortes genügend Wohlwollen ausgelöst, mir unmittelbar nach dem Examen tatsächlich die Einberufung zum Dienst als Richter einzutragen. Ich aber war drei Tage nach dem letzten Prüfungstermin zu meiner Hochzeitsreise aufgebrochen. Keine Post der Welt schickte mir Einberufungsschreiben und Mahnungen des Oberlandesgerichtspräsidenten an den Golf von Salerno nach Ravello nach. Und so fand ich bei Rückkehr die verdiente Quittung vor:

Ich war aus dem Beamtenverhältnis entlassen! So steht es, wie ich fürchte, bis heute in meinen Personalakten, die wahrscheinlich immer noch irgendwo geführt werden.

Auch dies war keine berufliche Katastophe. Allzu ernsthaft hatte ich den Richterberuf nicht angestrebt, so hoch mein Respekt vor dieser Aufgabe immer gewesen ist. Statt dessen kam ein konkretes Angebot aus der Wirtschaft. Ich sollte als sogenannter wissenschaftlicher Hilfsarbeiter beim Bergbau der Mannesmann Aktiengesellschaft eintreten, einem der Großunternehmen in der Montanindustrie.

Gegen die Tradition meiner Familie tat ich nun, noch vor Assessorexamen und Heirat, den ersten beruflichen Schritt in die Wirtschaft. Er entsprach dem Wunsch nach Unabhängigkeit und nach Erweiterung des eigenen Horizonts in eine für die damalige Aufbauzeit maßgebliche Richtung unseres Landes. Die Bezahlung war es überdies nicht, von der ein unwiderstehlicher Reiz ausgegangen wäre. Vielmehr begann ich mit der kargen monatlichen Vergütung von DM 120 nebst einem Tagegeld von DM 6 für jeden in Gelsenkirchen verbrachten Arbeitstag. Dort lagen die Steinkohlezechen des Unternehmens, und neben dem Schalker Markt befand sich mein Arbeitsplatz.

Als ich fast drei Jahrzehnte später, inzwischen als Vizepräsident des Deutschen Bundestages, wieder einmal zu Besuch beim Bergbau in Gelsenkirchen war, empfing mich der Betriebsrat der Zeche nach einer wohlgelungenen Grubenfahrt mit einem Gutschein für DM 6 als Tagegeld, weil ich nach meinem alten Arbeitsverhältnis darauf einen Anspruch hätte. Das war eine herzliche, für den Pütt typische Geste mit pädagogischem Hintersinn.

In der Stadt Gelsenkirchen hatte ich es mit den liebenswertesten Menschen zu tun. Schräg gegenüber einer großen Schachtanlage wohnte ich in der Bismarckstraße als Untermieter bei einer Steigerswitwe, die mich mit der menschenfreundlichen und unaufgeregten Atmosphäre des Ruhrgebiets vertraut machte.

Hier kam es nun bald auch zu entscheidenden privaten Ereignissen.

Die Schutzpatronin des Bergbaus ist die heilige Barbara. Ihr zu Ehren fand alljährlich ein Barbara-Fest statt, an dem mein Chef beim Mannesmann Bergbau, Bergassessor Hans J. Braune, mit Angehörigen seiner Familie teilnahm. Dank seines guten Auges und warmen Herzens war er auch einer jungen Nichte besonders zugetan, die er gern auf das Fest einladen wollte. Ein gütiges Schicksal bewog ihn dazu, mir die ehrenvolle Aufgabe anzuvertrauen, die überaus anmutige Abiturientin zu geleiten. Sie heißt zwar Marianne, wurde aber damals oft Barbara genannt, und so war mir auch die Schutzheilige wohlgesinnt. Kurzum, wenig später gab mir Marianne ihr Jawort und wurde seither das Glück meines Lebens und unserer Familie.

Marianne von Kretschmann stammt mütterlicherseits aus Schleswig-Holstein. Die Familie ihres Vaters kommt aus Franken, und ihre Chronik berichtet von manchen ungewöhnlichen Schicksalen. Ein Ahnherr sei, wie es heißt, als Hussit den Feuertod gestorben. Ein anderer war als Nürnberger Schuhmachermeister Zeit- und Zunftgenosse von Hans Sachs, doch leider ohne daß Richard Wagner ihn entdeckt hätte. Ein dritter war Nürnberger Feldhauptmann.

Zu Anfang des 19. Jahrhunderts befreite ein Vorfahr Kretschmann als Finanzminister das damalige Herzogtum Sachsen-Coburg-Saalfeld von einem gewaltigen Schuldenberg. Dafür mehrte er die Kultur am Coburger Hof, indem er Jean Paul und andere große Geister bewog, Coburg den Vorzug vor Weimar zu geben. Jean Paul nannte ihn »einen herrlichen philosophischen und recht geachteten Kopf«. Danach erzog Kretschmann den Coburger Prinzen Leopold zur Sparsamkeit, was sich zum Wohl des Königreichs Belgien auswirkte. Denn dieser Leopold wurde 1831 der erste König der Belgier. Seither genießt der Name Kretschmann ein gutes Ansehen in belgischen Geschichtsbüchern.

Später siedelte die Familie meiner Frau in die Mark Brandenburg um. Dort wurde ein Enkel des Coburger Erziehers Pfarrer, sein Bruder ein preußischer General, der es in Frankreich und Deutschland zu einer Berühmtheit brachte, die er nicht gesucht hatte. Mit hoher Auszeichnung für seine Tapferkeit nahm er 1870/71 am preußisch-französischen Krieg teil. Beinahe täglich schrieb er seiner Frau einen Brief. Darin schilderte er voller Wahrheitsliebe und Mitgefühl die Leiden der Zivilbevölkerung und der Soldaten im Krieg.

Eine seiner Töchter, Lily, fand später zu Hause diese Briefe und war tief von ihnen beeindruckt. Mit der ganzen ihr zur Verfügung stehenden Kraft wollte sie etwas für den Frieden tun. So entschloß sie sich, die Briefe ihres Vaters zu veröffentlichen. Bald darauf bemächtigte sich ein französischer Verleger dieser Publikation. Damals herrschte in Frankreich Revanchestimmung. Preußen-Deutschland war der große Feind. Da konnte es nun nichts Besseres geben als die Bekenntnisse eines hohen preußischen Offiziers, der von den Leiden des Krieges berichtete. Als »Lettres de Kretschmann« wurden sie ein Bestseller auf dem französischen Büchermarkt. Doch sie dienten nicht, wie Lily wollte, als Propaganda gegen den Krieg, sondern gegen Preußen.

Um so schwerer hatte es die Tochter Kretschmann zu Hause im militärisch-konservativen Deutschland Wilhelms II. Durch Heirat hieß sie inzwischen Lily Braun. Mit ihrem idealistischen Temperament wurde sie Pazifistin und Anhängerin der Reformsozialisten, was ihr heftige Auseinandersetzungen mit Clara Zetkin eintrug. Lily schrieb nun selbst lesenswerte und in hohen Auflagen verbreitete Bücher. Am bekanntesten wurden ihre »Memoiren einer Sozialistin«, eine nach wie vor lohnende und gegenwärtig neu verlegte Lektüre. Ohne den Ansichten der Autorin in allem zu folgen, hatte meine Mutter, wie schon erwähnt, vor dem Ersten Weltkrieg als junges Mädchen die Texte dieser mutigen Frau voller Achtung gelesen.

Meine Frau Marianne ist die Mitte der Familie. Ihre zurückhaltende, aber entschiedene Haltung hat wesentlich dazu beigetragen, die Villa Hammerschmidt zu einem kultivierten Ort des Gesprächs zu machen.

Im Kreis der Familie im Frühjahr 1990. Von links: der zweite Sohn Andreas, Bildhauer an der Münchner Akademie, meine Frau, unsere Schwiegertochter Gabriele, neben mir ihre Tochter Viktoria auf dem Arm ihres Mannes Robert, unseres ältesten Sohnes, Professor der Wirtschaftswissenschaften, meine Tochter Beatrice, Journalistin in Berlin, vor uns liegend der jüngste Sohn Fritz, Arzt und Molekularbiologe, und Sophie, die älteste Enkelin.

Mariannes Familie fand in Potsdam ihr Lebenszentrum, bis der Zweite Weltkrieg und die Teilung Deutschlands die Kretschmanns auseinandertrieb. Vorfahren und Angehörige liegen auf dem Bornstedter Friedhof in Potsdam, der noch heute auf seine Weise Zeugnis von den guten Seiten preußischer Geschichte ablegt.

Wirtschaftspolitische Abteilung bei Mannesmann

Beruflich verbrachte ich die nächsten Jahre im Bereich von Kohle und Stahl, was mir die Chance zu einer Lehrzeit in einem Zweig der deutschen Wirtschaft bot, der beim damaligen Wiederaufbau des kriegszerstörten Landes von zentraler Bedeutung war. Einerseits brauchte jedermann die Produkte der Montanindustrie. Zum anderen wurden bei ihr wesentliche Weichenstellungen für neue wirtschafts- und sozialpolitische Grundstrukturen unserer Gesellschaft vollzogen.

Was wir heute zu den selbstverständlichen Merkmalen unseres Systems zählen, wurde zu jener Zeit Schritt für Schritt entwickelt. Dazu gehörte eine umfassende Reform des Unternehmens- und Kartellrechts, ferner das Betriebsverfassungsgesetz und die Mitbestimmung in den Organen der großen Unternehmen, schließlich im internationalen Bereich die Europäische Gemeinschaft für Kohle und Stahl, die sogenannte Montanunion; sie war der erste und entscheidende Schritt auf dem Weg zu unserer heutigen Europäischen Union.

Mit solchen gesellschaftspolitischen Strukturfragen hatte ich als Leiter der wirtschaftspolitischen Abteilung bei Mannesmann zu tun. Vielfach waren es Streitthemen zwischen Unternehmen, Tarifpartnern und politischen Parteien. Mit Überzeugung und mit wechselhaftem Erfolg beteiligte ich mich an der Aufgabe, bei den Konflikten Brücken zu bauen zwischen Unternehmensleitung und Gewerkschaften, zwischen Wirtschaft und Politik.

Ein Beispiel dafür ergab sich in der heftigen Auseinandersetzung über die sogenannte Montanmitbestimmung, also die zunächst nur bei Kohle und Stahl eingeführte Parität von Arbeitgeber- und Arbeitnehmervertretern in den Aufsichtsräten und die Berufung von gewerkschaftlich genehmen Arbeitsdirektoren in die Vorstände der Unternehmen. Die eine Seite sah darin eine entscheidende Wendung zum Besseren für das sozialpolitische Klima, die andere dagegen eine Gefahr für das frei verantwortliche Unternehmertum und damit auch eine Abschreckung ausländischer Investoren.

Über diesen Streit organisierte ich von unserem Unternehmen aus eine Felduntersuchung der empirischen Sozialforschung. Wir beauftragten das Frankfurter Institut für Sozialforschung, das unter Leitung von Max Horkheimer und Theodor Adorno eine weltweite Berühmtheit erlangt hatte. Während der Arbeiten am Projekt war es für mich ein köstliches Vergnügen, zu beobachten, mit wieviel neugieriger Hingabe diese großen sozialwissenschaftlichen Intellektuellen den Umgang mit meinen Chefs pflegten, also mit der ihnen von Hause aus wenig geheuren Welt der Wirtschaftskapitäne an Rhein und Ruhr. Dabei setzten sie ihre höchst kritischen Theorien an den spätkapitalistischen Herrschaftsstrukturen offen dem Test der Nachkriegspraxis im Montanbereich aus. Das Resultat ihres Gutachtens empfand ich als hilfreiche Klärung der Atmosphäre. Die Montanmitbestimmung hat keine Wunder bewirkt, wohl aber zum sozialen Frieden im Lande beigetragen, und dieser wurde ein entscheidend positives Kennzeichen unseres Standorts.

Soziallehren der Kirchen; CDU

Ganz generell beschäftigte mich damals besonders stark die Sozialethik in unserer neugewonnenen, noch in der Festigung begriffenen Demokratie. Es war ein Feld lebendiger theoretischer Auseinandersetzungen, aktiver gesellschaftspolitischer Programme und praktischer sozialpolitischer Initiativen.

Die Gedanken der »Frankfurter Schule« und andere säkulare Richtungen der Wissenschaft wetteiferten mit der christlich-theologischen Gesellschaftsethik. Neben der evangelischen Richtung erlebte hier die katholische Soziallehre eine neue Blütezeit. Es ging ihr um einen dritten Weg zwischen Kapitalismus und Kommunismus, um die Veränderungen in der Arbeitswelt und um erste Schritte zu einer Entwicklungspolitik im Nord-Süd-Gefälle. Wegweisende Beiträge einer christlichen Soziallehre zu unseren großen gegenwärtigen Problemen, zur Bevölkerungsexplosion und den Migrationen in der Welt, der Arbeitslosigkeit und Fremdenangst bei uns, dem Konflikt vieler Frauen zwischen Beruf und Familie, dem permissiven Wohlstand hier und der wachsenden Armut dort, dem globalisierten moralfreien Kapitalismus, dem Raubbau an der Natur, sind heute leider relativ rar.

In den frühen fünfziger Jahren war das anders. Damals übte zumal die katholische Soziallehre einen starken Einfluß aus, nicht als theologische Lehrmeisterei oder gesellschaftskritische Prophetie, wohl aber als Orientierungshilfe, als Probe auf die ethischen Werte einer sinnvoll verantworteten Freiheit. Aus ihrem Menschenbild leitete sie die Prinzipien der Solidarität, der Subsidiarität und des Gemeinwohls ab.

Grundlegende Differenzen zum Protestantismus gab es hier kaum. Freilich habe ich es stets als wohltuend empfunden, daß die evangelische Seite der Verantwortung im jeweils konkreten Fall den Vorzug vor der generellen Gesinnung gibt – ähnlich den bekannten Unterscheidungen zwischen Verantwortungs- und Gesinnungsethik bei Max Weber. Man sollte also nicht einfach nur das grundsätzlich Rechte tun und die Folgen dem lieben Gott überlassen, sondern selbst vorweg die Konsequenzen des eigenen Handelns im einzelnen Fall verantwortlich prüfen.

In einem überbetrieblichen Kreis von Berufskollegen, an dem ich teilnahm, verglichen wir die Angebote der Soziallehren mit unseren täglichen Erfahrungen. Unser Kreis war auf Initiative des Kölner Rechtsanwalts Horst Rheinfels zustande gekommen. Er gehörte der rheinischen CDU an und spielte dort eine ebenso eigenwillige wie uneigennützige Rolle. Naheliegenderweise ging es uns weniger um die ethische Theorie als um praktische Anwendungsmöglichkeiten. Wir prüften die Bedingungen für Miteigentum, Belegschaftsaktien und Investivlohn in unseren Wirtschaftszweigen. Das war leichter gedacht als getan, damals wie heute. Wir hielten Ausschau nach politischer Unterstützung.

Unterstützung woher? Mit welcher eigenen aktiven Mitwirkung? Die Frage nach Mitgliedschaft in einer Partei rückte für mich näher.

Bis dahin war mein Verhältnis zu politischen Parteien recht unbefangen gewesen. Ihre Unentbehrlichkeit unterlag keinem Zweifel. Zugleich war es ziemlich selbstverständlich, daß keine von ihnen einem Idealbild entsprechen konnte. Ich habe es stets geachtet, daß manche Mitglieder ihre Parteien als eine Art Heimat empfanden, zumal wenn sie in schweren Zeiten dort zusammen aufgewachsen waren. Mir selbst genügte für das Gefühl, politisch zu Hause zu sein, die Lebendigkeit unserer demokratischen Verfassung.

Freilich war ich kein freischaffender Künstler oder Wissenschaftler. Durch Tätigkeit und Interessen war ich in unsere gesellschaftspolitische Entwicklung eingebunden. Ihre Richtung war mir wichtig. Da wurde es allmählich ein Problem, Distanz zu den für diesen Kurs wichtigsten politischen Zentren zu wahren, zu den politischen Parteien.

James Reston, der legendäre Chefredakteur der New York Times, hat einmal den Spruch geprägt: »In politics as in love there comes the moment where you have to kiss the girl.« Das ist natürlich zuviel Ehre und Liebe für den prosaischen Antrag einer Parteimitgliedschaft. Aber immer nur vorsichtig abwarten ist nicht genug. Man muß sich entscheiden.

Aber wie? Bei der ersten politischen Stimmabgabe in meinem Leben bald nach dem Krieg in Göttingen hatte ich für den religiösen Sozialisten Adolf Grimme votiert, weil ich ihn kannte und ihm vertraute. Ich hatte Respekt vor der Geschichte und Gegenwart der SPD. Doch als Genosse wäre ich mir fremd vorgekommen.

Die Liberalen hatten im neunzehnten Jahrhundert die allgemeine Bürgerdemokratie erkämpft. Sie haben uns alle zu Liberalen im Sinne von Demokraten gemacht. Sie verkünden keine weltliche Heilsbotschaft. Das ist gut. Also die FDP? Ihre wirtschaftliche Vernunft leuchtete mir im Prinzip ein. Aber ich suchte einen breiteren gesellschaftspolitischen Ansatz, keine Klientelpartei.

Am meisten überzeugten mich die Gründungsmotive der Unionsparteien, vor allem das, wofür ihr »U« stand: Aus den gemeinsamen Erfahrungen der Nazijahre die Lehren zu ziehen, den alten konfessionellen Gegensätzen keinen politischen Raum mehr zu geben, sich von den Soziallehren inspirieren zu lassen, Sozialpartnerschaft anzustreben, eine wirkliche Volkspartei anzusteuern – ein solcher Unionsgedanke wirkte anziehend auf mich.

Was mir Schwierigkeiten bereitete, war dagegen das »C« im Namen. Macht es nicht die Lücke allzu spürbar, die in unserer Politik zwischen Ankündigung und Verwirklichung klafft, zwischen Wort und Tat? Wer darf aus christlichem Glauben ein bestimmtes Parteiprogramm ableiten? Wer könnte das überhaupt? Christus selbst verkündet kein politisches Programm. Er sagt nicht: Das ist die Wahrheit. Vielmehr sagt er: Ich bin die Wahrheit. Er bekennt sich zu keinem abstrakten Gesetz, sondern zu einem konkreten Verhalten, zu handelnder Liebe.

Wenn es uns Menschen gelänge zu handeln, wie es die Bergpredigt vorgibt, dann wären die Probleme der Welt auch politisch lösbar. Vielleicht wären sie nur so lösbar. Frieden zu halten, niemanden Not leiden und hungern zu lassen, Gerechtigkeit zu üben, die Freiheit des anderen zu wollen – wie oft scheitern wir daran! Als Anspruch an uns selbst darf das »C« nie verstummen. Aber damit politisch werben? Es zur Unterscheidung gegen demokratische Konkurrenten ins Feld führen, wo es doch Gläubige und Ungläubige in allen Gruppierungen gibt? Und wo Gläubige nicht automatisch die humanen und demokratischen Vorbilder sind?

Natürlich war ich bei weitem nicht der erste, der auf solche Bedenken stieß, und dem es stets leichter fiel, die Fragen zu stellen, als sie zu beantworten. Für mich wurde die Entscheidung über eine Mitgliedschaft 1954 akut. Es wäre gänzlich weltfremd gewesen, nach einer neuen Debatte über den Namen der CDU Ausschau zu halten. Ihr »C« war mittlerweile ein fester Namensbestandteil geworden, von manchen mißbraucht, für viele ein Ansporn, für andere ein Ärgernis. Mein Empfinden war, daß ihm vor allem eines nicht widerfahren dürfe: Gleichgültigkeit, bei Freunden sowenig wie bei Gegnern. So entschloß ich mich zum Eintritt. Ich habe es immer als nützlich angesehen, wenn politische Widersacher die CDU danach fragten, wo denn ihr Parteiname noch in ihren Taten zu sehen sei. Es ist gut, wenn es einen erklärten Anspruch gibt, an dem man sich von anderen messen lassen muß. Auch parteiinterne Debatten sind wertvoll, und dies nicht nur in Grundsatzkommissionen, mit denen ich später viel zu tun hatte und wo solche Selbstprüfungen naheliegen, sondern im machtpolitischen Alltag. Das »C« im Namen ist und bleibt ein Stachel im Fleisch; das ist seine wichtigste Legitimation. Zugleich ist es eine Mahnung an das, was Luther mit seinen Worten »sola gratia« beschreibt, an unsere Rechtfertigung nicht durch unsere guten Taten, sondern allein aus Gnade – angesichts unserer Mängel.

Die Zusammensetzung und Motivlage der damaligen Parteimitgliedschaft ist mit der heutigen nur bedingt vergleichbar. Ihre Chance als neu entstandene Volkspartei nutzte die CDU zu jener Zeit mit Erfolg. Sie reichte von zart links bis ziemlich weit rechts.

Die Präambel ihres Ahlener Programms von 1947, an dem Adenauer selbst mitgearbeitet hatte, enthielt den lapidaren Satz: »Das kapitalistische Wirtschaftssystem ist den staatlichen und sozialen Lebensinteressen des deutschen Volkes nicht gerecht geworden.« In den folgenden Jahrzehnten haben solche hehren Bekenntnisse den Siegeszug des Kapitalismus nicht aufgehalten, der heute bis über notwendige moralische Grenzlinien hinaus geführt hat. Das Ahlener Programm enthielt die Forderung nach Vergesellschaftung des Bergbaus, der zu jener Zeit in seiner Blüte stand. Heute werden nur noch Verluste sozialisiert.

Zugleich vertrat die CDU schon bei ihrer ersten Regierungsübernahme eine wenn auch soziale, so doch durchaus liberale Wirtschaftspolitik, mit Ludwig Erhard an der Spitze. Von Beginn an fanden auch Konservative ihren Zugang in stattlicher Anzahl. Es gab für sie keine ernstzunehmende politische Alternative.

So war der neue Typus einer bunten und breiten Volkspartei entstanden. Sie wurde nicht nur eine ideale Arena für die großen Parteistrategen der Macht. Vor allem wurde sie hilfreich, ja unentbehrlich für eine feste Verankerung der jungen Demokratie. Indem sie die stets relativ starke rechte Wählerschaft mit den anderen Sektoren der Partei zu einem gemeinsamen Interesse an Wahlerfolgen verband, trug sie entscheidend dazu bei, eine Wiederholung der leidvollen Weimarer Erfahrungen zu vermeiden.

In ihren pluralistischen Reihen vollzogen sich wichtige politische Vorentscheidungen für das Ganze. Wozu sich die CDU durchrang oder was sie verfehlte, war oft ausschlaggebend für den Kurs des Landes. In ihren Reihen bestätigte sich immer von neuem eine alte Erfahrung: Man kann nicht bewahren, was zur Erstarrung neigt. Ein guter Konservativer ist nur, wer zur Erneuerung fähig ist. Ein guter Erneuerer ist, wem es gelingt, sich für die fälligen Veränderungen der Konservativen zu bedienen. Das haben wir von Benjamin Disraeli gelernt. Wer also eine Reform durchsetzen, wer schweren, aber unvermeidlichen Entscheidungen der Bundesrepublik den Weg ebnen wollte, für den war es wichtig, rechtzeitig Einfluß auf die Richtung des langen Geleitzuges CDU zu gewinnen. Darum ging es in der Folgezeit auch mir, vor allem bei meinem zentralen aktiven Interessengebiet, der Deutschland- und Ostpolitik der sechziger und siebziger Jahre.

Zunächst war ich aber nur ein stilles Mitglied, ohne irgendwelche Mandate anzustreben.

Fünfzehn Jahre in der privaten Wirtschaft

Beruflich blieb ich noch weitere fünfzehn Jahre in der Wirtschaft tätig. Nach den wirtschafts- und sozialpolitisch bestimmten Jahren bei Mannesmann übernahm ich temporär die Geschäftsleitung in einem kleineren Privatbankhaus, Waldthausen & Co in Essen und Düsseldorf. Es gehörte zu einem weitverzweigten Verwandtenkreis meiner Frau. Mir fiel die Aufgabe zu, dort eine Zeitspanne von vier Jahren auszufüllen, bis ein Namensträger der Familie herangewachsen war, um die Verantwortung zu übernehmen. Während dieser Zeit wurde ich mit den Aufgaben eines selbständigen Unternehmers vertraut. Erfolg und Mißerfolg hingen weitgehend von mir selbst ab. Bei harter Arbeit war es eine höchst lehrreiche Zeit.

Meine dritte und letzte Station in der Wirtschaft führte mich nach Ingelheim am Rhein in das pharmazeutische Unternehmen C.H. Boehringer Sohn. Der dortige Seniorchef Ernst Boehringer hatte mich angezogen. Er war ein kraftvoller, aufrichtiger und großgesinnter Mann. Vierzig Jahre lang leitete er die Familiengesellschaft und führte sie hinauf bis in die Spitzengruppe der deutschen Pharmaindustrie. Mit Nachdruck sorgte er dafür, daß das ständig wachsende Familienvermögen nicht als privat verfügbares Kapital behandelt wurde, sondern als ein dem betrieblichen und kommunalen Gemeinwesen gewidmetes Wirtschaftsgut, so wie es Robert Bosch und Ernst Abbe in ihren Unternehmen auch schon gemacht hatten. Mit Leidenschaft betrieb Ernst Boehringer die Erforschung neuer Arzneimittel, die wirklich heilen und lindern konnten. Je älter er wurde, desto stärker empfand er aber auch die moralische Verantwortung, wenn

Dritte ein Firmenprodukt in gefährlicher Weise für Mensch und Natur mißbrauchten, ohne daß er es vorhergesehen hatte.

Ich bin keinem zweiten Unternehmer wie ihm begegnet, der so außergewöhnlich erfolgreich war, den die ganze Firmenbelegschaft so sehr als ihren Freund empfand und der sich zugleich eher scheu im Hintergrund hielt, wenn es um öffentliche Geltung und Rampenlicht ging. Von denen, die man dort antreffen konnte, hielt er sich fern. Eines Tages erschien bei ihm Ernst Jünger zu Besuch, nicht um als Poet gefeiert zu werden, sondern weil sie sich aus dem Ersten Weltkrieg kannten, beide damals mit dem höchsten Tapferkeitsorden ausgezeichnet. Als Ernst Jünger sagte, er sei auf dem Wege zum rheinland-pfälzischen Ministerpräsidenten, und nach dessen Namen fragte, antwortete Ernst Boehringer: »Bei uns weiß man nicht, wie Ministerpräsidenten heißen.«

Solche bescheidene Zurückhaltung war nicht das Hauptmerkmal der Unternehmerschaft in Deutschland, aber es gab damals auch wenig Grund dafür. Während der ersten zwanzig Nachkriegsjahre beruhte der Erfolg der Bundesrepublik auf ihrer Wirtschaft. Mit der tatkräftigen politischen Unterstützung durch Ludwig Erhard und dank der Initialzündung durch den Marshallplan hatte sie für unser Land den weltweiten Ruf des deutschen Wirtschaftswunders geschaffen. Demgemäß setzten sich viele ihrer führenden Vertreter in Szene und beanspruchten ohne jede Schüchternheit politischen Einfluß. Zwei Beispiele aus eigenen Erlebnissen will ich dafür nennen.

Einmal hatte mich mein Arbeitgeber Mannesmann zu einem sogenannten Unternehmergespräch für drei Wochen nach Baden-Baden geschickt. Dort waren wir ungefähr zwanzig Kursteilnehmer, die in einem höchst anspruchsvollen Rahmen als Führungsnachwuchs ausgebildet werden sollten. Träger der Veranstaltung war der Bundesverband der Industrie. Lauter Spitzenkräfte der Wirtschaft referierten und diskutierten mit uns nicht nur über Forschung und Produktion, Werbung und

Verkauf, Bilanzen und Personalführung, sondern auch über Gesellschaft und Politik.

Zum krönenden Abschluß erschien Fritz Berg, der Präsident des BDI. Ohne Umschweife brachte er uns seine Überzeugung vom Führungsanspruch der Wirtschaft in der Gesellschaft nahe. In der Diskussion über seinen Vortrag kam es zu einer Revolte. Aus dem Kreis der Kursteilnehmer hatte ich sie angeführt, weil ich persönlich tangiert war. Denn Fritz Berg hatte ins Zentrum seiner Ausführungen die sogenannte Göttinger Erklärung gestellt, mit der achtzehn deutsche Physiker jegliche Beteiligung an der Forschung und Herstellung, Stationierung oder Mitverfügung im Bereich atomarer Waffen strikt abgelehnt hatten. Unter den achtzehn befanden sich die bekanntesten Nuklearwissenschaftler mit Otto Hahn, Max von Laue und Werner Heisenberg an der Spitze. Die Erklärung erzeugte ein gewaltiges Aufsehen, scharfe Kritik im Bonner Regierungslager und eine hin und her wogende Pressekampagne. Mein Bruder Carl Friedrich, der die Erklärung entworfen und mit unterzeichnet hatte, brachte es dabei sogar zum Coverboy der Titelgeschichte im SPIEGEL.

Fritz Berg nahm an der Erklärung den heftigsten Anstoß. Die Industrie verbäte sich kategorisch solche illegitimen Interventionen überheblicher Intellektueller, die auf verantwortungslose Weise der Wirtschaft und damit dem ganzen Lande Schaden zufügten. Auch hier habe die Wirtschaft eine Führungsaufgabe. Ich widersprach. Es handele sich um fundamentale politische Entscheidungen, für die die Stimmen der Forscher mit ihrer wissenschaftlich-ethischen Verantwortung kein geringeres Gewicht hätten als wirtschaftliche Interessen.

Unser Gesprächsleiter, überdies ein Schwager von Ludwig Erhard, bat mich in der Pause höchst besorgt um Zurückhaltung. Wir sollten doch den BDI-Ast nicht absägen, auf dem der ganze Kursus säße. Es wäre besser, etwas vom Präsidenten Berg zu lernen, als ihm zu widersprechen. Ich war aber nicht der einzige im Kursus, der sich gegen den unverblümten Führungsanspruch der Wirtschaft wehrte. Unser Streit endete unversöhnlich, Fritz Berg aber hatte offenbar sein Vergnügen an dem offenen Schlagabtausch gehabt. Ein paar Wochen später erhielt ich eine Anfrage von ihm, ob ich in seine Firma eintreten wolle.

Der Hauptkampfhahn in der Bonner Regierung gegen die Physiker war Franz Josef Strauß. Als früheres Kabinettsmitglied für Atomfragen und mittlerweile als Verteidigungsminister war er in der Sache durchaus zuständig. In nahezu allen militärischen oder friedlichen Verwendungsfragen der Atomenergie war er meinem Bruder wenig gewogen. Die Göttinger wurden nach Bonn in das Palais Schaumburg quasi vorgeladen. Dort stritten dann Adenauer, Strauß, Hallstein, die Generäle Heusinger und Speidel mit den meuternden Physikern. Bei Tisch saß der hochangesehene, auch menschlich von allen geschätzte Erfinder des ganzen Übels, der Uranspalter Otto Hahn neben dem trockenen Walter Hallstein, ihnen gegenüber der streitbare und zugleich zu jedem spitzen Scherz aufgelegte Strauß. Unter dem Gelächter seiner Nachbarn beklagte er sich, daß man sich doch nur deshalb nicht habe einigen können, weil wieder einmal die Berufsberatung versagt habe: Wäre Hahn Staatssekretär im Auswärtigen Amt, dann gäbe es keine juristisch exklusiven, sondern für den normalen Menschen verständliche diplomatische Memoranden. Und wäre Hallstein Naturwissenschaftler geworden, dann wäre die Atombombe nie erfunden worden. So tröstete sich Strauß bei seinem Ärger über die Physiker mit der willkommenen Gelegenheit, sich über Hallstein lustig zu machen.

Noch eine weitere kuriose Erfahrung machte ich mit der unbekümmerten Selbstverständlichkeit, die der BDI bei politischen Ansprüchen an den Tag legte. Kurz vor der Bundestagswahl 1957 erreichte mich eine Einladung des Hauptgeschäftsführers des Bundesverbandes der Industrie, Gustav Stein. Er forderte mich zu einer Parlamentskandidatur auf und erklärte, er könne mir ein sicheres Mandat als Abgeordneter der FDP im

Bundestag beschaffen. Auf meinen Einwand, ich sei Mitglied der CDU, erwiderte er, das mache gar nichts; da müsse ich einfach nur »auf eine würdige Weise« aus der CDU austreten. Da war er wieder, der verblüffende politische Verfügungsanspruch. Es ist ja nichts Böses, einem Verband nahezustehen und auch von ihm unterstützt zu werden. Aber was wird aus der Unabhängigkeit des Abgeordneten? Unsere Unterhaltung endete ziemlich rasch »auf eine würdige Weise«.

Vom Rhöndorfer Patriarchen zu den Achtundsechzigern

In dieser überaus erfolgreichen Zeit des wirtschaftlichen Wiederaufbaus hatte Adenauer das politische Steuer fest in der Hand. Bei aller Unternehmerfreundlichkeit legte er großen Wert auf sozialpolitische Ruhe im Land und pflegte deshalb eine vertrauensvolle Zusammenarbeit mit Hans Böckler, dem großen alten Mann der nun im DGB fest verankerten Einheitsgewerkschaft.

Damit verschaffte Adenauer sich einen freien Rücken für die Felder, auf die er seine Kräfte konzentrierte: die Außenpolitik, um der jungen Bundesrepublik Deutschland international einen neuen und gesicherten Platz zu verschaffen, und die Wahlkämpfe, um seinen Kurs vor innenpolitischen Gefahren zu bewahren. Frühzeitig gab es erbitterte Auseinandersetzungen über die Deutschland- und Ostpolitik, etwa über die Seriosität der sogenannten Stalinnoten im Frühjahr 1952 und über die Wiederbewaffnung. Unbeirrbar verfolgte Adenauer seinen Weg. Es gelang diesem zähen und nüchternen, klugen und machtbewußten Mann, seine Zeit auf imponierende Weise zu prägen. Mit der stabilen Verankerung des demokratischen Rechtsstaates nach innen und dem klaren, verläßlichen Westkurs nach außen verhalf er unserem Land zu hohem Ansehen.

Im Jahre 1957 lernte ich Adenauer persönlich kennen. Er hatte den BDI-Präsidenten Fritz Berg zusammen mit einigen jungen, politisch interessierten Leuten aus der Wirtschaft zu einem Tee in das Palais Schaumburg eingeladen. Als Berg und ich an einem kleinen Tisch rasch wieder in einen kleinen Streit geraten waren, kam der Hausherr dazu und griff zu meinen Gunsten ein. Er genoß es, sein Pulver trocken zu halten, wenn andere ihre Kräfte im Konflikt verpulverten. Er argumentierte scharfsinnig und ironisch, zugleich aber mit paternalistisch entspanntem Humor. Den starken Eindruck überlegener Sicherheit verfehlte er bei keinem von uns.

Dabei war er natürlich nicht unfehlbar. Es gab eine wichtige Aufgabe, die er vernachlässigte, auch in dem Gespräch mit uns: Er tat wenig, um die junge Generation zu einer lebendigen Beteiligung an der Demokratie zu bewegen. Sie sah in ihm den führenden Staatsmann, der in der Politik polemisch kämpfen konnte, ganz ohne sich unnötig aufzuregen. Sie erlebte einen ziemlich autoritären Kanzler, der offenbar von seinen politischen Kollegen, ob Freund oder Gegner, nicht allzuviel hielt, ja ihrer kaum zu bedürfen schien. Sie empfand ihn als kühlen Skeptiker, mitunter als Menschenverächter. Gleichviel, ob dies einer inneren Wahrheit entsprach, entscheidend war die Wirkung. Und so wuchs nicht zuletzt auch unter solchen Eindrücken eine sogenannte »Ohne-mich«-Generation heran.

Zweifellos gab es für diese Entwicklung auch ganz andere Ursachen, die nichts mit Adenauer zu tun hatten. Man war vom verheerenden Versagen des nationalsozialistischen Staates mit seinem Anspruch auf Totalpolitisierung zutiefst desillusioniert und wollte sich nicht schon wieder engagieren. Mit dem Aufbau einer neuen privaten und beruflichen Existenz hatten die meisten genug zu tun. Bildungspolitische Zaghaftigkeit bei irgendeiner Art von politischer Erziehung kam hinzu. Gerade deshalb wäre eine werbende Wirkung durch die politische Führungsschicht so wichtig gewesen. Keiner hätte, wie Adenauer, die Autorität gehabt, die Jugend für die neu begründete Demokratie zu mobilisieren. Er lenkte die Republik vortrefflich. Doch solange er am Ruder war, gewann er nur wenige exzeptionelle junge Leute für die aktive Mitarbeit im demokratischen Staat.

Bis sich eine neue Generation politisch zu Wort meldete, dauerte es lange. Erst in einem allmählichen Prozeß wuchs während der sechziger Jahre aus passiver Distanz das Aufbegehren einer aggressiven Minderheit hervor. Es war die Entwicklung vom Rhöndorfer Patriarchen zur Jugendrevolte 1968.

All ihren Illusionen und Brutalitäten zum Trotz bildete die 68er Bewegung mit ihrer großen Verweigerung einen tiefgehenden Einschnitt in der Nachkriegszeit. Sie war, wie Hans Magnus Enzensberger sie nennt, eine »zivilisatorische Notwendigkeit«. Allerdings war sie teuer erkauft.

Auf der einen Seite erzwang sie ein neues, aufrichtigeres Verhältnis zur braunen Vergangenheit und veränderte die Einstellung der Menschen zu Staat und Obrigkeit auf unumkehrbare Weise, so daß die demokratische Bürgergesellschaft eine neue Qualität bekam. Zugleich verprellte sie aber mit ihren vielfach absurden antiautoritären Tribunalen, ihrer Entschlossenheit zum Bruch mit jeglichem Tabu im menschlichen Bereich und ihrer Theoriebesessenheit viele reformwillige Bürger. Das Gros der Arbeitnehmerschaft entdeckte wenig Nutzen in den ideologischen Feldzügen. Zwar waren die Fassaden einer hergebrachten Privilegienordnung rasch zum Einsturz gebracht. Doch nun begann eine bis heute nicht fündig gewordene Suche nach einem ethischen Minimalkonsens, ohne den auf die Dauer eine humane Gesellschaft nicht funktioniert.

Das neue Zeitalter der Bürgerinitiativen und die 68er Bewegung waren aber nicht urplötzlich vom Himmel gefallen. Die ganzen sechziger Jahre waren alles andere als ein farbloses, zivilisatorisch verschlafenes Jahrzehnt. Sie waren von turbulenter, am Ende wilder Lebendigkeit geprägt. Die technisch-elektronische Entwicklung explodierte. Es gärte in der Kultur.

Junge Menschen begannen nach alternativen Lebensformen zu tasten.

Joseph Beuys propagierte seinen pädagogischen Kunstbegriff: Jeder Mensch, der Leben und Zukunft mitgestaltet, so lehrte er, ist auf seine Weise künstlerisch tätig. Die Phantasie ist kein musischer Winkel für ein paar Begabte, sondern eine Lebenshilfe für jeden in der technischen Welt.

Hans Werner Henze komponierte sein aufwühlendes polyphones Oratorium »Das Floß der Medusa«, das vom dramatischen Todes- und Überlebenskampf von Menschen aus der dritten Welt handelt und mit dem skandierten Ho-Chi-Minh-Rhythmus der Pauken endet.

Neben und mit der zeitgenössischen Literatur brach sich der junge Film seine selbstbewußte Bahn. Anders als »Papas Kino« entfaltete er eine Kunstform mit neuer, für junge Menschen prägender Kraft. Den Generationswechsel, der ihn trug, repräsentierten Alexander Kluge, Werner Herzog, Rainer Werner Faßbinder, Volker Schlöndorff und andere mit ihren Bindungen an Max Frisch, Heinrich Böll und Federico Fellini.

Die Beatles hatten ihre Premiere auf deutschem Boden, in den USA tauchte erstmals die Pille auf – beides im Jahre 1960. Kurz darauf erfolgte die erste Umkreisung der Erde durch Juri Gagarin.

Inmitten solcher Turbulenzen gab es politische und geistige Anstöße von tiefgehender Wirkung. Der Auftakt kam 1960 vom jungen amerikanischen Präsidenten John F. Kennedy. Er personifizierte förmlich den Drang zu neuen Ufern und entsprach damit auch einer Empfindung in Deutschland. Viele fühlten sich angesprochen, als Kennedy sein Amt mit den Worten begann: »Frage nicht, was Dein Land für Dich tun kann, frage, was Du für Dein Land tun kannst.« Umgeben und beraten von der intellektuellen Elite seines Landes strebte er mit der ihm eigenen Verbindung von Dynamik und rationaler Berechenbarkeit danach, einen Weg der Entspannung mit den Sowjets zu finden und die

Weltkriegsgefahren zu mindern. Eine faszinierende Wirkung ging von ihm aus. Die Welt erstarrte bei der Nachricht von seiner Ermordung. Hierzulande war die Trauer kaum geringer als in Amerika.

Ein anderer großer Anreger von weltweiter Bedeutung war Papst Johannes XXIII. Er, der mit siebenundsiebzig Jahren Papst geworden war, verstand die Zeichen der Zeit und die Empfindungen der nachwachsenden Generation. In seinem gewaltigen Reformwerk kam neues Denken zum Zuge. Ihm ging es um die Annäherung der Kirche an die Welt und um die ökumenische Überwindung trennender Grenzen. Fromm war er gerade durch seine wahre Zeitgenossenschaft. Gläubige und Ungläubige verehrten ihn und fühlten sich aufgerufen, in seinem Sinne mitzuarbeiten.

Besonders nachhaltig war die Resonanz in Deutschland, diesem seit der Reformation auf klassische Weise gemischtkonfessionellen Land mit allen dazugehörigen, bis tief in die Privatsphäre der Menschen reichenden Problemen.

Auch mein eigenes Leben erhielt neue Impulse, die meinen künftigen Weg bestimmten. Im Mittelpunkt standen dabei für mich die Laienarbeit im Deutschen Evangelischen Kirchentag, eine langjährige Mitgliedschaft im Rat der Evangelischen Kirche in Deutschland und eine Aufgabe im Genfer Weltrat der Kirchen. Nicht diese Tätigkeiten waren es, sondern meine späteren politischen Mandate, die mich mit einer breiten Öffentlichkeit in Berührung brachten. Doch verdanke ich ihnen die stärksten Prägungen für die damals vor mir liegende Zeit. Sie waren es, die mich anzogen und förmlich erzogen. Mit ihrer Atmosphäre und ihren menschlichen Bindungen entstand ein mich verwurzelnder Lebenskreis. Da auf ihn ein so wesentlicher Teil meiner Anschauungen und Aktivitäten zurückgeht, sei es mir erlaubt, dies zu schildern, bevor ich über Politik im engeren Sinn berichte.

Deutscher Evangelischer Kirchentag

Der Deutsche Evangelische Kirchentag hat eine längere Geschichte. Sie reicht zurück bis in die Zeit der vormärzlichen und märzlichen Unruhen des Jahres 1848. Auf der damaligen Gründungsversammlung in Wittenberg hielt Johann Hinrich Wichern eine berühmt gewordene Rede, mit der er entscheidende Anstöße zur Ökumene und zur christlich-sozialen Bewegung gab. Er legte den Grundstein für die Innere Mission, die als Diakonisches Werk bis heute fortlebt. Es war eine große Tat.

Für den Kirchentag kam später eine wechselvolle Geschichte, bis er in den Wirren der nationalsozialistischen Herrschaft unterging.

Der pommersche Pietist Reinold von Thadden-Trieglaff, ein mutiger und streitbarer Teilnehmer am Kirchenkampf im Dritten Reich, faßte im sowjetischen Gefangenenlager am Eismeer den Entschluß, den Kirchentag zu neuem Leben zu erwecken. Mit seinem Spürsinn hatte er einen Nerv der Zeit getroffen, und dank seiner energischen Leitung gelang es, eine evangelische Laienbewegung von bisher nicht gekanntem Ausmaß zu schaffen. 1950 kam in Essen das erste große Treffen zustande.

Was ist mit Laie gemeint? Nicht ein Laizist im Verständnis romanischer Länder, der sich mit dieser Bezeichnung von religiös gebundenen Strömungen unterscheiden will. Gemeint ist auch nicht der Abstand zwischen dem geweihten Priester und dem Laienmitglied der Gemeinde; er steht bei Protestanten nicht im Vordergrund. Mit seinem Begriff vom allgemeinen Priestertum aller Gläubigen hatte sich Martin Luther gerade einer solchen Zweiteilung vehement widersetzt. Nach den Worten seines ihn bewundernden Kritikers Karl Marx hat Luther »den Glauben an die Autorität gebrochen, weil er die Autorität des Glaubens wiederhergestellt hat. Er hat die Pfaffen in Laien verwandelt, weil er die Laien in Pfaffen verwandelt hat.«

Wir besuchten den neugeschaffenen Kirchentag natürlich

nicht im Zeichen von Karl Marx, sondern angesichts einer ständig gewachsenen Säkularisierung. Die Gesellschaft, in der wir leben, duldet die Kirchen und gibt Hilfestellung für ihre Aufgaben, unterwirft sich aber keiner kirchlichen Anleitung. Sie sucht ihre Erkenntnisse und Verhaltensnormen in eigener Entscheidung.

Laien im Sinne des Kirchentages sind Fachleute in der säkularen Gesellschaft, die sich für ihr Leben in dieser Welt am christlichen Glauben orientieren, so gut sie es vermögen. Sie wollen keinen klerikalen Einfluß fördern, sondern sich mitverantwortlich im Zusammenleben engagieren. Wenn sie dort etwas zu bewirken suchen, dann müssen sie sich um die Maßstäbe geschichtlicher Erfahrung bemühen. Sie wollen und können nicht eine Politik im Namen Gottes verkünden, wie es bald Revolutionäre, bald Ultrakonservative so oft beanspruchen. Solches hätte der ebenso fromme wie nüchterne Gründer Thadden nie ertragen.

Die Resonanz auf seinen Aufruf übertraf alle Erwartungen. Bald waren auf den zunächst jährlichen, später zweijährlichen Treffen riesige Messehallen der Ballungszentren von vielen Tausenden Teilnehmern überfüllt, wenn brennende Fragen der Zeit kontrovers und doch verständigungsbereit behandelt wurden. Viele, die sich im Alltag isoliert fühlten, suchten auf dem Kirchentag das Erlebnis der Zusammengehörigkeit. Es war für sie ein »Tag« im Sinne einer Versammlung von sonst verstreuten Bekenntnissen. Sie suchten danach, die Grenzen von Gemeinden, Landeskirchen und Konfessionen zu überwinden.

Es gab innerchristliche und allgemein gesellschaftliche Themen. Reform der Volkskirche und Militärseelsorge wurden lebhaft diskutiert. In den theologischen Arbeitsgruppen kam es bei den biblischen Texten zum Streit zwischen strenger Wortgläubigkeit und deutender Entmythologisierung. Wege zum Frieden mit den ehemaligen Kriegsgegnern kamen ebenso nachhaltig zur Sprache wie die Hilfe für die dritte Welt. Gemeinsam riefen Bundestagspräsident Hermann Ehlers und der Theologe Helmut Gollwitzer zum politischen Engagement auf, ihren höchst unterschiedlichen Positionen zum Trotz. Gewerkschaftsführer und Unternehmer debattierten über das Soziale in der Marktwirtschaft. In aller Klarheit redete der christdemokratische Kultusminister Edo Osterloh mit dem sozialdemokratischen Fraktionsvorsitzenden Fritz Erler über die Wahlkampfparolen der Parteien und bestätigte ihm ohne Zögern, daß ein Wahlsieg der SPD keinen Untergang Deutschlands bedeuten würde, wie man es aus dem Bonner Palais Schaumburg gehört hatte.

Einen starken Eindruck hinterließ mir auf den Kirchentagen die Arbeitsgemeinschaft »Juden und Christen«. Hier kam es zu den ersten ernsthaften Gesprächen nach dem Holocaust. Es waren Teilnehmer aus Israel und der Bundesrepublik, vor allem aber jüdische und christliche Theologen im Dialog. Unvergeßlich ist mir, wie der aus Deutschland nach Israel ausgewanderte Ernst Simon jüdische Bibelauslegungen vortrug, von denen jeder evangelische Professor der systematischen Theologie etwas lernen konnte. Mit unerbittlicher, aber nicht unversöhnlicher Wahrheitsliebe redete uns der Düsseldorfer Rabbiner Robert Raphael Geiss ins Gewissen, indem er das geschichtliche Verhalten von Christen an den Grundsätzen ihres Glaubens maß. Aber auch den Teilnehmern aus Israel wurde keine Frage nach ihrer Verantwortung für die Palästinenser im Nahen Osten erspart.

Man kann sich die Atmosphäre solcher Begegnungen heute nur noch schwer vorstellen. Es kam keineswegs zu übersteigerten religiösen Schwärmereien. Weit eher übten wir uns zusammen in jene Nüchternheit ein, die die Bibel dem Christen abverlangt, damit er die Mitverantwortung für seine Zeit und Welt mit Vernunft wahrnehmen kann. »Liebe Deinen Nächsten wie Dich selbst«, so lernen wir es im Religionsunterricht. Auf dem Kirchentag kam die genauere Übersetzung dieses Bibeltextes zur Geltung, die wir dem großen jüdischen Theologen Martin

Buber verdanken: »Liebe Deinen Nächsten, denn er ist wie Du«, also genauso auf sich selbst bezogen wie Du selbst; Du sollst nicht Deine Eigenliebe auf ihn übertragen, sondern in ihm Deine eigenen Schwächen und Egoismen erkennen und sie in der Begegnung mit ihm überwinden. Es ist Selbsthilfe, wenn Du ihm hilfst. Immer ging es um die Suche nach gemeinsamen Wegen zwischen Menschen, Gruppen und Gesellschaften, die sich von Hause aus miteinander schwertaten.

Unvergeßlich bleibt mir eine Szene auf dem Kölner Kirchentag 1965. Es war kurz nach dem hoffnungsvollen Abschluß des II. Vatikanischen Konzils unter dem Pontifikat von Johannes XXIII. Als Protestanten waren wir in der ganz überwiegend katholischen Rheinmetropole auf das herzlichste aufgenommen. Der katholische Oberhirte, Kardinal Frings, gab uns zur Eröffnung in seinem Dom-Museum einen Empfang. Er hielt aber keine der üblichen Begrüßungsreden. Vielmehr trug er, der greise, kleine, fast erblindete Mann, aus freiem Gedächtnis eine Bibelarbeit über den Text aus dem Galaterbrief des Apostels Paulus vor, der der Losung unseres Kirchentages zugrunde lag: »In der Freiheit bestehen«. Es war ein wahrhaft packender, ergreifender ökumenischer Höhepunkt unter Christen in Deutschland. Niemand konnte sich ihm entziehen. Einen Meter neben mir standen Konrad Adenauer und Martin Niemöller und umarmten sich – diese beiden Männer, die sich sonst immer nur im Streit darüber begegnet waren, was es politisch konkret bedeutet, in der Freiheit zu bestehen.

Niemöller bin ich oft begegnet. Einmal war es bei seiner Verabschiedung als Kirchenpräsident der Evangelischen Kirche von Hessen und Nassau. Ungefähr fünfzehn Redner sprachen hintereinander zu seinem Lobe, Ministerpräsidenten, Bischöfe und Laien. Er hörte es sich mit wachsender Erregung an, stürmte zum Schluß auf das Podium, bedauerte zunächst, daß seine tödlich verunglückte Frau nicht mehr habe anhören können, was für einen fabelhaften Mann sie gehabt habe, und rief dann laut an

Der Laienarbeit im Evangelischen Kirchentag war ich während der ganzen Nachkriegszeit verbunden und blieb auch als Bundespräsident regelmäßiger Teilnehmer. In Düsseldorf hielt ich 1985 eine Ansprache zur Identität der Deutschen in der Zeit der Teilung. Ganz rechts beim Lautsprecher Professor Wolfgang Huber, heute Bischof der Landeskirche von Berlin-Brandenburg.

die Adresse von uns Festrednern: »Aber es war alles falsch, was Sie gesagt haben.« Und dann bekannte sich dieser streitbare Christ zu seinen Fehlern. Sein autobiographisches Buch trug den Titel: »Vom U-Boot zur Kanzel«. Er hatte bei der Marine gedient. Mein Vater pflegte zu sagen, das Buch hieße eigentlich: »Mit dem U-Boot auf die Kanzel«.

Ein Schwerpunkt ganz eigener Art kam dem Kirchentag durch seine Wirkung im geteilten Deutschland zu. In kurzer Zeit wurde er zur stärksten, öffentlich sichtbaren gesamtdeutschen Klammer. Zum Abschluß des Leipziger Kirchentages im Jahre 1954 kamen auf der Rosenthal-Wiese über sechshunderttausend Menschen aus beiden Teilen Deutschlands zusammen. Es waren Katholiken und Protestanten, Christen und Nichtchristen, alle von dem Verlangen bestimmt, sich in der Gemeinsamkeit zu stärken. Der Kirchentag ging hier frühzeitig einen Weg voran, der bis in die allerletzte Phase des SED-Regimes immer stärker zum Vorschein kam: Menschen versammelten sich unter einem schützenden kirchlichen Dach, nicht primär um am christlichen Gemeindeleben im Alltag teilzunehmen, sondern um Freiheit empfinden und für sie eintreten zu können.

Die Verantwortung für die Kirchentage lag in der Hand des Präsidiums. Dafür gab es Wahlen, die gesamtdeutsch stattfanden. Mit dem Bau der Mauer im August 1961, der wenige Tage nach dem letzten gesamtdeutsch besuchten Kirchentag in Berlin erfolgte, wurde der Kontakt schwer, aber er riß nie ab. Hier fiel nun mir bald eine besondere Aufgabe zu, denn Thadden legte aus Altersgründen sein Präsidentenamt nieder und forderte mich auf, sein Nachfolger zu werden. Sein Vorschlag traf mich völlig überraschend. Mir fehlte das meiste, was ihn auf seinem Weg persönlich geprägt hatte. Auch besaß ich weder sein dynamisches pietistisches Temperament noch seine persönliche innerkirchliche Geschichte und Erfahrung. Um es mit den Worten von Paul Tillich auszudrücken: Ich fühlte mich als ein Teil eher der latenten Kirche als der manifesten, der ich nicht immer ohne Zweifel, wenngleich stets erwartungsvoll gegenüberstand. Und nicht zuletzt hatte ich einen Beruf, der mir, wie ich fürchtete, kaum ausreichend Zeit für die arbeitsreiche und dabei doch ehrenamtliche Tätigkeit des Kirchentagspräsidenten belassen würde.

Aber wie alle seine Pläne, so verfolgte Thadden auch diesen mit der ihm eigenen Zähigkeit. Und so kam die Sache für mich zum Schwur. An der Faszination der Aufgabe im Kirchentag gab es für mich keinen Zweifel. Mich dafür zu engagieren, packte mich mehr, als immer tiefer in die private Wirtschaft einzutauchen. Ich war vierundvierzig Jahre alt, und wenn es einen wirklich richtungweisenden Entschluß zu fassen gab, dann war dafür jetzt die Zeit gekommen. Natürlich sah ich nicht voraus, wohin mich mein Lebensweg noch führen würde. Daß es aber eine entscheidende Wende bedeuten würde, war mir klar. In diesem Bewußtsein sagte ich zu.

Obwohl Deutschland inzwischen hermetisch geteilt war, kam es zu einer gesamtdeutschen Wahl. Die zum Wahlgremium, der sogenannten Präsidialversammlung, gehörenden westlichen Mitglieder reisten in den Ostteil von Berlin und vollzogen mit den Mitgliedern aus der DDR die Wahl. Angesichts der scharfen politischen Trennung und einer ganz ungewissen kirchlichen und staatlichen Zukunft war es für uns ein aufregendes und bewegendes Treffen. Wir standen vor großen Erwartungen und wußten doch nicht, wie wir sie würden erfüllen können. Und in Gedanken an die mir nun zufallende Leitungsaufgabe konnte ich gar nicht anders, als an das Lutherwort von Furcht und Zittern denken.

Mutlosigkeit durfte aber natürlich nicht aufkommen. Jetzt sollten keine Gemütsregungen das Feld beherrschen, sondern es ging um konkrete Verabredungen für die nächsten Themen der Kirchentagsarbeit. Zum Glück blieb auch mir selbst gar keine Zeit zu sorgenvoller Meditation. Sofort nach der Wahl mußte ich in Westberlin vor die Presse treten. Damit hatte ich bisher keinerlei Erfahrung gehabt. Auf den Newcomer wurde aber dort keine Rücksicht genommen. Und als ich nun zum ersten Mal in meinem Leben in die Linse einer Fernsehkamera gesprochen hatte, sagte mir nach vollbrachter Tat der Journalist: »Ihr Statement war wirklich ganz ausgezeichnet. Es dauerte neunzig Sekunden. Bitte sagen Sie genau dasselbe noch einmal in der Hälfte der Zeit.« Das war meine Medientaufe.

Ungezählte Male war ich in den folgenden Jahren bei unseren Freunden in Ostberlin und in der DDR. Aus erster Hand erlebte ich die Härten ihrer Existenz und die Kraft ihres Glaubens in einem sie ständig überwachenden System. Den Behörden der DDR waren natürlich auch meine Besuche nicht unbekannt. Die Einreise ging durchaus nicht immer glatt vonstatten. Es kam vor, daß sie mir am Bahnhof Friedrichstraße nach langem Warten mit den Worten: »Sie sind in der DDR unerwünscht« verweigert wurde. Die zahllosen, immer von neuem aufwühlenden menschlichen Kontakte und Beratungen im Osten und die dabei gewonnenen Informationen über das Leben in der DDR führten ganz von selbst dazu, in meinen späteren politischen Aufgaben die Deutschland- und Ostpolitik zum Schwerpunkt meiner Arbeit werden zu lassen.

Ökumenischer Weltrat der Kirchen

Der ökumenische Charakter des Kirchentages führte zu einer engen Zusammenarbeit mit dem Weltrat der Kirchen, dem alle christlichen Kirchen der Welt außer der römisch-katholischen Kirche angehören und dessen Domizil Genf ist. Ökumene ist das griechische Wort für die ganze bewohnte Erde. Das Ziel ist Einheit. Aber welche? Und wie? Geht es um den zwischenkirchlichen, interkonfessionellen Kontakt? Oder um die interkulturelle Dimension, also um Gerechtigkeit und Frieden in der einen Menschheit? Darüber gab es oft Spannungen.

Die römisch-katholische Kirche ist nicht nur die bei weitem größte christliche Kirche; sie ist Weltkirche, auf die eine oder andere Weise mit dem Leben aller Völker verbunden. Im Genfer Ökumenischen Rat dagegen sind die Mitgliedskirchen im allgemeinen örtlich, national oder regional verwurzelt und leiden oft stärker unter zwischenkirchlichen Gegensätzen, deren Überwindung für sie besonders wichtig ist. Doch soweit ich es miterlebt habe, gibt es im Weltkirchenrat, zumal im Zeichen der

Das in majestätischer Einsamkeit gelegene Jagdschloß Friedrichs II. von Hohenstaufen, Castel del Monte, zu dem mich meine italienischen Gastgeber 1991 führten, ist ein 1240 erbautes frühgotisches gewaltiges Achteck aus Sandstein.

Säkularisierung und Entchristlichung der Welt, keinen ernsthaften Streit darüber, daß Verantwortung für die Kirche und Verantwortung für die Welt untrennbar sind. Wir waren uns sehr wohl bewußt, daß sich die Welt von der Frage bedrängt fühlte, nicht *was*, sondern *ob* die Kirche glaube. Die Kirche kann dies nur beantworten, indem sie sich in der Welt wiederfindet, dort also spricht und handelt, um etwas dazu beizutragen, daß sich die Welt bewege und verändere. Die Suche nach Einheit der Kirchen ist von großer Bedeutung, aber kein Selbstzweck. Im Vordergrund stehen Beiträge zur erneuernden und friedlichen Einheit der Menschen und zur Bewahrung der Schöpfung für alle.

Sieben Jahre lang gehörte ich dem Exekutivausschuß des Weltkirchenrates an, einem Kreis von ungefähr zwanzig Vertretern der Mitgliedskirchen aus aller Welt. Rund um den Globus trafen wir uns zwei- bis dreimal im Jahr für jeweils eine Woche. Unser Vorsitzender war M. M. Thomas, ein südindischer Methodist. Unser südafrikanisches Mitglied war Erzbischof Tutu, dem sein Land, nächst Mandela, am allermeisten Kraft und Mut zur Überwindung der Plage verdankt, die die Apartheid war. Bis heute hat er die Hauptlast des Versöhnungswerks mit der jüngsten Geschichte in Südafrika zu tragen.

Die russisch-orthodoxe Kirche war durch Metropolit Nikodim vertreten, den Leiter des Moskauer kirchlichen Außenamtes. Er war ein beleibter, kahlköpfiger, humorvoller und listenreicher Kirchenfürst. Bei einem gemeinsamen Bad im Meer hielt ich nach ihm Ausschau, erblickte in der Ferne aber nur einen riesigen schwimmenden Vollbart, den er beim Schwimmen wie eine Tarnwand vor sich her schob. Leider stand Nikodim zu sehr unter dem Druck seiner heimischen politischen Machthaber. Ein zentrales Thema unserer Tagesordnungen war die Unterstützung von Maßnahmen zum Schutz der Menschenrechte in vielen Teilen der Welt. Wenn dann Fälle von Rechtsverletzungen in der Sowjetunion zur Sprache kamen, verweigerte Nikodim jede

Diskussion. Da gebe es nichts zu prüfen, sagte er, denn Menschenrechte seien bei ihm zu Hause durch die Verfassung garantiert. Es gab allerdings auch ganz andere orthodoxe Priester, die sich nicht hinter der Ikonostase verbargen, wenn es um Unrecht ging, sondern mit großem Mut für bedrängte Menschen eintraten.

Unser geographisch fernstes Mitglied war der Erzbischof von Neuseeland. Er brachte es fertig, daß eine unserer Tagungen bei ihm zu Hause in Auckland anberaumt wurde. Bei der Ankunft auf dem Flugplatz sagte er zu unserer Begrüßung, jetzt sei der Sinn der Tagung schon erfüllt. Durch unsere lange Anreise hätten wir hoffentlich endlich verstanden, wie schrecklich es für ihn und seine Landsleute sei, immer zu diesen »verdammten« Sitzungen in das ferne Europa oder Amerika reisen zu müssen. Er hatte ja absolut recht.

Es gab Sitzungen in Addis Abeba. Die dortigen koptischen Christen waren überaus gastfreundlich. Der Kaiser Haile Selassie lud uns zum »prayer breakfast« ein. Seine Enkelin aber machte uns mit der Not und Armut in ihrem Land vertraut, ohne etwas zu verschleiern. Von Nairobi, wo es 1975 zu einer dreiwöchigen großen Vollversammlung des Ökumenischen Rates kam, fuhr ich zum südafrikanischen Christenrat, dessen weißer Generalsekretär Beyers-Naudé ein starker Fels gegen die rassistische Brandung war. Ich besuchte den damaligen südafrikanischen Ministerpräsidenten Vorster, der zunächst lauter Erklärungen zu außenpolitischen Fragen abgab, mich dann aber förmlich mit einer Bibelstelle überfiel, aus der er ein striktes Christengebot für die Rassentrennung glaubte ableiten zu können. Ich erinnere mich an kaum ein härteres und ergebnisloseres politisches Streitgespräch.

Dreimal besuchte ich im Genfer Auftrag Südkorea, einmal zusammen mit einem Kollegen aus dem Exekutivausschuß, dem ehemaligen indonesischen Generalstabschef Simatupang, einem mutigen Christen aus einer ganz überwiegend muslimischen

Gesellschaft. Unsere Aufgabe lautete, bedrängten und inhaftierten Pfarrern in Seoul zu Hilfe zu kommen. Ihre inkriminierte Tätigkeit hatte lediglich darin bestanden, den vielen notleidenden Slumbewohnern in der übervölkerten Hauptstadt so gut wie möglich zu helfen. Diese rein soziale Tätigkeit empfand die dortige Obrigkeit aber als aktive politische Opposition. Deshalb wurden die Pfarrer der verbotenen Kontakte mit Nordkorea geziehen, völlig zu Unrecht. Es war eine bewährte Methode zur Machterhaltung südkoreanischer Präsidenten, unliebsame Bürger als Kryptokommunisten zu verdächtigen. Sich gegen die nordkoreanische Propaganda abzuschirmen war gewiß notwendig. Dies aber als innerpolitisches Machtinstrument zu mißbrauchen, behinderte die Entfaltung der Demokratie in Südkorea allzulange.

Der Ost-West-Konflikt, der damals weite Teile der Welt beherrschte, prägte auch die Arbeit in den christlichen Kirchen entscheidend. Papst Johannes XXIII. hatte auf der Suche nach kirchlichen Beiträgen zur Entspannung schon mit der später sogenannten vatikanischen Ostpolitik begonnen. Immer wieder wirkte sich der Kalte Krieg auf das Verhältnis unter Mitgliedskirchen des Genfer Weltrates aus, oder er veranlaßte einige von ihnen, in Genf um Hilfe für ihre politisch bedrängte Lage zu bitten. Deshalb kam es mehrfach zu Tagungen unserer Leitungsgremien in Ländern des Ostblocks. Wir besuchten das Patriarchat der Orthodoxie in Sagorsk. Dort war die Atmosphäre herzlich, aber die Gespräche waren weniger reichhaltig als die Mahlzeiten und Getränke. In Moskau verhandelten wir mit dem für religiöse Fragen verantwortlichen Minister der sowjetischen Regierung. In Sofia und am Schwarzen Meer versuchten wir, der Christenheit auf dem Balkan zu helfen.

Die evangelischen Kirchen in der DDR bemühten sich um eine Sitzung des Exekutivausschusses bei ihnen. Da gab es zunächst Schwierigkeiten. Dank der minutiösen Protokolle der Staatssicherheit habe ich erst jetzt erfahren, daß ich es war, der die Probleme auslöste. Die Behörden drüben wollten mir als dem westdeutschen Mitglied des Genfer Gremiums zunächst keine Einreise zur Teilnahme bewilligen. Ich konnte aber den Stasiprotokollen entnehmen, daß unser aus der Karibik stammender Genfer Generalsekretär, Philip Potter, erklärt hatte, der Weltrat werde die Tagung in der DDR absagen und dies öffentlich begründen, falls es keine Einreiseerlaubnis für mich gebe. Darauf lenkte die DDR-Behörde ein.

Wir tagten dann östlich von Berlin in Bad Saarow am Scharmützelsee. Bei einem Empfang, der uns dort von seiten des Staates gegeben wurde, traf ich den Vorsitzenden der katholischen Bischofskonferenz in der DDR, den aus Berlin-Schöneberg stammenden Kardinal Bengsch. Er war ein charakterfester, glaubensstarker Mann, zugleich ein Berliner Original mit treffsicherer Zunge. In der Öffentlichkeit der DDR hielt er sich zurück. Als ich ihn fragte, warum er überraschenderweise zu dem Empfang gekommen sei, antwortete er, das sei in der Tat eine Ausnahme. Er wolle mir das Verständnis seiner Hauptaufgabe durchaus nicht verschweigen: nämlich dazu beizutragen, daß die katholische Kirche die nächsten zweihundert Jahre in der doppelten Diaspora gegenüber den Kommunisten einerseits und den Protestanten andererseits überleben könne. Seherisch waren die Worte zum Glück nicht, aber hart genug und so auch gemeint. Immerhin fügte er dann noch hinzu, er habe sich der Gemeinsamkeit des christlichen Zeugnisses in einer atheistischen Gesellschaft nicht entziehen wollen, und außerdem habe ihn die Neugier getrieben zu sehen, wie wir das hier machten.

Übergang zur Entspannungspolitik; der Nachbar Polen; Ostdenkschrift der Evangelischen Kirche

Mehr und mehr hatte sich mittlerweile meine Tätigkeit von den wirtschaftlichen und sozialen Bereichen auf die deutschland- und außenpolitische Perspektive verlagert. Auch ohne politisches Mandat gab es für mich in diesen lebhaften sechziger Jahren viel Anreiz zur Beteiligung an Irritationen aus der Gesellschaft im engen Zusammenhang mit der internationalen Debatte über den Ost-West-Konflikt.

Bekanntlich hatte der Kalte Krieg seine Wurzeln bereits im Zweiten Weltkrieg selbst. Russische Zeithistoriker sehen heute ziemlich übereinstimmend schon in der gegen den Aggressor Deutschland geschlossenen Anti-Hitler-Koalition eine Interessengemeinschaft der Westmächte gegen die Sowjetunion. In kürzester Zeit nach Kriegsende wurde die Behandlung des besiegten Deutschland zu einem Kernstück des Konfliktes zwischen Ost und West. 1948 ersuchte die amerikanische politische Führung die Ministerpräsidenten der westlichen Bundesländer, einen westdeutschen Bundesstaat zu gründen, gedacht als vorgeschobene Bastion der westlichen Welt im Systemkonflikt mit dem Osten. Bereits 1950, nur fünf Jahre nach Kriegsende, erklärte der amerikanische Außenminister Dean Acheson westdeutsche militärische Beiträge zur Verstärkung des Westens für notwendig. Nur Frankreich erhob noch Einspruch, Stalin dagegen war alarmiert. Denn es hatte seit Lenins Zeiten zu den wichtigsten Zielen Moskaus gehört, zu verhindern, daß es zu einem deutschen militärischen Beitrag im westlichen Verbund gegen die Sowjetunion kommen könne.

Freilich hatte Stalin selbst zu dieser von ihm befürchteten Entwicklung entscheidend beigetragen. Er hatte ja den Systemkampf forciert, den ganzen werdenden Ostblock dem Marshallplan gegenüber verschlossen und die Blockade Westberlins vom Zaun gebrochen. Sein Versuch, damit die Gründung der Bundesrepublik Deutschland zu verhindern und Westberlin vom Westen endgültig abzutrennen, war an der westlichen Luftbrücke und der Haltung der Berliner gescheitert. Anstatt den freien Teil der Stadt neutralisieren und schließlich vereinnahmen zu können, hatte er das Gegenteil erreicht: Westberlin errang eine zentrale Aufwertung für den Allianz- und Freiheitsgedanken des Westens. Es blieb nun das wichtigste Testgebiet in allen deutschlandpolitischen Konflikten.

Nach diesen Fehlschlägen schaltete Stalin wenig später auf Friedensschalmeien Moskauer Tonart um. Mit den beiden schon genannten, berühmt gewordenen Stalinnoten schlug er im Frühjahr 1952 freie Wahlen für ein vereinigtes und neutralisiertes Deutschland vor. Doch der Westen ließ sich zu keinem Zeitpunkt auf einen Qualitätstest der neuen Vorstöße Stalins ein. Vor allem Adenauer war strikt dagegen. Heute können darüber alle Seiten in Ruhe sprechen. Damals blieb der Stachel einer scharfen Kontroverse zwischen Regierung und Opposition über eine möglicherweise versäumte nationale Option zurück. Adenauer sah sich auf seinem außenpolitischen Gipfel erst, als die Bundesrepublik 1955 als souveräner Staat in die Nato eintreten konnte. Die Politik der Stärke hatte sich durchgesetzt.

Allmählich kamen aber neue Elemente zum Vorschein. Der Kreml startete einen zweiten Entspannungsversuch. Österreich wurde in die Neutralität entlassen und von den Siegermächten geräumt. Adenauer wurde nach Moskau eingeladen und erreichte die Freilassung der überlebenden Kriegsgefangenen. Kaum ein anderer seiner großen Erfolge wurde ihm von der deutschen Bevölkerung so warm gedankt wie dieser.

Inzwischen waren aber auch die ersten atomaren Bombentests der Russen erfolgt. Unter dem Gleichgewicht des Schreckens hatte der Kalte Krieg seine dreifache Thematik erreicht: den Wettbewerb der Systeme, den Streit über Deutschland und das atomare Wettrüsten.

Es begann eine schwierige Zeit für die Außenpolitik der Bundesrepublik. Bei den Westmächten glaubte damals kaum noch jemand an eine Zustimmung der Sowjetunion zu einer deutschen Wiedervereinigung. Moskau suchte den Status quo zu befestigen, also seine Eroberungen zu legitimieren und die völlige Abhängigkeit der DDR durchzusetzen. Wie sollten unter solchen Bedingungen Entspannungsschritte zugleich mit einer für uns befriedigenden deutschlandpolitischen Perspektive verbunden werden? Ein innerwestlicher Konflikt begann sichtbar zu werden: Würde durch Entspannung eine Lösung der deutschen Frage langfristig erleichtert? Oder sei umgekehrt die Entspannung nur durch die Lösung der deutschen Frage überhaupt denkbar?

Bonn folgte einer strikten Junktimpolitik, wie sie damals genannt wurde, also keine Ost-West-Verständigung unter Ausklammerung der deutschen Frage. Die Hallstein-Doktrin wurde vorherrschend. Sie sollte das zentrale Moskauer Ziel einer diplomatischen und völkerrechtlichen Legitimierung der DDR verhindern. Es ist in der Tat schwer zu sagen, was aus dem Verlangen nach deutscher Einheit geworden wäre, falls es so etwas wie die Hallstein-Doktrin und mit ihr den Friedensvertragsvorbehalt überhaupt nie gegeben hätte.

Wahr ist aber auch, daß sie sich allmählich zu einem dogmatischen außenpolitischen Panzer entwickelte und für eine eigene aktive Bonner Ostpolitik nicht förderlich war. Die Ostpolitik der Bundesrepublik bestand nun im wesentlichen aus Westpolitik, also daraus, die westlichen Alliierten auf die Bonner Grundsätze einzuschwören.

Tatsächlich aber wollte auch keine der Westmächte mehr ernsthaft am Status quo rütteln. In den USA tauchten erste Überlegungen für ein Abkommen mit der Sowjetunion über Rüstungsbegrenzung auf. In Moskau war Chruschtschow ans Ruder gekommen. Er wollte die Anbindung der USA an die Bonner Junktimpolitik auflösen und versuchte es 1958 zunächst mit Druck in Gestalt einer neuen schweren Berlin-Krise. Westberlin sollte eine selbständige politische Einheit ohne westalliierte Truppen werden. Am 13. August 1961 wurde auf Drängen Ulbrichts und auf Anordnung Moskaus die Mauer in Berlin gebaut. Im folgenden Jahr installierte Chruschtschow seine atomaren Raketen auf der amerikanischen Nachbarinsel Kuba.

Der gefährlichste Augenblick des Kalten Krieges war erreicht. Wie es aber manchmal in der Geschichte verläuft, wurde gerade er zum Wendepunkt. Washington erzwang den Abzug der sowjetischen Raketen aus Kuba. Eine militärische Konfrontation wurde vermieden. Beide Supermächte respektierten das nukleare Gleichgewicht; jede der beiden achtete die Einflußzone der anderen. Die Berlin-Krise klang ab. Die Mauer blieb, Moskau stellte aber die Position der Westmächte in Berlin nicht mehr prinzipiell in Frage.

Nun begann ein neuer großer Abschnitt der Nachkriegsgeschichte. Die Entspannung wurde zum zentralen Thema. Auf der westlichen Seite war Kennedy dafür die wichtigste Figur. Schon vor seinem Amtsantritt hatte Albert Einstein zusammen mit Bertrand Russell die Initiative für eine Rüstungskontrolle ergriffen. Kennedy setzte amerikanische Wissenschaftler ans Werk, die mit ihren sowjetischen Fachkollegen und mit Sachverständigen aus aller Welt Schritte zur Kontrolle und Beherrschung der Kernwaffen explorieren sollten, wenngleich das ohne Ergebnis blieb.

Mit Kennedys Rückendeckung wurde die sogenannte Pugwash-Konferenz ins Leben gerufen, eine Versammlung aus der wissenschaftlich-technischen Fachwelt. Sie sollte einen Weg zur kollektiven Sicherheit im Atomzeitalter ebnen. Unter die nüchternen Naturwissenschaftler mischten sich bald auch pazifistische Idealisten, die den Kontakt zur Politik im Westen und Osten nicht immer erleichterten. Dennoch gehören die großen Themen der Rüstungskontrollpolitik – vom ersten Atomtestabkommen des Jahres 1963 über den Atomwaffensperrvertrag bis zu den Salt-Kontakten, den Strategic Arms Limitation Talks – zu dem Erbe von Pugwash. Erst im Dezember 1995, also mit dreißigjähriger Verspätung, ist es dem zuständigen Gremium in den Sinn gekommen, den noch überlebenden alten Kämpfern der Pugwash-Konferenz den Friedensnobelpreis zu verleihen.

Auch Nikita Chruschtschow hatte konstruktiv mitgewirkt. Viele verbinden mit ihm nur die Berlin- und Kubakrise und vor allen seinen Schuh, mit dem er auf dem Pult im Plenarsaal der Vereinten Nationen herumtrommelte. Der britische Delegierte bei den Vereinten Nationen, Ormsby-Gore, hatte sogar einmal vorgeschlagen, man solle sich bei der Abrüstung auf ein Größenmaß verständigen: Keine Waffe dürfe größer und lauter sein als Chruschtschows Schuh.

Dennoch hatte dieser ungehobelte und vitale Mann Bewegung in das stalinistisch erstarrte Moskau gebracht. Als ein begreifbarer Mensch aus Fleisch und Blut wurde er sogar im Westen populär. Die Forscher sind heute der freilich äußerst umstrittenen Spekulation auf der Spur, daß es unter ihm schon Mitte der sechziger Jahre zur Perestroika hätte kommen können, wenn ihn die »Greise aus dem Präsidium« (Oleg Grinevskij) nicht vorher davongejagt hätten.

Allseits, auch in Westeuropa, verbreitete sich nun das Bedürfnis, zu einem neuen entspannten Verhältnis zwischen Ost und West zu kommen. Wen man nicht besiegen kann, so ähnlich lautete die Maxime, mit dem sollte man sich arrangieren.

General de Gaulle war der erste, der damit in Europa Ernst machen wollte. Vor allem wollte er das Thema Entspannung nicht den Amerikanern allein überlassen. Er suchte mit Moskau eine europäische Zusammenarbeit »vom Atlantik bis zum Ural«. Die Frage nach der deutschen Einheit löste er aus dem aktuellen politischen Tagesgeschäft und verwies sie in eine historische Perspektive, das heißt in eine ferne Zukunft, genauso wie Gorbatschow es mir gegenüber noch zwanzig Jahre später in Moskau dozierte, zwei Jahre vor dem Fall der Mauer.

Diese ganze Entwicklung hatte natürlich auch tiefe Auswirkungen auf die politische Debatte in Deutschland. Bei uns orientierte sich die amtliche Politik nach wie vor an der Hallstein-Doktrin, während unsere beiden wichtigsten Verbündeten, die Amerikaner und die Franzosen, sich anschickten, eine Art Entspannungswettlauf nach Moskau anzutreten. Die Vertagung der deutschen Einheit in eine ferne historische Zukunft durch de Gaulle hatte am Rhein ebenso verstörend gewirkt wie der neue Wind von Kennedy. Durch seine Grundsätze drohte Bonn ins Abseits zu geraten.

Man hat Adenauer oft genug vorgeworfen, es sei ihm letzten Endes nie ernsthaft genug um Deutschlands Einheit gegangen und hinter der Entspannungspolitik habe er unbeherrschbare Gefahren für die Sicherheit der Bundesrepublik gewittert. Deshalb habe er sich bei Annäherungen zwischen dem Osten und dem Westen ins Bremserhäuschen begeben.

Solche Urteile habe ich stets für oberflächlich und ungerecht gehalten. Gewiß waren Adenauers Visionen von Deutschland und Europa eher von Köln als von Berlin geprägt. Er verleugnete nie jene Rheinländermentalität, die es hart getroffen hatte, daß Preußen auf dem Wiener Kongreß 1815 nicht, wie von Hardenberg erhofft, Sachsen erhalten hatte, sondern statt dessen das Rheinland nehmen mußte. Nach Adenauers Auffassung hatte Großbritannien Europa »zerstört«, weil es nur an ein starkes Gegenwicht zu Frankreich gedacht und daher die Berliner nach Köln geholt habe. Aber Adenauer war ein viel zu kluger Staatsmann, als daß er die Realitäten übersehen hätte. Früher als andere hatte er mit dem sowjetischen Botschafter über eine österreichische Lösung für die DDR diskutiert. Vier Monate nach dem Bau der Berliner Mauer schlug er Moskau einen zehnjährigen Burgfrieden vor, freilich ohne daß die gemeinten Einzelheiten ganz klar wurden. Überlegungen der Menschlichkeit spielten für ihn eine wichtigere Rolle als nationalstaatliche Ziele. Er selbst bekannte damals, daß er es für den Rest seines Lebens als seine wichtigste Aufgabe ansehe, zu einem erträglicheren Verhältnis mit der Sowjetunion zu kommen.

Dennoch begann schon am Anfang der sechziger Jahre eine öffentliche Debatte über die ostpolitische Linie der Bundesrepublik. Sie wurde im Laufe der Zeit immer lebhafter und kontroverser, bis sie schließlich in den aufwühlenden Auseinandersetzungen im Bundestag über die Ostverträge zu Beginn der siebziger Jahre gipfelte.

Der erste, weithin hörbare Schritt erfolgte nicht durch die politischen Parteien, sondern als private Initiative. Es waren acht Männer vor allem aus dem wissenschaftlichen Leben, die sich 1961 mit dem alsbald so genannten Tübinger Memorandum kritisch zur politischen Lage der Bundesrepublik zu Wort meldeten. Sie waren alle evangelisch und standen einander persönlich nahe. Jeder von ihnen war schon durch seine beruflichen Leistungen und Verantwortlichkeiten öffentlich hervorgetreten. Zu ihnen gehörten der Physiker Werner Heisenberg, der Philosoph und Pädagoge Georg Picht, der Präsident des deutschen Wissenschaftsrates Ludwig Raiser, der spätere Direktor des Max-Planck-Institutes für Bildungsforschung Hellmut Becker, der Intendant des Westdeutschen Rundfunks Klaus von Bismarck und mein Bruder Carl Friedrich. Ihr wichtigster innerkirchlicher Berater war Bischof Hermann Kunst, der Vertreter der evangelischen Kirche bei den Verfassungsorganen in Bonn.

Sie waren keine mißvergnügten Oppositionellen, die zum intellektuellen Zeitvertreib Denkschriften anfertigten. Was sie antrieb, war die Beunruhigung über eine wachsende Erstarrung in der politischen Landschaft. Mit ausführlichen Begründungen im einzelnen warfen sie der Politik vor, der Bevölkerung nicht in ausreichendem Maß die Wahrheit zu sagen und vor notwendigen harten Entscheidungen auszuweichen. Sie nannten die Beispiele für planlose Wahlgeschenke im sozialen Bereich und forderten eine durchgreifende Neuordnung des Erziehungs- und Bildungswesens. Ein zentrales Kapitel des Memorandums bildete die Außenpolitik. Hier wandten sie sich vor allem den deutsch-polnischen Beziehungen zu und begründeten die Unvermeidbarkeit einer Anerkennung der neuen polnischen Westgrenze an Oder und Neiße.

Liest man den Text des Memorandums heute nach, dann stößt man auf lauter Argumente, die inzwischen kaum noch umstritten sind. Damals jedoch schien alles noch kontrovers zu sein und löste daher heftige öffentliche Reaktionen aus.

Da ich allen Autoren persönlich verbunden war und beim außenpolitischen Teil an ihren Vorarbeiten mitgewirkt hatte, beteiligte ich mich an der öffentlichen Debatte. Ich schrieb meinen ersten ausführlichen Zeitungsartikel. Das Thema war die Deutschland- und Ostpolitik, insbesondere die Beziehungen zu Polen. Ich argumentierte gegen die stereotypen und erstarrten Formeln, mit denen wir uns nach meiner Meinung nur abkapselten. Wir sollten die Beziehungen zu den östlichen Nachbarn selbst in die Hand nehmen, so schwer dies auch sei, anstatt uns hinter der These zu verschanzen, erst in einem Friedensvertrag könne sich eine frei gewählte gesamtdeutsche Regierung zu territorialen Fragen äußern. Wer habe denn ein Interesse, uns einen solchen Friedensvertrag zu offerieren, wenn wir nicht selbst aktiv würden?

Dennoch war das Echo bei den Parteien gerade zu diesem Thema damals weitgehend negativ. Mein einziger Erfolg war mein erstes Publizistenhonorar, für das ich mir zum Trost eine antiquarische zwanzigbändige Ausgabe des Concise Oxford Dictionary erstand.

Aufs Ganze gesehen war das Tübinger Memorandum ein symptomatischer und wichtiger Schritt. Es war ein Zeichen dafür, daß das Motto »Mehr Demokratie wagen« schon die ganzen sechziger Jahre durchzog. Auf nicht ganz legitime Weise hat dieser Slogan seine Berühmtheit erst später durch die Antrittserklärung der Regierung Brandt erhalten.

Trotz der amtlichen politischen Reserve war mit dem Kapitel

des Memorandums zur Ostpolitik und speziell zu Polen ein Stein ins Wasser geworfen. Die »evangelische Mafia«, wie die Autoren mit ihren Freunden und Kommentatoren bald genannt wurden, arbeitete weiter.

Die evangelische Kirche nahm jetzt auch amtlicherseits das Thema Polenpolitik auf. Für Ausarbeitungen und Verlautbarungen zu politischen Fragen hatte sie die »Kammer für öffentliche Verantwortung«. Ludwig Raiser, Mitverfasser des Tübinger Memorandums und zugleich Präses der EKD-Synode, also der Präsident des Evangelischen Kirchenparlaments, war ihr Vorsitzender. Ich war ein Mitglied und zeitweise Stellvertreter von Raiser im Vorsitz.

Die evangelische Kirche hat sich im Laufe der Nachkriegsjahrzehnte ziemlich oft zu Fragen der Gesellschaft und Politik in unserer Zeit geäußert. Manche meinen: zu oft und auch nicht immer sehr glücklich im Inhalt. Das mag so sein. Nach meinem Eindruck war und ist dies freilich ein Problem weniger der Häufigkeit als der mitunter fehlenden, wohlbegründeten Klarheit und Eindeutigkeit. Gründe dafür liegen im Wesen des Protestantismus.

Dem englischen Schriftsteller W. H. Auden, der 1935 Thomas Manns Tochter Erika geheiratet hatte, wird der Satz zugeschrieben: »Die Wahrheit ist katholisch, protestantisch ist das Suchen nach ihr.« Wäre es so, dann genügte es ja, wenn der Protestant sich darauf konzentrierte und beschränkte, den Katholiken zu suchen und zu finden. In Wahrheit suchen wir alle. Wir haben nur unterschiedliche kirchliche Überlieferungen und Regeln dafür, wie wir unterwegs sind und auf welche Weise wir zu Übereinstimmungen und Entscheidungen kommen.

Wie die örtlichen Gemeinden, so sind auch ihre kirchlichen Leitungsgremien Spiegelbilder einer freien, pluralistischen Gesellschaft, deren Mitglieder in ihren Ansichten divergieren und mit unterschiedlichen Schwierigkeiten im Leben zu ringen haben. Im Glauben vereint zu sein bedeutet gewiß die Verpflichtung und den Willen, ernst zu nehmen, was die zehn Gebote sagen und was in der Bergpredigt steht. Es heißt aber nicht, in allen Fragen der Welt übereinzustimmen.

Auf Dietrich Bonhoeffer geht die Unterscheidung zwischen den letzten und den vorletzten Dingen zurück, zwischen dem Glauben an Gottes Wahrheit und der Verantwortung für die Aufgaben unseres Lebens in unserer Welt. Wenn eine Synode oder Kammer sich zu einem Problem unserer Zeit äußert, dann sind dies vorletzte Dinge. Und wenn unsere Meinungen verschieden sind, so gilt es, sich darüber so friedlich und so aufrichtig wie möglich auseinanderzusetzen und zu verständigen, nicht aber, mit dem Besitz der Wahrheit in den letzten Dingen übereinander herzufallen. Sich zu verständigen ist oft ein schwieriger Prozeß. Es gibt mehr als eine kirchliche Verlautbarung, die damit so ehrlich umgeht, daß darunter ihre Klarheit und Wirksamkeit leidet.

In der Mitte der sechziger Jahre gab es jedoch eine Erklärung der Kammer für öffentliche Verantwortung in der EKD, die sich mit Klarheit und Deutlichkeit zu einem zentralen Thema äußerte und damit eine ganz ungewöhnliche Wirkung erzielte. Es war die Denkschrift mit dem Titel »Die Lage der Vertriebenen und das Verhältnis des deutschen Volkes zu seinen östlichen Nachbarn«. Sie war von den Kammermitgliedern aus Ost und West gemeinsam verabschiedet worden.

Diese Ostdenkschrift gab Anlaß zu heftigen Auseinandersetzungen, brachte am Ende aber bis tief hinein in die politischen Parteien einen entscheidenden Anstoß für die Entspannungspolitik vor allem im deutsch-polnischen Verhältnis.

Zum ersten Mal wurde damit das Thema Polen im Bewußtsein der Bundesrepublik in den besonderen Rang gerückt, der ihm gebührte. Es waren nicht die politischen Verfassungsorgane, die dies bewirkten, sondern die Gesellschaft und besonders die Kirchen – bei uns Deutschen ebenso wie in Polen selbst.

Frankreich und Polen stellten für uns Deutsche die beiden

größten Aufgaben einer Bereinigung der Kriegsvergangenheit dar. Sie waren aber in ihren historischen Wurzeln und in der Art ihrer Lösung grundverschieden. Was zwischen Franzosen und Deutschen gelungen ist, gehört zu den größten Erfolgen der Nachkriegszeit. Es waren die politischen Führungen, die es zustande gebracht haben. Die Europaidee öffnete den Weg. Die Verständigung wurde in keiner der beiden Gesellschaften mehr prinzipiell in Frage gestellt.

Im deutsch-polnischen Verhältnis dagegen waren die Hände der Politiker beider Länder lange, allzulange gebunden. Für uns Deutsche lag dies an der größten und bei weitem schmerzvollsten Kriegsfolge, dem Heimatverlust im Osten; politisch kam der Zusammenhang zwischen der offenen deutschen Frage und der Anerkennung der Oder-Neiße-Grenze hinzu. Für die Polen ging es um Sicherheit vor künftigen deutschen Ansprüchen, aber eben nicht nur um sie, sondern zentral darum, endlich wieder ganz das eigene Polen werden zu können, befreit von der Umklammerung durch Russen und Deutsche, unter der das Land seit den polnischen Teilungen im späten 18. Jahrhundert gelitten hatte. Der Zweite Weltkrieg war ausgebrochen, weil Hitler und Stalin sich auf Kosten von Polen geeinigt hatten. Bis tief in die Nachkriegszeit hinein war wegen der sowjetischen Präsenz die freie polnische Nation ein unerreichbares Ziel geblieben.

Um von außen einen Beitrag zur Lage der Polen leisten zu können und dafür auch in Polen selbst wichtige Partner zu finden, bedurfte es des Willens zur menschlichen und historischen Verständigung. Die Vorreiter auf diesem Weg wurden die Kirchen und manche ihrer politisch engagierten Laien. Auf polnischer Seite waren es neben der mächtigen katholischen Kirchenhierarchie katholische Intellektuelle, Schriftsteller und – als Mitglieder der Znakgruppe – unabhängige Sejm-Abgeordnete, unter ihnen Stanislaw Stomma und Tadeusz Mazowiecki. Die polnischen Bischöfe schrieben gegen Ende des II. Vatikanischen

Konzils an ihre deutschen Amtsbrüder einen Brief mit dem berühmten Satz: »Wir vergeben und bitten um Vergebung«. Auf deutscher Seite fiel neben den katholischen Bischöfen, die den Brief beantworteten, der evangelischen Seite die wichtigste Rolle zu. Hier lag die prägende Bedeutung der Ostdenkschrift. Sie war auch für mich selbst der entscheidende konkrete Ansatzpunkt, um an einem neuen deutsch-polnischen Verhältnis mitzuwirken, das mir ganz besonders am Herzen lag.

Die starke Wirkung der Denkschrift beruhte im wesentlichen darauf, daß das Thema längst fällig geworden war. Es war hohe Zeit für die Bundesrepublik geworden, ihr Verhältnis zu den östlichen Nachbarn aus eigener Kraft zu verbessern und, soweit möglich, zu normalisieren. Es war weder menschlich zumutbar noch politisch klug, bei Heimatvertriebenen immer länger die Hoffnung wachzuhalten, daß es vielleicht doch bald noch einen Friedensvertrag geben werde und sie dann nach Hause zurückkehren könnten, wenn die alten deutschen Ostgebiete wenigstens zum Teil an Deutschland zurückfallen würden. Beim Verlust der eigenen jahrhundertelangen Heimat ging es um die tiefsten existentiellen Empfindungen. Gerade auch in den Kirchen und Gemeinden hatten wir es mit ihnen zu tun. Deshalb war aber auch gerade dort die Einsicht gereift, wie unverantwortlich es gewesen wäre, die Wirklichkeit auch weiterhin sowenig deutlich beim Namen zu nennen, wie es bis dahin in der Politik geschehen war.

Das Thema der Denkschrift war ein Musterbeispiel dafür, daß man kirchlicherseits besonders sorgfältig zwischen letzten und vorletzten Dingen unterscheiden muß. Die Geschichte lehrt uns ja deutlich genug, wie rasch oft kirchliche Autoritäten bei der Hand waren, ihre jeweiligen Standpunkte unter Berufung auf Gottes Willen durchzusetzen. Auf Befehl des zürnenden Gottes sollte Johanna verbrannt werden. Bald darauf aber sollte sie auf Geheiß des liebenden Gottes heiliggesprochen werden. Gewiß sind dies Beispiele aus dem Mittelalter. Aber auch bei der

Ostdenkschrift unseres eigenen Zeitalters galt es, einer Gefahr zu widerstehen, die schon bis in die kirchlichen Synoden gedrungen war, nämlich unter Berufung auf die Bibel und den Namen Gottes entweder einen Gebietsverzicht jenseits von Oder und Neiße zu verlangen oder mit derselben Autorität umgekehrt ein Recht auf Heimat durchzusetzen.

Diesmal waren wir uns in unserer Kammer über die Notwendigkeit eines aufrechten Umgangs mit der Wirklichkeit und einer Annäherung zum Frieden nun auch mit unseren ehemaligen Feinden im Osten einig, und zwar im vorletzten Sinne. Auf der Klarheit dieser Aussage beruhte schließlich auch die Wirkung der Denkschrift.

Eine kleine Delegation der EKD, zu welcher der damalige Ratsvorsitzende Bischof Scharf, Professor Raiser und ich gehörten, führte Gespräche mit den Vorständen der politischen Parteien. Von der CDU kamen Ernst Lemmer und Johann Baptist Gradl. Sie waren über die Wirkung der Denkschrift beunruhigt, stellten sich aber der Diskussion mit Ernst und Aufrichtigkeit. Dies gilt vor allem für Gradl, der die weitere außenpolitische Entwicklung ziemlich klar vorhersah und alles in seinen Kräften Stehende beitrug, um Vertriebenen und Verfolgten zu helfen, mit ihrem schweren Los fertig zu werden.

Für die SPD sprachen Fritz Erler, Herbert Wehner und Helmut Schmidt mit uns. Ihr Wortführer war Erler. Er argumentierte verantwortungsvoll, klug und behutsam, während Wehner nur selten, dann aber wie ein Vulkanausbruch auf uns eindonnerte, wir in der Kirche hätten die Folgen unserer Vorschläge ja nicht auszubaden. Überdies war er, wie auch Schmidt, ein häufiger Teilnehmer an Kirchentagen.

Insgesamt wurde von den Parteiführungen die Legitimität der Denkschrift nicht ernsthaft bestritten und ihr Einfluß auf die immer unumgänglicher gewordene Diskussion der Thematik mehr oder weniger vernehmbar begrüßt, wie auch die Resonanz in der Öffentlichkeit überwiegend positiv war.

Zwei Jahre später folgte in derselben Kammer eine zweite Arbeit, die unter dem Namen »Friedensaufgaben der Deutschen« veröffentlicht wurde. Wir hatten sie auf zahlreichen Sitzungen fast ausschließlich in Ostberlin beraten und beschlossen. Ihr Inhalt kreiste um das Thema Verantwortungsgemeinschaft der Deutschen. Die Verfasser waren Erhard Eppler, damals Bundesminister für wirtschaftliche Zusammenarbeit, und ich. Er war aktiver Politiker, ich dagegen noch nicht.

Später hatten wir beide manche Auseinandersetzung über die Grundsatzprogramme unserer Parteien, an deren Konzeptionen und Texten jeder von uns viel gearbeitet hatte. Zugleich hatten wir aber auch übereinstimmende Erfahrungen, zum Beispiel die, daß Parteien sich im allgemeinen mehr für Wahlkämpfe interessieren als für Grundsatzprogramme. Vielleicht waren meine Schwierigkeiten da noch etwas größer als die seinen. Außerdem hatte jeder von uns seine persönlichen Meinungen, die er in der eigenen Partei lieber deutlich äußerte als verschwieg. In den Zentralen gab es Leute, die uns beide damit aufziehen wollten, daß sie uns gelegentlich »Brüder im Grundsatz« nannten. Warum auch nicht? Ich bin Eppler in der Kammer und im Kirchentag oft begegnet und habe ihn gründlich schätzengelernt. Es mag sein, daß uns manchmal ein kleiner Ausgleich zwischen seinem Idealismus und meiner Nüchternheit ganz gutgetan hätte. Gleichviel, seine Gedanken sind klar und interessant, seine Haltung aufrichtig, seine Verabredungen zuverlässig. Als politischer Schriftsteller fällt er ganz aus dem Rahmen, weil sich die Lektüre seiner Texte immer lohnt. Viele von uns haben sich im Laufe der Jahre der niemals einfachen Aufgabe unterzogen, zu den Jahrestagen des 17. Juni 1953 zu sprechen. Unsere Landsleute im Osten haben stets sehr empfindsam zugehört, wie wir unbeteiligten westlichen Zuschauer über ihre Erlebnisse redeten, so als ob es unsere Verdienste und Heldentaten gewesen wären. Ich erinnere mich an keine in der Sache und im Ton so eindrucksvolle Rede aus diesem Anlaß wie an die Ansprache, die Erhard Eppler am

17. Juni 1989 im Bundestag hielt, also wenige Monate vor dem Ende der SED-Herrschaft.

Etwas, was uns wohl auch stets verbunden hat, waren die Erfahrungen bei der politischen Mitarbeit in kirchlichen Gremien. Sie waren oft eine Ermutigung für uns und zuweilen auch eine Erholung gegenüber der Atmosphäre in unserem professionellen politischen Alltag.

Erste Fühlung mit Helmut Kohl

Die Ost-West-Politik war nun im Übergang aus der Ära Adenauer in die Zeit von Brandt. Die Gesellschaft und in ihr die Kirchen mit ihren Denkschriften und Briefen spielten gerade während dieses Transitoriums eine größere Rolle als davor und danach. Daran war auch ich beteiligt. Dennoch blieben natürlich die politischen Instanzen die verantwortlichen Akteure für jede Weichenstellung. Wie sich dies für mich selbst auswirkte, will ich kurz beschreiben, ehe ich den Fortgang der politischen Entwicklung schildere.

Aufgrund der ostpolitischen Arbeiten und Diskussionen war ich mit einem Bein bereits in der Politik, aber nach wie vor, ohne ein Wahlmandat zu haben oder zu suchen. Es war jedoch schon kurz davor zu einer ersten ernsthaften Prüfung dieser Frage gekommen. Helmut Kohl war es, der sie mir stellte. Er besuchte mich im Frühjahr 1965 in Ingelheim und schlug mir vor, bei der für den Herbst bevorstehenden Bundestagswahl eine Kandidatur in seinem Heimatwahlkreis Ludwigshafen zu übernehmen.

Voller Schwung arbeitete er, der damals Fünfunddreißigjährige, daran, seinen CDU-Landesverband Rheinland-Pfalz in einem liberalen Geist zu öffnen und bundespolitisch zu profilieren. Um die eigenen Reihen zu stärken, scheute er sich nicht, manchen Kreisparteien oder den für die Aufstellung der Landesliste zuständigen Delegierten die Aufnahme von Kandidaten aus anderen Bundesländern zuzumuten. So gewann er im Lauf der Jahre, um nur einige zu nennen, Heiner Geißler, Bernhard Vogel, Hanna-Renate Laurien, Norbert Blüm, später Walter Hallstein und Roman Herzog für die Mitarbeit in seinem Bundesland. Dies machte allseits einen nachhaltigen Eindruck.

Natürlich wußte jeder, daß Kohl bei alledem durchaus und sehr direkt die eigene politische Zukunft im Auge hatte. Warum auch nicht? Die Anziehungskraft seines Landesverbandes war sein persönliches Verdienst. Er strebte nach bundespolitischem Einfluß für seinen Verband und zugleich für sich selbst. So ist der demokratische Wettbewerb gedacht. Weil er die ja zum Teil sehr unterschiedlichen Ansichten seiner Angeworbenen niemals irgendwie einebnen, sondern im Gegenteil so zur Geltung bringen wollte, wie sie waren, entstand ein Landesverband, der in seiner Aufgeschlossenheit und Lebendigkeit ganz aus dem Rahmen fiel.

Eine bedeutende Journalistin hat viele Jahre später einmal eine ausführliche Charakterstudie über Helmut Kohl mit den Worten: »Seine Botschaft ist seine Erscheinung« zusammengefaßt. Das erinnert mich stets an unsere erste Begegnung. Sein umwegloser Anmarsch auf sein Ziel und seine freundschaftliche Offenheit in einem langen Gespräch beeindruckten mich. Er wußte natürlich sehr genau, daß meine bisherigen Äußerungen und mein Engagement im kirchlichen Bereich durchaus nicht fugenlos in manche der damaligen CDU-Positionen paßten, zumal nicht beim Thema Ost- und Entspannungspolitik. Darin sah er offenbar eher einen Gewinn. Ebensowenig konnte ich meinerseits verkennen, daß es bei der CDU ein Interesse dafür gab, als einen ihrer Bundestagskandidaten den Präsidenten des Evangelischen Kirchentages zu nominieren. Der Gedanke der Union im Sinne einer konfessionellen Ökumene hatte sich zwar politisch weitgehend durchgesetzt, und bei manchen bekannten CDU-Leuten wußte man auf Anhieb gar nicht, ob sie katholisch, evangelisch oder etwas Drittes waren. Dennoch überwog in der Parteimitgliedschaft, vor allem in Rheinland-Pfalz, nach wie vor deutlich das katholische Element, und eine zusätzliche evangelische Beglaubigung des Unionsgedankens war nicht unwillkommen.

Zum ersten Mal bekam ich nun auch einen Brief von Adenauer, der sich den Vorschlag von Kohl zu eigen machte und mir nachhaltig zuredete. Kurz darauf kam noch ein zweites Schreiben von ihm aus dem schönen Cadenabbia.

Aber es ging nicht. Ein Jahr zuvor hatte ich das Amt des Kirchentagspräsidenten angetreten, das mit den Positionen politischer Parteien nichts zu tun haben durfte. Ich konnte und wollte es nicht mit einem Parteiwahlmandat verbinden. Für die Idee und die sehr persönliche Art seines Vorschlages war und blieb ich Helmut Kohl stets verbunden. Es gab bei mir keinen Zweifel, daß ich früher oder später für ein politisches Mandat kandidieren wollte. Doch 1965 mußte ich absagen. Wir verabredeten uns für später.

Ostpolitische Initiativen aus Berlin; die Harmel-Doktrin der Nato

In die Deutschland- und Außenpolitik der Bundesrepublik kam neue Bewegung. Gerhard Schröder, seit 1961 Außenminister, schickte sich an, die strikte Anwendung der Hallstein-Doktrin auf die kommunistisch regierten Staaten Osteuropas zu lockern und Beziehungen aller Art, außer vollen diplomatischen, zu ihnen aufzunehmen. Mit einer sogenannten Friedensnote im Frühjahr 1966 unternahm er einen großangelegten Schritt, um die Bundesrepublik in die Entspannungspolitik des Westens einzugliedern und ingesamt ein neues Verhältnis zu Osteuropa zu suchen. Zum ersten Mal wurden in dieser Note formell Gewaltverzichtsvereinbarungen vorgeschlagen, die später zum Kern der Ostverträge wurden. Schröder war ein kluger, erfahrener, standfester Politiker. Er war unverrückbar in seinen Prinzipien und zugleich aufgeschlossen für die geschichtlichen Entwicklungen. Innerhalb und außerhalb der Union sahen viele damals in ihm den kommenden Mann.

Die wichtigsten Anstöße aber kamen aus Berlin. Dort hatte der Bau der Mauer den entscheidenden Schock gebracht. Als sich bei den Westalliierten niemand rührte, um der physischen Teilung der Stadt entgegenzutreten, verflogen letzte Illusionen. Der damalige Regierende Bürgermeister Willy Brandt hat es oft mit den Worten geschildert: »Der Vorhang wurde weggezogen, und siehe: die Bühne war leer.« Gemeint war die Bühne, auf der das Stück Viermächteverantwortung für Berlin als Ganzes auf dem Spielplan stand, ein Stück, das es in der Wirklichkeit aber eben gar nicht mehr gab.

Man hatte es in Berlin dem amerikanischen Präsidenten Kennedy zunächst tief verübelt, daß dieser die Teilung der Stadt zugelassen hatte, ohne einzugreifen. Doch das Verhältnis änderte sich rasch. Nun begann der Berliner Senat eine eigene Ost- und Deutschlandpolitik. Wenige Monate nach dem Mauerbau kam es zu ersten Kontakten mit einem Bevollmächtigten der DDR-Führung, etwas bis dahin in Berlin nie Dagewesenes und Unerhörtes. Die Politik der kleinen Schritte begann. Im Dezember 1963 wurde das erste sogenannte Passierscheinabkommen geschlossen. Westberliner sollten über Weihnachten für einen Tag ihre Verwandten im Ostteil der Stadt besuchen können. Beinahe achthunderttausend Menschen, mehr als ein Drittel der Bevölkerung, machten davon Gebrauch. Später folgten weitere Abkommen mit noch größerer Reichweite. Die Parole lautete: Kleine Schritte sind besser als große Worte. Wie sich allem innenpolitischen Streit zum Trotz zeigen sollte, war hier ein unumkehrbarer Weg eingeschlagen worden.

Zu jener Zeit entstand auch das berühmt und berüchtigt gewordene Wort vom »Wandel durch Annäherung«. Diese Formel, von Egon Bahr geprägt, wurde zum Schlüsselbegriff für Anhänger ebenso wie für Gegner der Brandtschen Deutschland- und Ostpolitik. Es ging Bahr nicht um eine Konfrontation mit der DDR, sondern um ihre Transformation. Er bekannte sich zu dem Paradoxon, den Status quo dadurch zu überwinden, daß man zunächst nicht seine Abschaffung verlangte. Den Menschen sollte die Teilung erleichtert, die Mauer durchlässiger gemacht werden. Dazu sei, so Bahr, die Mitwirkung der Autoritäten jenseits der Mauer notwendig. Wenn es den Menschen drüben allmählich besserginge, werde dies auch eine entspannende und am Ende eine das DDR-System verändernde Wirkung haben.

Oft genug ist darüber gestritten worden, wer sich bei einer solchen Annäherung in welcher Weise verändert. Das ist jetzt eine müßige Frage. Die Linie von Brandt und Bahr blieb jedenfalls damals noch strikt unterhalb einer Anerkennung der DDR. Der Vorbehalt eines Friedensvertrages schützte die deutschen Vereinigungsinteressen und hielt – als verbliebenes Besatzungsrecht – die westlichen Freunde bei der Stange. In Westberlin wurde ständig ein enger Schulterschluß mit den Amerikanern gewahrt, denen im allgemeinen diese eigenen deutschen Berliner Initiativen gar nicht übel gefielen. Nur unter dem sicheren Schutz des Westens konnte sich eine Berliner und deutsche Politik auf dem Weg nach Osten machen.

Der nächste Schritt vollzog sich, als 1966 in Bonn die große Koalition ans Ruder kam, mit Kiesinger als Kanzler und Brandt als Außenminister. Die alte Position der Bundesrepublik war nun ziemlich grundlegend verändert. Es hieß nicht mehr, daß eine Ost-West-Entspannung von einer Wiedervereinigung Deutschlands abhinge, sondern umgekehrt, daß sich die Einheit Deutschlands nur durch Entspannung erreichen ließe, vorausgesetzt, daß diese zu einer Systemöffnung im Osten führen würde.

Auch in der Nato einigte man sich auf eine gemeinsame Linie.

Auf seinem Rückweg von den USA in seine russische Heimat besuchte Alexander Solschenizyn auch die Villa Hammerschmidt. Nicht nur sein »Archipel Gulag«, sondern auch sein großes Romanwerk »August 1914« schildern Vorgeschichte, Wirklichkeit und Folgen der russischen Revolution.

Der sogenannte Harmel-Bericht, benannt nach dem belgischen Außenminister, wurde für die künftigen Aufgaben der Allianz akzeptiert. Danach bekannte sich die Nato zu einer Doppelstrategie, nämlich einerseits die militärische Sicherheit aller ihrer Mitglieder eindeutig und zweifelsfrei zu gewährleisten, andererseits aber eine aktive Politik der Entspannung zu betreiben, unter dem Vorzeichen eines gesicherten Gleichgewichts in der militärischen Gegenüberstellung.

In Moskau war die Richtung hin und her gegangen. Die Kreml-Führung war besorgt, daß eine westliche Entspannungspolitik zu einer Aufspaltung innerhalb des eigenen Lagers führen könne. Einige der Mitgliedsländer des Warschauer Paktes gingen in ihren Kontakten mit dem Westen nach sowjetischem Geschmack zu weit, insbesondere Rumänien. Auch kam es in Polen und vor allem unter Dubček im Prager Frühling 1968 in der Tschechoslowakei zu inneren Reformbewegungen, die die Sowjetunion als tödlich für ihr System ansah und mit Gewalt unterdrückte.

Andererseits suchte aber auch Breschnew nach einer Entlastung für die sowjetische Wirtschaft durch Rüstungskontrollabkommen mit den USA. Ein verstärkter Wunsch nach technologischer und wirtschaftlicher Kooperation mit dem Westen machte sich breit. Dafür hatten die Russen vor allem die Westdeutschen im Auge. Moskau ließ zwar nicht von seinen beiden Hauptforderungen an die Bonner Adresse ab, nämlich Anerkennung der DDR und der Oder-Neiße-Grenze. Es machte diese Forderungen nun aber nicht mehr wie bisher zur Vorbedingung für Verhandlungen. Vielmehr sollten sie selbst Inhalt solcher Gespräche werden. Damit standen wir gegen Ende der sechziger Jahre in Bonn ziemlich unmittelbar vor direkten Kontakten mit Moskau.

Wer sollte die Verhandlungen in Moskau führen? Und mit welchem Mandat? Im Vorfeld der für den Herbst 1969 fälligen Bundestagswahlen hatten ostpolitische Divergenzen in der Bonner großen Koalition eher noch zugenommen. Die Wahlen mußten über künftige Regierungskoalitionen entscheiden.

Davor lag aber noch eine andere, die Wahlen höchst nachhaltig präjudizierende demokratische Entscheidung, die Wahl eines neuen Bundespräsidenten als Nachfolger von Heinrich Lübke. Diese muß ich zunächst schildern, zumal ich selbst in sie einbezogen wurde – zu meiner großen Überraschung.

Wahlen eines Bundespräsidenten sind merkwürdige Vorgänge. Zumeist sind sie durch lange Vorläufe geprägt. Dabei geht es in den Medien oft lustvoll um Spekulationen über Popularität und Eignung von Personen, wie damals, als eine demoskopische Umfrage wieder einmal den Chef des Hauses Hohenzollern als Spitzenreiter ermittelt hatte. Die Entscheidung liegt aber bekanntlich in den Händen der Bundesversammlung, und das heißt allein bei den Parteien. Diese wollen legitimerweise durch die Wahl ihre politische Position demonstrieren und ihre künftigen Machtchancen stärken.

Zur spezifischen Spannung dieser Wahlen gehört, daß nicht klar definiert ist, um welche Art von Macht es eigentlich geht. Einerseits ist sie weniger wichtig als die Wahl eines Parlaments- oder Regierungschefs; denn was die Verfassung unter Macht versteht, hat sie ziemlich weit entfernt vom Amt des Bundespräsidenten angesiedelt. Andererseits aber können bei der Besetzung dieses Amtes wichtige Weichen gestellt werden. Sie können die bestehende parteipolitische Machtverteilung bestätigen oder eine aufdämmernde Änderung signalisieren. Zugleich können sie auch Ausdruck tiefer liegender Strömungen einer Epoche sein.

Wir alle wissen, daß unsere Verfassung die demokratischen

Institutionen und Spielregeln trefflich festlegt, indem sie die Verteilung und Kontrolle der Macht bestimmt. Über Inhalt und Ziele bei der Ausübung dieser Macht enthält sie freilich nur spärliche Andeutungen. Auch kann sie nicht vorgeben, auf welche Weise das Machtgefüge der konstitutionellen Verkehrsregeln von demokratischer Aktivität getragen wird, auf die es für die Lebendigkeit der Verfassung so sehr ankommt. Mit anderen Worten: Das Grundgesetz bezieht seine Vitalität von Voraussetzungen, die es selbst nicht schaffen kann und die in der Mentalität der Zeit und der Bereitschaft der Gesellschaft liegen.

Nicht mit institutioneller Macht, aber mit solchen Voraussetzungen hat das Amt des Bundespräsidenten zu tun. Ihnen auf die Spur zu kommen, sie zur Sprache zu bringen, sie für den demokratischen Organismus zu mobilisieren, das gehört zur Reichweite dieses Amtes, zu seiner »Macht«. Deshalb haben Wahlen eines Bundespräsidenten auf eigene Weise mit der Atmosphäre ihrer Zeit wesentlich zu tun.

In besonders hohem Maß galt dies für die Vorbereitung der Wahl eines Nachfolgers von Heinrich Lübke. Es waren die späten sechziger Jahre mit ihrer stetig wachsenden Unruhe vor allem unter der jungen Generation. In Bonn regierte die große Koalition. Es war eines der höchst seltenen Regierungsbündnisse, dessen Leistungen eher unterschätzt als, wie sonst üblich, überbewertet wurden. Zugleich bereiteten sich alle Parteien auf die nächste Bundestagswahl im Herbst 1969 vor. Der Termin der Präsidentenwahl, sechs Monate davor gelegen, konnte zur entscheidenden Weichenstellung werden.

Die Atmosphäre unter den Parteien der großen Koalition war, wie schon erwähnt, von erheblichen Schwankungen geprägt. Während die beiden Fraktionsvorsitzenden im Bundestag, Rainer Barzel und Helmut Schmidt, je länger, desto kompetenter, zuverlässiger und persönlich geradezu freundschaftlicher zusammenarbeiteten, war das Verhältnis von Kanzler Kiesinger und Vizekanzler Brandt im allgemeinen gespannt. Kiesinger hielt sich lieber an Wehner. Die zweite Amtszeit Lübkes war wesentlich unter Wehners Einfluß zustande gekommen. Sie wurde im Laufe der Jahre zur schweren Last für Lübke, diesen aufrechten, sehr politischen Präsidenten, dessen schlechter Gesundheitszustand gegen Ende seiner Amtszeit ganz zu Unrecht sein früheres Wirken überschattete.

Schon im Sommer 1967, beinahe zwei Jahre vor der Wahl des Nachfolgers, teilte Brandt als Vorsitzender seiner Partei dem CDU-Vorsitzenden und Bundeskanzler Kiesinger mit, die SPD beabsichtige, für das Präsidentenamt einen eigenen Kandidaten zur Wahl zu stellen.

Aber wen? Es gab vielerlei Spekulationen. Ein häufig genannter Name war Georg Leber, der zu Recht auch bei der Union hohes Ansehen genoß. Es gab jedoch auch wachsende interne Widerstände bei der Sozialdemokratie gegen ihn. Viele hielten ihn für ein zu klares Präjudiz im Sinne einer Verlängerung der großen Koalition.

Deutlich erinnere ich mich, frühzeitig bei internen Gesprächen den Namen Gustav Heinemann gehört zu haben. Ehe die Führung der SPD sich dazu vernehmen ließ, äußerte ich 1967 bei einem Pressegespräch die Vermutung, die Sozialdemokratie werde sich wohl auf Heinemann einigen, weil er ein glaubwürdiger Kandidat in den Turbulenzen der Zeit sei. Wie ich vermute, war ich der erste, der dies öffentlich aussprach. Dabei hatte ich keinen Schimmer einer Information darüber, wie sich die Führung der Unionsparteien zur Nachfolge Lübkes einlassen werde.

Inzwischen begann die FDP, sich zu rühren. Mit der großen Chance, als kleine Partei die Rolle der Opposition allein zu spielen, taktierte sie gegenüber der Regierung der großen Koalition relativ glücklos. Nicht ihr galt das Hauptaugenmerk der Öffentlichkeit, sondern einer sich bildenden außerparlamentarischen Opposition, der Jugendrevolte. Die FDP wollte aber nach der nächsten Wahl unbedingt wieder mitregieren. Als Zünglein an der Waage wollte sie entscheiden, mit welcher der beiden großen, sich in ihrer Koalition auseinanderlebenden Parteien dies geschehen solle.

Als Nachfolger von Erich Mende war im Januar 1968 Walter Scheel zum Bundesvorsitzenden der FDP gewählt worden. Zu seinen größten Schwierigkeiten zählte von vornherein die für seine Partei charakteristische Neigung, zwischen rechts und links zu schwanken. Er war sich alsbald schlüssig, daß der Erfolg seiner Führungsaufgabe davon abhing, den immer wieder kritisierten Eindruck eines unentschlossenen Hin- und Herpendelns der Liberalen zu eliminieren. In dieser Lage bewies Scheel Tatkraft und Mut.

Im allgemeinen Zeichen der Zeit und inbesondere im Licht der wachsenden Unruhe bei den jungen Leuten entschied er sich, mit der im Herbst 1969 kommenden Bundestagswahl für einen Wechsel im Kanzleramt zu kämpfen. Er steuerte die sozialliberale Koalition an. Deutlich erkannte er, daß die kurz zuvor anberaumte Wahl des Lübke-Nachfolgers dafür die wahrscheinlich wichtigste Vorentscheidung sein würde. Denn die Delegierten der FDP in der Bundesversammlung konnten zahlenmäßig dort den Ausschlag geben.

Verborgen bleiben solche Überlegungen natürlich nicht. In der CDU-Führung war man gar nicht von vornherein entschlossen, gegen den Koalitionspartner SPD um das Präsidentenamt zu kämpfen. Wer bei der Union auf die Fortsetzung der großen Koalition hoffte, wollte wenigstens die Möglichkeiten prüfen, sich mit der SPD auf einen gemeinsamen Nachfolger zu verständigen. Warum nicht auf einen Kandidaten der SPD, die das Präsidentenamt noch nie besetzt hatte? Georg Leber hätte dafür der CDU näher gelegen als Heinemann, dessen Aussichten in der SPD inzwischen stark gestiegen waren, der aber auf viele Unionspolitiker wie ein rotes Tuch wirkte, obwohl er gar nicht so rot war. Sie konnten ihm den »Verrat« an seiner alten Partei, der CDU, und an Adenauer durchaus nicht verzeihen. Daher ging es der Unionsführung jetzt um einen eigenen Kandidaten.

Und weil die SPD ihren Anspruch auf das Amt längst öffentlich angemeldet hatte, galt es, jemanden zu nominieren, der für eine ausreichende Zahl von FDP-Delegierten als gut wählbar erscheinen konnte.

Vermutlich war dies der Grund, weshalb im Sommer 1968 der Generalsekretär der CDU, Bruno Heck, bei mir erschien, um meine Bereitschaft für eine Kandidatur zu erbitten. Meine Überraschung hätte nicht größer sein können. Gewiß hat es in meinem späteren politischen Leben durchaus auch ganz andere Situationen gegeben, in denen ich mich selbst, teils ohne, teils mit Erfolg, um eine Kandidatur bewarb, ohne immer so genau zu wissen, ob ich damit in jedem Fall dem Herzenswunsch meiner Parteiführung entsprechen würde. Als aber Heck mich mit diesem Vorschlag überfiel, war ich sprachlos.

Es gab gute Gründe für mich zu zögern. Bislang hatte ich keinerlei Amt innegehabt. Es fehlte mir an politischer und parlamentarischer Erfahrung. Soweit ich in der Öffentlichkeit überhaupt bekannt war, beruhte dies auf Arbeiten in meiner Kirche und auf ostpolitischen Veröffentlichungen.

Hinzu kam, daß ich vom Wert einer möglichst breiten Mehrheit für die Wahl in dieses Amt überzeugt war. Ob mit oder ohne Auswirkung auf die nächsten Koalitionsfragen nach der Bundestagswahl, riet ich Heck zu einer Einigung mit der SPD. Dabei dachte ich an Heinemann und sprach mich auch alsbald öffentlich dafür aus, die CDU möge sich mit der SPD auf ihn verständigen.

Heinemann war damals neunundsechzig Jahre alt, zwanzig Jahre älter als ich. Aus der Montanindustrie im Ruhrgebiet und vor allem aus der Synode der evangelischen Kirche kannte ich ihn ziemlich gut. Er war der Prototyp eines demokratischen Bürgers. Im Kirchenkampf während der Nazizeit hatte er sich durch unbeugsame Standfestigkeit hervorgetan. In der Stahlindustrie hatte er Führungsaufgaben erfolgreich wahrgenommen. Gleich nach dem Krieg wurde er aktiver Kommunalpolitiker.

Seine Kontroversen als Bundesinnenminister mit seinem Parteivorsitzenden Adenauer beruhten vor allem auf ihrem deutschlandpolitischen Streit. Als leicht zugänglich habe ich ihn nie empfunden, eher als wortkarg und eigensinnig. Er hatte einen scharfen Verstand. Auch besaß er einen warmen Humor, den er aber am liebsten bis nach Mitternacht verbarg. Viele hielten ihn für einen calvinistischen Eiferer, taten ihm damit aber, wie ich glaube, unrecht. Im Gegensatz zu einem weitverbreiteten Ruf war er in seiner Haltung im allgemeinen maßvoll. Vor allem aber war er unabhängig. Er erkannte die Notwendigkeit, sich in einer Partei auf gemeinsame Linien zu verständigen, folgte jedoch im Zweifelsfall stets dem eigenen Gewissen. In der außerordentlich schwierigen Atmosphäre der von Jugendrevolten geprägten späten sechziger Jahre kamen ihm durch seinen Mut und seine Verständigungsbereitschaft hohe Verdienste zu. Dies zeigte sich besonders in seiner führenden Rolle als Bundesjustizminister bei der heißumstrittenen, dann aber erfolgreichen Verabschiedung der Notstandsgesetze im Frühjahr 1968, wenige Tage nach dem Attentat auf Rudi Dutschke. Kurzum, ich hielt Heinemann in der zentralen Aufgabe einer Integration für geeignet und trat daher intern und öffentlich für ihn ein.

Aber es war vergeblich. Helmut Kohl, mein Landesvorsitzender, empfahl mir mit politischem und menschlichem Nachdruck, das Angebot von Heck zu akzeptieren. In meiner mangelnden politischen Erfahrung sah er kein Hindernis. Im Gegenteil meinte er, daß ich als unbefangener Außenseiter besser geeignet sei als ein abgebrühter, abgestempelter Vollprofi. Auch der Bundesvorsitzende, Bundeskanzler Kiesinger, forderte mich energisch auf, bereit zu sein, und der Vorsitzende der Bundestagsfraktion, Rainer Barzel, tat dasselbe.

Das Thema war mittlerweile längst publik. In der Union gab es bald gegenläufige Tendenzen: Man solle dem erfahrenen Gustav Heinemann einen mindestens ebenso erprobten Kandidaten gegenüberstellen, nämlich den langjährigen Innen-, Außen- und jetzigen Verteidigungsminister Gerhard Schröder. Damit wurde innerparteilich der Initiative von Kiesinger und Heck entgegengewirkt. An Schröders politischer Bewährung gab es nirgends irgendeinen Zweifel. Er war nach eigener, gern gegebener Einschätzung der Prototyp eines Konservativen. In der großen Koalition spielte er eine durchaus bestimmende, mitunter führende Rolle.

Nun befaßte sich die FDP mit der Frage. Daran war ich natürlich nicht beteiligt. Es wurde aber bekannt, daß man in der dortigen Führung mindestens zeitweise meiner Kandidatur deutlich den Vorzug vor der Schröders gab. Der Fraktionsvorsitzende der FPD im Bundestag, Knut von Kühlmann-Stumm, teilte mir dies schriftlich mit und bat mich, die Kandidatur zu akzeptieren. Josef Ertl und einige andere taten dasselbe mündlich. Selbst Scheel, dessen Interessen auf der linken Seite lagen und der vor allem ein Auseinanderfallen seiner Delegierten auf der Bundesversammlung verhindern wollte, weil es erneut als liberales Schwächezeichen verstanden werden könnte, gab Kiesinger gegenüber zu erkennen, daß es bei meiner Kandidatur praktisch unmöglich sein werde, seine Freunde gemeinsam auf Heinemann einzuschwören.

Für mich wurde die Lage schwierig. Gerade war ich dabei, mich langsam auf eine Bundestagskandidatur für den Herbst 1969 vorzubereiten, mich nun also erstmals ernsthaft und öffentlich parteipolitisch einzuordnen. Denn meine Präsidentschaft im Kirchentag, die ich 1965 als Hindernis für eine Bundestagskandidatur angesehen hatte, sollte bis dahin zu Ende gehen. Und schon befand ich mich mitten im Strudel der verschiedenen Interessen und Hintergedanken der großen professionellen Matadore, für die die Wahl eines neuen Bundespräsidenten ein besonders geeignetes Manövrierfeld wurde. Ohne Zweifel waren die Vorstellungen von Heck und Kohl völlig ernsthaft. Und daß Kiesinger, den ich damals persönlich wenig kannte, ein vitales Interesse am Verhalten der FDP hatte, war verständlich und legitim. Es ging ihm nicht nur um seine allseits bekannte Abneigung gegen Schröder, sondern vor allem um die Signale für die nächste Regierungsmehrheit.

Nachdem ich noch einmal selbst mit Heinemann gesprochen hatte – wir beide stehend in einem überfüllten Nahverkehrszug von Bonn nach Essen – , teilte ich Heck meine Bereitschaft mit, mich einer innerparteilichen Entscheidung über die Kandidatur zu stellen.

Was dann folgte, war alles durchaus normal. Ad hoc wurde ein Wahlgremium einberufen, dem die Parteivorstände der CDU und der CSU sowie ihr gemeinsamer Fraktionsvorstand aus dem Bundestag angehörten. Am 15. November 1968 sollten sie die Entscheidung zwischen Schröder und mir treffen. Neben dem baden-württembergischen Ministerpräsidenten Filbinger machte vor allem Franz-Josef Strauß zugunsten von Schröder mobil. Heck und Kiesinger hielten dagegen. Noch Jahre später warf sich Kiesinger vor, aus seinem Vorschlag zugunsten meiner Kandidatur nicht zugleich die Vertrauensfrage für seinen eigenen Parteivorsitz gemacht zu haben.

Kurz vor der Wahl war zu erkennen, daß es eine deutliche Mehrheit für Schröder geben würde. Noch ein paar Stunden vor der Entscheidung riet mir Kohl, angesichts dieser Wetterlage doch lieber jetzt schon auf eine Kampfabstimmung zu verzichten. Zu einer solchen Wetterfahnenorientierung war ich nun allerdings gar nicht bereit. Eine Alternative zu haben und über sie zu entscheiden war nach meiner Überzeugung die bessere Werbung für das Wahlgremium als eine bloße vorher verhandelte Akklamation.

Der Wahlvorgang selbst war kurz, klar und schmerzlos: fünfundsechzig Stimmen für Schröder, zwanzig Stimmen für mich. Scheel war erleichtert. Es gelang ihm mit großer Energie, die Stimmen seiner Freunde fast geschlossen für Heinemann zu gewinnen. Im dritten Wahlgang siegte Heinemann mit dem äußerst knappen Ergebnis von fünfhundertzwölf gegen Schröder mit fünfhundertsechs Stimmen. Die SPD und vor allem Brandt feierten Scheel als den Urheber dessen, was Heinemann drei Tage nach seiner Wahl selbst mit der später zutreffenden, damals freilich beinahe allseits kritisierten Vokabel »Machtwechsel« charakterisierte. Er hatte natürlich nicht von der Macht seines Amtes gesprochen; aber er hätte gewiß über die Auswirkungen auf die nächsten Koalitionsverhandlungen auch schweigen können.

Für mich war die Niederlage gegen Schröder in gar keiner Weise ein Unglück. Ohne Zweifel hätte ihm seine Erfahrung die Übernahme des Amtes sehr viel leichter gemacht als mir. In Wahrheit war es ein großes Glück für mich, nun zunächst harte politische Lehrjahre zu durchlaufen. Auch war ich für das Amt zu jung. Und eine politische Laufbahn mit dem Verlust einer Wahl zu beginnen, das war schon die erste, für alle kommenden Zeiten höchst wertvolle Erfahrung.

Am Abend der Entscheidung zwischen Schröder und mir erlebte ich zu Hause noch eine mein Herz erwärmende Szene. Das Fernsehen hatte den Vorgang übertragen. Nach dem Auszählen der Stimmzettel hatte Kiesinger die beiden Kontrahenten rechts und links von sich postiert und dann zur Bekanntgabe des Ergebnisses, beinahe wie ein Ringrichter beim Boxkampf, Schröders Arm hochgehoben. Als ich nach Hause kam und fröhlich von meiner Begegnung mit Schröder zu erzählen begann, begehrte unser jüngster, damals achtjähriger Sohn Fritz auf: Der Name Schröder dürfe nicht mehr genannt werden, er habe den Vater geschlagen. Fritz war nicht zu besänftigen. Er wußte nicht, worum es gegangen war, aber zur Solidarität mit dem Vater war er entschlossen.

Drei Jahre später kam es noch einmal zu einer persönlichen Kampfabstimmung, an der Schröder und ich beteiligt waren und bei der ich doppelt so viele Stimmen erhielt wie er. Es war die Wahl zum Fraktionsvorsitzenden nach Barzels Rücktritt. Zwar waren wir alle beide, Schröder und ich, vom überlegenen Sieger

Carstens geschlagen worden. Aber weil nun diesmal Schröder hinter mir lag, empfand Fritz Genugtuung. Er erklärte, jetzt dürfte zu Hause wieder über Schröder gesprochen werden.

Es heißt immer wieder, daß das Politikerdasein die Familienbande lockere. Jeder kennt und versteht solche Gefahren. Es gibt aber eben auch ganz andere Erfahrungen. Solange ich in der Wirtschaft tätig war, gab es zu Hause kaum je ein Gespräch darüber, was an meinem Beruf denn interessant sei. Als es dann in die Politik ging, bekamen die Kinder eine anschauliche Vorstellung von dem, was der Vater tagsüber trieb, und damit begann eine ständig mitempfindende Beteiligung an seinem Weg. In der Familie das Auf und Ab der Arbeit mitzuerleben, die die Elterngeneration erfüllte, hat uns eng zusammengeführt und zusammengehalten.

Wahl in den Bundestag; die Ostpolitik der Regierung Brandt/Scheel

Am 28. September 1969 wurde der sechste Deutsche Bundestag gewählt. Mit ihm veränderte sich die Geschichte der alten Bundesrepublik nachhaltig.

Rein rechnerisch hatte das Wahlergebnis drei verschiedene Regierungskoalitionen möglich gemacht: Neben einer erneuerten großen Koalition je ein Bündnis der FDP mit einer der beiden großen Parteien. Die Lage wurde durch die Entschlossenheit von Willy Brandt entschieden, der von vornherein eindeutig auf eine sozialliberale Koalition zusteuerte – gegen den Rat von Wehner, Schmidt und anderen führenden Leuten seiner Partei.

Brandt ging es um seine Ostpolitik. Für dieses Ziel hatte er aus seiner Zeit als Regierender Bürgermeister von Berlin-West gute Erinnerungen an die FDP und schlechte an die CDU. Aus der großen Koalition steckten ihm noch die bremsenden Erfahrungen mit der Union und das äußerst dürftige persönliche Verhältnis zu Kiesinger in den Knochen. Er empfand es als unzumutbar für sich selbst, eine solche Zusammenarbeit fortzusetzen. Schließlich hatte die Wahl Heinemanns zum Bundespräsidenten Brandts Zuneigung und Respekt für den FDP-Vorsitzenden Scheel nachhaltig gestärkt.

Für einen Erfolg der angestrebten Koalition gab es in seiner wie in Scheels Partei ost- und wirtschaftspolitisch unsichere Kantonisten. Dennoch bildete Brandt ohne Zögern das neue Bündnis, zunächst mit zwölf Stimmen Vorsprung vor der opponierenden Union. Seine ostpolitische Linie wollte er aber »notfalls auch mit einer Stimme Mehrheit« durchbringen, wie Egon Bahr ihn zitierte.

Mit der Neuwahl waren bisher führende und prägende Persönlichkeiten der Nachkriegszeit aus dem Bundestag ausgeschieden, unter ihnen Heinrich Krone, Eugen Gerstenmaier, Adolf Arndt und das erste weibliche Mitglied einer Bundesregierung, Elisabeth Schwarzhaupt. Rund einhundertzwanzig Abgeordnete wurden erstmals in das Parlament gewählt. Sie brachten nur eine mäßige Verjüngungskur mit sich. Der Prominenteste unter ihnen war der damals achtundsechzigjährige Professor Walter Hallstein. Zusammen mit ihm kam eine erlesene Gruppe fachlich und politisch herausragender Professoren: Paul Mikat, Horst Ehmke und Ralf Dahrendorf. Zu den Novizen zählte ferner Klaus von Dohnanyi, der alsbald das Niveau im Bundestag bereicherte und zu einem besonders wertvollen Gesprächspartner wurde. Auch ich war gewählt und nun schon beinah fünfzig Jahre alt, als für mich die Politik in der Form eines Berufs begann.

Gemäß seiner Zusage aus dem Jahr 1965 hatte sich Helmut Kohl bei den Delegierten seines Landesverbandes von Rheinland-Pfalz erfolgreich dafür eingesetzt, mich für einen sicheren Listenplatz zu nominieren, hinter Walter Hallstein und zunächst noch ohne eigenen Wahlkreis. Es war der Anfang einer zwölfjährigen Mitgliedschaft im Bundestag.

Kaum war das Parlament zusammengetreten, als es schon zur ersten deutschlandpolitischen Aussprache kam. Charakteristischerweise war es eine Geschäftsordnungsdebatte über den Namen des für die Deutschlandpolitik zuständigen Bundestagsausschusses. Die Union beantragte, die bisherige Bezeichnung »Ausschuß für gesamtdeutsche und Berliner Fragen« beizubehalten. Die Regierungskoalition votierte dagegen für Veränderung in einen »Ausschuß für innerdeutsche Beziehungen«. Lohnte der Streit? Hatte man nicht in der großen Koalition gerade in bezug auf die Deutschlandpolitik ganz gut zusammengearbeitet, zumal Kiesinger und Barzel mit dem zuständigen Minister Wehner? Oder zeichnete sich hier schon ein radikaler Kurswechsel ab? Bekanntlich haben es politische Bezeichnungsfragen in sich. Leicht können sie zu erbitterten programmatischen Kämpfen ausarten. Dies lag auch hier in der Luft. Denn es gab in beiden großen Lagern kräftige orthodoxe Flügel mit ideologisierten Positionen. Für die einen galt es, im politischen Vokabular keine Andeutung zuzulassen, die auf die bloße Existenz einer DDR schließen lassen könnte. Auf der Gegenseite fanden sich ungeduldige Friedenskämpfer, die sich um ihrer Ziele willen nicht scheuten, die Teilung der Deutschen einfach zu akzeptieren.

Der neue Fraktionsvorsitzende der Union war der alte aus der Zeit der großen Koalition, Rainer Barzel. Er war deutschlandpolitisch außerordentlich erfahren und verstand es, prinzipientreu und maßvoll zugleich zu operieren. Da er meine langjährigen Verbindungen mit den Ost-West-Fragen in Deutschland kannte, wollte er, daß ich Vorsitzender des zuständigen Ausschusses im Bundestag würde. Diese Rechnung hatte er allerdings ohne den bisherigen Inhaber dieses Amtes gemacht, ohne Johann Baptist Gradl. Es gab eine kleine Rangelei, die damit endete, daß Gradl auf seinem Posten als Ausschußvorsitzender blieb und ich deutschlandpolitischer Obmann der Fraktion wurde, das heißt ihr Sprecher. Der Streit hatte überdies die Folge, daß es zwischen Gradl und mir in der ganzen, oft schwierigen folgenden Zeit zu einem niemals getrübten und freundschaftlichen Vertrauen kam.

Also Sprecher sollte ich sein, und so mußte ich gleich bei der allerersten Debatte des neuen Bundestages ans Rednerpult. Im Einvernehmen mit Barzel ging es mir darum, keine deutschlandpolitischen Brücken zum Regierungslager abzubrechen und dennoch den Begriff gesamtdeutsch als Gegenwarts- und Zukunftsaufgabe zu schützen. Schwer zu begründen war dies nicht. Denn neben unserem elementaren Verlangen nach Einheit waren wir im Sinne eines gesamteuropäischen Entspannungsprozesses von der ausschlaggebenden Bedeutung überzeugt, wie sich die beiden Teile Deutschlands zueinander und nach außen verhielten. Die Bundesrepublik war der Osten des Westens geworden, die DDR der Westen des Ostens. Trotz dieser doppelten Randlage blieb Deutschland von den Bedingungen seiner Lage in der Mitte geprägt. Die Mitte war geteilt, aber sie blieb Mitte und hatte als solche ihr Interesse und ihre Verantwortung für ganz Europa. Der Gedanke an unsere eigene Einheit wäre ohne eine friedliche Entwicklung auf dem Kontinent rings um uns herum völlig unrealistisch geblieben. Es gab also wirklich Friedensaufgaben beider Teile Deutschlands in einem gesamtdeutschen Sinn, wie wir sie in unserer Studie der evangelischen Kirche ausgearbeitet hatten.

Erwartungsgemäß wurde der Streitfall aber durch Mehrheit gegen uns entschieden. Zu mehr als einem – laut Protokoll – »Beifall von allen Seiten« reichte es bei meiner Jungfernrede nicht. Das Wort »gesamtdeutsch« verschwand gegen mein Votum aus der Geschäftsordnung des Bundestages.

Es war mehr als eine bloße Formalität; aber sie war erledigt. Sofort danach ging es zur Sache selbst. Die nun folgende Ostpolitik der Regierung Brandt wurde nicht nur für uns Deutsche, sondern für den ganzen internationalen Ost-West-Konflikt von so großer Bedeutung, daß das Wort »Ostpolitik« ohne Übersetzung in den Wortschatz fremder Sprachen übernommen wurde, zumal ins Amerikanische. Dort lebt es seither als ein typisch deutscher Ausdruck fort und veredelt alle die bisherigen hübschen Germano-Amerikanismen, wie »Gemütlichkeit« und »Angst«, »Weltschmerz«, »Sauerkraut« und »Kindergarten«.

Der historischen Leistung Adenauers, alsbald nach dem verlorenen Krieg den freien Teil Deutschlands fest in das Bündnis der westlichen Demokratien einzufügen, folgte nun die gleichfalls historische Tat von Brandt, einen eigenen deutschen Weg der Entspannung mit dem Osten zu finden. Fest gestützt auf den Westen wurden auf diesem Weg wichtige Voraussetzungen für spätere glückliche Nachfolger geschaffen, Deutschland zu vereinigen und ganz Europa zusammenzuführen.

Brandt ging es darum, so bald wie möglich direkte Vertragsverhandlungen mit Moskau aufzunehmen. Im Zentrum der Macht des Ostens mußte sich entscheiden, welche Chancen wir für unsere offenen Fragen mit Polen und der ČSSR, vor allem aber mit der DDR und Berlin vor uns hatten. Brandt wollte nicht noch einmal das sowjetische Mißtrauen erzeugen, mit dem die Russen dem früheren Außenminister Schröder begegnet waren, als dieser – damals mit gutem Grund – seine Kontakte an Moskau vorbei direkt mit dessen Verbündeten aufgenommen hatte.

Auf dramatische Weise ebnete Brandt schon mit seiner Regierungserklärung den Weg nach Osten. Er brach mit dem jahrzehntelang durchgehaltenen Bonner Tabu, welches vorschrieb, die DDR in der politischen Sprache einfach zu ignorieren. Aber er wollte es so unauffällig wie möglich tun, quasi nebensächlich. Deshalb versteckte er seine zentrale Aussage in einem unscheinbaren Nebensatz: »Auch wenn zwei Staaten in Deutschland existieren, so sind sie doch füreinander nicht Ausland.« Da erblickte sie also erstmals in der amtlichen westdeutschen Sprache

Willy Brandt war stark genug, versteinertes Unrecht aufzubrechen, zäh genug, Niederlagen zu überdauern und Sieger zu ernüchtern.

das Licht der Welt, die DDR als eigener deutscher Staat. Brandt hatte den berühmtesten Nebensatz aller bisherigen Regierungserklärungen geschaffen. Die öffentliche Aufregung kannte kaum noch Grenzen. Aber nicht nur im Ostblock, auch im Westen waren Erleichterung und Zustimmung die Folge.

Eine weitere Klimaverbesserung in Moskau schuf Brandt dadurch, daß er im November 1969 den Vertrag zur Nichtverbreitung von Kernwaffen unterschrieb. Damit beendete er einen sinnlos gewordenen innenpolitischen Streit, indem er nun auch gegenüber der Sowjetunion erfüllte, was an die Adresse der westlichen Verbündeten längst geschehen war. Dann wurde Egon Bahr nach Moskau geschickt.

Nachträglich ist es schwer, sich einen Begriff von den außen- und innenpolitischen Schwierigkeiten zu machen, die es bei der Ostpolitik zu meistern galt. Einige will ich nennen, weil sie von 1969 bis zur Konferenz von Helsinki 1975 die Essenz der wohl dramatischsten und mit dem größten Ernst geführten Auseinandersetzungen in der bisherigen Geschichte des deutschen Bundestages darstellen.

Zugleich war es auch das für mich selbst erregendste Kapitel, das ich während meiner ganzen Zeit als Parlamentarier erlebt habe. Denn es ging ja genau um das Thema, welches mich in die aktive Politik geführt hatte, vor allem um die Deutschlandpolitik und um unser Verhältnis zu Polen im Sinne der von mir mitverantworteten Ostdenkschrift der EKD.

Zu den Schwierigkeiten gehörte zunächst und vor allem, daß die DDR als selbständiger Staat anerkannt, der Anspruch auf die Einheit Deutschlands aber nicht preisgegeben werden sollte. Formell war Bonn gar nicht befugt, über den Status der DDR zu verhandeln. Denn für Deutschland als Ganzes und damit auch für die Beziehungen der beiden deutschen Staaten zueinander waren nur die vier Siegermächte verantwortlich, und zwar gemeinsam. Jede direkte Bonner Verhandlung mit Moskau wurde daher durch die Westmächte scharf und nicht ohne Argwohn beobachtet, zumal durch die Franzosen.

Zuerst in Moskau vorzusprechen war politisch ganz unumgänglich. Dabei standen aber nicht nur bilaterale Fragen im engeren Sinn auf der Tagesordnung, sondern auch Themen mit Bezug auf andere Staaten, vor allem Polen und die Oder-Neiße-Grenze. In Warschau argwöhnte man sofort, daß Russen und Deutsche sich über die zentralen Fragen des zwischen ihnen liegenden Landes ein weiteres Mal über die Köpfe der Betroffenen hinweg verständigen würden. Polen suchte endgültige Sicherheit für seine bei Kriegsende geschaffene Westgrenze. Die Bundesrepublik aber konnte und wollte wenigstens die Option auf einen Friedensvertrag nicht preisgeben, dessen Hauptthema die Zukunft der deutschen Einheit sein sollte.

Von elementarer Bedeutung und zugleich besonders schwierig war es, ein Abkommen über Berlin zu erreichen. Für die Zukunft mußten neue Berlin-Krisen ausgeschlossen und die verschiedenen Zugangsrechte nachhaltig verbessert und gesichert werden. Dies lag nun ganz eindeutig und ausschließlich in der Hand der vier Mächte.

Schließlich war Bonn ohne ein solches Berlin-Abkommen mit vollem Recht zu keinem Abschluß mit Moskau und Warschau bereit. Umgekehrt wollte aber Moskau erst nach der Ratifizierung eines sowjetisch-deutschen Vertrages durch den Bundestag über Berlin verhandeln.

Heute, ein Vierteljahrhundert später und nach geglückter Vereinigung Deutschlands, reden wir über alle diese Komplikationen, als wären es Bagatellen gewesen und als hätte es sich um eine nie anders denkbare, politisch zwingende und folglich organisch ablaufende Entwicklung gehandelt. Davon konnte zu jener Zeit nicht im entferntesten die Rede sein. Die Ostpolitik war eine wahrhaft gewagte, in ihrem Ausgang bis zuletzt ungewisse Operation.

Deutschland hatte den Krieg angefangen, ihn nach fast ganz Europa getragen, unvorstellbar schweres Unrecht verübt und selbst erlitten. Wegen der Spaltung der Sieger war es nie, wie sonst in der Geschichte üblich, zu einem Friedensvertrag gekommen. So war es jedenfalls formal offengeblieben, welche Kriegsfolgen die Deutschen endgültig zu akzeptieren hätten und hinzunehmen bereit sein würden, insbesondere welche geographischen Konsequenzen. Deshalb hatten sich in unserem Land lange Hoffnungen auf Korrekturen der faktisch geschaffenen Lage am Leben gehalten, vor allem die Hoffnung von Vertriebenen auf Rückkehr in die angestammte alte, jetzt polnisch oder russisch gewordene Heimat oder in das Sudetenland.

Die Siegermächte und mit ihnen praktisch die ganze Welt hatten sich im Lauf der Jahrzehnte jedoch mit dem nun einmal eingetretenen Status quo ohne Friedensvertrag mehr oder weniger abgefunden. Deutsche Hoffnungen hatten sich allmählich in Illusionen verwandelt.

Die Sowjetunion war freilich noch nicht am Ziel ihrer Wünsche. Ihr ging es um die formelle Legitimierung des Status quo, also vor allem ihres faktischen gewaltigen Machtzuwachses in Mitteleuropa.

In dieser Lage ergriff nun eine deutsche Regierung selbst die Initiative. Sie machte sich daran, traditionelle Fesseln abzustreifen, die eingetretenen und festgefahrenen Folgen des Krieges hinzunehmen, den Status quo nicht in Frage zu stellen, aber ohne die Verfassungsziele zu gefährden, also vor allem die Zukunftsperspektive der deutschen Einheit.

Es war auch deshalb so schwierig, weil unsere westlichen Verbündeten nun auf einmal mit ansehen sollten, daß nicht mehr sie die Richtung der europäischen Ostpolitik zu bestimmen schienen, sondern daß die Deutschen, soweit es um Deutschland ging, selber handelten, und zwar in einem beinahe atemberaubenden Tempo.

Die Zumutungen der Regierung Brandt an die eigene Bevölkerung waren ganz gewiß nicht geringer: Diese sollte jetzt in aller Form akzeptieren, daß beinahe ein Viertel des Vorkriegsterritoriums von Deutschland endgültig verloren sei. Darauf hatte sie bisher keine politische Führung in Bonn ernsthaft vorbereitet. Und im Verhältnis zur DDR und einer künftigen Einheit sollte sie verstehen und gutheißen, was Egon Bahr mit seinem Schlüsselbegriff, dem berühmten »Wandel durch Annäherung« proklamiert hatte. Brandt hatte hinzugefügt: »Wir haben von den heutigen Tatsachen auszugehen, wenn wir die Tatsachen verändern wollen« – keine auf Anhieb verständliche plakative Paradoxie.

Die Verhandlungen begannen. Die Schlüsselfigur auf deutscher Seite war Egon Bahr. Seit vielen Jahren war er der engste Berater von Brandt für die Ost- und Deutschlandpolitik. Ein selten anzutreffendes wechselseitiges Vertrauensverhältnis war entstanden, ein Zusammenspiel von Instinkt bei Brandt und Verstand bei Bahr, eine Partnerschaft, die kaum vieler Worte bedurfte. In ihrer Wirkung war keiner von beiden ohne den anderen denkbar. Als Bahr auf die Verhandlungsreise geschickt wurde, hatte er weder ein politisches Mandat noch eine diplomatische Praxis. Er handelte als Beamter mit allerhöchster Vollmacht, auf deren Umfang er freilich selbst den größten Einfluß hatte. Neben der offiziellen Gesprächsebene entwickelte er in geheimnisumwitterten, quasi konspirativen Kontakten mit hochangesiedelten, das Stillschweigen bewahrenden Leuten der Gegenseite seine Meisterschaft.

Zum »Wandel durch Annäherung« hatte er sich bekannt, weil er an die politische, wirtschaftliche und soziale Überlegenheit des Westens glaubte, die sich bei den Beziehungen zum Osten allmählich durchsetzen würde. Er sah die Sowjets als die Gefangenen eines fehlgedachten und verbrauchten Systems. Keiner der Akteure aus den Reihen der Regierung Brandt war so umstritten wie er, wahrscheinlich auch keiner so interessant und auf seinem Gebiet so einflußreich. Der sowjetische Außenminister Gromyko, als kurz angebundener lakonischer »Njet«-Sager weltbekannt, beriet sich persönlich fünfundfünfzig Stunden mit Bahr, weit länger als mit irgendeinem anderen ausländischen Gast.

Während Bahrs späterer Verhandlungen über einen Grundlagenvertrag mit der DDR nahm ich regelmäßig an seinen vertraulichen Informationsgesprächen im kleinsten Kreis des Bundestages teil. Er sagte gewiß bei weitem nicht alles, was er wußte. Auch bediente er sich des Mittels der Stilisierungen. Aber das, was er sagte, war nicht die Unwahrheit. Sein Charakter nicht weniger als seine Intelligenz hinderten ihn, sich der Lüge zu bedienen.

Wer ihn des mangelnden Willens zur Einheit und Freiheit der Deutschen zieh, tat es, ohne ihn in der Aktion miterlebt und sein Konzept verstanden zu haben. Deutschlands Selbstbestimmung war sein zentrales Thema. Bei den westlichen Verbündeten, nicht zuletzt auch bei Henry Kissinger, galt er oft als deutscher Nationalist von geradezu bedenklichem Ausmaß. Er hatte das seltene Glück, einen Auftrag zu erhalten, bei dem er persönlich die Verhältnisse seines Landes wirklich bewegen und verändern konnte. Wie wäre es, ihm heute für seine Leistung mit Respekt zu begegnen, wie es ihm gebührt?

Am 12. August 1970 wurde der Moskauer Vertrag unterzeichnet. Der sowjetischen Forderung, formell auf eine Wiedervereinigung zu verzichten, hatte Bonn nicht nachgegeben. Umgekehrt hatte sich Gromyko geweigert, ein Recht der Deutschen auf Einheit in den Vertrag zu schreiben. Statt dessen gab es später den sogenannten Brief zur deutschen Einheit: Der Vertrag stünde nicht im Widerspruch zum Ziel der Bundesrepublik Deutschland, »auf einen Zustand des Friedens in Europas hinzuwirken, in dem das deutsche Volk in freier Selbstbestimmung seine Einheit wiedererlangt«.

Der Warschauer Vertrag wurde am 7. Dezember 1970 unterschrieben. Er enthielt die Anerkennung der Oder-Neiße-Grenze. Das war der schmerzhafteste, die Gefühle der Menschen am tiefsten erregende Gang der Bundesregierung. Hier, im Verhältnis zu Polen, zu den alten deutschen Provinzen, zu den grauenhaften Verbrechen im Krieg, zu den unmenschlichen Vertreibungen, ging es um weit mehr als um nüchternen politischen Verstand. Die Gefühle der Völker, die Kraft der humanen Moral, das Herz der Nachbarn standen auf dem Spiel.

Als Brandt den Vertrag unterschrieb, sagte er: »Meine Regierung nimmt die Ergebnisse der Geschichte an.« Der deutsche Bundeskanzler kniete am Denkmal des Warschauer Ghettos. Mag einer dazu sagen, er selber hätte es nicht getan. Aber hatte nicht ein Augenzeuge recht, als er darüber schrieb: »Dann kniet er, der das nicht nötig hat, für alle, die es nötig haben, aber nicht knien.« Es war ein unerhörter Vorgang, ein unvorstellbarer Augenblick.

Mit der DDR zu Ergebnissen zu kommen dauerte weit länger. Zunächst trafen sich die Regierungschefs in jedem der beiden deutschen Staaten einmal. Bewegend verlief der Besuch von

Brandt in Erfurt. Voller neuer Hoffnung jubelten die Menschen ihm zu. Sie riefen so lange »Willy, Willy«, bis Brandts Gastgeber sichtbar wurde, der Ministerpräsident Stoph. Dann riefen sie »Willy Brandt«, denn Stoph hieß auch Willi.

Zuerst kam der Verkehrsvertrag zustande, der erhebliche Reiseerleichterungen mit sich brachte. Später folgte der seltsamste der Ostverträge, der sogenannte Grundlagenvertrag. Ich kenne kein zweites Beispiel eines Vertrages, der sich mit seinem Wortlaut dazu bekennt, daß die Vertragschließenden außerstande sind, das Thema zu lösen, das sie selbst ganz ausdrücklich zur Überschrift der Vereinbarung machen. Denn der Grundlagenvertrag enthielt eine Präambel, in der es heißt, daß man sich über vieles, über fast alles einigen könne, nur über eines nicht, nämlich eben über die grundlegenden Fragen, insbesondere nicht über die nationale Frage. Auch das zentrale Problem der Staatsangehörigkeit blieb ungeklärt.

Dennoch sahen beide Seiten unterhalb der Grundlagen Chancen für eine Realisierung ihrer Interessen. Ost-Berlin erreichte die Anerkennung als selbständiger, gleichberechtigter Staat und die Preisgabe des Bonner Alleinvertretungsanspruches, ferner die gleichzeitige Aufnahme beider Deutschlands als von einander unabhängige Mitglieder in die Vereinten Nationen. Erstmals wurde ein amerikanischer Botschafter in der DDR akkreditiert, auch das ein großer Prestigegewinn für die DDR. Das alles war eine ansehnliche und ziemlich prinzipielle Beute. Die SED reklamierte nun, Deutschland sei nicht nur in zwei Staaten geteilt, sondern in zwei Nationen, in eine »sozialistische« und eine »kapitalistische«.

Die Vorteile für die Bundesrepublik lagen in den einzelnen, die Bürger beider Staaten persönlich berührenden Fragen. Eine unübersehbar große Anzahl von Menschen war in ihrem Leben ganz konkret und positiv davon betroffen, so bei der Familienzusammenführung, den Reisen in dringenden Familienangelegenheiten, dem kleinen Grenzverkehr, dem Rechtsschutz, dem Sport und den Medien.

Schließlich kam das Berlin-Abkommen hinzu. Die Verhandlungen lagen in der Hand der vier Mächte. Das entscheidende Interesse aber hatten nicht sie, sondern die Deutschen. Gewiß waren die Westmächte der Entspannungspolitik zugeneigt. Selbst die gewaltsame Unterdrückung des Prager Frühlings im August 1968 hatte daran nichts geändert. Der französische Außenminister Michel Debré, ein Gaullist reinsten Wassers, hatte den Vorgang als einen »Verkehrsunfall auf dem Wege zur Entspannung« heruntergespielt.

In Washington war man über den ostpolitischen Klimawechsel der Bonner Politik prinzipiell eher erleichtert als beunruhigt. Aber man wollte sich das Heft nicht aus der Hand nehmen lassen. Gegenüber einem hohen Bonner Diplomaten hatte Henry Kissinger 1970 geäußert: »Das eine sage ich Ihnen: Wenn Entspannungspolitik, dann machen wir sie, und nicht Sie.« Für den großen Rahmen der Ost-West-Politik hatte er damit auch recht. Im Bereich der Deutschlandfragen und der Lage Berlins aber blieb es weitgehend sein frommer Wunsch. Die Initiative lag bei den Deutschen. Mit Anstrengung und Erfolg wurden die Westmächte zum Jagen der Berlin-Verhandlungen getragen. Nach langwierigen, oft zermürbenden Auseinandersetzungen kam am Ende ein höchst komplexes Werk von Haupt- und Nebenabsprachen zustande. Die Definition dessen, was für uns erwünscht und annehmbar sein könnte, war in Bonn erfolgt. Mit dem Ergebnis ließ sich im freien Teil Berlins ganz gut leben. Ich habe es später als Regierender Bürgermeister selbst nachhaltig erprobt.

Würde man über die Vaterschaft für das Berlin-Abkommen ein erbbiopolitisches Gutachten entscheiden lassen, so würden gewiß einige Kennzeichen von Kissinger, Gromyko oder Abrassimow, dem sowjetischen »Vizekönig« in der DDR, zum Vorschein kommen. Die Alimente für das neue Lebewesen aber müßte doch wohl Egon Bahr bezahlen. Es war seine Leistung für seine und meine Stadt, für unsere Hauptstadt.

Doch das Schwierigste und für den deutschen Beitrag zur ganzen Ostpolitik Entscheidende war noch nicht geschafft, die Ratifizierung des Moskauer und des Warschauer Vertrages durch den Deutschen Bundestag.

Die Stimmung im Lande war einer Friedens- und Entspannungspolitik mehrheitlich zwar durchaus günstig. Aber aus eigenem freiem Willen formell auf die jahrhundertealte Heimat von Millionen von Deutschen jenseits von Oder und Neiße zu verzichten, das ging über die Kraft ungezählter Menschen. Ein tiefer Zwiespalt zog sich durch das Land, durch Generationen, Familien und Freundschaften, zumeist ein Konflikt zwischen Einsicht und Empfindung, der sich natürlich auch bei den Parteien und ihren Abgeordneten wiederfand. Und so kam es im Parlament zu etwas ganz anderem als einer der üblichen Plenardiskussionen unter rollenbewußten professionellen Rednern. Es entwickelte sich eine Debatte voller menschlicher Hingabe und Leidenschaft, geprägt durch ein ständiges Hin und Her zwischen Konfrontation und Kooperationsbereitschaft, sachlichem Ernst und Polemik, Enttäuschung und Zuversicht. Auch nach fünfundzwanzig Jahren kann ich an diese Zeit nur mit innerer Erregung denken.

Eine Begleiterscheinung der tiefgehenden Auseinandersetzung war die dahinschmelzende Mehrheit der Regierungskoalition. Es kam zu den ersten Fällen sogenannter Überläufer. Mehrere Sozialdemokraten und FDP-Abgeordnete versagten der Regierung Brandt ihre Unterstützung. Die Lage im Bundestag wurde völlig unberechenbar.

Im Februar 1972 erfolgte die erste Lesung der Ostverträge. Hier sprach Barzel sein »Jetzt nicht« und »So nicht«. Es war Ausdruck seiner schier unlösbar schwierigen Lage. Den Zwiespalt, den das ganze Land kennzeichnete, mußte er in sich selbst austragen. Gemeinsam mit Gerhard Schröder und mir, zwei anderen Debattenrednern, kritisierte er nicht das ostpolitische Ziel, wohl aber den Weg der Bundesregierung, der voller Zweideutigkeiten stecke. So hatte zum Beispiel, worauf ich in der Aussprache hinwies, der französische Präsident Pompidou gerade erklärt, daß er sich freue, wenn die Bundesregierung die DDR anerkennen wolle, unter welchem Namen auch immer sie dies täte. Die Bundesregierung bestritt eine solche Anerkennung und berief sich dennoch ständig auf das Lob des Auslandes zu ihrer Politik, besonders aus Frankreich. Barzel hielt das Vertragskompendium noch für unreif. Vor allem aber hatte er als Vorsitzender die Aufgabe, die Fraktion zusammenzuhalten. Und dort gab es viele, die sich voller Überzeugung, zum Teil voller Zorn gegen Weg und Ziel der ganzen ostpolitischen Operation von Willy Brandt zur Wehr setzten.

Auf der anderen Seite sah Barzel genau, in welcher Lage wir alle zusammen in der Bundesrepublik waren. Außenpolitik ist Sache der Exekutive. Das Parlament kann darüber debattieren, kann kritisieren und anregen, aber es kann kaum je selbst international verbindlich handeln. Praktisch die einzigen Ausnahmen sind völkerrechtlich wirksame, ratifizierungsbedürftige Verträge. Ihre Rechtskraft hängt vom Votum der Legislative ab. Dennoch klingt auch dies nach mehr parlamentarischer Macht, als zu allermeist vorhanden ist. Denn die Verträge werden von den Regierungen unterschrieben, und bereits damit beginnen sie ihre konkrete außenpolitische Wirksamkeit zu entfalten, ohne daß das Ausland die parlamentarische Ratifizierung abwartet.

So war es in ganz besonderem Maß bei diesen Ostverträgen. In der noch immer nur halb souveränen Funktion der deutschen Staaten hatte Bonn große Ost-West-Weltpolitik gemacht und die vier Mächte verbindlich einbezogen. Diese ruderten mit im selben Boot, ob mit oder ohne inneren Vorbehalt. Die Verhandlungen über das Berlin-Abkommen waren in vollem Gang. Die große gesamteuropäische Konferenz für Sicherheit und Zusammenarbeit war bereits allseits in Vorbereitung. Ein Nein des

Bundestages zu den Ostverträgen hätte die Bundesrepublik in eine bisher nie erlebte und unseren Interessen massiv zuwiderlaufende Isolierung gebracht. Barzel war sich dieser Lage voll bewußt. Wenn auch schweren Herzens erkannte er, der Ostpreuße, daß es die Union nicht verantworten könne, die Verträge scheitern zu lassen, wollte aber um der Fraktion willen noch Zeit gewinnen. Was hätte er sonst tun sollen? Als Alternative hätte es sonst für ihn nur den Rücktritt gegeben, und das hätte die Lage lediglich verschlimmert.

Es erleichterte Barzels Aufgabe nicht, daß Schröder, der seit der Wahl 1969 als Vorsitzender des Auswärtigen Ausschusses zur Ostpolitik konsequent geschwiegen hatte, in der ersten Lesung eine eindrucksvolle Rede hielt, in der er auf der einen Seite der Regierung ausdrücklich denselben Patriotismus zuerkannte wie sich selbst, ihre Verträge aber rundheraus ablehnte.

Meinerseits versuchte ich, Barzel so gut wie möglich zu helfen. Ich trug nicht das ganze Maß seiner Verantwortung. So war es für mich leichter, weiterzugehen als er. Ich hielt die Annahme der Verträge nicht nur für unvermeidlich, sondern für richtig, vor allem die des Warschauer Vertrages, der freilich ohne den Moskauer Vertrag nicht zu haben war.

Die entscheidende zweite und dritte Lesung stand für den Mai 1972 auf der Tagesordnung. Davor kam es zu einem höchst prekären Zwischenspiel. Durch die baden-württembergische Landtagswahl hatte die sozialliberale Koalition die Mehrheit im Bundesrat verloren. Im Bundestag war es mittlerweile zwischen Regierung und Opposition zu einem Stimmenpatt gekommen. In der Führung der Unionsparteien hoffte man auf zwei weitere Stimmen, und so wurde das Verlangen nach einem konstruktiven Mißtrauensvotum gegen Brandt zugunsten von Barzel unwiderstehlich. Zuvor war noch im Bundesvorstand der CDU darüber debattiert worden. Zusammen mit Hans Katzer und Gerhard Stoltenberg sprach ich dagegen. Denn nach meiner Überzeugung hätte sich die Union im Falle eines Erfolges in einer unbeherrschbaren Lage befunden: ohne ostpolitische Klärung im eigenen Lager, mit einer wachsenden Stimmung in der Bevölkerung zugunsten der Entspannung, mit permanent ungeklärten Mehrheitsverhältnissen im Parlament und unter der Drohung einer unvermeidlichen außenpolitischen Isolierung. Wie Schmidt, der Barzel stets sehr schätzte, in seinen »Weggefährten« berichtet, hat ihm Barzel selbst später einmal gesagt, die Lage sei für die Union kaum zu meistern gewesen.

Die große Mehrheit in der Unionsführung setzte jedoch den Plan durch; wir drei Opponenten sagten zu, dieser Mehrheitsentscheidung zu folgen. Am 27. April 1972 kam es zur Abstimmung. Zuerst hielt Scheel in der Debatte eine an Schärfe und Verbitterung kaum zu überbietende Rede, offenbar in der sicheren Erwartung einer Niederlage der Regierungskoalition. Da mein parteiinterner Widerstand gegen den Antrag öffentlich bekannt geworden war, bat mich Barzel, mich an der Aussprache zu beteiligen. Ich tat es und sagte lediglich, einer moralischen Verurteilung dürfe niemand ausgesetzt werden, der ein verfassungsmäßig ausdrücklich verbrieftes Recht wie diesen Mißtrauensantrag nutze. Niemand wisse, wie die Abstimmung ausgehen werde. Wer nicht verlieren könne, handele ebensowenig im Sinne unserer Demokratie wie der, welcher die Verantwortung scheue. Die Abstimmung endete mit einer Niederlage für Barzel. Zwei Stimmen fehlten ihm. Es ist nie eindeutig aufgeklärt worden, welche es waren.

Die folgenden drei Wochen wurden zu einem kaum noch zu entwirrenden Knäuel von offenen Schlachten und vertraulichen Kontakten, von erbitterten Kämpfen und Brückenbauten. Gemeinsam mit den vertrauten Fraktionskollegen und Freunden Olaf von Wrangel und Walther L. Kiep versuchte ich, Gräben zu überwinden. Kontrovers und schließlich doch gemeinsam zwischen Regierung und Opposition wurde an dem Entschließungsantrag zur deutschen Einheit gefeilt, den die Sowjetunion wort- und widerspruchslos entgegennehmen sollte. Der sowjetische Botschafter Falin wurde gewissermaßen als Sachverständiger hinzugezogen – ein kaum je erlebter Vorgang, daß der Missionschef eines fremden Landes quasi als Bindeglied in unserem innenpolitischen Konflikt zu fungieren hatte. Der Sinn der Erklärung war es, der Opposition die Zustimmung zu den Verträgen zu ermöglichen. Das war Barzels vernünftiges Ziel. Aber seine Lage wurde immer angespannter, weil sich die Stimmung in der Unionsfraktion ständig verhärtete. Die größten Schwierigkeiten machte ihm Strauß, der zwar die Entschließung persönlich mitentworfen hatte und Barzel zuerst helfen wollte, wegen der Atmosphäre in der heimatlichen Parteibasis aber plötzlich wieder umschwenkte und sich anschickte, die CSU zum Nein anzuführen.

Die Atmosphäre war allseits geladen. Sie führte auch mich in eine extreme Lage. Aufgrund des Patts im Bundestag brauchte die Regierung nur eine einzige zusätzliche Stimme aus den Reihen der Opposition für die Verträge. Sollte diese Stimme meine Rolle sein? Ich hatte kein Verlangen nach einer einsamen Heldenrolle, war aber entschlossen, das Meinige beizutragen, um die Verträge nicht scheitern zu lassen und zumal dem Warschauer Vertrag zuzustimmen.

Gerade hatten wir die aufgeheizte Stimmung im Bundestag beim konstruktiven Mißtrauensvotum gegen Brandt erlebt. Dabei hatten mehrere Abgeordnete der SPD mich im Plenum mit Fäusten bedroht, weil ich das Wort ergriffen hatte – je nun. Kurz darauf kam es in der eigenen Fraktion zu erregten Szenen. Ich erklärte und begründete dort, daß und warum ich für den Warschauer Vertrag stimmen würde, gemeinsam mit den Kollegen Erik Blumenfeld und Winfried Pinger. Darauf entstand ein Tumult. Mit feindlichen, in einzelnen Fällen mit wütenden Ausbrüchen wurde mir bedeutet, ich solle mich heraus aus der Fraktion und zum Teufel scheren. Hinzu kamen ungezählte Zuschriften, die mich in unzitierbarer Form des Verrats und Verbrechens ziehen.

Worte, die in der Erregung fallen, sind nicht auf die Goldwaage zu legen. Aber ich konnte natürlich nicht verkennen, daß viele Leute in den eigenen Reihen ehrlich und ernsthaft empfanden, ich gehörte nicht zu ihnen. Und ich konnte gar nicht umhin, mich auch selbst gründlich und gewissenhaft zu fragen, ob ich austreten solle.

Gedient hätte es jedoch niemandem, wenn ich diese Konsequenz gezogen hätte. Das wurde mir rasch klar. Es ging ja nicht um mich, sondern um die Verträge. Und da gab es Wege, sie durchzubringen, ohne ein spektakuläres persönliches Drama zu veranstalten.

Was dann folgte, war bitter und unvermeidlich zugleich. Gegen Schluß einer vielstündigen fraktionsinternen Debatte plädierte Hallstein in einem schier endlosen Beitrag von vorn bis hinten gegen die Verträge; da es aber das Wichtigste sei, als Fraktion im Votum zusammenzubleiben, sollten die Jasager ebenso wie die Neinsager sich gemeinsam mit dem Gros der Stimme enthalten. Barzel konnte gar nicht anders, als dieser Marschroute zu folgen. Mit der Enthaltung war sein Ziel erreicht: die Verträge konnten passieren.

Zu Unrecht hat man ihm diese Haltung oft vorgeworfen. Er allein hatte die unsägliche Aufgabe, die in sich zerrissene Fraktion über Wasser zu halten. Mit seiner Entscheidung hat er der deutschland- und außenpolitischen Lage unseres Landes eine schwere Krise erspart. Das war eine große Leistung. Am Ende hat er damit seine eigene politische Zukunft zur Disposition gestellt.

Bei mir blieb eine Wunde zurück. Gewiß war es auch für mich das Wichtigste, daß die Verträge nicht scheiterten. Dazu hatte ich maßgeblich beigetragen. Denn ich hatte als erster im Fraktionsplenum offen erklärt, daß ich, auch wenn alle anderen gegen die Verträge seien, mit Ja stimmen wolle. Damit waren die Pläne der Neinstrategen gescheitert, die die ganze Vorlage zu Fall bringen wollten, dazu aber aller Stimmen der Fraktion bedurften. Dennoch empfand ich den Vorgang als deprimierend. In einer gewaltigen fraktionsinternen Redeschlacht über eine zentrale deutsche Lebensfrage hatte der Unionsberg gekreißt und eine magere Enthaltungsmaus zur Welt gebracht. Bei einer der ganz wenigen schlechthin ausschlaggebenden Entscheidungen unseres Landes erweckte die Hälfte der Mitglieder des Deutschen Bundestages durch ihre Stimmenthaltung den Eindruck, als hätten sie keine Meinung. Das war und bleibt für mich ein Makel. Ich hatte getan, was ich tun zu können und zu müssen glaubte. Aber es war nicht genug.

Die Verträge waren nun angenommen. In allen Hauptstädten des Ostens und vor allem auch des Westens herrschte Erleichterung. Brandt erhielt den Friedensnobelpreis. Bei der nächsten Bundestagswahl wurde er mit einer komfortablen Mehrheit für seine Koalition belohnt.

Gipfelkonferenz der KSZE in Helsinki; noch einmal Polen-Verträge

Später folgte der multilaterale Schlußstein der Ostpolitik, die Konferenz für Sicherheit und Zusammenarbeit in Europa. Im Sommer 1975 versammelten sich fünfunddreißig Staats- und Regierungschefs in Helsinki und verabschiedeten dort die sogenannte Schlußakte.

Der Sowjetunion brachte sie die von ihr erwünschte allseitige Bestätigung dessen, was sie bilateral von Bonn schon erhalten hatte: Gewaltverzicht und Anerkennung des Status quo, wie ihn der Zweite Weltkrieg am Ende geschaffen hatte.

Aber die Schlußakte ging über diese Bestätigung der russischen Kriegseroberungen weit hinaus oder, anders gesagt, sie begann damit, einen europaweiten Standard für die Rechte von Menschen und Minderheiten zu setzen. Das war der sogenannte Korb 3 der Schlußakte, der diese Bestimmungen enthielt.

Die Verhandlungen über die KSZE führten zu dem merkwürdigen Ergebnis, daß schließlich die Russen darüber besorgt sein mußten, mit dem, was sie so viele Jahre hindurch angestrebt hatten, etwas ganz anderes, ihnen Unerwünschtes erreicht zu haben, während der Westen, der sich so lange gesträubt hatte, die Konferenz überhaupt zustande kommen zu lassen, am Ende Grund hatte, froh und dankbar zu sein. Vor allem die neutralen Staaten trugen wesentlich zu diesem Erfolg bei.

Auch wenn die ganze Schlußakte von Helsinki nur Absichtsbekundungen enthielt, die nicht völkerrechtlich einklagbar waren, so war es schließlich doch der Korb 3, der den Grundstein für die Freiheitsbewegungen im Bereich des Warschauer Paktes legte. Keine Solidarność in Polen, keine Charta 77 in Prag und keine Dissidentengruppe in der DDR hätte sich ohne die Bestimmungen von Helsinki über Meinungsfreiheit, Informationsaustausch und Reiseerleichterungen so entfalten können, wie es später geschah. Der Prozeß der inneren Aufweichung nahm nun seinen allmählichen Lauf. Zwar brachte er noch scharfe Zuspitzungen und Gefahren im Ost-West-Verhältnis mit sich. Aber die Gedanken der Schlußakte von Helsinki bestimmten nach Rückschlägen auch immer wieder die Richtung. So wurde die Konferenz von Helsinki im Jahr 1975 der Höhepunkt der Ostpolitik.

Auch diesmal bäumte sich das Gros der Unionsfraktion dagegen auf. Bei einem – dazu noch für die Rechtskraft der Schlußakte bedeutungslosen – parlamentarischen Entschließungsantrag zugunsten von Helsinki stimmten die meisten Unionsabgeordneten dagegen. Wegen einer Tagung des Exekutivausschusses des Weltkirchenrates in Übersee war ich abwesend, was aber meine Frustration über diesen Vorgang nur noch steigerte.

Anfang 1976 kam es abschließend noch einmal zur Abstimmung über einen ostpolitischen Vertrag. Es war ein Abkommen zwischen Polen und der Bundesrepublik mit weitreichenden konkreten Einzelfolgen. Im Bundestag war ich Anführer und

Sprecher einer Minderheit meiner Fraktion zugunsten dieses Abkommens. Zusammen mit Rainer Barzel, Walter Kiep, Norbert Blüm und weiteren elf Kollegen stimmten wir mit Ja. Die Mehrheit der Unionsabgeordneten war wiederum, sozusagen ein letztes Mal, dagegen. Im Bundesrat, auf dessen Votum es ankam, hatte sich Strauß heftig gegen das neue Polen-Abkommen gewehrt. Doch erkämpfte schließlich der niedersächsische Ministerpräsident Ernst Albrecht die Annahme.

Als die Union selbst an die Regierung kam, also zehn Jahre nach dem fundamentalen Streit über die Verträge im Jahr 1972, spielte ihr einstiger Widerstand gegen die Ostpolitik von Brandt keine Rolle mehr. Sie setzte den Weg so fort, wie Brandt und nach ihm Helmut Schmidt ihn eingeschlagen hatten. Ähnlich war es Jahrzehnte früher schon einmal zugegangen, als Adenauer unser Land in das westliche Lager geführt und seine damalige Opposition, die SPD, sich nach anfänglichem heftigem Sträuben zehn Jahre später seiner Richtung angeschlossen hatte. Zum Glück eignet sich die außenpolitische Lage der Deutschen nicht für einen innerpolitischen Dauerstreit ohne Ende.

Außenpolitik in der zweiten Hälfte der siebziger Jahre; Auslandsreisen mit Helmut Kohl

Innenpolitisch und innerparteilich änderten sich die Führungsverhältnisse in Bonn. 1973 trat Barzel als Vorsitzender der Unionsfraktion zurück. Der äußere Anlaß war eine Abstimmung über den Beitritt der Bundesrepublik zu den Vereinten Nationen. Über seine Nachfolge kam es zu einer Kampfabstimmung. Zuerst hatte Schröder seinen Anspruch angemeldet. Dem Arbeitnehmerflügel und den Liberalen in der Fraktion erschien er als zu starr konservativ. Hans Katzer forderte mich zur Kandidatur auf. Meine Aussichten waren gering, denn vor allem

Strauß mit seiner CSU und die vielen anderen, die noch immer unter der Annahme der Ostverträge litten, hatten nichts mit mir im Sinn. Aber ich sagte zu. Immer war ich der Überzeugung, daß Kandidaturen auch bei geringen Erfolgschancen notwendig sind. Die Demokratie lebt von der Wahlmöglichkeit, sie braucht die Alternative, erst recht in einer großen Volkspartei, die sich aus verschiedenen Richtungen rekrutiert. Den Zeitungen galt ich als Kandidat der Linken.

Dann aber zauberte Kai Uwe von Hassel, der frühere Bundestagspräsident, seinen Kollegen aus Schleswig-Holstein, Karl Carstens, aus dem Hut. Carstens, ehemaliger Staatssekretär, zuletzt bei Bundeskanzler Kiesinger, war gerade erst neu in den Bundestag gewählt worden. Unmittelbar darauf, bei der Debatte über den Grundlagenvertrag mit der DDR, hielt er eine gewaltige Rede gegen die Deutschlandpolitik der Bundesregierung. Nach der schweren Niederlage der Union bei der letzten Bundestagswahl waren seine Worte Balsam für die verwundeten Gemüter der Fraktionsmehrheit. Er wurde mit Jubel aufgenommen und nun auch mit großer Mehrheit zum Fraktionsvorsitzenden gewählt. Ich landete mit einem passablen Stimmenanteil auf Platz zwei. Zur Befriedigung meiner Kinder war mir dabei wenigstens die Revanche gegen Schröder gelungen. Und Carstens gratulierte ich aus reinem Herzen zu seinem wenig beneidenswerten neuen Amt. Er hat es nicht mit großer innerer Zuneigung, aber mit dem ihm eigenen klugen Verantwortungssinn ausgefüllt. Es ist immer eine besonders schwierige Aufgabe, eine große Fraktion zu leiten, das heißt sie zusammenzuhalten. Erst recht galt dies jetzt, da die Union erstmals den Platz der stärksten Partei an die Sozialdemokraten verloren hatte. Später fühlte sich Carstens viel wohler, als er den zu polemischem Kampf reizenden Fraktionsvorsitz gegen das ausgleichende Amt des Bundestagspräsidenten eintauschen konnte.

Barzel war noch Bundesvorsitzender der Partei. 1970 hatte er mir bei seiner Kandidatur für dieses Amt gegen Kohl angetragen, ich solle Generalsekretär der CDU werden. Wäre ich seinem Vorschlag gefolgt, so wäre dies zur Abwechslung einmal eine für mich höchst aussichtsreiche Kandidatur geworden. Bisher hatte ich mich ja mehr im heiteren Ertragen von Wahlniederlagen zu üben Gelegenheit gehabt. Diesmal aber sagte ich von vornherein ab. Ich sah mich außerstande, Wahlkampfstrategien zu entwerfen und unaufhörlich die anderen Parteien angreifen zu sollen. Statt dessen übernahm ich auf Barzels Bitte den Vorsitz in einer von ihm angeregten Grundsatzkommission, von deren Arbeit noch zu berichten sein wird.

Auch im Regierungslager brodelte es personell. Dem großen Wahlsieg der sozialliberalen Koalition folgte eine Phase ihrer Erschöpfung, vielleicht auch ihrer Selbstüberschätzung. Brandt wirkte müde. Zum offenen Ausbruch gegen ihn kam es im Herbst 1973 auf der ersten Reise einer Parlamentarierdelegation in die Sowjetunion. Wir waren zu fünft, angeführt von der Bundestagspräsidentin Annemarie Renger. Die anderen Mitglieder waren die Fraktionsvorsitzenden der SPD und der FDP, Herbert Wehner und Wolfgang Mischnick, der Vorsitzende der CSU-Landesgruppe Richard Stücklen und ich, damals stellvertretender Vorsitzender meiner Fraktion.

Gleich nach der Ankunft auf dem Moskauer Flugplatz gab Wehner schon ein erstes, scharf kritisches Interview gegen Brandt. Abends in der deutschen Botschaft kam sein außenpolitischer Mitarbeiter Selbmann sorgenvoll zu mir und bat, ich solle mich zu einer Runde von Journalisten gesellen, die Wehner im Halbkreis um sich versammelt hatte und mit seinen berühmt gewordenen Stichworten versah: »Die Nummer eins« sei »entrückt«, sie »bade gern lau in einem Schaumbad«, »was der Regierung fehlt, ist ein Kopf«. Selbmann meinte, Wehner würde vielleicht aufhören, wenn ich dabeisäße. Da hatten wir beide Wehner gründlich unterschätzt.

Während der Reise saß ich einmal drei Stunden neben Wehner. Auf meine Frage, warum er ausgerechnet hier in der Sowjetunion seinen Kanzler so scharf aufs Korn nähme, sagte er, nichts anderes habe er zu Hause mehrmals getan, ohne Gehör zu finden. Brandt lasse die Dinge schleifen, und das sei nach innen und außen gefährlich. Wenn es jetzt ein starkes Echo gäbe, so seien zwei Folgen denkbar. Entweder nehme Brandt die Zügel wieder auf und bessere sich. Dann sei es gut. Oder es bleibe alles beim alten, wie bisher, und dann habe er, Wehner, nichts verdorben.

Wir sprachen lang über Herkunft und Jugend. Meinen Bericht über glückliche Berliner Kindheitsjahre während der Weimarer Zeit quittierte er mit dem Kommentar, das sei eben der Unterschied zwischen der behüteten Jugend eines Beamtensohnes und seinen, Wehners, Erlebnissen als steckbrieflich verfolgter junger Kommunist.

Für ihn brachte die Reise mit der Bundestagsdelegation ein erstes schweres Wiedersehen mit den Leuten und Stätten seiner geheimnisumwitterten, ihn lebenslang belastenden Moskauer Vergangenheit. Seine Erfahrungen waren so zwiespältig wie die Begegnungen, die wir anderen mit ihm über die Jahre hinweg hatten. Oft hatte er tagelang ziemlich im Hintergrund an Kirchentagen teilgenommen. Zu meinem fünfzigsten Geburtstag im April 1970 hatte er mir mit der Hand »durch alles Getümmel hindurch« einen kurzen, zarten und zu Herzen gehenden Brief geschrieben, frei von all den unsäglichen Routinefloskeln der üblichen politischen Gratulationspoesie.

Im Jahre 1974 erlebte ich dann einen ganz anderen Wehner. Brandt war am 6. Mai dieses Jahres zurückgetreten. Am 15. Mai sollte als Nachfolger von Heinemann der neue Bundespräsident gewählt werden. Scheel war der Kandidat der Regierungskoalition, die in der Bundesversammlung über die Mehrheit verfügte. Die Unionsparteien, diesmal also auch die CSU, hatten mich als Gegenkandidaten nominiert. Am darauffolgenden Tag, am 16. Mai, ging es im Bundestag um die Wahl des neuen Bundeskanzlers. Wehner, der selbst maßgeblich zum Rücktritt Brandts beigetragen und dadurch in den eigenen Reihen auch starken Widerspruch ausgelöst hatte, war sich über die Mehrheit für die entscheidende Kanzlerwahl nicht ganz sicher. Deshalb machte er jede Anstrengung, um die Präsidentenwahl am Vortag quasi als Generalprobe für die Kanzlerwahl ohne Panne zu überstehen. Zu diesem Zweck donnerte er in einer Panorama-Sendung die Wahlmänner und -frauen seiner Koalition an, wer nicht für Walter Scheel stimme, der spiele die Rolle der NPD. Also war es ein Akt von Neonazismus, die Stimme für den demokratischen Gegenkandidaten abzugeben, für mich? Wehner hat mir auf meinen Brief zu diesem grotesken Vorgang nie geantwortet. So war er: Seine Priorität war die jeweilige Sache, aber das hieß hier weniger die politische Substanz als die Macht. Um dieser Sache willen war ihm jedes Mittel recht, ohne Rücksicht darauf, was es für die betroffenen Menschen bedeutete. Das bekam ich zu spüren, als es ihm darum ging, die Kanzlerwahl von Helmut Schmidt zu sichern.

Im Bundestag wirkte er wie ein ständig zum Ausbruch bereites Gewitter. Er, der dünnhäutige, um seiner schwer durchschaubaren Vergangenheit willen lebenslang verletzliche Mann, wartete förmlich auf boshafte Zwischenrufer, um sie mit seinen Blitzen zu zerschmettern. Man brauchte ihn, wenn er im Plenarsaal redete, nur intensiv und unschuldig genug anzusehen, und schon wurde man mit seinem Wortgehämmer festgenagelt. Er war nicht der beste Debattenredner des Parlaments, aber keiner elektrisierte das Haus so wie er. Jahrelang war er der wichtigste Abgeordnete im Deutschen Bundestag, dieser Mann voller feinster Empfindsamkeit und stählerner Härte, eine Persönlichkeit ohnegleichen und ganz gewiß kein Landesverräter.

Die Reise der Delegation nach Moskau zeigte uns, daß es die Sowjets mit der Entspannung ernst meinten, zugleich aber, wie ungeheuer schwer es noch immer war, zueinander zu finden. Ich erinnere mich an unseren Gang durch den Piskarewskoje-Friedhof in Leningrad. Dort liegen die Gräber von sechshundertfünfzigtausend Menschen, zumeist Zivilisten, die in der beinahe dreijährigen Belagerung der Stadt während des Krieges ums Leben gekommen waren, durch Waffeneinwirkung, Kälte und Hunger. Die Inschrift des Mahnmals lautete: »Wisse ein jeder – niemand ist vergessen, und nichts ist vergessen.« So war es. Mit den schärfsten Worten beschrieb uns der Leiter der Gedenkstätte die Schlachten um die Stadt. Er zeigte uns die Stellungen, aus denen die »Hunnen« über die Verteidiger hergefallen seien.

Abends gab es ein Festbankett bei dem Leningrader Parteisekretär. Seine Rede hatte denselben Tonfall. Diesmal traf mich die unter uns fünf rotierende Aufgabe, zu erwidern. Es war für mich unwiderstehlich, freimütig zu sagen, auch ich sei als junger Infanterist einer jener »Hunnen« gewesen, die auf der anderen Seite gekämpft hätten. Viele der Ortsnamen seien mir noch im Gedächtnis. Wir seien uns der Leiden an allen Fronten, vor allem aber in der Stadt voll bewußt gewesen. Und nun seien wir hier, um unseren Teil beizutragen, daß sich unter unseren Nachkommen nie wiederholen dürfe, was wir selbst erlebt hätten. Unser Botschafter war über meine Bekenntnisse erschrocken. Aber nach anfänglichem Schweigen zeigten die Russen eine der wahren Qualitäten ihres Wesens. Es kam zu einer ganz offenen und beinahe warmen menschlichen Atmosphäre.

Als ich den für Kirchenfragen zuständigen sowjetischen Minister besuchte, stellten wir fest, daß wir uns schon einmal beinahe begegnet wären. Wir waren im selben Zeitraum am selben Frontabschnitt beim Stellungskrieg einander gegenüber eingesetzt.

Einmal entfernte ich mich heimlich vom Delegationsprogramm. Mein russischsprechender ausgezeichneter Mitarbeiter Jürgen Heidborn hatte die Moskauer Adresse von Andrej Sacharow ermittelt. Ich besuchte ihn und fand ihn, in seiner Freiheit eingeschränkt, auf engstem Raum in einer kleinen Wohnung bei Verwandten. Er war voller Verbitterung und Zuversicht zugleich. Ich hatte natürlich Sorge, auf meiner unerlaubten Tour erwischt zu werden. Aber offenbar blieb mein Besuch unentdeckt. Denn am nächsten Tag erzählte mir der für Propaganda zuständige Minister Samjatin, die westlichen Gerüchte über Sacharows eingeschränkte Lebensumstände seien erlogen, er lebe frei und außerhalb Moskaus in einer schönen eigenen Villa.

Als ich ein anderes Mal die Delegation während einer Opernaufführung vorzeitig verlassen und ein zauberhaftes Marionettentheater aufgesucht hatte, dessen Spieler im Ruf von Dissidenten standen, wurde ich dort aufgespürt und buchstäblich mit Blaulicht in die Oper zurückgebracht.

In unserem Moskauer Staatsgästehaus nahm man sich auch unserer Wäsche an. Sträflicherweise hatte ich meine schönsten Manschettenknöpfe in einem Hemd stecken lassen; sie fehlten, als es zurückkam. Die Aufwartung bat ich nachzusehen, ohne Erfolg. Dann ersuchte ich den Geschäftsführer des Hauses nachzuforschen – wiederum ergebnislos. Nun erklärte ich ihm, es handele sich um ein Geschenk meiner Frau für mich und ich sei nicht bereit, ohne die Knöpfe wieder abzureisen. Zunächst geschah gar nichts. Am nächsten Tag wurde unsere Delegation vom sowjetischen Staatspräsidenten Podgorny empfangen. Wir versammelten uns gerade vor dem Audienzsaal im Kreml, die Tür ging auf, da schob mir plötzlich jemand von hinten einen Briefumschlag in die Hand, mit harten Gegenständen im Inneren. Es waren die Manschettenknöpfe. Offenbar hatte ich die natürlich unbegründete Furcht ausgelöst, ich würde Herrn Podgorny mit meinem Verlust vertraut machen. In allem Glück über den Fund bewahrte ich ein schlechtes Gewissen, denn die ganze Sache war ja durch meinen Fehler entstanden, und was für Folgen sie ausgelöst haben mag, habe ich nicht erfahren.

So ernst und aufschlußreich die Gespräche verliefen, so unberechenbar waren die Sowjets im Einhalten von Verabredungen. Einmal hatte der deutsche Botschafter eine hochrangige russische Runde für Frau Renger und ihre Delegation zum Essen eingeladen. Bei Tisch aber fand sich unsere Präsidentin ohne ihre beiden für sie vorgesehenen Nachbarn. Auch ich saß neben anderen als den angekündigten Russen. Botschafter Sahm seufzte nur und sagte, so sei es hier: Wer eingeladen wird, antwortet nicht. Wer zugesagt hat, kommt nicht. Und wer kommt, war gar nicht eingeladen.

Viele deutsche Journalisten waren mit uns gereist. Den Vogel unter ihnen schoß Friedrich Nowottny ab. Er ließ sich das Studio des sowjetischen Fernsehens in Leningrad öffnen und veranstaltete dort mit der ganzen Delegation eine veritable Live-Sendung als »Bericht aus Bonn«. Die Gastgeber kamen aus dem Staunen nicht heraus.

Es war für uns alle eine denkwürdige Begegnung mit der Sowjetunion. Wir waren mit tiefen Schatten der Vergangenheit konfrontiert worden und hatten doch Chancen für einen neuen Anfang gefunden.

Unter mehreren späteren Reisen in die Sowjetunion ist mir vor allem eine weitere im Gedächtnis geblieben: die Antrittsreise von Helmut Kohl als Kanzlerkandidat der Union im September 1975, zusammen mit dem Bundestagskollegen Werner Marx und mir. Es wurde für Kohl ein außen- und innenpolitisches Examen zugleich.

Die erste Schwierigkeit war allerdings nur rein mechanischer Natur. Wir hatten gerade Sagladin besucht, den Leiter der auswärtigen Abteilung im Hauptquartier der KPdSU. In einem alten Fahrstuhl, der rings vom Treppenhaus umgeben und einsehbar war, fuhren wir nach unten. Das heißt, wir wollten fahren, blieben aber in der Mitte stecken und durften nun fünfundvierzig Minuten lang zahllose Funktionäre des Sowjetimperiums beobachten, wie sie die Treppen hinauf und hinunter hasteten, ohne uns zu beachten. Wir konnten uns schon die Schlagzeilen in deutschen Boulevardblättern über unser Schicksal lebhaft vorstellen, bis sich endlich jemand an die Reparatur machte. Man muß eben die Erfahrung machen, daß ein Land zum Pionier der Weltraumfahrt werden kann, ohne deshalb in der Zentrale seiner politischen Macht funktionierende Aufzüge zu benötigen.

Der ernste Test kam später. Während unseres Besuchs an der Kama, achthundert Kilometer von Moskau entfernt, erschien in der Prawda ein bösartiger, hetzerischer Artikel gegen Franz Josef Strauß. Wie sollten wir reagieren? Die Russen kannten natürlich die Spannungen zwischen Kohl und Strauß sehr genau. Mit einer sofortigen Abreise drohen, was verschiedene der mitgereisten deutschen Journalisten verlangten? Das hätte es den Sowjetführern sehr leicht gemacht, den Besuch des frischen Kanzlerkandidaten als gescheitert zu deklarieren. Aber zu milde aufzutreten, hätte Kohl zu Hause schwer überwindbare neue Schwierigkeiten mit der CSU eingetragen. Kohl bestand den Härtetest gut. Er sagte einen Teil des Programms ab, bis unsere Gastgeber sich klärend und vernünftig einließen. Es war eine für alle Beteiligten wertvolle Reise, wie sich später zeigte.

Das andere Hauptreiseziel während der siebziger Jahre war Amerika. Man war sich nahe über den Atlantik hinweg. Damals standen wir Parlamentarier beider Länder miteinander auf vertrautem Fuß. Wir kannten uns persönlich weit besser als heute. Das hatte natürlich auch seine guten Gründe. Denn noch war trotz aller Entspannung kein Ende des Kalten Krieges abzusehen. Es bedurfte also laufender enger Abstimmung über die Haltung im westlichen Bündnis.

Mit der Schlußakte von Helsinki waren die Mächte aus unterschiedlichen, zum Teil gegensätzlichen Gründen zunächst einigermaßen zufrieden. Moskau empfand den sogenannten Korb 1 als eine Art Ersatzfriedensvertrag, also als eine multilaterale, von allen europäischen Staaten mit den USA und Kanada vollzogene Anerkennung ihrer mittel- und osteuropäischen Position. Für den Westen stand Korb 3 im Zentrum, denn dieser enthielt die entscheidenden ersten Ansätze für Freizügigkeit, Menschenrechte und Demokratisierung. Sie waren, wie schon erwähnt, nicht gerichtlich einklagbar. Dennoch waren es gemeinsam formulierte und unterschriebene Texte, die auch von den Ländern des Ostblocks in ihren Zeitungen publiziert werden mußten. Die Menschen im sowjetischen Machtbereich konnten sich nun ihren Machthabern gegenüber auf diese Texte mit dem Anspruch auf freie Rede, freie Reise und freien Austausch von Ideen und Informationen berufen. Das brachte natürlich noch nicht die Freiheit selbst, war aber doch für damalige Verhältnisse etwas Ungeheuerliches, fundamental Neues.

Dazwischen lag der Korb 2 mit der Aufforderung zu ausgedehnter Zusammenarbeit auf allen Gebieten der Wissenschaft und Technik, der Wirtschaft und Kultur. Hier mußte sich zeigen, ob Ost und West zu einer friedlichen Koexistenz gewillt und in der Lage sein würden. Es war die Sowjetunion, die diesen Begriff der friedlichen Koexistenz eingeführt hatte. Er bedeutete für sie den internationalen Klassenkampf unter Vermeidung von Krieg. Wir im Westen verstanden darunter freilich etwas ganz anderes, nämlich nicht nur friedliche, sondern systemöffnende Koexistenz.

Die Sowjetunion hatte bekanntlich die Anerkennung des Status quo angestrebt. Hatten wir uns im Westen darauf eingelassen? Worauf denn, genauer gesagt? Da galt es zu unterscheiden: Verzicht auf jede Gewalt und Anerkennung des Status quo in Gestalt der bestehenden Grenzen, verbunden mit dem Recht ihrer friedlichen, vertraglichen Veränderung: ja, siehe Korb 1. Aber Anerkennung des Systems der anderen Seite, also ihrer innenpolitischen, ideologischen, wirtschaftlichen und menschenrechtlichen Prinzipien und Praktiken: nein, siehe Korb 3.

Die Kernfrage lautete, ob es zu einer zwar friedlichen, darüber hinaus aber systemöffnenden Koexistenz kommen könne. Mit Systemöffnung konnte langfristig gar nichts anderes gemeint sein als Systemveränderung. Heute wissen wir, daß dies gelungen ist. Damals, in den siebziger Jahren, wußte es niemand.

Diese Fragen standen im Mittelpunkt unserer laufenden transatlantischen Gespräche. Zunächst wurden freilich die Blütenträume der Konferenz von Helsinki durch neue, nicht im Ost-West-Konflikt entstandene internationale Krisen überschattet.

Die Amerikaner selbst setzten uns Europäer unberechenbaren Wechselbädern aus. Im Zuge des Vietnamkrieges und seiner qualvollen Liquidation inflationierten sie die ganze Weltwirtschaft. Das Weltwährungssystem von Bretton Woods, das sich fast drei Jahrzehnte lang gehalten hatte, brach zusammen.

Im Zusammenhang mit dem israelischen Jom-Kippur-Krieg lösten die arabischen Öllieferungsländer die Ölkrise aus, die sie später noch einmal verschärften, als es zur Revolution im Iran und zum Krieg zwischen Iran und Irak gekommen war. Wilde Ölpreiserhöhungen und Währungsspekulationen waren die Folge. Der Dollar begann seinen Achterbahnkurs. Nachdem er noch relativ lange bei 4,20 DM gestanden hatte, sank er erstmals bis auf 1,70 DM. Die extrem exportabhängige deutsche Wirtschaft hatte mit Inflation und Leistungsbilanzdefiziten zu kämpfen. Es kam zu der bis dahin schärfsten Rezession der Nachkriegszeit.

Gerade weil die neuen internationalen Krisen die Aufmerksamkeit von einer aktiven Ostpolitik ablenkten und die transatlantischen Beziehungen störten, waren die Kontakte so wichtig. Erschwert wurden sie durch den häufigen Präsidentenwechsel in den USA: von Nixon über Ford und Carter zu Reagan, vier Präsidenten in acht Jahren, mit durchaus schwankenden politischen Schwerpunkten.

Hinzu traten, wie so oft in Washington, Meinungs- und Machtkämpfe zwischen der Legislative und der Exekutive. Mehrfach wurde ich bei Gesprächen im Weißen Haus und im State Department aufgefordert, eine soeben von mir geäußerte Meinung alsbald bei maßgeblichen Kongreßmitgliedern auf dem Kapitol zu wiederholen, um sie zur außenpolitischen Räson zu bringen. Dieselbe Mission erhielt ich gelegentlich aber auch in umgekehrter Richtung.

Naheliegenderweise beschäftigen sich amerikanische Kongreßmitglieder ganz überwiegend mit innenpolitischen Fragen, vor allem mit solchen, die ihren Staat oder Wahlkreis betreffen. Manchmal zeigt sich dies in erstaunlichen Einseitigkeiten der Information. Ich erinnere mich eines Gesprächs, das ich später einmal als Regierender Bürgermeister mit zwei US-Senatoren in Washington D.C. hatte. Sie waren lebhaft am Weizenhandel mit der Sowjetunion interessiert und hatten insoweit fast nur gute Worte für die Moskauer Führung. Zugleich waren die beiden Herren sichtlich erstaunt, von mir zu erfahren, daß amerikanische Soldaten in West-Berlin stationiert seien und daß dies auch bitter nötig sei.

Man darf ja auch nie vergessen, wie wenig amerikanischen Parlamentariern für ihre Chancen in den heimatlichen Wahldistrikten damit gedient ist, sich in einem umfassenden Sinne außenpolitisch zu profilieren. Der weltweiten Verantwortung der USA und ihren globalen Interessen steht in dem riesigen Land zu Hause bei den Bürgern ein Minimum an Information und Aufmerksamkeit für internationale Fragen gegenüber. Einmal habe ich vierzehn Tage lang an einem Lehrgang in den Bergen von Colorado teilgenommen. Täglich las ich dort die einzig verfügbare Zeitung, die Denver Post, nach unseren Maßstäben eine große und gute Regionalzeitung. Während dieser zwei Wochen tauchte dort nur eine einzige Nachricht über europäische Angelegenheiten auf. Aber welche? Es war der Bericht über einen Exorzistenprozeß in Würzburg.

Das Gesamtbild darf aber nicht von solchen einzelnen Erfahrungen dominiert bleiben. Im ganzen empfand ich das Niveau an außenpolitischer Information und Verantwortlichkeit in den auswärtigen Ausschüssen des Senats und des Repräsentantenhauses in Washington als beeindruckend hoch, leider höher als gegenwärtig.

Helmut Kohl gewann einen ähnlichen Eindruck, als er zusammen mit mir seinen Antrittsbesuch als Oppositionsführer bei Präsident Carter machte. Die Verständigung mit dem neugewählten amerikanischen Präsidenten war für uns alle in Europa wichtig und gar nicht leicht. Denn dieser suchte für seine von den bisherigen Wegen abweichende neue Menschenrechtspolitik nach einer internationalen Ruhe, die uns die Sowjetunion mit ihrer wiederbelebten aggressiven Rüstungspolitik nicht ließ. Kohl erzielte mit seiner Person und seinen Argumenten im Weißen Haus und vor allem auf dem Kapitol eine positive Resonanz. Es entstand mit den führenden Mitgliedern des Kongresses eine persönliche Atmosphäre des Vertrauens, die für Kohl in seiner späteren Kanzlerschaft außerordentlich wertvoll war.

Kurz davor hatte ich an einer Delegationsreise aller Fraktionen des Bundestages in die USA teilgenommen. Den Vorsitz führte wiederum in fairer und behutsamer Weise die Bundestagspräsidentin Renger. Diesmal hatte sie es nicht so schwer mit Mitgliedern ihrer eigenen Fraktion wie kurz zuvor bei der Moskauer Reise mit Wehner. Es war ein von beiderseitiger Freundschaft geprägter Besuch. Dabei erinnere ich mich eines erheiternden Erfolges von Hermann Höcherl, dem ehemaligen Bundesinnenminister, bekannt für seinen Verstand, seinen Humor und seine ausgefallenen Körpermaße, die ihm offenbar gelegentlich Probleme bei der Auswahl passender Bekleidung verschafft hatten. Um dieser Schwierigkeit abzuhelfen, besuchte er das größte und renommierteste amerikanische Herrenkonfektionsgeschäft, Brooks Brothers in New York, und bat mich, als beratender Dolmetscher mitzugehen. Wir begannen die Suche im sechsten Stock, leider erfolglos. Im fünften suchten wir verbissen fast eine Stunde lang – wieder nichts Passendes. Auch den vierten mußten wir mit leeren Händen verlassen, und so weiter bis zum Parterre. Dort empfing uns ein kreidebleicher Geschäftsführer. Er machte eine Verbeugung, erklärte tief deprimiert, in seiner langjährigen Praxis sei es ihm noch nie widerfahren, einen Kunden nicht zufriedenstellend bekleiden zu können. Unamerikanisch wortreich entschuldigte er sich, dem

Schluchzen nahe. Mein Höcherl aber dankte huldvoll und verließ strahlend das Haus. Als erstem war es ihm gelungen, die Unfehlbarkeit der Firma zu widerlegen. Die Figur Höcherl hatte gesiegt.

In der ganzen Außen- und Sicherheitspolitik ergriff Kanzler Schmidt die Initiative. Konsequent hielt er sich an die Harmel-Doktrin der Nato, also an die untrennbare Verbindung von westlicher Verteidigungsbereitschaft und Entspannungspolitik. Schon 1975 hatte er eine der notwendigen Vorbedingungen für einen Erfolg der Gipfelkonferenz von Helsinki geschaffen, indem er sich mit dem polnischen Parteichef Gierek über die schwierigen, noch offenen bilateralen Fragen verständigt hatte.

Zugleich aber war Schmidt dem anderen Standbein, der Allianzpolitik, nicht weniger treu. Quasi um ihn auf die Probe seiner Haltung zu stellen, boten die Sowjets massiven Anlaß. Breschnew begann in der Mitte des Jahrzehnts, die sich immer noch ausbreitende westliche Entspannungseuphorie für wachsende Rüstungen zu mißbrauchen. Er produzierte und stationierte neue, höchst wirkungsvolle Mittelstreckenraketen im Westen des Warschauer-Pakt-Bereichs. Es waren die berühmten SS 20. Sie konnten zwar keine amerikanischen Territorien erreichen, wohl aber beinahe jeden Punkt in Europa. Durch ihre Rüstungskontrollabkommen mit den USA waren die Sowjets an solchen Maßnahmen formal nicht gehindert. Für Westeuropa aber, insbesondere für die Bundesrepublik, entstand eine nicht hinnehmbare Lage, wofür es zunächst in den USA wenig Verständnis gab. Man sprach dort von »theater weapons«, also von Kriegsschauplatzwaffen, eine unerträgliche Vorstellung für uns. Als Carter dies nicht auf Anhieb begreifen wollte, hielt Schmidt eine damals rasch berühmt gewordene Rede in London. Er verlangte den Rückzug der SS 20, widrigenfalls eine vergleichbare Nachrüstung der Nato mit taktischen Atomwaffen unumgänglich werde.

Schmidt und Carter verkehrten in einem ziemlich unwirschen Ton miteinander. Es war eine relativ unruhige Phase in unseren Beziehungen mit den USA. Schließlich setzte der Kanzler 1979 seine Linie in einer Vereinbarung mit der amerikanischen, der britischen und französischen Führung durch. Der sogenannte Doppelbeschluß der Nato kam zustande.

Mit ihm stieß Schmidt später im eigenen Land auf massive Schwierigkeiten. Denn in allen europäischen Nato-Ländern gab es Widerstand gegen die Stationierung neuer Raketen. Es entstanden Friedensbewegungen, die stärkste bei uns in der Bundesrepublik, und wenn sie auch Friedensbewegungen hießen, so verliefen ihre Auseinandersetzungen mit den staatlichen Organen doch mehr bewegt als friedlich. In seiner eigenen Partei konnte Schmidt die Gegensätze nicht in seinem Sinne überwinden. Aber das alles kam erst später. Zunächst war es der bundesdeutsche Kanzler, der international den Ton angab.

Zusammen mit dem französischen Präsidenten Giscard d'Estaing schuf er den Weltwirtschaftsgipfel, eine Konferenz der führenden westlichen Wirtschaftsnationen, einst als vertrauliche Kaminberatung gedacht, später leider gelegentlich zu einem gigantischen Medienspektakel denaturiert, wenn auch heute vielleicht geeignet, Rußland besser in die Weltgemeinschaft zu integrieren. Auch innerhalb der europäischen Gemeinschaft sorgte Schmidt für Bewegung. Zusammen mit Paris entwickelte er 1979 aus der Währungsschlange des Jahres 1972 das europäische Währungssystem mit dem Ziel einer stabilen Währungszone in der Gemeinschaft. In Maastricht fand sie später ihre konsequente Bestätigung. Helmut Schmidt war international auf der Höhe seines Ansehens.

Innenpolitik in der Ära Schmidt; Grundsatzprogrammarbeit der Parteien

Auch innenpolitisch hatte sich die Lage zugunsten der sozialliberalen Koalition stabilisiert. Im Herbst 1976 hatte zwar Kohl bei der Bundestagswahl ein starkes Wahlergebnis erzielt, das zweitbeste in der ganzen bisherigen Geschichte der Union. Der streitbare Kanzler Schmidt hatte es mit der Inflation nicht so genau genommen und sich auch in der Rentenpolitik heftigen Angriffen ausgesetzt. Bald nach der Wahl ging es jedoch mit der Wirtschaft wieder aufwärts.

Die siebziger Jahre waren in der Bundesrepublik durch eine höchst lebendige Parteiendemokratie geprägt. Die Achtundsechziger hatten auf außerparlamentarischen Oppositionswegen zunächst allseits für Unruhe gesorgt, sich mit ihrem Gros dann aber auf den Marsch durch die Institutionen gemacht. Das verspürte vor allem die SPD. Die Beteiligung der Bürger bei den Bundestagswahlen war zu keiner anderen Zeit so hoch wie in diesem Jahrzehnt. Sie lag bei über neunzig Prozent. Die klassischen Parteien der Bonner Republik, Union, SPD und FDP, konnten dabei über achtundneunzig Prozent der abgegebenen Stimmen auf sich vereinen. Die Zahl der Parteimitglieder stieg zumal bei der Union auf zuvor nie gekannte und danach wieder abfallende Höhen.

Arbeiten an Parteiprogrammen hatten Hochkonjunktur. Bei der SPD kam der sogenannte ökonomisch-politische Orientierungsrahmen 85 zustande. Helmut Schmidt wirkte daran maßgeblich mit. In der Union hatte Barzel die schon erwähnte Grundsatzkommission geschaffen, die sich alsbald zur Grundsatzprogrammkommission fortentwickelte. Als ihr Vorsitzender fand ich hier, neben der Deutschland- und Ostpolitik, mein zweites politisches Arbeitsgebiet. Es war anregend und schwierig zugleich.

Belebend war, daß endlich einmal auch außenstehende Geister ein erwartungsvolles Interesse an Programmen politischer Parteien zeigten. Es kam zu zahlreichen, oft hochqualifizierten kritischen Beiträgen von Wirtschafts- und Sozialwissenschaftlern, Historikern und Politologen, Medizinern und Juristen, Naturwissenschaftlern, Theologen und auch einigen Künstlern, unter ihnen Oswald von Nell-Breuning, Wilhelm Krelle, Ulrich Scheuner und Joseph Beuys.

In der Auseinandersetzung zwischen SPD und CDU entwickelte sich ein nicht unfruchtbarer Streit über die Grundwerte. Beide Parteien hatten sich auf die Grundwerte der Freiheit, der Gerechtigkeit und Solidarität festgelegt. Die SPD hatte die zeitliche Priorität, was aber nicht allzuviel bedeutete, da es sich ja um aus der christlichen Lehre abgeleitete und in der Französischen Revolution säkularisierte Ziele handelte.

Der Kern der Auseinandersetzung lag bei der Solidarität. In der Phase der Industrialisierung war dies das legitime und langfristig erfolgreiche Markenzeichen der Arbeiterbewegung gewesen. Es war der Kampf der Gleichen mit den Gleichen gegen die Ungleichen, um humane Arbeits- und Lebensbedingungen durchzusetzen.

Inzwischen aber war die Zeit durch andere, neue Widersprüche und Konflikte geprägt. Dadurch wurde das Verständnis von Solidarität zum wichtigsten grundsatzprogrammatischen Streit zwischen SPD und Union. Im sozialdemokratischen Orientierungsrahmen 85 wurde die Solidarität nahezu unverändert als Kampfgemeinschaft gegen andere beschrieben. Dort hieß es rundheraus, es könne keine Solidarität geben zwischen Reichen und Armen, Mächtigen und Machtlosen, Wissenden und Unmündigen. Ein Widerspruch gegen diese These sei schlechthin der Grundirrtum des politischen Gegners.

Aber was ist globale Entwicklungspolitik, wenn nicht Solidarität unter Machtungleichen? Ist die Forderung nach einer liberalen Asyl- und Ausländerpolitik etwas anderes als Solidarität zwischen Reichen und Armen? Wer, wenn nicht die Wissenden, ist primär verantwortlich für den Zusammenhalt und sozialen Frieden in einer Gesellschaft von Ungleichen?

Gewiß, es ist unglaublich schwer, eine Solidarität »von oben« gegenüber den Hilfsbedürftigen und Schwachen durchzusetzen. Aber sie muß doch wenigstens das programmatische Ziel sein, damit Reichtum, Macht und Wissen nicht immer von neuem dazu mißbraucht werden, den eigenen Vorsprung zu sichern und zu vergrößern.

Darüber also stritten wir uns damals. Es gab dabei auch innerhalb der CDU lebhafte Diskussionen. Heiner Geißler setzte sich für gewissenhafte und konkrete Antworten auf die von ihm so genannte »neue soziale Frage« ein. Soziale Dienste wurden eingeführt. Vor dem Hintergrund des viel zu weit gewachsenen Anteils des Staates am Sozialprodukt löste Kurt Biedenkopf mit seiner analytischen Kraft und seiner scharfsinnigen und mutigen Unabhängigkeit eine notwendige Kontroverse zugunsten der ordnungspolitischen Grundsätze und gegen die Verteilungspolitik aus. Am Ziel der Lebensqualität entzündete sich ein Streit über zugeteiltes oder selbsterarbeitetes Glück. Für die Bildungsreform fand sich jahrelang keine Einigkeit, ob von Chancengerechtigkeit oder Chancengleichheit gesprochen werden solle.

Gedankengebäude und Prinzipien müssen an der Elle der realen politischen Aufgaben gemessen werden. In der Sprache politischer Parteien heißt dies: sie müssen ihren Nutzen im ständigen Kampf um die Macht erweisen. Zwar ist es für Parteien wichtig, zündende Begriffe zu finden und rechtzeitig zu »besetzen«. Aber das gelingt nur selten. Auch kann ich nicht leugnen, daß wir in der Kommission Freude einfach nur am Herumdenken über Programme hatten, ohne ständig auf den nächsten Wahltermin fixiert zu sein. Dafür ernteten wir in der Partei eher Achtung als Einfluß, zumal die CDU – anders als die SPD – keine alternde Jugendbewegung war, sondern ein moderner Wahlverein. Über zehn Jahre lang erhielt ich auf Bundesparteitagen die meisten Stimmen bei den Vorstandswahlen. Die unterschiedlichen Anteile an der Macht beschrieb aber ein Journalist mit den Worten: »Biedenkopf (damals Generalsekretär) managt, Weizsäcker denkt, Kohl lenkt.« Das war mindestens, was Biedenkopf anbetrifft, eine Untertreibung; denn Grundlage seines Handelns war und bleibt stets seine Freude am selbständigen Denken.

In Wellenbewegungen kehrt der Ruf nach Werten wieder, heute stärker als damals. Die Marktwirtschaft hat sich beinahe global durchgesetzt. Mit dem Ziel, Gewinne zu maximieren, werden die allseits offenen Grenzen überschritten. Vor dreißig Jahren war bei uns eine Koalition nicht zuletzt an einer Arbeitslosenquote zu Bruch gegangen, die nur ein Zehntel der heutigen betrug. Allseits, zumal in den ehemals kommunistisch beherrschten Reformländern, wird nach lebendigen ethischen Grundlagen des Kapitalismus gefragt, die dereinst ein fester Bestandteil des Denkens bei den Begründern der Marktwirtschaft gewesen waren, vor allem bei Adam Smith und später bei Alexis de Tocqueville. Man sucht nach einer Erneuerung des Systems der sozialen Marktwirtschaft, nach der Brauchbarkeit der Ideen ihrer geistigen Lehrer, Walter Eucken oder Wilhelm Röpke, dessen bekanntestes Buch charakteristischerweise den Titel »Jenseits von Angebot und Nachfrage« trug.

Ein Motiv für die neuerlichen, auch in den Parteien vernehmbaren Rufe nach Werten äußert sich in dem Ruf nach einem moralischen Kapitalismus. Dabei möchte ich anhand meiner eigenen Erfahrungen beim Streit über Grundwerte in den siebziger Jahren auf die mangelnde Klarheit und Brauchbarkeit einer allzu abstrakten Grundwertedebatte hinweisen. Es kostet wenig, sich auf Freiheit, Gerechtigkeit und Solidarität zu berufen, und es bringt aus sich selbst heraus nur spärliche Erträge. Eines haben Kapitalismus und demokratische Verfassungen gemein: Sie leben von Voraussetzungen, die sie selbst nicht schaffen können. Sie räumen Chancen ein, und sie schützen den Bürger vor staatlichen Übergriffen. Aber sie können die Lebendigkeit der Bürger sowenig erzeugen wie ihr Pflichtbewußtsein und ihren Anstand. Deshalb ist das Thema der Pflichten oder, dem antiken und dem christlichen Vorbild folgend, der Tugenden weitaus dringlicher. Es ist dem Kern der gesuchten Antworten näher als die sogenannten Werte. Schon damals war es ein alarmierendes Zeichen, daß Bundeskanzler Schmidt, als er solche Tugenden aufzählte und ihre zentrale Bedeutung unterstrich, aus den eigenen Reihen der Propaganda für Sekundärtugenden geziehen wurde, die ihren Wert durch ihre Mißbräuchlichkeit in autoritären Systemen eingebüßt hätten.

Aus guten konstitutionellen Gründen werden wir den magistralen Grundrechtekatalog unserer Verfassung nicht durch einen Grundpflichtenkatalog ergänzen. Der Staat kann nicht verordnen, worum es dabei geht. Auf die Dauer aber werden unsere freiheitliche Demokratie und unser freier Markt nur bestehen, wenn wir uns über die humanen Tugenden und Pflichten verständigen und sie praktizieren, die in verantwortlicher Weise den Weg zu unserer heutigen Freiheit gebahnt haben. Dies sind zentrale Themen auch für Parteien in der heutigen Zeit.

Die Programmdiskussionen der siebziger Jahre ergaben einen relativ tragfähigen Konsens über die Grundlagen von Staat und Gesellschaft. Einen tiefgehenden Einfluß auf die Tonlage der Parlamentsdebatten und Wahlkämpfe aber hatten sie kaum. Solange Brandt Kanzler war, verlief der politische Disput ziemlich moderat. Einmal griff er mich an, weil ich – zugegebenermaßen nicht sehr erleuchtet – von einer geschlossenen Ideologie des Neomarxismus gesprochen hatte. Er meinte, das sei, soweit die SPD gemeint sein könnte, eine Attacke gegen Windmühlenflügel. Daß ich aber als Don Quichotte eine gewisse Prominenz in der Opposition errungen habe, sei kein Zufall, weil in deren Führung Figuren nach dem Zuschnitt von Sancho Pansa dominierten. Dies unverhoffte Lob ließ mich nicht ruhen, da ich im Falle der lebenslangen Verbannung auf eine einsame Insel mit der Erlaubnis, die Werke nur eines einzigen Dichters mitnehmen

Eine der vielen Begegnungen mit Helmut Schmidt und seiner Frau Loki. Aus der politischen Verbindung wurde im Laufe der Zeit eine wirkliche menschliche Bindung.

zu dürfen, lediglich Shakespeare noch lieber einpacken würde als Cervantes. Also schickte ich Brandt eine Ausgabe des Don Quichotte mit dem Ausdruck meiner Hoffnung, er möge sich an der unvergleichlichen Kraft dieses Helden erfreuen, der stets ungleich viel mehr zur positiven Veränderung der Menschen beigetragen habe, als es uns Politikern gelinge. Hoffentlich hat er mir damals meinen Schwarm für Cervantes nachgesehen.

Mit der Kanzlerschaft von Helmut Schmidt wurde die Atmosphäre im Parlament bissiger. Durch seine scharfsinnigen und scharfzüngigen Reden trug er dazu bei, den Bundestag mindestens temporär zum wahren Forum der Nation zu machen. Dabei zeigte sich sein starkes und dennoch gezügeltes Temperament. Wie die meisten von uns, so schoß auch er dann und wann mit seinen Argumenten über das Ziel hinaus, so auch, als er einmal erklärte, die SPD stehe der Bergpredigt erkennbar näher als die Union – wo wir uns doch damit alle miteinander ziemlich gleich schwertun. An den politisch-ethischen Grundfragen nahm er aber in Wahrheit einen starken, nicht selten parteiübergreifenden Anteil.

Wenn er über Moral, Pflicht und Verantwortung sprach, pflegte er vor dem Ruf nach geistiger Führung durch die Politik zu warnen. Dennoch nahm er sie wahr – wie es sich gehört, im klaren Bewußtsein des Unterschiedes zwischen bevormundenden Predigten des Politikers, was ihm nicht zusteht, und der Notwendigkeit, grundlegende Überzeugungen zu haben, auszusprechen und zu praktizieren. Er war in der Lage, professionellen Denkern Nachhilfestunden des Praktikers zu geben – so, wenn er, im Popperschen Bewußtsein eigener Fehlbarkeit, einen amerikanischen Pragmatismus in den Dienst der Ethik von Immanuel Kant und Hans Jonas stellte. Ihn zeichnete seine exzeptionelle binnen- und weltwirtschaftliche Kompetenz ebenso aus wie sein außenpolitischer Sachverstand. Beides gründete bei seinem strategischen Denken auf der Sorgfalt im Detail, auf dem Respekt vor kleinen Dingen beim Anmarsch zu großen Zielen. Im Umgang mit kundigen und verantwortungsbewußten Mitarbeitern war er aufmerksamer und geduldiger als beim unvermeidlichen Small talk in der sogenannten großen Welt – warum auch nicht? Es war nicht so leicht, den persönlichen Kontakt zu ihm zu gewinnen. Um so menschlich lohnender war es, als es gelang.

Bei den zentralen Redeschlachten über den Kanzlerhaushalt war Franz Josef Strauß sein Lieblingsgegner. Dann bemühte sich Schmidt, »den ersten Redner der Opposition«, wie er ihn ohne Namensnennung bezeichnete, nämlich Strauß, gegen »den zweiten Redner der Opposition« auszuspielen, nämlich gegen mich. Strauß hatte damals die »Sonthofen«-Strategie entwickelt, mit der er von der Unionsfraktion eine totale Opposition verlangte; sie solle keine hilfreichen Alternativvorschläge machen, sondern die Regierung in den Staatsbankrott treiben. Das hatte natürlich zu heftigem Widerspruch geführt, auch in der CDU.

Strauß war damals in allen Richtungen auf dem Kriegspfad. Nachdem Kohl bei der Bundestagswahl 1976 zwar nicht gewonnen, aber hervorragend abgeschnitten hatte, ließ Strauß auf einer Tagung in Wildbad Kreuth die Fraktionsgemeinschaft zwischen CDU und CSU im Bundestag aufkündigen. Der Beschluß hatte freilich keine lange Lebensdauer, weil zu viele CSU-Wahlkreisabgeordnete in legitimer Selbstsucht erkannten, daß sie zu Hause das Nachsehen haben würden, wenn es zu dem von uns nun angekündigten »Einmarsch« der CDU in den Freistaat Bayern kommen würde.

Danach folgte eine noch schwierigere Phase. Strauß strebte zur Kanzlerkandidatur für die Wahl 1980, die er auch erreichte. Das war natürlich legitim. Doch nun sollte mit der Keule »Freiheit oder Sozialismus« gefochten werden. Das war an der Grenze des Erträglichen. Denn bei dem Spruch sollte sich jeder aussuchen können: War der real existierende Sozialismus in der DDR gemeint, dem es mit dem Verlangen nach Freiheit zu begegnen galt? Oder sollte im Ernst dem demokratischen Sozialismus das Bekenntnis zur Freiheit abgestritten werden? Das war grotesk und schlechthin unglaubwürdig, auch dann, wenn man der SPD die Frage nicht ersparen durfte, ob ihre staatliche Politik des »betreuten« Menschen ihm nicht die Kraft zur Selbständigkeit und damit zum vollen Gebrauch seiner Freiheit beeinträchtige. Strauß nannte sich damals den deutschen Thatcher.

Zusammen mit anderen hatte ich mich vergeblich für eine Kanzlerkandidatur des niedersächsischen Ministerpräsidenten Ernst Albrecht eingesetzt, den ich schon in der Grundsatzkommission hochschätzen und dessen Mut ich bei den schwierigen Ratifizierungsdebatten der Polen-Verträge im Bundesrat 1976 achten gelernt hatte. Es wurde ein unerfreulicher Wahlkampf. Wir hatten es Schmidt relativ leicht gemacht, ein Trost für ihn,

Mit Franz Josef Strauß hatte ich mehr als einen Konflikt. Aber mich beeindruckten doch immer wieder sein weiter Horizont, sein scharfer Verstand, sein Mut und nicht selten auch sein Charme.

weil mittlerweile seine eigene Partei begonnen hatte, gegen ihn zu rebellieren.

Mein Verhältnis zu Strauß verbesserte sich nachhaltig, als ich nach Berlin kam und er seine eigene konstruktive Ost- und Deutschlandpolitik begann. Er konnte eine bezwingende Liebenswürdigkeit entfalten. Es war ein Genuß, seine allgemeinen Ansichten näher kennenzulernen. Im bekannten Fragebogen von Marcel Proust nannte er unter anderen Old Shatterhand und den jungen Werther seine liebsten Romanhelden, die Nachtigall seinen Lieblingsvogel und die Gutmütigkeit seinen Hauptcharakterzug. Die Antwort auf die Frage, was er hätte sein mögen, lautete: Professor der Geschichte oder deutscher Reichskanzler 1932.

Mit ihm zu sprechen war immer ein Gewinn und eine Prüfung zugleich. Im allgemeinen war er nicht nur durch sein scharfes Gedächtnis, sondern auch aktenmäßig glänzend präpariert. Zweimal habe ich es erlebt, daß er während des Gesprächs ein ganzes Dossier unter der Tischplatte hervorzog, in dem alle meine jüngsten öffentlichen Äußerungen aufgezeichnet waren und die er nun zum Gegenstand eines kleinen Verhörs mit mir machte. Er ertrug klare Erwiderungen durchaus mit Freude und gab jedem Meinungsaustausch die weite Perspektive seines Geistes, die seiner kraftvollen unverwechselbaren Persönlichkeit zugrunde lagen. Seine historischen Einsichten und sein weltweiter Horizont haben dem Freistaat Bayern rund um den Globus zu neuem, bleibendem Ansehen verholfen.

Nach Berlin

Im Frühherbst 1978 überraschte mich Kohl mit dem Angebot, bei den Berliner Wahlen 1979 als Spitzenkandidat der Union für das Amt des Regierenden Bürgermeisters anzutreten. Er hatte sich die Sache gut ausgedacht. Eine überlange Zeit in der Opposition hatte die Berliner CDU nachhaltig geschwächt. Zwar hatte ihr seit zwölf Jahren amtierender Vorsitzender Peter Lorenz bei der letzten Wahl zum Abgeordnetenhaus vergleichsweise gut abgeschnitten. Mit seinem Anstand und seiner Uneigennützigkeit hatte er eine Atmosphäre des Vertrauens und der Humanität geschaffen. Nie hatte er die Schultern anderer gesucht, um Lasten oder Vorwürfe abzuwälzen, deren es viele gab. Im Dienste seiner Aufgabe hatte er gegenüber dem gnadenlosen RAF-Terrorismus das Äußerste eingesetzt: sein Leben. Als Helmut Kohl bei ihm anregte, frische Kräfte aus Bonn für den schweren nächsten Berliner Wahlgang aufzunehmen, war er dazu sofort bereit.

Ich war damals stellvertretender Vorsitzender der Bundestagsfraktion der Union. Der Vorschlag an mich, nach Berlin zu gehen, entsprach einer allgemeinen Strategie der CDU seit ihrer Wahlniederlage 1969. Ihr Ziel war es, auf dem Weg über neue Erfolge in den Bundesländern eine Rückkehr an die Spitze der Bundespolitik vorzubereiten. Gerhard Stoltenberg war nach Schleswig-Holstein gegangen und amtierte dort als Ministerpräsident. Ernst Albrecht hatte dasselbe Amt in Niedersachsen übernommen. Walter Wallmann, auch er einer der maßgeblichen Köpfe in der Bundestagsfraktion, kandidierte mit Erfolg für die Aufgabe des Stadtoberhauptes in Frankfurt am Main. Walther L. Kiep übernahm die Führung der Partei in Hamburg. Warum sollte ausgerechnet Berlin ausgeklammert bleiben, also die Stadt, in der die Sozialdemokratie seit Jahrzehnten ohne ernsthafte Gefährdung regierte?

Kohl hatte zwei Gründe, eine entsprechende Aufgabe für Berlin ausgerechnet mir anzutragen. Der eine beruhte auf dem eindeutigen Schwerpunkt meiner bundespolitischen Arbeit im Parlament, nämlich der Ost- und Deutschlandpolitik. Für ihr Verständnis und zum Einfluß auf sie war Berlin der zentrale Standort. Den zweiten Grund nannte Kohl weniger deutlich beim Namen, auch mir gegenüber nicht. Aber er blieb dennoch niemandem verborgen. Es ging um die nächste, für 1979 anberaumte Wahl des Bundespräsidenten. Auch wenn Kohl schon 1969 meine Kandidatur für dieses Amt unterstützt hatte und ich fünf Jahre später schon einmal der Unionskandidat für die Villa Hammerschmidt gewesen war, so blieb es niemandem verborgen, am allerwenigsten mir selbst, daß Strauß und seine CSU für das Jahr 1979 in der Bundesversammlung, in der die Union über die absolute Mehrheit verfügte, durchaus nicht an mich als den geeigneten Unionskandidaten dachte. Strauß grollte mir damals noch wegen meiner entspannungsfreundlichen Haltung, vor allem wegen meiner positiven Einstellung zu den Polen-Verträgen. Er steuerte die Kandidatur des Bundestagspräsidenten Carstens an, der ein vertrauensvolles Verhältnis zu den Bayern unterhielt.

Es kam über diese Frage zu keinerlei ernsthaftem Disput, vor allem nicht mit mir. Zwar wurde eine Zeitlang darüber spekuliert, daß Kohl eine zweite Amtszeit für den amtierenden Bundespräsidenten Walter Scheel anstrebte, um dadurch den Weg für eine spätere erneuerte Koalition zwischen CDU und FDP zu ebnen. Doch erfuhr ich selbst darüber nichts. Auch erwartete ich durchaus nicht, daß Kohl, der es damals mit der CSU ohnehin schwer genug hatte, um meinetwillen einen Konflikt mit Strauß auf sich nehmen würde. Mit seinem Berliner Angebot an mich entledigte er sich eines möglicherweise lästig werdenden Problems auf die in Parteiführungen gekonnte Weise, nämlich auf personellen Verschiebebahnhöfen zielsicher zu rangieren. So wurde es auch allseits in den Medien kommentiert. Der Herausgeber der Frankfurter Allgemeinen Zeitung, Fritz Ulrich Fack, pries mit Nachdruck Kohls gelungenen »Berliner Coup«, und sein Herausgeberkollege Johann Georg Reißmüller fügte hinzu, Kohl habe mit seinem Vorschlag den »lähmenden Beraterdualismus« innerhalb seiner Fraktion zwischen den harten Ostpolitikern und mir »schmerzlos« aufgelöst.

Das war alles durchaus zutreffend, und letzten Endes war es für mich ein Glück. Wie Kohl, so hatte auch ich hohen menschlichen und politischen Respekt vor Karl Carstens, mit dem zusammen ich jahrelang an den außenpolitischen Kapiteln unserer Programme gearbeitet hatte. Im übrigen hätte es mir die Aufgabe als Bundespräsident erschwert, daß ich nach wie vor ohne eigene Erfahrung in einem exekutiven politischen Amt war. Es gab also keinerlei Probleme zwischen Kohl und mir wegen seiner Nominierung von Carstens.

Der Vorschlag, nach Berlin zu gehen, reizte mich auf Anhieb. Auch wenn ich die letzten dreißig Jahre am Rhein gelebt hatte und mit meiner Frau und unseren vier Kindern zuletzt in Bonn aufs beste beheimatet war, so waren doch meine älteren und tieferen Wurzeln in Berlin nie ausgetrocknet. Es war die Stadt meiner Kindheit und Soldatenzeit. Im Keller des durch Brandbomben zerstörten elterlichen Hauses hatte ich vor Kriegsende noch ein paar schwere Stunden miterlebt. In der Nachkriegszeit war ich durch meine Tätigkeit in der evangelischen Kirche wohl über einhundertfünfzigmal in der geteilten Stadt, vor allem auch immer wieder im sowjetisch besetzten Sektor gewesen. Meine Tätigkeit war darauf konzentriert, die konkreten täglichen Erfahrungen der Ost- und Westberliner für die allgemeinen Ziele der Ost-West-Politik nutzbar zu machen. Die Mentalität in der Stadt, niemanden alsbald durch Vorleistungen der Liebenswürdigkeit zu überwältigen, war mir ebenso wohlvertraut wie die bezwingende Art der Berliner, durch nimmermüdes, selbstironisches Meckern sich selbst die Couch des Seelenarztes zu ersparen. Auch war mir ihr unvergleichlich melodisches Sprachidiom durchaus geläufig. Ich verstand gerade davon mehr als alle bisherigen Regierenden Bürgermeister. Nur Peter Lorenz blieb mit seinem urberlinerischen Tonfall unerreichbar für mich.

Dennoch war es alles andere als ein leichter, politisch risikoloser Entschluß, nach Berlin zu gehen. Die politischen Parteien in Berlin hatten jahrzehntelang nichts als einen ständigen Auszug ihrer Talente nach Bonn erlebt. In umgekehrter Richtung tat sich kaum etwas. Als kurz nach mir Hans-Jochen Vogel von Bonn nach Berlin übersiedelte, empfing ihn ein Telegramm vom Wahlberliner Axel Springer mit dem Inhalt, er heiße Vogel willkommen in einer Zeit, in der Kandidaten wie Hunde nach Berlin geprügelt werden müßten. So ging es damals her. Auch war die Anziehungskraft der Parteien für eigenen guten Berliner Nachwuchs nicht überwältigend. Die Parteien waren einigermaßen verschlissen, durch allzulange Regierungsverantwortung oder durch fruchtlose Opposition. In der eigenen Partei gab es neben dem selbstlosen und hochherzigen Peter Lorenz eine Betonriege, und manche ihrer Mitglieder waren für die Verteilung erstrebenswerter Ämter untereinander doch noch aufgeschlossener als für das, was ich unter einer notwendigen Deutschland- und Ostpolitik verstand. Aber sie waren mir an kommunalpolitischen Kenntnissen und Erfahrungen natürlich klar überlegen.

Bis zum Wahltermin im Juni 1979 blieb mir nur noch ein halbes Jahr, erfahrungsgemäß eine zu kurze Zeit für einen völlig neuen, von außen kommenden Kandidaten, zumal, wie schon erwähnt, die bundespolitischen Rahmenbedingungen deutlich günstiger für die sozialliberale Berliner Koalition waren als für die Union. Auch hatte ich gewiß schon viele Wahlversammlungen mitgemacht, aber doch noch nie an der Spitze eines ganzen Landesverbandes als Kandidat für das Regierungsamt.

Kurzum, die Hürde war hoch, aber dann doch nicht zu hoch. Am Ende war es gewiß nicht nur der Verstand, sondern vor allem das Herz, das voranflog. Nach einer überaus freundschaftlichen Beratung mit Peter Lorenz sagte ich zu, und ich habe es nie bereut.

Zwei Wahlkämpfe in der geteilten Stadt

Nun stand ich einem Sturm von neuen Anforderungen gegenüber. Was hätte mir Gesünderes widerfahren können? Gedankliche Arbeit an langfristigen Programmen mußte jetzt dem täglichen Handeln weichen. Den Konsens zu suchen war gewiß nicht falsch. Zuerst aber mußte gekämpft werden. So trat ich eine harte und zugleich prägende Lehrzeit an. Da ich neben einigen kirchlichen Aufgaben mittlerweile die Politik ganz und gar zu meinem Beruf gemacht hatte, war diese Lehre für mich so etwas wie eine Befreiung aus der Theorie.

Die Lage in der Stadt war schwierig. Durch den Grundlagenvertrag mit der DDR und das Viermächteabkommen für Berlin waren nach außen die Bindungen und Verkehrswege sicherer und berechenbarer geworden. Die Schlußakte von Helsinki wirkte sich wohltuend aus. Schrittweise verlagerte Westberlin sein Lebensgefühl von der Frontstadtstimmung zu dem Wunsch, etwas vom Leben zu haben. Das war nur allzu verständlich, förderte aber zugleich eine Prädisposition zum Provinzialismus und Mittelmaß, begleitet vom nimmermüden Ruf nach Subventionen, übertüncht oder auch überstrahlt von der Königin Nofretete im Ägyptischen Museum, von Karajan in der Philharmonie und Peter Stein in der alten Schaubühne.

Die Sozialdemokraten als Dauerregenten waren nicht in bester Verfassung. Klaus Schütz hatte 1977 nach zehnjähriger Amtszeit als Regierender Bürgermeister zurücktreten müssen. Für seine Nachfolge kam es zu einer parteiinternen Kampfabstimmung zwischen Dietrich Stobbe und Hans-Jürgen Wischnewski. Stobbe siegte mit siebzehn gegen fünfzehn Stimmen. Nach seinen eigenen Worten stand er nun an der Spitze einer zerklüfteten Großstadtpartei. Stobbe wußte es und litt selbst darunter, daß sie sich dank einer blühenden Verfilzung und Parteibuchwirtschaft Stück für Stück den Staat zur Beute gemacht hatte. Das ist keine zwingende, aber die übliche Hauptgefahr, wenn die Wähler allzulange keine Machtwechsel mehr zustandebringen.

Stobbe wählte die Kommunalpolitik zum Schwerpunkt seiner Arbeit. »Hinwendung zur Stadtpolitik« hieß sein Programm. Als mein Umzug von Bonn an die Spitze der Berliner Opposition bekannt wurde, nannte Stobbe mich einen Gewinn für die Stadt. Er begrüßte mich sehr freundlich, nannte mich, was immer das heißen mochte, eine »Lichtgestalt«, die sich die Hände im innenpolitischen Sumpf der Großstadt noch nicht beschmutzt habe.

Der Wahlkampf ließ natürlich nicht auf sich warten. Er machte mir vor allem deshalb Freude, weil die oft vor Begeisterung dröhnenden Versammlungen und Reden an die Adresse von lauter längst Bekehrten auf ein Minimum beschränkt blieben und durch ungezählte Straßendebatten, Wohnungsbesuche und Fachveranstaltungen ersetzt wurden. Das Beste war stets die vollkommen direkte, herzlich freche Unbefangenheit der Berliner.

Trotzdem war nicht allzuviel politische Bewegung unter den Bürgern. Über die verschlissene SPD zu schimpfen war allgemein üblich, aber nichts Neues. Man hatte sich daran gewöhnt, ohne auf Konsequenzen zu drängen. Mit dem Ansehen der CDU stand es auch nicht gerade zum besten. Manche ihrer bildungspolitischen Ziele wurden begrüßt. Im übrigen galt sie als ziemlich reaktionär. Sie hatte gerade auch in Berlin der Ostpolitik von Willy Brandt widerstanden, ohne breites Echo bei der Bevölkerung zu finden. Der besonders bekannte, in der Partei sehr einflußreiche und weit rechts stehende Präsident des Abgeordnetenhauses, Heinrich Lummer, hatte meine Ankunft in Berlin genutzt, um öffentlich mit dem Gedanken einer ihm willkommenen vierten Partei zu spielen. Dadurch war ich sofort zu meiner ersten und schärfsten parteiinternen Intervention genötigt. Ich hielt jeden solchen Gedanken für politisch fatal und im Sinne des Wahlzieles der CDU für blühenden Unsinn. Lummer gab mir zwar durchaus nicht recht, hielt sich aber an meine Direktive. Später, als er Innensenator und mein Vertreter in der Berliner Regierung wurde, haben wir nicht selten die Klingen gekreuzt und dennoch verläßlich zusammengearbeitet. Lummer war in wichtigen, aber nicht in allen Fragen anderer Meinung als ich. Und an Richtlinien und Verabredungen hat er sich stets gehalten.

Zeitgenössischen Tendenzen im kulturellen und künstlerischen Bereich stand die Berliner CDU ziemlich fern. Als meine Frau und ich zum ersten Mal ein Stück von Botho Strauß in der Schaubühne am Halleschen Ufer besuchten, empfingen uns ringsumher befremdete Blicke: Was wir hier denn suchten, wurden wir gefragt; hier sei noch nie ein CDU-Politiker aufgetaucht.

Trotz der Springer-Presse waren die Medien, vor allem die elektronischen, ziemlich eindeutig gegen einen politischen

Wechsel. Bei der Abschlußdebatte im Fernsehen saß ich ganz allein nicht nur den Vertretern der drei anderen Parteien gegenüber, also der SPD, der FDP und der Alternativen Liste, sondern nicht minder dem Moderator des SFB. Am objektivsten und fairsten waren die Rededuelle mit meinem eigentlichen Gegner, dem Regierenden Bürgermeister Stobbe.

Gewerkschaften, Betriebs- und Personalräte hatten einen gewaltigen Einfluß in der Stadt, und zwar nahezu ausschließlich zugunsten der SPD. Der öffentliche Dienst war personell überbesetzt und gut versorgt. Manch ein Lehrling, der beim größten privaten Berliner Arbeitgeber, der Firma Siemens, ausgebildet worden war und nach der Lehre dort einen Arbeitsplatz erhalten hätte, zog eine Stelle bei der städtischen Müllabfuhr mit ihrer angenehmeren Arbeitszeit und ihren besseren Erholungsheimen vor. Eine Zeitung spottete einmal, warum denn nicht der Gesamtpersonalratsvorsitzende des öffentlichen Dienstes gleich direkt der Regierende des Eigenbetriebes Berlin werde.

Kanzler Schmidt kam zum Wahlkampf in eine Großversammlung aller Betriebsräte und Gewerkschaftsfunktionäre. Dort erklärte er, der CDU-Kandidat Weizsäcker sei ja ganz nett, aber nicht repräsentativ für seinen Laden; im übrigen sei er weder Fisch noch Fleisch, sondern ein Klops. Große Aufregung bei der CDU! Wie könne man sich gegen solche Angriffe noch wehren? Mein mir eng vertrauter, ruhiger und phantasievoller Mitarbeiter Norbert Kaczmarek brachte mich auf die richtige Fährte der Erwiderung. Ich erklärte tags darauf, in Berlin gäbe es keine Klopse, sondern Buletten, und überdies sei den Berlinern ein Klops immer noch lieber als ein »Hamburger«.

So ein Wahlkampf bietet mancherlei Erfahrungen. Einmal wurde ich in einer Versammlung von zweihundert Architekten examiniert. Was ich denn von jenem Wohnhochhaus in der Schlangenbader Straße hielte, wurde ich gefragt, durch dessen ausgedehnte Keller längsseits ein Arm der Stadtautobahn führe. Ich freute mich über dieses Thema und antwortete, wenn ich ein listiges Teufelchen wäre und mir etwas Hübsches ausdenken wollte, um die Menschen zu piesacken, dann würde ich mir so ein unterirdisches Autobahnungetüm ausdenken, auf dem die Lastwagen lustvoll jede Nacht unter den Betten der schlafbedürftigen braven Bürger hindurchrasten. Da stand ein liebenswürdiger Herr auf, bedankte sich und sagte, er selbst sei nämlich jenes Teufelchen, das ich so bewunderte. Er war der Architekt von Haus und Straße.

Manchmal ging es auch sportlich zu. In einer Festhalle gab es eine Woche lang jeden Nachmittag einen Seniorenball. Es galt, sich bei den Damen beliebt zu machen. Aber man war als Kandidat nicht im Angriff, denn es herrschte ausschließlich Damenwahl mit Abklatschen. Einmal glaubte ich, nun doch dem politischen Wahlsieg greifbar nahe zu sein. Denn ich tanzte innerhalb von zehn Minuten mit fünfundzwanzig verschiedenen großmütterlich schwungvollen Damen Walzer und mußte der letzten noch bis zu ihrem Tisch Geleitschutz geben, um ihren Mann zu besänftigen.

Aber ach, im Juni 1979 war die Wahl. Im Gegensatz zum generellen, für sie negativen Bundestrend gewann die CDU zwar geringfügig an Stimmen hinzu, die sozialliberale Koalition aber hatte sich noch einmal behauptet. Es gab also wieder einmal die übliche Deutung eines Wahlergebnisses durch die Matadore: nur Sieger.

Dennoch wurde die Lage für Stobbe alsbald wieder gefährlich. Trotz des klaren Wahlsieges von Schmidt gegen Strauß bei den Bundestagswahlen 1980 ging es in der Berliner SPD drunter und drüber. Stobbe bäumte sich durch eine Senatsumbildung dagegen auf, die seine Regierungsarbeit deutlich stärkte. Vor allem Peter Glotz als Senator für Wissenschaft und Forschung war eine wichtige Bereicherung. Von seiner Berufungspolitik an den Universitäten und dem von ihm gegründeten Wissenschaftskolleg profitiert Berlin bis auf den heutigen Tag. Für die Wirkung in der breiten Öffentlichkeit wurden jedoch wirtschaftliche Rückschläge und Zusammenbrüche maßgeblich, vor allem der Konkurs des Bau- und Partylöwen Garski, bei dem das Land Berlin einen hohen Verlust erlitt. Hinzu kamen die ständig wachsenden Probleme bei der Wohnungspolitik, zumal die vielen Leerstände in landeseigenen Häusern bei steigender Wohnungsnot. Unruhen und Hausbesetzungen waren die Folge.

Zur Opposition zählte, neben der CDU, die Alternative Liste, eine damals noch halb maoistische, halb grüne Gruppierung. Sie war vor allem außerparlamentarischen Demonstrationen und gelegentlich auch Krawallen nicht abgeneigt. Im Plenarsaal des Abgeordnetenhauses hatte jeder Fraktionschef auf seinem Pult ein Telefon. Ich besinne mich auf mehr als eine Situation, bei der die Führung der AL sich ihrer Doppelstrategie bediente: einerseits innerparlamentarischer Wortkampf gegen alle anderen Parteien, andererseits von jenem Pult aus telefonische Steuerung des außerparlamentarischen Drucks auf die Abgeordneten durch Straßenaufmärsche bis vor die Tore des Schöneberger Rathauses.

Zwischen CDU und AL gab es also wenig bis nichts Gemeinsames, außer einem: zusammen drängten wir auf vorzeitige Neuwahlen. Dafür bot uns die Berliner Landesverfassung ein kompliziertes und dennoch wirkungsvolles Instrument. Wenn ein Fünftel der Wahlberechtigten einem Volksbegehren für Neuwahlen vor Ablauf der Legislaturperiode zustimmt, muß ein Volksentscheid stattfinden. Sofern sich daran mindestens die Hälfte aller Wahlberechtigten beteiligt und mehrheitlich für Auflösung des Abgeordnetenhauses stimmt, müssen alsbald Neuwahlen stattfinden.

So etwas hatte es in der Praxis noch nie gegeben. Aber nun ging die Berliner CDU diesen Weg unter meiner Führung voran, wenn auch gegen den entrüsteten Protest der SPD. Erfolg hatte die regierende Koalition damit nicht, denn wir machten ja nur praktischen Gebrauch von dem Volksbegehren als einer verfassungsrechtlich zulässigen, wenn auch alle bisherigen Übungen sprengenden Bürgerinitiative. Alsbald schloß sich uns die Alternative Liste an.

Rasch wurde klar, daß der erste Schritt, also das Einwerben von Unterschriften für einen Volksentscheid, erfolgreich sein würde. Der Appell an die Bürger, nicht immer alles nur den Parteien zu überlassen, sich nicht als ein im Parteiartikel 20 des Bonner Grundgesetzes begrabenes Nullum wiederzufinden, sondern selbst einzugreifen, fand ein großes Echo.

Noch einmal bäumte Stobbe sich auf und trat am 15. Januar 1981 mit neuen renommierten Namen für seinen Senat vor das Abgeordnetenhaus. Aber alle von ihm vorgeschlagenen SPD-Kandidaten verfehlten in der Parlamentswahl die vorgeschriebene Mehrheit. Stobbe, von Teilen seiner eigenen Fraktion hintergangen, trat am selben Tag zurück.

Von allen Seiten hagelten die kritischen Hiebe. Peter Glotz, kurz zuvor zum Bundesgeschäftsführer der SPD ernannt und dadurch gerade noch rechtzeitig dem nun gekenterten Senatsschiff entronnen, erklärte nur lapidar: »Die rituelle Opferung einiger Leithammel genügt nicht.« Wie sollte es also weitergehen? Aber da wallte der Bundes-SPD nun doch ihr Blut. Schon am nächsten Tag wurde Hans-Jochen Vogel auf die Nachfolge angesprochen. Und nur acht Tage nach dem Sturz von Stobbe wurde Vogel mit einer eindrucksvollen neuen Senatsriege zum Regierenden Bürgermeister gewählt. Auf Anhieb bekam er mehr Stimmen, als seine Koalition im Hause besaß. Die SPD hatte »ihr« Berlin noch einmal für sich gerettet.

Mit seiner großen Autorität und der ihm eigenen, unnachahmlichen Energie ging Vogel an die Arbeit. In kurzer Zeit gewann er für seine Partei einen erheblichen Teil der Stimmung zurück, den sie gerade eingebüßt hatte. Um die Gunst dieses Trends zu nutzen, wartete er nicht ab, bis wir zur zweiten Stufe unserer Neuwahlrakete, dem Volksentscheid, vorstoßen konnten. Er nahm uns die Initiative aus der Hand und sorgte seinerseits für die Anberaumung eines frühzeitigen Neuwahltermins, nämlich für den 10. Mai 1981, nur dreieinhalb Monate nach seiner Amtsübernahme.

So ging es also weiter mit den Wahlkämpfen, für mich inzwischen eine eingeübte und – was ich früher nie für möglich gehalten hätte – geradezu liebgewordene Beschäftigung. Dabei gab es aber eine eher wahlkampfwidrige Schwierigkeit, nämlich das persönliche Verhältnis zwischen Vogel und mir. Wir waren uns nicht in allem, aber in vielen wichtigen Berliner Fragen, zumal in den die Stadt und das Amt betreffenden nationalen und internationalen Themen, ziemlich hoffnungslos einig. Ich hatte vor seinem Charakter und seiner Leistung Respekt und empfand Zuneigung zu seiner Persönlichkeit. Es gab nicht den geringsten Zweifel für mich, daß sein Kommen ein großer Gewinn für Berlin war. Auch er begegnete mir, seinem Kontrahenten, aufrichtig und kollegial. Hier ist eine uneingeschränkt vertrauensvolle Beziehung entstanden, die unser beider Tätigkeit in Berlin weit überdauerte und die sich bis in die Gegenwart menschlich vertiefte, wie es einem im vorgerückten Alter nur selten widerfährt.

Das nahm also damals seinen Anfang, und wir mußten uns immer wieder unserer festen demokratischen Überzeugung versichern, nämlich uns dennoch streitig auseinanderzusetzen. Das ist uns einigermaßen gelungen, auch wenn wir gewiß nicht bei allen Hartschlägern in unseren jeweiligen Parteien Beifallsstürme für die Art unseres Kampfes zu entfesseln vermochten, insbesondere dann nicht, wenn der Wahlkampf mit Schüttelreimen geführt wurde, etwa diesen:

»Ein Wahlwettlauf auf Schimpf- und Mogelfüßen?
Den muß Berlin bei mir und Vogel missen!
Mir liegt zum Beispiel ein Vergleich zum Gockel fern,
denn schließlich mag ich Jochen Vogel gern.
Doch muß ich jetzt am Stuhl von Vogel sägen
und ihn vom Bürgermeister-Sockel fegen.«

Zu einer uneingeschränkt vertrauensvollen Beziehung kam es mit meinem Berliner Amtsvorgänger Hans-Jochen Vogel. Stets hatte ich Respekt vor seinem Charakter und seiner Leistung und empfand Zuneigung zu seiner Persönlichkeit. Wir teilten den Fehler, uns in Wahlkämpfen nicht so heftig zu befehden, wie unsere Parteien es sich wünschten.

So unermüdlich und durchgreifend Vogel auch arbeitete, so wurden dennoch die Probleme für ihn immer größer und die Stimmung gegen den Senat wieder schlecht. Am schlimmsten waren die Wohnungsleerstände und in ihrer Folge die Hausbesetzungen. Vogel entwickelte zur Lösung des Problems die sogenannte Berliner Linie, ein Paket von unterschiedlichen Maßnahmen zur Legalisierung, zur Duldung oder zur Räumung rechtswidrig besetzter Häuser. Er konnte damit aber nicht verhindern, daß die Zahl der besetzten Häuser, etwa dreißig bei seinem Amtsantritt, bis zu seinem Rücktritt auf hundertneunundsechzig anwuchs. Seine Botschaft im Wahlkampf, daß es keines politischen Wechsels in der Stadt mehr bedürfe, weil ja er selbst mit seinem neuen Senat den fälligen Wechsel bereits verkörpere, verlor an Überzeugungskraft.

Am Palmsonntag 1981 kam das Faß zum Überlaufen. Während Vogel dienstlich außerhalb Berlins sein mußte, gab es wüste Zerstörungen und Gewalttaten; von einer größeren Anzahl von Schlägern wurden in einer ganzen Meile der Westberliner Prachtstraße, des Kurfürstendamms, Scheiben und Ladeneinrichtungen zertrümmert. Die Bilder solcher Gewalt beherrschten nun die Stimmung, die sich bis zum vier Wochen späteren Wahltag nicht mehr wesentlich änderte.

Am 10. Mai wurde also gewählt. Die CDU errang zwar nicht die absolute Mehrheit, aber wer hätte dies realistischerweise je in Berlin erwarten dürfen? Wir bekamen 48 Prozent der Stimmen, mehr als je zuvor und rund zehn Prozent mehr als die klassische alte Berliner Partei, die SPD. Mit knapper Not schaffte die traditionell untereinander zerstrittene FDP den Sprung ins Abgeordnetenhaus. Den relativ größten Gewinn erzielte die AL, die mit über sieben Prozent zur drittstärksten Partei wurde. Daran war nach meiner im ganzen Wahlkampf schon gehegten Auffassung die SPD selbst nicht unschuldig. Hans-Jochen Vogel hatte sich zwar stets mit Deutlichkeit gegen jeden Rechtsbruch gewandt, zugleich aber großes Verständnis für das Bedürfnis vieler, zumal jüngerer Menschen gezeigt, ihr Leben und Zusammenleben nach neuen und anderen Maßstäben zu orientieren. Diese Einsicht mochte ihn ehren, bestärkte jedoch bei nicht wenigen Wählern die Vorstellung, sie seien auf dem richtigen Weg, Vogel bestätige es ihnen ja selbst, und wenn schon anders leben, dann eben gleich alternativ wählen, aber doch nicht die alte Tante SPD.

Nun war also seit langen Jahrzehnten die Sozialdemokratie in die Opposition verwiesen. Auch wenn die CDU mit ihren 48 Prozent den Senat nicht allein wählen konnte, so war doch niemand im Zweifel darüber, daß nur sie die Regierungsverantwortung übernehmen könne. Nach einigem Hin und Her entschieden sich fünf der sieben FDP-Abgeordneten, den von mir vorgeschlagenen Senatskandidaten und mir selbst die nötige absolute Mehrheit zur Wahl zu verschaffen, ohne ihrerseits gleich auch noch eine Koalition mit uns einzugehen. Man nannte uns zumeist den Minderheitssenat, was mich stets erheiterte, da wir ja alle mit der absoluten Mehrheit des Hauses gewählt worden waren. Was heißt da Minderheit?

Gleichviel, nun begann die Arbeit auf der anderen Seite des Tisches. Eigene Regierungserfahrung hatte ich nicht. Aber das Amt des Regierenden Bürgermeisters ist so eigenartig, daß schon Stobbe ganz mit Recht gesagt hatte, alle bisherigen Inhaber hätten diesen Posten ohne Erfahrung angetreten, so auch Ernst Reuter und Willy Brandt. Zu jener Zeit der Teilung der Stadt, des ganzen Landes und Europas mit ihren eigentümlichen Souveränitätsverhältnissen gab es in Deutschland kaum eine interessantere und vielseitigere Aufgabe. Die Spannweite reichte vom heftigen kleinen Streit über die Umbenennung einer zweihundert Meter langen kleinen Wilmersdorfer Straße in Gottfried-von-Cramm-Straße bis zu den großen Spannungen im Ost-West-Konflikt, für die Berlin ein besonders empfindlicher Resonanzboden war und bei denen der jeweilige Regierende Bürgermeister in den Hauptstädten der Westmächte regelmäßig zu Rate gezogen wurde.

Berlin als Ganzes unterstand den vier Siegermächten, den Amerikanern, den Sowjets, den Franzosen und den Briten. In Berlin-West waren die westlichen drei Alliierten im Besitz der obersten Gewalt. Einmal in jedem Monat besuchte der Regierende Bürgermeister die drei Stadtkommandanten und ihre politisch-diplomatischen Stellvertreter. Es wurde berichtet und beraten, ausnahmslos in freundlichster Atmosphäre. Die gemütlichste Residenz mit dem schönsten Garten und dem besten Tee hatten – wie sollte es anders sein? – die Engländer. Mehr als einmal sagte ich ihnen, daß wir diese Überbleibsel eines Besatzungsregimes, über dreißig Jahre nach Kriegsende, sehr gut ertragen können. Sie stellten die einzigen mir bekannten Besatzungsmächte der Welt dar, die so lange im besetzten Gebiet blieben, wie es dem besetzten Volk recht war. Natürlich war es uns recht, und wir waren vielleicht die einzige für ihre Besetzung dankbare Bevölkerung.

Es waren ja die Westmächte, die unsere Freiheit gewahrt hatten und weiter beschützten. Es war ein gutes, oft wirklich herzliches Verhältnis. Immer wieder haben wir es erlebt, daß die Vertreter der drei Westmächte in Berlin nur ungern ihren Posten bei uns aufgaben, und auch wir waren bei jedem Wechsel traurig, weil es sich stets um die Abreise von neu gewonnenen Freunden handelte. Einflußnahme auf die Politik des Regierenden Bürgermeisters durch die Schutzmächte habe ich nicht erlebt.

Der im Viermächteabkommen so klassisch formulierte Widerspruch, wonach die Westsektoren der Stadt kein konstitutiver Teil der BRD seien und weiterhin nicht von ihr regiert würden, und zugleich, daß die Bindungen – oder nach sowjetischer Lesart Verbindungen – zwischen der Bundesrepublik und West-Berlin »aufrechterhalten und entwickelt« werden, bewährte sich in der Praxis. Einerseits wurden wir von Bonn wie ein Bundesland regiert, aber mit dem Sonderbonus der Berlin-Hilfe und Berlin-Förderung. Knapp über fünfzig Prozent unseres Landeshaushalts wurden vom Bund finanziert, und Steuervergünstigungen sorgten für Arbeitsplätze. Andererseits aber blieben wir formal unabhängig. Wenn Bundestag und Bundesrat Gesetze beschlossen, waren diese bei uns erst dann wirksam, wenn das Abgeordnetenhaus sie durch eigenen Beschluß in Kraft setzte.

Gewiß war dieser eigentümliche Status nur von begrenzter Bedeutung. Dennoch konnte man mit ihm auch Politik machen.

Wir waren eben zugleich abhängiger und unabhängiger als die anderen Landesregierungen, mit denen wir ja gemeinsam im Bundesrat saßen. Man konnte sich als Regierender Bürgermeister die Lage eines Kindes zum Vorbild nehmen, das sich für die Durchsetzung seiner Wünsche an den jeweils günstigeren Elternteil wendet, bald an die Bundesorgane, bald an die souveränen drei Mächte.

Auch war man an der deutschen Außenpolitik unmittelbar beteiligt. Alsbald nach meiner Wahl machte ich meine Antrittsbesuche bei Präsident Reagan und bei François Mitterrand, der überdies am selben Tag wie ich gegen Giscard d'Estaing in sein neues Amt gewählt worden war und mir dadurch auch in den deutschen Medien die Schau eines Wahlkampfsiegers gestohlen hatte, ferner bei Mrs. Thatcher. Überall gab es lebhaftes Interesse für die Stimmung und den politischen Kurs in Berlin, diesem ständigen Seismographen für das Ost-West-Klima. Beim politischen Meinungsaustausch entwickelten sich nicht selten gute und nahe persönliche Beziehungen. Mitterrand zeigte sein lebhaftes Interesse an der preußischen Geschichte und Berlin wie keiner seiner Vorgänger. Mit George Bush, der damals noch Vizepräsident der USA war, kam frühzeitig ein Vertrauensverhältnis zustande. Ein freundschaftlich enger Kontakt ergab sich mit dem britischen Außenminister Lord Carrington. Ich war gerade bei ihm zu Besuch, als Argentinien überraschend die Falkland-Inseln besetzte und die britische Öffentlichkeit eine Bestrafung ihrer Regierung verlangte, weil diese nicht aufgepaßt habe. Carrington war nicht der Schuldige, aber sofort erklärte er seinen Rücktritt, um seine Kollegen und Mrs. Thatcher zu entlasten. Beim Abschied von meinem Berliner Amt schenkte er mir Zinnsoldaten der Grenadier Guards, seines Truppenteils, der bei Waterloo zusammen mit meinem Potsdamer Traditionsregiment 1815 Napoleon geschlagen hatte.

Regierender Bürgermeister; Schwerpunkt Deutschlandpolitik

Meine Arbeit begann aber natürlich nicht in der großen weiten Welt, sondern zu Hause. Erster Prüfstein war die Bildung des Senats. Nun mußte sich bewahrheiten, was ich im Wahlkampf angekündigt hatte: nicht eine Parteiherrschaft durch eine andere abzulösen, im Senat kein Monopol für Parteipolitiker, zumal nicht für die Ortsansässigen, zuzulassen, sondern frische Kräfte für Berlin zu gewinnen und mit ihnen eine gute Mischung zustande zu bringen.

Es erfüllte mich mit Überraschung und Dankbarkeit, daß die Resonanz auf meine bundesweiten Einladungen positiv und die Bereitschaft der Berliner CDU, zugunsten der Neuerwerbungen aus dem Westen selbst partiell zu verzichten, eindrucksvoll ausfielen. Sechs der zwölf Senatsmitglieder kamen aus Westdeutschland, Norbert Blüm für Bundesangelegenheiten, Hanna-Renate Laurien für Schule, Jugend und Sport, Elmar Pieroth für die Wirtschaft, Ulf Fink für Gesundheit, Sozialpolitik und Familie, der damals noch parteilose Rupert Scholz für die Justiz und Wilhelm Kewenig für Kultur und Wissenschaft. Auch für die aus Berlin kommenden Senatsmitglieder nominierte ich eine Mischung naheliegender und neuer Namen; Heinrich Lummer wurde Senator für Inneres, Gerhard Kunz übernahm die Finanzen, Edmund Wronski das Ressort Arbeit und Betriebe, dann aber, was niemand erwartet hatte, Ulrich Rastemborsky den schwierigsten Bereich des Bau- und Wohnungswesens und der bis dahin weitgehend unbekannte Volker Hassemer Stadtentwicklung und Umweltschutz.

Insgesamt habe ich den etablierten Kreisen der Berliner CDU damit viel zugemutet. Unter der Führung ihres geschäftsführenden Landesvorsitzenden und zugleich parlamentarischen Fraktionsvorsitzenden Eberhard Diepgen schickte sie sich guten Mutes in die neue Windrichtung. Es gab nur ein ganz kurzes

Aufbegehren, als unerkannt gebliebene Stimmen Elmar Pieroth bei der vorgeschriebenen geheimen Einzelwahl zum Senator zunächst einmal durchfallen ließen. Das Wort von einer »rheinland-pfälzischen Mafia« meiner »importierten« Kandidaten machte unter einigen Berlinern die Runde. Als ich aber in derselben Minute, in der der Parlamentspräsident das Scheitern der Wahl Pieroths bekannt gab, als neuen Kandidaten Elmar Pieroth vorschlug, wurde er im zweiten Wahlgang glatt gewählt.

Mein Senat war nun im Amt. Alsbald erhielt er bundesweit gute Noten. In einigen überregionalen Zeitungen wurde er gar als die derzeit beste Landesregierung apostrophiert. Jedenfalls bewährte er sich. Die Zusammenarbeit machte Freude. Aber ohne die erfahrene, kluge und bedingungslos verläßliche Mithilfe von Eberhard Diepgen, vor allem in den Reihen der Berliner Partei, hätte es bei diesem Anfang Schwierigkeiten gegeben.

Nach einiger Zeit meiner Amtsführung hieß es in den Medien, ich hätte mich vom Philosophen zum Volkstribun entwickelt. Beides war falsch. Richtig war nur, daß es mich ganz und gar erfüllte, nicht nur Ratschläge für andere ausdenken zu können, sondern sie selber ständig und tätig in der Praxis erproben zu müssen. Dies galt vor allem auch für unser großes und zentrales Thema in Berlin, für die Folgen und die Zukunft der Teilung im fortdauernden Kalten Krieg. Dieser erlebte seit dem Ende der siebziger Jahre zunächst seinen Nachwinter. Dazu gehörten die schon erwähnten neuen sowjetischen Mittelstreckenraketen und der Doppelbeschluß der Nato mit der Folge der Nachrüstung. Als die Sowjetunion ihren ebenso unsinnigen wie unmenschlichen Angriffskrieg in Afghanistan startete, kamen die globalen Kontakte zum Stillstand.

Der nächste Einbruch erfolgte in Polen. Dort entfaltete die Solidarność-Bewegung dank des Mutes ihrer Anführer, die sich ständig auf die KSZE-Schlußakte beriefen, eine veritable Oppositionsdynamik. Die polnische Führung, zugleich treu kommunistisch und national polnisch gesinnt, fand zwischen der Skylla der verhaßten Russen und der Charybdis des gefürchteten freiheitlichen Aufstandes zu Hause keinen anderen Ausweg als die Verhängung des Kriegsrechts. Ein Tiefpunkt im Ost-West-Konflikt war erreicht wie seit zwanzig Jahren nicht mehr.

In Moskau war eine in ihren Kräften und ihrem Denken überalterte Führung am Ruder. Der neue amerikanische Präsident Reagan schlug scharfe Töne an. Er sprach vom Osten als einem »Reich des Bösen«. In der strategischen Zielplanung der Amerikaner war die Rede von einer »Enthauptung der Sowjetunion«. Es ging um die Frage, ob ein atomares, stabilitätserhaltendes Gleichgewicht des Schreckens unverändert erhalten bleiben solle oder ob die sogenannte SDI dazutreten könne, die Strategic Defense Initiative, in Amerika Star Wars genannt. Mit ihrer Hilfe sollte Amerika in die Lage versetzt werden, atomare Schläge der anderen Supermacht abzuwehren, ohne selbst an solchen Schlägen gegen die Sowjetunion gehindert zu sein. Mit einem Wort: Die Führbarkeit eines atomaren Krieges sollte wiederhergestellt werden.

Die meisten Europäer beurteilten dies als technisch, strategisch, politisch und menschlich gleichermaßen unreif. Der Verdacht einer Abkoppelung innerhalb der Nato kam auf. Aus Amerika hörte man, wir Europäer und insbesondere wir Deutschen seien entweder Krämerseelen wegen unserer Liebe zum Osthandel oder Feiglinge, die sich von Moskau einschüchtern ließen. Die von Bonn nachhaltig betriebenen innerdeutschen Beziehungen wurden in Washington als »Selbstfinnlandisierung« der Bundesrepublik bezeichnet, also als eine freiwillige Hinnahme eines Abhängigkeitsverhältnisses von Moskau. Ich habe dies stets als eine ziemlich kenntnislose Herabsetzung der eindrucksvollen tapferen Finnen angesehen und, im Hinblick auf unsere Mittellage im Kontinent, als kurzsichtig und falsch. Aber es war ein nicht untypischer Ausdruck der damaligen Stimmungen und Spannungen.

In Wahrheit haben sich beide Bundeskanzler jener Zeit, Hel-

Der amerikanische Präsident Ronald Reagan vor dem Schloß Bellevue in Berlin 1988. Eine Stunde später rief er auf einem Podium am Brandenburger Tor vor aller Welt aus: »Mr. Gorbatschow, tear this wall down.«

mut Schmidt und seit Oktober 1982 Helmut Kohl, eindeutig und bündnistreu in der Nato verhalten. Schmidt hatte nicht zuletzt wegen dieser Treue die Mehrheit in seiner Fraktion und damit das Kanzleramt eingebüßt, Kohl aus ähnlichen Gründen bei der Bundestagswahl im Frühjahr 1983 für seine Koalition die Mehrheit der Wähler gewonnen. Beide Kanzler haben sich aber auch mit Entschiedenheit und letzten Endes mit Erfolg um Schadensbegrenzung im Ost-West-Verhältnis bemüht, also darum, die Entspannungspolitik nicht einer neuen Rüstungskonfrontation zu opfern, und zwar sowohl für die innerdeutschen Beziehungen als auch im Verhältnis zu Polen und zur Sowjetunion.

Für uns Deutsche war es naturgemäß wichtig und unverzichtbar, zwischen den beiden deutschen Staaten und nicht zuletzt in Berlin politisch und menschlich weiterzukommen, das heißt, den Menschen die Leiden und Lasten der Teilung zu erleichtern, aber ohne die Rahmenbedingungen zu beschädigen, also das Ziel der Einheit. Wie das zu bewerkstelligen sei, darüber gab und gibt es bis hinein in die heutigen zeitgeschichtlichen wissenschaftlichen Arbeiten viel Streit.

Laut Martin Luther neigen wir Deutschen in der Politik dazu, wie ein betrunkener Bauer entweder rechts oder links vom Pferd herunterzurutschen. In der Tat, besonders gefragt war unsere Fähigkeit zur Balance, zwischen Sicherheit und Entspannung, zwischen Konfrontation in den Prinzipien und Kooperation in der Praxis, zwischen konkreten Schritten zugunsten der Deutschen in der DDR, die ohne Mitwirkung ihrer Machthaber nicht zu haben waren, und dem späteren Ziel der Einheit, auch wenn niemand wußte, wann und wie und ob es überhaupt erreichbar sein würde. Alle diese Themen gehörten zum wichtigsten Inhalt und Ziel meiner eigenen Tätigkeit in Berlin und meiner bundespolitischen Beiträge zum Thema Deutschland- und Ostpolitik, zumal bei gründlichen Aussprachen im deutschen Bundestag.

Erinnern wir uns noch einmal an die ebenso scharfsinnige wie umstrittene Dialektik von Egon Bahr. Es ging ihm um Wandel durch Annäherung. Eine künftige Destabilisierung des DDR-Regimes sei nur bei anfänglicher Stabilisierung zu erwarten. Eine temporäre Anerkennung des Status quo sei die Voraussetzung für seine allmähliche Überwindung. Leicht verständlich war das nicht, wohl aber risikoreich. War uns allen dabei klar, was für ein Status quo gemeint war? Die Grenzen, die Staaten, die Bündnisse? Oder auch die politischen und ideologischen Systeme? Nein, letztere doch gerade nicht. Vielmehr galt es, den sowjetischen Begriff einer »friedlichen Koexistenz« fortzuentwickeln zu einer systemöffnenden Koexistenz und am Ende zur Systemveränderung.

Gegenüber Polen waren solche Fragen noch relativ einfach zu beantworten. Polen, ja, das war ein Staat, und seine Grenzen einschließlich der Oder und Neiße hatten wir anzuerkennen. Sein System hingegen, zumal mit seinem gegen die Befreiungsbewegung Solidarność erlassenen Kriegsrecht, hatten wir aber durchaus nicht zu akzeptieren.

Mit der DDR verhielt es sich komplizierter. Anders als die übrigen kommunistischen Parteien im Bereich des Warschauer Paktes hatte die SED ständig mit der Schwierigkeit zu kämpfen, daß es eine deutsche Alternative zu ihrer DDR in Gestalt der Bundesrepublik gab. Mit um so größerem Eifer hatte sie sich inzwischen von ihrem früheren Bekenntnis zu der einen, gemeinsamen deutschen Nation losgesagt. Zur Bekräftigung hatte sie sogar aus ihrer Hymne zwei Zeilen gestrichen, welche lauteten:

»Laß uns dir zum Guten dienen,
Deutschland, einig Vaterland.«

Später ging die SED-Führung weiter. Sie machte gar keinen Unterschied mehr zwischen ihrem Staat mit seinen Grenzen einerseits und ihrem politischen System andererseits. Bis in das Jahr 1989 hinein hielt sie an der These fest, ihre DDR sei nur als ein antifaschistischer, sozialistischer Staat denkbar, »als sozialistische Alternative zur BRD«, wie es der führende Parteiideologe der SED, Otto Reinhold, ausdrückte, und er fuhr fort: »Denn welche Berechtigung würde eine kapitalistische DDR neben einer kapitalistischen Bundesrepublik haben? Keine natürlich!« Die Botschaft an uns sollte also ganz eindeutig lauten: Wer an unserem System rüttelt, der rüttelt an unserem Staat.

Was für Konsequenzen sollten wir daraus im Westen ziehen? Wir wollten und wir brauchten die menschlichen Erleichterungen, die Reisen, Familienzusammenführungen, materielle Hilfen. Das konnten wir nicht vom Westen her erzwingen, wir mußten darüber mit Ost-Berlin verhandeln. Wir wußten und hatten es immer erprobt: Je gestörter das Verhandlungsklima zwischen den beiden Deutschlands, desto ergebnisloser die Gespräche. Sollten wir deshalb also der SED die Angst nehmen, wir wollten ihr System unterwandern? Führte das aber nicht zu einer Stärkung des Systems, anstatt, wie geplant, zu seinem Wandel?

Fragen über Fragen. Trägt man allzu sorglos dazu bei, eine menschenrechtswidrige Herrschaft zu stabilisieren? Oder aber umgekehrt: Darf man von außen her das Recht einer diktatorisch unterdrückten und überwachten Bevölkerung auf Aufstand fördern, ja gar bei ihr einfordern?

Als Brandt 1970 auf dem Balkon vor dem überfüllten Bahnhofsplatz von Erfurt stand und die Menschen ihm voller Sehnsucht zujubelten, da blieb ihm nichts anderes übrig, als zu beschwichtigen, anstatt die Stimmung noch weiter anzuheizen. »Ich bin gleich wieder im freien Westen, sie nicht...«, sagte er zu einem Begleiter.

Eine große innere Bewegung und moralische Anstrengung ist es, sich in einer solchen Lage zurückzuhalten, die Gefühle zu beherrschen, sie zu erwidern, ohne sie durch Aufwiegelung zu gefährden, sich also quasi mit Zeichen zu verständigen. Meine eigenen Erlebnisse will ich in ihrer Bedeutung gewiß nicht mit jenen von Brandt auf eine Stufe stellen; die Empfindungen sind jedoch auch mir nahe vertraut von beinahe jedem damaligen Besuch in Ost-Berlin. Als ich zum Beispiel dort zu einer kirchlichen Feier in die Hedwigs-Kathedrale fuhr, wo der Vorsitzende der Bischofskonferenz in der DDR, der großartige Kardinal Bengsch amtierte, wurde ich auf dem Weg buchstäblich fast erdrückt von den Gefühlen und Hoffnungen der herzlich laut grüßenden und rufenden Ost-Berliner.

Wieweit also muß man Realitäten akzeptieren, wo und wie ihnen die Stirn bieten? Es kann und darf nicht ohne den Idealismus und die Moral der Freiheit gehen. Den Idealismus aber darf man nur sich selbst abfordern, nicht jedoch anderen, die ihrerseits dafür den Preis bezahlen müssen, ohne daß man selbst mit bezahlt.

Noch einmal muß ich zum Doppelbeschluß der Nato zurückkehren. Die Stationierung von Cruise-Missiles und amerikanischen Pershing-Raketen machte in mehreren Nato-Ländern des Kontinents erhebliche Schwierigkeiten. Der Weg zu ihren Stellungen mußte mit Polizeigewalt freigekämpft werden. Es erforderte Mut, öffentlich für diese Nachrüstung einzutreten. Selbst dort, wo eine Veranstaltung für sich beanspruchte, ein besonderes Maß an Toleranz und Sachlichkeit bei kontroversen Themen zu besitzen, wurde es hitzig. So habe ich zum Beispiel auf dem Podium in einer riesigen Halle mit über fünftausend Teilnehmern auf dem Evangelischen Kirchentag in Hamburg 1981 miterlebt, wie der sozialdemokratische Verteidigungsminister Hans Apel den Doppelbeschluß gegen einen Hagel von Eiern und Tomaten erklären und verteidigen mußte.

Von Berlin ging damals auch wieder mit ganz besonderem Nachdruck die Forderung aus, nicht nur eine Seite der Harmel-Doktrin zu befolgen, sondern alle beide. Die damit verbundene Spannung galt es durchzuhalten. Nach meinem Urteil war es ganz unausweichlich, den Erpressungsversuchen der Russen zu widerstehen. Denn so dringend notwendig die Entspannung war, so konnte sie uns vom Westen her nur gelingen, wenn wir bei den Kreml-Herren keinerlei Zweifel über unsere Entschlossenheit und Fähigkeit aufkommen ließen, uns zu schützen. Eben diese Fähigkeit wäre uns ohne Gegenmittel gegen ihre neuen Mittelstreckenraketen abhanden gekommen. Wir wären unglaubwürdig geworden.

Ebensowenig durfte ich von Berlin aus dafür eintreten, die immer noch zarte Pflanze der Entspannung wieder vertrocknen zu lassen. Auf bewegende Weise erlebte ich diesen Konflikt 1983 in der Lutherstadt Wittenberg. Es war der fünfhundertste Geburtstag des Reformators. Aufgrund einer kirchlichen Einladung an mich beriet das Politbüro der SED in einer Sitzung – viel Ehre für mich –, ob der Einladung entsprochen werden dürfe. Schließlich wurde mir erlaubt, dort in der Kirche und danach vor über zehntausend Deutschen aus der DDR auf dem Marktplatz Ansprachen zu halten. So etwas hatte es bis dahin noch nicht gegeben. Es war der so oft zu Unrecht gescholtene Manfred Stolpe, der diesen wie andere Erfolge gegen die Herrschaft des real existierenden Sozialismus durchzusetzen wußte, in unserem gemeinsamen deutschen Interesse.

Einfach war es in Wittenberg durchaus nicht. Denn einerseits war es eine überwältigende Atmosphäre der Wärme und Zusammengehörigkeit der Menschen aus der DDR mit uns Gästen aus dem Westen. Zugleich ging es um harte Probleme. Nicht, daß wir gemeinsam den Frieden stärken wollten, war strittig. Nie wieder Krieg von deutschem Boden aus – über dieses Ziel waren wir uns vollkommen einig. Aber wie den Frieden erreichen? »Frieden schaffen ohne Waffen«, so stand es auf den Transparenten, und in Wittenberg hieß es darüber hinaus ganz biblisch »Schwerter zu Pflugscharen«. Im Hinterhof des Wittenberger Melanchthonhauses war ich selbst Zeuge, wie Pfarrer Schorlemmer am offenen Feuer ein Schwert in ein friedliches landwirtschaftliches Gerät umzuschmelzen sich bemühte. Seine Tendenz richtete sich primär gegen die Führung in der DDR. Denn diese hatte immer mit dem Blick auf die Nato den Frieden ohne westliche Waffen gefordert, zugleich jedoch im Bereich des Warschauer Paktes den bewaffneten Frieden propagiert. Aber die westliche Nachrüstung hatte Schorlemmer auch im Visier.

Meinerseits konnte und durfte ich nicht verschweigen, warum ich den Doppelbeschluß, also im Falle des Verbleibs der SS 20 auch diese Nachrüstung für unausweichlich hielt, eben weil Frieden nicht Unterwerfung bedeuten durfte. Es waren die engagiertesten und zugleich die fairsten Gespräche, die ich in jenen Jahren erlebte. Das Publikum in Wittenberg war überdies weit disziplinierter als das auf dem Hamburger Kirchentag, was zugegebenermaßen unter den äußeren Bedingungen einer Diktatur ja auch leichter ist als im freiheitlichen demokratischen *bellum omnium contra omnes.* Auf dem Marktplatz schließlich ging es unter den Tausenden von Teilnehmern gar nicht mehr so sehr um Fragen der Rüstungen, sondern einfach nur um eine überwältigend eindrucksvolle Bekundung des Gefühls der Zusammengehörigkeit.

Zu jener Zeit waren wir Deutschen an allen Fronten um eine positive Entwicklung zwischen Ost und West bemüht. Da gab es eine bunte Mischung von Erfolgen und Rückschlägen. Der innerdeutsche Handel nahm zu. Die Autobahn Hamburg-Berlin wurde gebaut. Der Teltow-Kanal für die Schiffahrt nach Berlin wurde geöffnet, was den Transitweg entscheidend verkürzte. Es kam zu sparsamen, wenn auch noch immer völlig unzureichenden Entschärfungen im sogenannten Grenzregime an Mauer und Stacheldraht.

Die finanziellen Gesamtleistungen aus Westdeutschland in die DDR waren im Westen zwar oft Gegenstand der Kritik, bekamen aber eine wachsende Bedeutung für die Wirtschaft und das Leben in der DDR. Der Gesamtbetrag war hoch genug, um eine für die SED unentbehrliche Plangröße zu werden, ein Faktor von qualitativ veränderndem Gewicht, ein politisches Instrument für den Westen und damit in Wahrheit ein verklammernder Faktor zwischen West und Ost. Franz Josef Strauß, der sich nach dem verlorenen Bundestagswahlkampf 1980 wieder ganz auf den Freistaat Bayern konzentrierte, begann bald, diesen verklammernden Effekt in seiner hilfreichen Bedeutung zu erkennen und sich aktiv am Kreditgeschäft mit der DDR zu beteiligen. Sein Kurswechsel wurde ihm zwar in der eigenen Heimat oft verübelt, hat uns in Deutschland aber nur genützt. Der Bedarf der DDR an Devisen, der auf solchen Wegen teilweise gedeckt wurde, hat das Leben der SED gewiß nicht verlängert. Uns ging es um Freizügigkeiten. Dafür Geld aufzuwenden war nicht fragwürdig, sondern geboten. Alle Regierungen, Kanzler und Kanzleramtsminister in Bonn haben sich mit Recht daran beteiligt. Wenn später oft vom obszönen Menschenhandel geredet wurde, so zeugt dies von einer stupenden Unkenntnis der damaligen politischen und ethischen Ziele im Westen.

Ständig zählte es zu meinen Aufgaben, mich von Berlin aus

so aktiv wie möglich an der deutschlandpolitischen Meinungsbildung im ganzen Bundesgebiet zu beteiligen. Immer wieder ging es um den scheinbaren Widerspruch zwischen Frieden und Einheit. Es gab einige führende deutsche Politiker, die im Vorfeld des umstrittenen Nato-Doppelbeschlusses sowohl zu Hause als auch in Amerika erklärt hatten, das militärische Gleichgewicht zwischen Ost und West sei entscheidende Bedingung für den Frieden, zugleich sei das Gleichgewicht wesentliche Ursache dafür, daß die deutsche Teilung fortbestehe. Bei einer Debatte im Bundestag am 17. Juni 1980 fragte ich, was das denn heißen solle: Ob Friedenspolitik Teilungspolitik sei, ob Frieden und Teilung voneinander lebten? Ob denn ein Ungleichgewicht förderlich für die Einheit sei? Setze der sich dem Vorwurf aus, den Frieden zu gefährden, der eine Politik zur Überwindung der trennenden Gräben und Mauern unterstütze? Das sei ein gefährlicher Trugschluß.

Natürlich waren auch wir Berliner keine Hellseher. Wir wußten sowenig wie unsere Bonner Kollegen, wie es anzustellen sei, ein sowjetisches Einverständnis zur staatlichen Einheit Deutschlands friedlich zu erringen. Aber wir hatten unseren täglichen Anschauungsunterricht mit der Teilung. Und ihn im Bundestag und in der ganzen deutschen Öffentlichkeit zur Sprache zu bringen, das war unsere Berliner Aufgabe: Wir lebten mit der Mauer, diesem Steinhaufen und Symbol der Teilung. Und wir konnten deutlich spüren, daß dieses Symbol mit seinem für die Menschen so leidvollen und schweren Unrecht dennoch von Tag zu Tag zu einer größeren Belastung für das östliche Regime wurde.

Die Absicht ihrer Erbauer war es gewesen, die »Abstimmung mit den Füßen« durch Auswanderung nach Westen unmöglich zu machen und dadurch das eigene politische System zu stabilisieren. Die Bevölkerung der DDR sollte lernen, sich mit Teilung und Trennung abzufinden. Aber je länger die Mauer stand, desto deutlicher wurde erkennbar, daß sie ihr Ziel verfehlte. Gegen

Auf einem Flug im Hubschrauber des Bundesgrenzschutzes an der innerdeutschen Grenze nahe bei Lübeck, 1988.

ihre Absicht wurde sie der täglich frische Beweis, daß die Frage offen war, die sie abschließend beantworten sollte. Sie machte die Zusammengehörigkeit, die sie vergessen machen wollte, jedem Auge sichtbar. Wäre es anders gewesen, hätte es der Mauer ja nicht bedurft.

Wann immer wir vom Westen her ausländische Gäste an die Sektorengrenze in der Stadtmitte führten, sahen sie selbst, was wir empfanden: Solange das Brandenburger Tor zu ist, bleibt die deutsche Frage offen. Nun hatte auch Honecker wachsende Schwierigkeiten, seinen Staatsgästen zu erklären, warum er sie zu einem Mauerbesuch einlud. Als er gegenüber dem sambischen Staatspräsidenten Kaunda die Mauer als ein Monument der sozialistischen Befreiung charakterisierte, äußerte dieser öffentlich gegenüber seinem Gastgeber sein tiefes Befremden über das abstoßende, menschenfeindliche Gebilde. Chruschtschow hatte schon gewußt, warum er frühzeitig die Mauer als ein häßliches, wenn auch vorläufig unvermeidliches Ding bezeichnet hatte.

Die Mauer sollte die Grenze sein. Sie trennte die Millionenstadt in ihrer Mitte. Aber die Mitte taugt nicht zur Grenze. Daß diese Mauer in der historischen Perspektive nicht von Bestand sein würde, war einfach nicht zu übersehen, auch ohne Kenntnis dessen, welche gesamtstaatlichen Folgen damit verbunden sein würden. Das war meine schlichte Botschaft und Mahnung aus Berlin an die Adresse vieler Zweifler im Westen. Es war nichts anderes als die Wiedergabe unseres unmittelbaren Lebensgefühls in der Hauptstadt. Wir brauchten untereinander keine Glaubenskriege zu führen; denn es war die Offenheit der deutschen Frage, die wir täglich erlebten. Immer deutlicher wurde unser Eindruck: Berlin verband die Deutschen mehr, als daß es sie trennte! Aller Mühsal zum Trotz war Berlin eine Quelle der Hoffnung.

Bekanntlich hatte die Führung in Moskau und Ostberlin stets das Ziel verfolgt, aus Berlin-West eine sogenannte selbständige politische Einheit zu machen. Das entsprach zwar nicht dem Viermächteabkommen über Berlin. Dennoch mußten wir vom Westen her aufpassen, dieser östlichen Tendenz keine Nahrung zu geben. Mehrfach hatte mich der sowjetische Botschafter in der DDR, Abrassimow, zu einem Besuch nach Moskau eingeladen. Ich wollte gerne kommen, machte es aber zur Bedingung, daß ich in Moskau, wie jeder andere deutsche Politiker, von der Botschaft der Bundesrepublik Deutschland betreut und begleitet würde, eben weil wir die These von der selbständigen politischen Einheit nicht akzeptierten. Die Folge war, daß ich nicht nach Moskau reisen konnte.

Mit den Exponenten der DDR über das Grenzregime und Reiseerleichterungen aller Art zu sprechen, war dagegen eine Pflicht und Gewohnheit meiner Vorgänger und meines eigenen Berliner Senats. Um unseren Forderungen nach weiteren Verbesserungen für die Menschen den stärkstmöglichen Nachdruck zu geben, entschloß ich mich im September 1983, den Generalsekretär der SED, Erich Honecker, in Ostberlin zu besuchen. Das hatte es bisher noch nie gegeben. Mancher Kommentator befürchtete, es würde die These von der selbständigen politischen Einheit stärken. Von einem Staatsminister im Bonner Auswärtigen Amt erhielt ich das längste Fernschreiben, das mich in meinem bisherigen Leben erreicht hat; es sollte mir das Risiko eines solchen Besuches vor Augen führen. Damit gab er aber meinem Schritt zuviel Ehre. Selbstverständlich wollte ich nicht, konnte aber auch gar nicht irgend etwas am Status ändern. Von meiner Besuchsabsicht informierte ich Kohl, der seit einem knappen Jahr Bundeskanzler war. Ferner besprach ich die Sache mit dem amerikanischen Gesandten in Berlin, der zu jener Zeit die drei Schutzmächte repräsentierte. Auch von ihm kamen keinerlei Bedenken.

Unser Treffpunkt war das Schloß Niederschönhausen in Pankow. Dorthin hatte Friedrich der Große seine ungeliebte Frau, die Königin Elisabeth-Christine, verbannt. Nach dem Zweiten Weltkrieg wurde es von Wilhelm Pieck als Residenz des Präsidenten der DDR benutzt. Später war es Gästehaus, bis es nach der Wende den Runden Tisch für alle politischen Richtungen des Bezirks beherbergte.

Es war meine erste Begegnung mit Honecker. Von dem Gefühl, in die Höhle des Löwen gekommen zu sein, war keine Spur, hätte ich nicht gewußt, wieviel Leid und Unrecht mit seiner Parteiherrschaft verbunden war. Welche persönlichen Eigenschaften ihn qualifiziert hatten, an die Spitze seines Systems vorzudringen, konnte ich nicht erraten. Er wirkte unpolemisch und nicht unliebenswürdig, aber unverbindlich und alles andere als kurzweilig. Elektrische Funken gingen von ihm nicht aus. Im ganzen verlief das Gespräch sachlich. Zeit mit der Darlegung unserer bekannten prinzipiell entgegengesetzten Positionen verloren wir nicht. Mir ging es um konkrete Verbesserungen im Reise- und Besuchswesen. Bescheidene Erfolge konnte ich erzielen. Der Wirbel um die ganze Unternehmung flaute bald wieder ab, wie es der Sache auch gemäß war.

Neben dem praktischen Tagesstreit standen auch immer historisch-geistige Auseinandersetzungen auf dem Programm. Für ihr Bedürfnis, eine eigene deutsche Nation zu sein, bediente sich die SED durchaus nicht nur ihrer Parteiideologie. Mehr und mehr versuchte sie, ihr Verlangen nach einem »sozialistischen Nationalbewußtsein« durch Inanspruchnahme der deutschen Geschichte zu stärken. Honecker ließ das berühmte Reiterdenkmal Friedrichs des Großen von Rauch wieder Unter den Linden aufstellen. Seine Partei beschränkte sich nicht mehr darauf, nur die Anführer aus den Bauernkriegen als die klassenkämpferischen Vorläufer der DDR in Anspruch zu nehmen. Vielmehr sollten nun auch Johann Sebastian Bach aus der Barockzeit, der erzkonservative Feldmarschall Yorck aus den Befreiungskriegen oder gar der Napoleon-Bewunderer Goethe in die Herkunftsgeschichte der DDR eingefügt werden.

Besondere Bemühungen gab es zur Feier des fünfhundertsten Geburtstages von Martin Luther. Honecker nannte ihn einen der bedeutendsten Humanisten und bürgerlichen Revolutionäre. Luther wurde in die Ahnengalerie der sozialistischen Nation eingereiht.

Für uns im Westen war dies aber nach meiner Überzeugung kein Grund, nur die Nase zu rümpfen. Wichtiger war es, sich auf den friedlichen Wettbewerb im Hinblick auf die historischen Wurzeln ernsthaft einzulassen. Hatten wir das etwa zu fürchten? Wer sich auf Bach beruft, wird an dessen geistig-künstlerischem Maßstab doch nur wachsen können. Dasselbe gilt für die Humanität Goethes oder für den tiefen Patriotismus von Yorck. Und Martin Luther? Die intensive Beschäftigung mit ihm während des Jubiläumsjahres konnte niemandem schaden. Das galt nach meiner Überzeugung sowohl über innerdeutsche als auch über kirchliche Trennungslinien hinweg. Der ökumenische Charakter der Feiern für die Confessio Augustana, die damals gerade in

Augsburg anliefen, erschien mir dafür als ein Beweis. Am Ende wird niemand um die Erkenntnis herumkommen, was Luther wirklich gepredigt hat, nämlich nicht die Revolution, sondern die Rechtfertigung des Sünders allein aus Gnade – des östlichen und des westlichen Sünders.

Für uns ging es darum, zu zeigen, daß der Versuch einer Aneignung der deutschen Nationalgeschichte im Sinne eines Alleinvertretungsanspruches niemandem weiterhelfen würde. Freilich mußten wir da auch mit unserem westlichen Bewußtsein bis hinein in unsere tägliche Umgangssprache aufpassen. Was sollten denn die Deutschen in der DDR davon halten, daß wir sie zwar als unsere Landsleute, unsere Brüder und Schwestern bezeichneten, zugleich aber im Sportteil der Medien über ein Länderspiel »Deutschland gegen DDR« berichteten?

Daß Honecker damit begann, sich historisch nicht nur auf Thomas Münzer und Karl Marx, sondern über Martin Luther hinaus auch auf den Alten Fritz, auf die preußischen Reformer und gar auf die Königin Luise zu berufen, warum sollten wir dies fürchten? Immer wieder haben Politiker ihre eigene Sache im Auge, wenn es ihnen um die Geschichte geht. Wer die Geschichte hat, so heißt es dann, hat möglicherweise auch die Zukunft. Für uns Deutsche im Zeichen der Teilung lieferte die Beschäftigung mit der Geschichte in Wahrheit lauter Anzeichen für unsere Zusammengehörigkeit. Es gab keinen Grund, das wachsende Interesse der SED für historische Ereignisse und Persönlichkeiten als ein probates Mittel anzusehen, eine dauerhafte Teilung zu begründen.

So blieb die Deutschland- und Ostpolitik in ihrer historischen, politischen und menschlichen Dimension das Herzstück meiner Aufgaben als Berliner Regierender Bürgermeister.

Berliner Innenpolitik: Arbeit, Wirtschaft, Sozialwesen, Ausländer, Kultur

Der stets überaus arbeitsreiche Alltag in Berlin war ebenso wie die Zusammenarbeit in unserer Senatsmannschaft vorzugsweise mit innerstädtischen Problemen angefüllt. Dank unserer Meinungs- und Temperamentsunterschiede ging es im Senat lebhaft, stets geordnet und, wie Diplomaten ihre Tätigkeit so hübsch zu nennen pflegen, »ergebnisorientiert« zu.

Grundsatzdebatten gab es selten. Dabei sind sie manchmal nötiger als der alltägliche Disput. Ich denke an eine ungelöst gebliebene Auseinandersetzung mit Scholz über das Verhältnis von Recht und Gnade. Weil mich die Entwicklung des Gnadenrechts im säkularen Rechtsstaat ständig beschäftigt hat und weil Gnadenfälle niemals als Routine behandelt werden dürfen, suchte ich Klärungen. In Berlin fällt die Praxis der Begnadigung, von kleineren Straftaten abgesehen, in die Kollegialzuständigkeit des Senats. Dadurch kam es unter uns mehrfach zu offenen, leidenschaftlichen, die ganze Tagesordnung umwerfenden Debatten. Scholz als Justizsenator fühlte sich legitimerweise verantwortlich für rechtlich meßbare und vergleichbare Gnadenentscheidungen, im Ergebnis also für eine wachsende Verrechtlichung der Gnade. Mir ging schon die Bezeichnung Gnadenrecht gegen den Strich. Natürlich wußte auch ich, daß der Volksmund die Lage unseres Rechtsstaates nicht mehr zutreffend beschrieb, wenn er von »Gnade vor Recht« sprach. Man müßte heute eher sagen »Gnade nach dem Recht«. Sie kann zum Zuge kommen, wenn der Rechtsstaatlichkeit Genüge getan ist. Ein Gnadenerweis ist kein Ersatz für ein vorgeschriebenes Strafverfahren, kein Widerruf eines Urteils, keine Rehabilitierung.

Weder mit dem christlichen Gedanken der Gnade noch mit ihrer Praxis durch einen absolutistischen Herrscher haben wir es heute zu tun. Zu seiner Zeit nannte Immanuel Kant die Gnade »unter allen Rechten des Souveräns das schlüpfrigste«. Er ging von Gefahren der Willkür aus, die wir nicht mehr kennen. Wir leben im Rechtsstaat. Was heißt das für die Gnade? Ist sie überflüssig, ja systemfremd unter der Herrschaft des demokratisch gehandhabten Rechts? Kann sie allenfalls nur noch eine Rolle nach abstrahierten generellen Regeln spielen, quasi gesetzlich vorgeschrieben, womöglich nur noch von den Gerichten selbst zu handhaben, die schon die Strafurteile gesprochen haben? Eben diese Entwicklung scheint mir mehr eine Gefahr als ein Segen zu sein. Gustav Radbruch, der große Lehrer des Rechts und der Gerechtigkeit aus der ersten Hälfte unseres Jahrhunderts, auf den sich unser Bundesverfassungsgericht noch heute immer wieder beruft, nennt Gnade »das gesetzlose Wunder innerhalb der juristischen Gesetzeswelt«, ein Wunder, das auf der »unverhohlenen Anerkennung der Fragwürdigkeit allen Rechts« beruht. Als Vorkämpfer des Rechtsstaates war Radbruch ein Vorbild. Er war damit um so eindrucksvoller, weil er die menschlichen Grenzen in unserem freien Handeln als Gesetzgeber oder Richter nicht übersah.

Das Recht ist ein wichtiger, aber nicht der einzige Maßstab für Gnade. Sie achtet das Recht, ohne ihm unterworfen zu sein. Sie zuzuerkennen oder zu versagen gehört zum Schwersten. Auch im säkularen Rechtsstaat kann sie letzten Endes nicht in Richtlinien, sondern nur in der Tiefe des Gewissens dessen verantwortet werden, in dessen Hand die Begnadigung liegt. Daher bleiben Gnade und Recht aufeinander bezogen in einem notwendigen Spannungsverhältnis. Und so blieb es auch in der Senatsdiskussion zwischen Scholz und mir. Für seine harte, scharfsinnige und zugleich faire Argumentation bin ich ihm stets dankbar geblieben, zumal später, als ich mit den schwersten Gnadenentscheidungen im Falle ehemaliger RAF-Terroristen zu tun hatte.

Fragen des Rechts standen von Beginn an im Zentrum unserer Senatsarbeit. Das Kernproblem waren die besetzten Häuser. Es führte gar kein Weg an der Erkenntnis vorbei, daß es die Bau-

und Wohnungspolitik selbst gewesen war, die bei nachhaltigem Bedarf an Wohnraum durch allzu langwierige Verfahren immer neue, provozierend wirkende Leerstände geschaffen und dadurch zu illegalen Hausbesetzungen förmlich eingeladen hatte. Es waren Freiräume, aus denen nun rechtsfreie Räume entstanden waren.

In meiner ersten Regierungserklärung hatte ich die Berliner Linie meines Vorgängers der Sache nach gewürdigt, zugleich aber angekündigt, daß bei allem Verständnis für die Entstehungsgründe der Lage unser oberstes Gebot laute, den Rechtsfrieden konsequent wiederherzustellen, also einen Frieden durch das Recht, nicht neben ihm.

Solche rechtsstaatlichen Allerweltswahrheiten anzusprechen war in Berlin bitter nötig geworden. Bald nach meiner Wahl zum Regierenden Bürgermeister besuchte ich eine Schule im Bezirk Reinickendorf. In einer großen Klasse von Elfjährigen fragte ich nach den Wünschen der Schüler für unser Gespräch. Da stand ein Junge auf. Und so, als ob er gerade »Ich weiß nicht, was soll es bedeuten« auswendig gelernt hätte, verkündete er strahlend: »Wo Recht zu Unrecht wird, wird Widerstand zur Pflicht.« Auf meine Rückfrage, was er denn damit meine, antwortete er genauso vergnügt, das wisse er nicht. Keiner der Schüler wußte es. Der Lehrer kam ihnen zu Hilfe und erklärte es mir: Es habe eine monatelange Auseinandersetzung im Bezirk über die Trassenführung einer neuen Autobahn gegeben. Er und manche Schülereltern hätten vergeblich für eine bestimmte Lösung gekämpft. Überall seien sie unterlegen, zuletzt in zwei Gerichtsinstanzen. Das sei Unrecht, und daher werde Widerstand zur Pflicht.

Dieses Erlebnis habe ich nie vergessen. Was soll aus unserem Rechtsstaat werden, wenn Lehrer den ihnen anvertrauten unmündigen Kindern Sprüche einimpfen, die die Kleinen nicht begreifen, geschweige denn beurteilen können? Zuerst ist es Spiel, dann wird es ernst, nämlich ernst mit dem Unwissen über die Aufgabe und den Sinn des Rechts. Gewiß tut ein Lehrer gut daran, seine Schüler nicht zu blindem Gehorsam zu erziehen, sondern ihren kritischen Geist und auch ihre Courage zum Widerspruch zu fördern. Wesentlicher Bestandteil seiner Verantwortung aber ist es, ihnen zu erzählen, mit wieviel Mühe und Opfern sich eine demokratische Rechtsordnung erst durchsetzen ließ und daß das Recht gerade deshalb der Achtung bedarf, weil es der Willkür jeder Obrigkeit wehrt und weil der Schwache ohne das Recht gegenüber dem Starken hilflos bleibt.

Mit solchen scheinbar trivialen Gedanken stand es damals auf der Kippe, als ich mein Berliner Amt antrat. Mit seinen Ideen zur Trassenführung der Autobahn in Reinickendorf mag mein Lehrer ja einer höheren Gerechtigkeit entsprochen haben, so wie auch manche Hausbesetzer. Die sozialen Spannungen, die Wohnungsnot, die Suche vieler Menschen nach neuen, eigenen Lebensformen, die Gegensätze zwischen Jung und Alt, das alles hatte die Atmosphäre in der Stadt tief gestört. Aber das machte den Respekt vor den Regeln des Umgangs miteinander ja nicht überflüssig. Der Rechtsstaat ließ sich nun einmal nicht so lange beurlauben, bis die Konflikte zwischen den Generationen gelöst sein würden. Es war demnach eine Aufgabe von zentraler Bedeutung, die befriedende Wirkung des Rechtes verständlich zu machen. Erreichen ließ sich dies nur durch seine ebenso behutsame wie unbeirrbare Anwendung.

Die wichtigste Probe auf das Exempel waren die besetzten Häuser. Es war eine schwere Arbeit. Öffentlich und intern bis in lange Senatssitzungen hinein wurde gestritten. Es gab Modelle von sogenannten Instandbesetzungen, die ihre Wirkung nicht verfehlten. Bei ihnen leisteten Besetzergruppen selbst die notwendigen Sanierungsarbeiten. Bausenator Rastemborsky bemühte sich mit Hingabe und mit Mut um legalisierbare Lösungen für die okkupierten Objekte.

Zugleich hatten wir klargestellt, daß jedes bisher leerstehende und nun neu besetzte Haus am selben Tag geräumt würde. Bei den allzulange unlösbar erscheinenden Fällen wurde auf rasche

Räumung gedrängt. So kam es knapp drei Monate nach der Amtsübernahme durch den neuen Senat zur ersten harten Zwangsräumung von acht besetzten Häusern. Die Aktion war durch die »Berliner Linie« rechtlich gedeckt, die mein Senat von unseren Vorgängern übernommen hatte. Schwer überschattet wurde sie durch den tödlichen Unfall eines jungen Westdeutschen, der in der Wirrnis von Krawallen durch einen zurücksetzenden Autobus der Berliner Verkehrsbetriebe überfahren wurde.

Daraufhin kam es zu neuen Demonstrationen und Ausschreitungen. In der frisch entfachten krisenhaften Zuspitzung wurden die zahlreichen Gespräche und Verhandlungen unterbrochen, mit denen legal haltbare Verträge angesteuert wurden.

In dieser Lage lud ich die Vertreter der Parteien und Kirchen, der Verbände und Gruppen zu einem großen runden Tisch ein. Gewiß sollte und konnte niemand dem Senat die Pflicht der Entscheidungen abnehmen. Für die Chancen eines dringend notwendigen Friedens in der Stadt war jedoch die Bereitschaft zur Mitberatung und Mitverantwortung aus allen Teilen der Bevölkerung unentbehrlich.

Die Standpunkte gingen weit auseinander. Selbst mit meinem von mir hochgeachteten und stets freundschaftlich verehrten Berliner evangelischen Bischof Martin Kruse gab es ein Problem. In einem Hirtenbrief setzte er sich für Minderheiten ein und forderte die Weiterentwicklung der Rechtsordnung, um denen, »die eine andere Form der Lebensgestaltung suchen, den dafür notwendigen Gestaltungsraum zu gewähren und zu schaffen«. Er vertrat die Auffassung, daß das Lebenskonzept der Hausbesetzer »dem biblischen Zeugnis näherstehen könnte als das normale egoistische Lebenskonzept der Wohlstandsgesellschaft«.

In zahlreichen Fällen hatte er damit recht. Uns im Senat konnte es aber nicht um eine Veränderung des Rechts gehen, sondern um seine Anwendung im Sinne des Friedens. Dafür war eine ebenso öffentliche wie offenherzige Auseinandersetzung über die tiefer gehenden Ursachen der Spannungen in der Gesellschaft notwendig. Das war der Sinn des runden Tisches, und er bestand die ihm zugedachte Bewährungsprobe auf eindrucksvolle Weise. Niemand hatte sich der Einladung versagt. Bischof Kruse und die jüdische Gemeinde mit ihrem altbewährten Vorsitzenden Heinz Galinski, der katholische Generalvikar, der Handwerkskammerpräsident Blaese und die Gewerkschaften, die Industrie- und Handelskammer und der Mieterbund, alle miteinander trugen dazu bei, die explosive Situation in eine Atmosphäre der Mäßigung überzuleiten. Nie zuvor hatte ich eine solche Tatkraft und Bereitschaft zur Mitverantwortung quer durch die Gesellschaft erlebt. Allmählich besserte sich die Gemütslage in der Stadt fühlbar. Noch waren nicht alle Hindernisse für einen Rechtsfrieden beseitigt, aber er breitete sich Schritt für Schritt aus. Von den einhundertneunundsechzig besetzten Häusern zu Beginn meiner Zeit als Bürgermeister war an ihrem Ende nur noch ein Zehntel unerledigte Objekte verblieben.

Das andere schwerwiegende interne Berliner Problem war die Lage auf dem Arbeitsmarkt. Wir kamen nicht heraus aus der jahrelangen Rezession. Die Prozentzahl der Arbeitslosen in der Stadt überschritt den Bundesdurchschnitt nachhaltig. Der zweitgrößte private Arbeitgeber mit seinen zehntausend Beschäftigten, die AEG, war vom Konkurs oder jedenfalls von der Schließung seiner Berliner Betriebe bedroht. Vor einer von über zweitausend Arbeitnehmern besuchten Betriebsversammlung in der Weddinger Brunnenstraße die täglichen Kämpfe um die Erhaltung ihrer Betriebe zu erklären, war für mich schon deshalb schwierig, weil niemand vom Vorstand der AEG erschienen war. Mit Mühe gelang es, am drohenden Unheil vorbeizusteuern.

Es hatte zu einer Tradition der früheren Politik in West-Berlin gehört, den Arbeitsmarkt dadurch zu entlasten, daß immer neue Stellen im öffentlichen Dienst geschaffen worden waren, ohne daß immer ein ausreichender Bedarf dafür vorlag. Da der Berliner Etat aber unter der legitimen und wachsenden kontrollierenden Strenge des Bonner Haushaltsausschusses und Finanzministers stand, mußten wir einschneidende Sparmaßnahmen beschließen. Manche davon waren freilich auch überfällig. Ich traute meinen Ohren nicht, als der für die Verkehrsbetriebe zuständige Kollege uns einen Senatsbeschluß vorschlug, wonach die Schülerermäßigungskarten in den öffentlichen Nahverkehrsmitteln denjenigen Studenten zu entziehen seien, die bereits das achtzehnte Semester an den Hochschulen hinter sich hatten.

Auf zwei Millionen Einwohner gab es damals ungefähr einhundertfünfzigtausend Sozialhilfeempfänger. Gemäß den Anregungen von Senator Fink versuchten wir es auch hier mit neuen Maßnahmen, für die es bisher keine Vorbilder im Bundesgebiet gab: zumutbare Arbeiten wurden angeboten; wer sie grundlos ablehnte, mußte die Folgen bei der Sozialhilfe tragen. Es gelang, die Zahl der Ausbildungsplätze auf vierzigtausend zu erhöhen und den investiven Anteil des Landeshaushalts deutlich zu steigern.

Ein wichtiger Bestandteil der Senatsarbeit diente dem Ziel, die Planungsarbeiten für die Stadt mit den Maßnahmen für den Schutz von Natur und Mensch nicht in zwei verschiedene, oft rivalisierende Ämter zu geben, sondern in einer Behörde zusammenzufassen. So entstand die Senatsverwaltung für Stadtentwicklung und Umweltschutz. Die inspirierende Arbeit des Senators Volker Hassemer in diesem Amt trägt bis heute ihre Früchte.

Zwischen den Parteien gab es im Parlament, wie es sein muß, gehörigen Streit, daneben aber auch immer wieder konstruktive Zusammenarbeit. In meiner eigenen Behörde, der Senatskanzlei, arbeiteten ungefähr sechshundert Bedienstete. Mir wurde gleich zu Beginn übermittelt, daß fast alle von ihnen eingeschriebene Mitglieder der Parteien der vor uns regierenden sozialliberalen Koalition seien. Parteibuchwirtschaft ist ohne Zweifel ein verbreitetes Übel, und die Senatskanzlei von Berlin war davon gewiß nicht verschont geblieben. Dennoch hatte ich weder die Absicht noch je den allergeringsten Grund, mich für das persönliche Verhältnis meiner Mitarbeiter zu politischen Parteien zu interessieren. Es hat ihnen nie an der Loyalität oder an der stets notwendigen Bereitschaft zu offener, kritisch konstruktiver Beratung im Dienste gefehlt.

Dankbar war ich auch dafür, daß ein für die Stadt besonders wichtiges Thema weitgehend von einem Parteienstreit ferngehalten werden konnte, nämlich unser Verhältnis zu den unter uns lebenden zahlreichen Ausländern. Ich schuf das Amt eines Ausländerbeauftragten beim Senat und hatte das große Glück, daß Barbara John meiner Einladung folgte, diese überaus schwierige Aufgabe zu übernehmen. Mit nüchterner Vernunft und mit Herzenswärme versieht sie ihre Arbeit nun seit über fünfzehn Jahren. Sie ist zu einem Vorbild im ganzen Bundesgebiet geworden und trägt ganz maßgeblich dazu bei, den alten Ruf Berlins nicht verkommen zu lassen, daß die Stadt in ihren guten Zeiten stets aufgeschlossen für Zuwanderer aller Art und Himmelsrichtungen war.

Die größte Gruppe bildeten die Türken. Es gab Wohnviertel, die sie ganz beherrschten, und zahlreiche Schulklassen, die von ihren Kindern dominiert waren. Darüber äußerten deutsche Eltern mancherlei Klagen. Im Bezirk Kreuzberg besuchte ich eine Schule, auf der mir die Elternvertretung vorhielt, die türkischen Kinder kämen im Unterricht schlecht mit und drückten dadurch das Niveau der Klasse nach unten. Drei Jahre später besuchte ich dieselbe Schule noch einmal. Wieder klagten die Eltern, diesmal aber in umgekehrter Weise: Die jungen Türken würden ihren deutschen Mitschülern die Preise verderben, denn sie würden fleißiger Schularbeiten machen und hätten ein Zuhause, das ihnen nachdrücklich helfe. Dadurch erlangten sie Wettbewerbsvorteile. Es war eine wahrhaft enthüllende Beschwerde deutscher Eltern, die ihre Selbstanklage gar nicht richtig merkten.

Gerade unter den Berliner Türken habe ich auch meine Auffassungen von der dringenden Reformbedürftigkeit des deutschen Staatsangehörigkeitsrechts gewonnen. Dieses Recht stammt aus der Zeit vor dem Ersten Weltkrieg. Die Lebenswirklichkeit unserer Gegenwart hatte damals niemand vor Augen. Je länger, desto mehr hat ein *ius sanguinis* gegenüber dem *ius soli* seinen guten Sinn verloren. Soll es denn wirklich den bei uns in der dritten Generation geborenen Ausländerkindern noch immer erschwert bleiben, Deutsche zu werden, obwohl es für sie keine Rückkehr, sondern eine Auswanderung wäre, wenn sie in die Heimat ihrer Vorfahren gingen, wozu sie auch kaum eine Chance hätten?

In denselben Zusammenhang gehört auch die Frage nach einer doppelten Staatsangehörigkeit. Immer wieder habe ich es bei türkischen Jugendlichen erlebt, daß zwar nicht ihre Eltern oder Großeltern, wohl aber sie selbst Deutsche werden wollten, daß sie jedoch auf ihre türkische Staatsangehörigkeit nicht verzichten wollten, und zwar aus Rücksicht und Achtung vor ihren Vorfahren und um der Bewahrung des engen familiären Zusammenhaltes willen. In nicht wenigen zivilisierten Ländern gibt es dazu die Möglichkeit. Wir verschanzen uns hinter Vorwänden über Schwierigkeiten beim Wehrdienst, beim Erbrecht und ähnlichem. Das, was wir damit erzeugen, sind menschliche Spannungen in den türkischen Familien. Warum das? Bietet eine doppelte Staatsangehörigkeit wirklich die Gefahr unklarer Identitäten für den Menschen? Wachsen wir nicht ohnehin in eine Art Pyramide von Identitäten hinein, eine kommunale, eine nationale und eine europäische? Und ist dies nicht weit besser, als mit Hilfe des Staatsangehörigkeitsrechtes den Drang zu messerscharfen nationalen Abgrenzungen aufrechtzuerhalten, den uns das neunzehnte Jahrhundert beschert hat?

Einmal reiste ich zu einem längeren Aufenthalt nach Anatolien und wurde dort als Bürgermeister der größten türkischen Stadt außerhalb der Türkei aufs freundlichste empfangen. Nur der deutsche Botschafter in Ankara begegnete mir mit sorgenvoller Miene. Er hielt meine aufgeschlossene Politik gegenüber den Berliner Türken für gefährlich: Der heldenhafte Widerstand der Wiener gegen die Türken vor dreihundert Jahren am Kahlen Berg werde sich in der Geschichte als vergeblich erweisen. Denn dank meiner Politik werde Berlin in hundert Jahren keine christliche Stadt mehr sein, sondern eine muslimische. Ich lud ihn ein, nach Berlin zu kommen, um sich davon zu überzeugen, daß die meisten türkischen Jugendlichen sich schon heute weit mehr den gar nicht so übertrieben christlichen jungen Deutschen annäherten, als bei den religiösen Überlieferungen ihrer Familien zu verharren. Natürlich gelte es, aufzupassen, wie sich eine Re-Islamisierung der ursprünglich kemalistischen Türken in ihrer Heimat auf Auslandstürken auswirken würde. Bei uns in Deutschland und zumal in Berlin sei aber eine Entwicklung zu gemeinsamer Säkularisierung das wahrscheinlichste.

Der eigentliche Konflikt in den türkischen Familien lag nicht zwischen den jungen Türken und den jungen Deutschen, die gemeinsam die Schule und Berufsausbildung erlebten und in den allermeisten Fällen gute Arbeitskollegen wurden. Schwierig war es dagegen oft für die türkischen Väter, wenn sie ihre Töchter nicht mehr nach ihrer Tradition heranwachsen sahen, sondern mit denselben Ausbildungs- und Berufszielen wie bei den deutschen Mädchen.

Der renommierte Harvard-Professor Samuel P. Huntington sagt uns den »clash of civilisations« voraus, in dem er die Ursache künftiger Kriege sieht. Seine Thesen sind so anregend wie bedenklich. Sie werden uns noch lebhaft beschäftigen. Gewiß ist es ein Unterschied, ob man sie im weltweiten Rahmen oder nur vor dem Hintergrund eines überschaubaren konkreten Gemeinwesens betrachtet. Was ich während der achtziger Jahre in West-Berlin erlebt habe, widerspricht jedenfalls Huntingtons abstrakten Prophezeiungen vom »Kampf der Kulturen« nachhaltig und ist allenfalls auf fragwürdige Weise geeignet, alte Ängste vor dem Fremden zu schüren.

Probleme gab es natürlich genug. Ein verantwortungsloses internationales Schlepperunwesen versorgte uns mit zahlreichen illegalen Asylsuchenden, die über den Schönefelder Flughafen in der DDR anreisten. Unsere ausländischen Mitbürger waren lebhaft daran interessiert, daß möglichst wenige neue Zuwanderer nach Berlin kommen, weil sie ihren »Besitzstand« nicht immer weiter teilen wollten. Kroaten hatten auch schon zu jener Zeit eine Neigung, innerjugoslawische Spannungen auf unserem Boden lautstark auszutragen. Zwischen Kurden und Türken ging es damals bei uns jedoch ebenso ruhig zu wie zwischen Griechen und Türken.

Im ganzen lebte man friedlich zusammen. Aus multikulturell wurde zumeist interkulturell. Jeder Teil pflegte die eigenen Traditionen, aber man besuchte sich wechselseitig, feierte oft miteinander und begann zu verstehen, was es bedeuten kann, sich durch Überlieferung und Lebensart der anderen zu bereichern.

Wir Deutschen sind kein besseres oder schlechteres Volk als andere. Wir haben unsere besonderen Vorzüge. Unsere Bauernhäuser, unsere Musik, zumal die großen Liederkompositionen, die museumsreife Vielfalt unserer Brotbäckerei, unsere Philosophie und manches andere sind schon oft als ein Gewinn für die Kultur der ganzen Menschheit gepriesen worden. Was aber die bedingungslose Gastfreundschaft gegenüber fremden Menschen anbetrifft, so können wir in Berlin und anderswo beherzigenswerte Lehren bei unseren türkischen und griechischen Mitbürgern empfangen. Manchmal ging ich an sommerlichen Wochenenden im Tiergarten zwischen dem Reichstag und dem Schloß Bellevue spazieren. Auf jedem Wiesenfleck dieses großen Stadtparks hatte sich eine türkische Familie niedergelassen. Nicht immer zur Freude der Behörden wurde hier gelagert, gespielt und gekocht. Ein wohltuendes Bild menschlichen Zusammenlebens bot sich dem Besucher dar, aber mehr noch: An jeder der unzähligen Kochstellen wurde man eingeladen, sich dazuzuset-

Der Schachweltmeister Kasparow erklärt mir eine Eröffnungstheorie mit den schwarzen Steinen. Zwischen uns mein ältester Sohn Robert, Professor der Volkswirtschaftslehre und hervorragender Schachspieler, der einmal in einer Partie gegen Kasparow ein Remis erreichte.

zen und etwas Gutes zu probieren. Die Freude der Türken an der Freude ihrer Gäste ist überwältigend und unwiderstehlich. Ob man erkannt wurde oder nicht, es war unmöglich, sich ihren spontanen Einladungen zu entziehen.

Neben der Arbeitswelt kam es zu zahlreichen interkulturellen Begegnungen auch im Sport. Freilich, wenn es im Olympiastadion ein Länderspiel zwischen der bundesdeutschen Mannschaft und der Türkei gab, war es für die Gäste eine Art Heimspiel. Die West-Berliner hatten in der geteilten Stadt nur selten sportliche Erfolgserlebnisse, zumal im Fußball. Sie taten sich schwer mit der Konkurrenz des Spitzensports der Bundesrepublik. Um so größer waren die Aufregung und das Glück, als es 1982 dem alten Berliner Traditionsclub Hertha BSC gelang, wieder in die Bundesliga aufzusteigen. Während meiner Bürgermeisterzeit erinnere ich mich nur einmal an eine helle Aufregung meiner Sicherheitsbeamten, und zwar in den Minuten nach dem für den Aufstieg der Herthaner entscheidenden Schlußpfiff auf dem Spielfeld des Olympiastadions. Natürlich wollte mir niemand etwas Böses antun. Aber es war in der Tat ein beinahe lebensgefährliches Gedränge von Tausenden freudetrunkenen Berlinern, in deren Begeisterung ich mittendrin und rückhaltlos einstimmte.

In diesen Berliner Jahren waren es immer wieder die Künste, die uns große Erlebnisse vermittelten, auch wenn es bei ihnen oft schwer lösbare Probleme gab. Einmal mußte während meiner Amtszeit eine neue Direktion für das renommierte Schiller-Theater gefunden werden. Noch Jahre nach einer anderweitigen Entscheidung des Senats vernahm ich die Vorwürfe des Burgtheater-Direktors Claus Peymann, warum man denn nicht ihn an diese damals wohl größte deutsche Bühne berufen habe. Ich glaube, daß er recht hatte. Nicht nur der ständige Wirbel, den er immer von neuem in Wien auslöst, spricht dafür.

An der Schaubühne hatte Peter Stein sich mit durchschlagendem Erfolg dem Ziel gewidmet, die Revolte der Achtundsechziger auf das Theater zu bringen und dort mit anderen Mitteln und breiter öffentlicher Wirkung zu reflektieren. Ulrich Eckardt, bis heute ingeniöser Leiter der Berliner Festspiele, brachte uns Jahr für Jahr mit den Theaterwochen die besten Inszenierungen anderer Bühnen in die Stadt und sorgte damit für die ständige Erziehung des Urteilsvermögens im Publikum.

Bei Götz Friedrich, der seine Aufgabe als Generalintendant der Deutschen Oper im selben Jahr übernahm wie ich mein Bürgermeisteramt, habe ich hinreißende, aufregende und oft auch kontroverse Abende erlebt. Es ist schwer, aber auch ein Privileg, vom Senat aus das menschenmögliche zu tun, um einem Haus wie der Deutschen Oper die materiellen Voraussetzungen für seine Tätigkeit zu verschaffen. Die Überzeugung, in der dies geschieht, beruht gewiß nicht allein auf den persönlichen Erlebnissen, die ein der Musik, der Oper oder dem Theater zugewandter Regierender Bürgermeister den Berliner Bühnen verdankt. Immer wieder habe ich im nahen und fernen Ausland ihre werbende Wirkung für die Stadt und für unser ganzes Land wahrgenommen. Sie gehören zu den wichtigsten Botschaftern unserer Kultur und sind für unseren Namen unentbehrlich.

Wir haben dabei natürlich auch erlebt, daß manche dynamischen Theaterregisseure unter einer Krise der zeitgenössischen Theaterliteratur leiden. Das erschwert ihnen die Aufgabe, die sie suchen, nämlich mit dem Theater an den Lebensfragen der Gegenwart hörbar teilzunehmen. Sie haben zwar Thomas Bernhard, Botho Strauß und einige andere. Aber sie halten sich mehr an Shakespeare und das 19. Jahrhundert. Immer von neuem klassischen Theaterstücken durch eine entsprechende Regie Aktualität zu verleihen war ein verständliches, aber schon oft erprobtes Bemühen. Die Folge ist, daß der eine oder andere unter den Regisseuren sich stärker als früher der Opernleitung zuwendet, freilich mit wechselhaftem Erfolg. Im Figaro sind schon mehrfach die sozialen Spannungen und Ungerechtigkeiten so deutlich hervorgehoben worden, daß man sich fragt, ob Mozart nicht nachträglich seine Musik umkomponieren müßte, damit sie besser zum Konzept des Regisseurs paßt.

Verdi bietet verlockende Stücke zur Aktualisierung. Eine solche Aufführung erlebten wir in der Deutschen Oper bei der »Macht des Schicksals« unter der Regie von Hans Neuenfels. Es war eine straffe und künstlerisch hervorragende Aufführung, aber durchsetzt mit aufreizender Polemik. Als in einer Szene die Mönche des spanischen Klosters mit einem simulierten Panzerspähwagen auf die Bühne kamen, Transparente mit der Aufschrift »La bella guerra« trugen und die Kriegsversehrten unter dem Volk prügelten, entfuhr meiner Frau neben mir ein leises und doch im weiten Rund wahrnehmbares »Buh«. Tags darauf prangte auf der Titelseite der auflagenstärksten Berliner Zeitung die Balkenüberschrift »Das einsame Buh der Frau Weizsäcker«. Im Untertitel stand »Der Regierende Bürgermeister flüsterte seiner Frau beruhigende Worte ins Ohr«. So war es aber nicht. Trotz meines unveränderten prinzipiellen Respekts vor Neuenfels war ich, ganz anders, als meine Frau glaubte, nicht beunruhigt, sondern stolz auf ihre Reaktion. Sie stand im übrigen keineswegs allein mit ihrem Protest. Die Aufführung auf der Bühne wurde streckenweise von einem solchen Aufruhr im Publikum begleitet, daß es beinahe zu einem Abbruch gekommen wäre. Die überaus heftigen positiven und negativen Zwischenrufe hielten sich ungefähr die Waage. So ist das eben, und warum auch nicht? Theater soll uns doch nicht wonniglich einschläfern, sondern beteiligen. Daß sich später einmal mein österreichischer Präsidentenkollege über die Aufführung des »Heldenplatzes« von Thomas Bernhard im Wiener Burgtheater erregen würde, war verständlich. Aber an der Qualität und dem Sinn dieses Stückes nebst seiner Peymannschen Inszenierung ändert dies nichts.

Die Bühnen materiell am Leben zu halten ist immer wieder schwer. Kaum hat jemand das Wort Theater ausgesprochen, schrillt sofort aus allen Ecken das Abwehrecho: Subventionen überprüfen! Aber was verstehen wir eigentlich unter Subventionen? Die Unterstützung für einen im Grunde lebensuntüchtigen Betrieb, der sich aus eigener Kraft nicht über Wasser halten kann? Nun – schon Adam Smith aus Glasgow erkannte Wert und Grenzen des Marktes: Er dient der Wohlfahrt der Nationen, kann aber solche Bereiche nicht bewirtschaften, die verdienstfrei oder aus sozialen und geistigen Gründen nur begrenzt verdienstfähig sind, nichtsdestoweniger aber benötigt werden. Was soll da der Begriff Subventionen?

Lebt der Schulbetrieb von Subventionen? Bauen wir Parkplätze oder Kläranlagen mit Subventionen? Halten wir uns Vormundschaftsrichter oder Bürgermeister mit Subventionen? Niemand würde auf die Idee kommen, die dafür aufgewandten

Haushaltsmittel Subventionen zu nennen. Wir brauchen sie, aber Theater brauchen wir auch.

Oder ist Theater doch nur Luxus? Dann ist der Bürgermeister eben auch Luxus. Auf welchen von beiden können wir eher verzichten? Das mag jeder nach eigenem Gusto entscheiden. Nach meiner Meinung auf keinen von beiden, wohl aber auf die schiefe Begriffskategorie Subventionen.

Theater ist Spiel zur Bewältigung des Lebens. Wir alle spielen es als Kinder. Man könnte meinen, das Schönste am Theater sei vorbei, wenn die Kindheit vorbei ist, die Zeit also, in der man es spielt. Aber das Hören und Spielen bleibt lebendig. Es bringt die Kraft hervor, sich nicht nur im Spiegel zu betrachten, sondern einmal neben sich selbst zu treten, mit einem Schritt Distanz dem Menschen zu begegnen, der man ist, seine Zwangslagen, seine Optionen und Entwicklungen zu begreifen, sich selbst zu verwandeln.

Ist es bloße Schwärmerei, von dieser lebenspendenden Quelle in solchen Tönen zu sprechen? Das erste Leben, das buchstäblich aus den grauenhaften Kriegsruinen in Berlin wieder aufblühte, waren Behelfsbühnen, und die hungrigen Menschen strömten herbei. Die Ruhrfestspiele entstanden gleich nach dem Krieg, weil die besten Hamburger Schauspieler die wärmende Steinkohle suchten und die Kumpel mit ihren Familien das Spiel. Die Einwohner von Nackenheim in Rheinhessen spielten selbst ihre eigenen Zicken und Liebesbeziehungen anhand der Rollen ihrer Vorfahren, die Zuckmayer in seinem »Fröhlichen Weinberg« so hinreißend wirklichkeitsgetreu verewigt hatte.

Bernhard Minetti spielte den Arbeiter Quangel in Falladas dramatisiertem Roman »Jeder stirbt für sich allein«, und keine eigenen Erfahrungen, kein Memoirenband, kein Buch der Zeitgeschichte ließen uns so tief verstehen, worum es im Herzen wacher Menschen in der Zeit des Krieges und des Unrechts gegangen war, wie diese gewissenhafte, fast wortlose Gestalt, in die sich der große Schauspieler verwandelt hatte. Das ist es, was geschieht, wenn Kunst sich unseres Lebens annimmt, so schonungslos, so liebevoll, so lebensvoll, wie Kunst es eben kann.

Natürlich müssen sich Bühnen, zumal sie sich selbst oft als Widerspruch begreifen, auch Widerspruch aller Art gefallen lassen. Gute Stücke zu schreiben und zu inszenieren ist schwer, zumal heute. Wir alle stottern, also stottern auch manche Dichter und Regisseure. Es ist die selbstverständliche Pflicht der Bühnen, über ihre Mittelverwendung öffentlich Rechenschaft abzulegen. Das muß mit jeder staatlich bewilligten Mark geschehen. Der Rechnungshof mag die Theaterverwaltungen so streng überprüfen wie die Senatskanzlei. Auch dort wird gelegentlich verschwendet, ohne daß sie deshalb eine entbehrliche Luxuseinrichtung würde. Es ist öffentlich schwerer zu begründen, warum es für das tägliche Leben der Kultur und der Kunst bedarf. Aber sie spielen eine unersetzbare Rolle zunächst im menschlichen und sodann auch im wirtschaftlichen und politischen Sinn. Das darf niemand vergessen, der in und für Berlin an der Verantwortung teilhat.

Im Mittelpunkt der Berliner Musik steht, wie jedermann weiß, das Philharmonische Orchester mit seinem weltweiten Ruf. Wenn wir an einem Konzertabend in der von Scharoun erbauten Philharmonie dieses Ensemble mit seinem Maestro Karajan hörten, dann fühlte ich mich oft wie in der Mitte der Welt oder, was auf dasselbe hinausläuft, ganz weltvergessen. Dadurch kam ich aber nicht darum herum, auch mit den Realitäten in der Zusammenarbeit dieser großen Künstler konfrontiert zu werden. Nicht zuletzt Karajan selbst sorgte dafür. Einmal gab es einen rasch bekannt gewordenen Zwist zwischen ihm und dem Orchester über die Aufnahme der Klarinettistin Sabine Meyer in das Ensemble. Auch mir, dem ganz unschuldigen Regierenden Bürgermeister gegenüber, der ich überdies für Karajans Berliner Aufgaben quasi den Arbeitgeber zu verkörpern hatte, zürnte der Chefdirigent wie ein griechischer Gott.

Wenn das Orchester nicht zustimme, werde er die Klarinettistin als Solistin zu einem Konzert einladen. Dann werde die Presse seinen Schützling über den grünen Klee und weit stärker als das Orchester loben und die unkollegialen Kollegen würden vor Neid erblassen. Aber die Berliner Philharmoniker sind seit ihrer Gründung eine Künstlerdemokratie. Gegen ihr Votum wird bei ihnen niemand Mitglied. Sie bestritten der Klarinettistin durchaus nicht ihre hohen künstlerischen Gaben, hielten sie aber für den Typus einer Solistin, nicht eines Mitglieds im Ensemble. Daß das Orchester in den ersten hundert Jahren seines Bestehens nur vier Chefdirigenten gehabt hat, jeden von ihnen im Durchschnitt also ein Vierteljahrhundert, und daß auch die Musiker des Orchesters selbst ähnlich lange, zum Teil noch weitaus länger zum Ensemble gehörten, ist ein Zeichen ihres herausragenden Ranges.

Neben den renommierten alljährlichen Filmfestspielen übte die bildende Kunst trotz der Teilung der Stadt ihre traditionelle Berliner Anziehungskraft aus. Zu allen Zeiten hat sich eine Reise nach Berlin allein um der Sammlungen und Ausstellungen willen gelohnt. Im Mittelpunkt stehen die Schätze der Stiftung Preußischer Kulturbesitz und der Schlösser und Gärten. Zu meiner Zeit als Bürgermeister kam dank der Stiftung von Karl Bröhan das nach ihm benannte Museum für Jugendstil, Art déco und Funktionalismus zustande, ein Unikum in Deutschland.

Immer wieder galt es, das überlieferte Erbe zu pflegen und die junge Generation anzuziehen. Am Anfang der achtziger Jahre waren nach schwer überprüfbaren Schätzungen ungefähr zehntausend junge bildende Künstler in der Stadt. Zum größten Teil erarbeiteten sie sich ihren Lebensunterhalt durch kunstferne Nebentätigkeiten, fanden jedoch für ihre künstlerische Inspiration in Berlin die unentbehrliche lebendige Szene.

Zu den großen und berühmten Beständen Berlins zählte die Sammlung bedeutender Werke von Jean Antoine Watteau, die auf den Alten Fritz zurückgeht. Eines seiner stets am meisten bewunderten Bilder ist »Embarquement pour Cythère«. Der führende Berliner Kunsthistoriker Otto von Simson meinte, es sei vielleicht das schönste und wichtigste Gemälde, das das achtzehnte Jahrhundert hervorgebracht habe. Damals gehörte es noch dem Hause Hohenzollern. Nun sollte es ins Ausland verkauft werden, was ein schwerer Schlag für Berlin gewesen wäre. Doch wie sollten wir die fünfzehn Millionen DM auftreiben, die notwendig waren, um es für uns zu erhalten? Dank einer gemeinsamen Initiative mit dem kunstsinnigen Altmeister des deutschen Bankwesens, Hermann Josef Abs, gelang die Operation. Er nahm es allein auf seine Verantwortung, ein Drittel der Summe privat zusammenzusammeln und mit zusätzlichen Geldern des Bundes und des Landes dieses für uns so unersetzliche Kunstwerk in der Stadt zu behalten. Wie kaum ein anderer hat sich Abs mit solchen und ähnlichen Initiativen um deutsche Kulturgüter verdient gemacht. Und jeder hat den Gewinn davon, wenn er heute die Sammlung im Charlottenburger Schloß zu Berlin besucht.

Auch Wissenschaft, Forschung und Lehre spielen in Berlin eine zentrale Rolle. So war es auch während meiner Jahre als Bürgermeister. An den Universitäten ging es relativ turbulent zu, jedoch ohne anhaltende Störungen des Betriebes. Vor der Wahl in mein Amt war ich einmal in das Auditorium maximum der Freien Universität zu einer deutschlandpolitischen Diskussion gekommen. Im völlig überfüllten Hörsaal kam es zu einem offenbar wohlvorbereiteten Tumult. Es entwickelte sich eine der merkwürdigsten Saalschlachten, die ich je erlebt habe. Fast ohne Lärm zu machen, versuchten größere Gruppen, sich gegenseitig durch die Türen hinauszuwälzen. Fünfundvierzig Minuten lang herrschte ein unbeschreibliches Gedränge und Geschiebe, ohne Argumente, mit roher körperlicher Kraft und doch fast ohne Verletzungen. Nur einem besonders tapferen akademischen Mitarbeiter von mir wurde durch einen Gegner beinahe der rechte Zeigefinger abgebissen. Schließlich waren rund hundert-

Seit meiner Zeit als Hilfsverteidiger meines Vaters während der Nürnberger Prozesse war ich mit Hellmut Becker befreundet. Er gründete in Berlin das Max-Planck-Institut für Bildungsforschung, mit dem er in der stets heftig umstrittenen Bildungspolitik Einfluß wie kaum ein anderes Forschungszentrum errang. Die Freundschaft mit ihm bewährte sich auch durch die ebenso intelligente wie freimütige Offenherzigkeit seiner Kritik.

fünfzig Störer hinausgeworfen, und in den nächsten zwei Stunden kam es zu einer höchst aufschlußreichen allgemeinen Diskussion.

Die Wissenschaftler gingen ihren Themen nach, beteiligten sich aber nur selten an den Fragen der Stadt. Unser Wissenschaftssenator Wilhelm Kewenig setzte mit seiner ideenreichen, liberalen und integren Art die Arbeit fort, die Peter Glotz und andere gute Vorgänger ihm hinterlassen hatten.

Für mich gab es vor allem höchst wertvolle Kontakte mit einzelnen Professoren. Zu ihnen gehörte mein alter und enger persönlicher Freund aus Nürnberger Zeiten, Hellmut Becker,

Direktor des Max-Planck-Instituts für Bildungsforschung. Zusammen mit seiner Frau Antoinette hatte er mir während der ersten Nachkriegsmonate in Kreßbronn am Bodensee einen privaten Erwachsenenbildungskurs nach dem anderen gegeben, vor allem in der Literatur und in den Sozialwissenschaften. Für ihn, den Sohn des in der ganzen Bildungspolitik unvergessenen preußischen Kultusministers C.H. Becker, war ich ein Probeobjekt im Hinblick auf seine spätere Aufgabe als Präsident des deutschen Volkshochschulverbandes. Immer wenn er streng wurde, sagte er, es geschehe aus pädagogischen Gründen zu meinem Besten.

Mit dem von ihm konzipierten und geleiteten Institut für Bildungsforschung wies er der Max-Planck-Gesellschaft neue Wege. Es hatte in der stets heftig umstrittenen Bildungspolitik Einfluß wie kein anderes deutsches Forschungszentrum. Zusammen mit dem Historiker Karl Dietrich Erdmann gelang es Hellmut Becker während der späten sechziger Jahre im Bildungsrat, die bisher vielleicht einzige wirkungsvolle gesamtstaatliche Denkarbeit von Rang in der Nachkriegszeit zu leisten. Bei ihnen lernte man Denken im Dialog. Vor der Intensität und Qualität ihrer Arbeitsweise mußten die massiven politischen Gegensätze kapitulieren.

Sein Werk galt der unentbehrlichen kulturellen Substanz der Politik und der prägenden politischen Kraft von Kultur. Seine Vorliebe galt der Jurisprudenz, der Medizin und der Pädagogik – den »vermutungsintensiven Fächern« (Wolf Lepenies). Seine Freundschaft bewahrte Hellmut Becker mir gegenüber vor allem durch die ebenso intelligente wie freimütige Offenherzigkeit seiner Kritik in menschlichen Fragen nicht weniger als in politischen.

Inzwischen ging das Jahr 1983 seinem Ende entgegen. In seinem Verlauf gab Bundespräsident Carstens zur allseitigen Überraschung bekannt, daß er für eine zweite Amtszeit nicht bereitstehe. Alsbald begannen die Medien, über seine Nachfolge zu spekulieren. Immer gezielter nannten sie meinen Namen und drängten mich um eine Stellungnahme. Aber ich konnte und wollte keine Frage beantworten, die mir von zuständiger Seite gar nicht gestellt war.

In der Bundesversammlung verfügten die Unionsparteien über die absolute Mehrheit. Ihre Nominierung eines Kandidaten war demnach eine Vorentscheidung über die endgültige Wahl. Also war es Aufgabe der Parteivorstände, sich darüber schlüssig zu werden, wen sie vorschlagen wollten. Dort tat sich aber nichts. Deshalb schwieg auch ich. Nur einmal antwortete ich einem besonders hartnäckigen Journalisten, bisher seien alle meine Vorgänger aus dem Schöneberger Rathaus in den Himmel oder nach Bonn gekommen; ich überlegte noch, wofür ich mich entschiede, zumindest in welcher Reihenfolge.

In Wahrheit ging es um eine schwierige Entscheidung, nicht nur für mich selbst. Das allgemeine Zögern war verständlich. Naheliegenderweise dachte Kohl zunächst weniger an das Amt des Staatsoberhauptes als an die Lage seiner Partei. Er wollte die anstehenden Landtagswahlen in Hessen und Bremen abwarten. Nachdem beide über Erwarten schlecht für die CDU verlaufen waren, sorgte er sich desto mehr um die Chancen der Berliner Partei bei den nächsten Wahlen. Er hatte also gute Gründe, sich im Abwarten zu üben und inzwischen für das Bundespräsidentenamt nach Alternativen Ausschau zu halten.

Die öffentliche Diskussion ging indessen heftig weiter. Meine Amtsführung als Regierender Bürgermeister war im allgemeinen positiv bewertet worden. In den Unionsparteien war mein Ansehen nach all meinen ostpolitischen »Sünden« dadurch wieder deutlich gestiegen. Das hatte nun eine ambivalente Wirkung. Die einen, zumal viele Berliner, wollten, daß ich eben deshalb in der geteilten Stadt blieb. Andere aus nah und fern sahen dagegen gerade in meiner Berliner Rolle eine besondere Empfehlung für das Amt des Bundespräsidenten.

Während in den Medien überwiegend zugunsten meiner Nominierung für die Nachfolge von Carstens argumentiert wurde, traten Teile der Springer-Presse und vor allem die FAZ mit mehreren Artikeln für meinen Verbleib in Berlin ein. Die Debatte gipfelte im Feuilleton der FAZ mit einem spektakulären Artikel; ausnahmsweise war er nicht von Redakteuren namentlich gezeichnet; nur drei Sterne figurierten als Autoren. Zunächst wurde ich ausführlich und über den grünen Klee gepriesen, weil ich das Klima Berlins gewendet und der Stadt wieder Zutrauen zu sich selbst verschafft hätte. Dann folgte dem langen Anvisieren der knappe Schuß ins Ziel: Würde ich jetzt das Feld räumen, dann dementierte ich damit meine eigene Person. Ich bedauerte die Anonymität dieser Kritik, die in der Gestalt eines Lobes auftrat. Dennoch war der Beitrag ein ernster Aufruf in einer für mich harten persönlichen Entscheidung.

In Berlin war ich fest verankert. Die Aufgaben in der Stadt und vor allem die Menschen in Ost und West beanspruchten und erfüllten mich ganz und gar. Entgegen wiederholten Zeitungsgerüchten wollte ich keiner zukünftigen Bundesregierung angehören, sondern auf die Dauer in und für Berlin wirken. Das war es, was ich auch öffentlich erklärt hatte. Ein Rücktritt vom Bürgermeisteramt würde Enttäuschungen auslösen, das war mir klar, auch bei engeren Freunden innerhalb und außerhalb des politischen Kollegenkreises.

Dennoch fühlte ich mich in der langfristigen Perspektive auf den anderen Weg zum selben Ziel gewiesen. Die Lage in meinem Berliner Verantwortungsbereich war einigermaßen geordnet. Das Wichtigste war gelungen, nämlich die Stimmung in der Stadt aus ihrem Tief zu befreien. Entscheidend blieb es, die Er-

Immer wieder gaben mir ausgedehnte Bergtouren Erholung vom Amt. Hier war ich auf der vergletscherten Wildspitze in Tirol.

fahrungen und die zukünftigen Aufgaben Berlins im größeren Rahmen der Deutschland- und Ostpolitik bundesweit zur Sprache und Geltung zu bringen. Ein Verfassungsorgan des Bundes konnte dies besonders wirksam tun, daran gab es keinen vernünftigen Zweifel, für viele Ratgeber sowenig wie für mich selbst. Auch Bundespräsident Carstens bezog mir und Kohl gegenüber mit Nachdruck diesen Standpunkt; ferner wies er auf eine positive Wirkung bei den Deutschen in der DDR hin, falls ich sein Nachfolger würde. SPD und FDP kündigten an, im Falle meiner Nominierung keinen Gegenkandidaten aufzustellen. Mir selbst war ich ganz sicher, daß ich bei einem Wechsel des Amtes die Aufgaben in Deutschland mit einem Berliner Kopf und Herzen wahrnehmen würde.

Im Vorstand und Präsidium der Partei schwieg man sich aber noch immer aus. Kohl zögerte weiterhin. Allmählich drohte das Zaudern in Demontage auszuarten. Wieder einmal geriet die Union in den Verdacht, mit dem Amt des Bundespräsidenten nur zugunsten anderer, ihr wichtigerer Fragen zu jonglieren. In Berlin wuchs die Irritation.

In dieser Lage unternahm der bayerische Ministerpräsident eine seit langem geplante Reise nach Berlin. Ohne mich vorzuwarnen, verkündete er zu ihrem Abschluß auf einer Pressekonferenz: »Diesem Spiel muß ein Ende gemacht werden.« Strauß, der sich selbst zuweilen den letzten Preußen nannte, sprach sich für meine Nominierung als Bundespräsident aus und sagte die CSU-Stimmen dafür zu. Wie schon fünf Jahre früher bei der Wahl von Carstens ergriff wiederum er als erster die öffentliche Initiative.

Wenige Tage darauf gab Kohl unter Hinweis auf das vorangegangene bayerische Votum und nach Rücksprache mit den eigenen Gremien und einem ausführlichen Gespräch mit mir bekannt, daß die Union mich als den Kandidaten für das Amt des Bundespräsidenten nominieren werde.

Mein Amt als Regierender Bürgermeister legte ich im Fe-

Abschied als Regierender Bürgermeister von Berlin im Frühjahr 1984.

bruar 1984 nieder. Auf Vorschlag der Berliner CDU wählte das Abgeordnetenhaus Eberhard Diepgen zu meinem Nachfolger. Am 23. Mai desselben Jahres wählte mich die Bundesversammlung mit 832 von 1040 Stimmen zum sechsten Präsidenten der Bundesrepublik Deutschland. Am 1. Juli 1984 wurde ich in mein neues Amt eingeführt.

Daß ich auch danach einer der ihren geblieben bin, haben die Berliner später stets empfunden, auch die zunächst enttäuschten Freunde.

Das Amt

Aber was für ein Amt war das eigentlich, das ich nun übernahm? Im Verfassungskonvent von Herrenchiemsee hatte es 1948 darüber einen lebhaften Streit gegeben. Eine kräftige Minderheit hatte dafür plädiert, die Aufgaben des Staatsoberhauptes einem

Dreierkollegium zu übertragen. Aus guten Gründen setzte sie sich aber nicht durch. Denn wie soll irgendeine ernsthafte Verantwortung kollektiv wahrgenommen werden? Der Vorschlag lief darauf hinaus, das Amt im ganzen für überflüssig zu erklären, so wie es eine weit links angesiedelte Gruppe schon 1919 in der Weimarer Nationalversammlung verlangt hatte und wie es neuerdings von einzelnen Staatsrechtlern am rechten Flügel gelegentlich vertreten wird.

Man einigte sich also auf ein Amt mit eindeutig geringeren Kompetenzen als in der Weimarer Republik, aber mit der zentralen Aufgabe, befreit vom konfrontativen Tageskampf der Gruppen und Interessen eine überparteiliche konstante Mitte zu verkörpern, für Integration in der Gesellschaft zu sorgen und das Land nach außen völkerrechtlich zu vertreten.

Von Beginn an wurde es ein von den Parteien lebhaft begehrtes Amt. Zu keinem Zeitpunkt hatten Außenseiter eine reelle Chance. Nicht nur die gewählten Präsidenten, sondern in der Regel auch ihre unterlegenen Gegenkandidaten waren erfahrene und prominente Politiker, so zum Beispiel Kurt Schumacher gegen Theodor Heuss, Carlo Schmid gegen Heinrich Lübke und Gerhard Schröder gegen Gustav Heinemann. Bekanntlich hatte auch Konrad Adenauer eine von seiner Fraktion zunächst lebhaft befürwortete Kandidatur angestrebt, freilich in der irrigen Annahme, er könne quasi das Palais Schaumburg in die Villa Hammerschmidt mitnehmen.

So unscharf das Bild des Präsidenten bleibt, das die Verfassung von ihm zeichnet, so rasch und bis heute weitgehend unverändert entwickelte sich in der Praxis eine klare Vorstellung vom Amt. Seine Inhaber sollen unabhängig und überparteilich, aber durchaus nicht meinungslos fungieren. Sie sind dem Parlament keine Rechenschaft schuldig, erst recht nicht der Regierung. Nur das Bundesverfassungsgericht kann ihre Handlungen oder Unterlassungen korrigieren, sie im äußersten Fall des Amtes entheben.

Nach mancherlei wissenschaftlichen Auslegungsdisputen gibt es heute praktisch keinen ernsthaften staatsrechtlichen Streit mehr über die Kompetenzen. Der Bundespräsident übt ein formelles und ein materielles Prüfungsrecht aus, um die Übereinstimmung der ihm zur Unterzeichnung vorgelegten Gesetze mit der Verfassung zu kontrollieren. Für seine öffentlichen Äußerungen bedarf er keiner Zustimmung der Regierung. Das ist einer der Unterschiede zu den konstitutionellen Monarchien. Er hat die Befugnis, Ratschläge zu geben und sich gegebenenfalls auch kritisch abweichend von der Exekutive zu äußern. Vor allem im Rahmen seiner Aufgabe, die Bundesrepublik völkerrechtlich zu vertreten, bleibt es aber seine Pflicht, seinen Teil dazu beizutragen, daß unser Land nach außen nicht mit mehreren Stimmen spricht. Im Bereich der Außenpolitik ist der Bundespräsident am engsten mit der Regierungstätigkeit verbunden. Über den Umfang seiner durch die Verfassung uneingeschränkten völkerrechtlichen Vertretungsbefugnis hat es bei uns praktisch nie einen Zwist gegeben, anders als neuerdings in Österreich bei einer mehr oder weniger vergleichbaren Situation.

In diesem allgemeinen Rahmen ist die Person entscheidend für das Amt. Von ihr gehen die Impulse aus, mit allen damit vorgegebenen menschlichen Unterschieden. Jeder Amtsinhaber bringt seine spezifischen Schwerpunkte zur Geltung, und jeder hat es mit den besonderen Problemen seiner Amtszeit zu tun. Für Heuss stand im Zentrum, die Demokratie in Deutschland zu verankern. Lübke trat in überzeugender Weise für Hilfe und Ausgleich zwischen Nord und Süd ein. Dem Bürgerpräsidenten Heinemann ging es um »mehr Demokratie«. Scheel sah seine Priorität in Europa. Carstens brachte alle Regionen unseres Landes mit seinen weiten, die Menschen verbindenden Wanderungen zur Geltung.

In der Exekutive ist das wichtigste Mittel des Politikers, zu handeln. Für den Bundespräsidenten ist es seit Theodor Heuss' Zeiten die Rede, die sein Handeln ausmacht. In ihrer Anwendung wird er von den allgemeinen Erfahrungen, Überzeugungen und Ansichten in der Gesellschaft ausgehen. Er wird sie achten, aber auch herausfordern. Es kann ihm sehr wohl darum gehen, Anstöße zu geben. Wer es als Bundespräsident tut, nimmt hin, daß manche an ihm Anstoß nehmen. Er wird sich an Max Webers Worte über die Politik halten: ein starkes, langsames Bohren von harten Brettern mit Leidenschaft und Augenmaß. Nichts anderes hat die Verfassung mit ihm im Sinn, und so ist es in der Praxis.

Konzentration auf Außenpolitik

Zum Zeitpunkt meines Amtsantrittes herrschte einige Unruhe in der Gesellschaft. Mit großer Mühe wurde um die Beendigung eines äußerst langen Arbeitskampfes gerungen. Gemessen an der Anzahl der verlorenen Arbeitstage, war es der härteste in der Geschichte des Landes. Bald darauf erschwerte die Regierungskoalition die Streikbedingungen durch Änderungen des Arbeitsförderungsgesetzes. Die Gewerkschaften empfanden dies bitter.

Unbehagen kennzeichnete auch die Stimmung bei den Parteien. Die SPD hatte kurz zuvor durch eigene innere Konflikte die Macht eingebüßt. Sie suchte nach einem Weg, die Verluste wettzumachen, ohne fündig zu werden. Die FDP hatte mitten in der Legislaturperiode den Regierungswechsel herbeigeführt; sie war also wieder »umgefallen«, mußte deshalb den Verlust alter Wähler durch Gewinnung neuer kompensieren. Aber wie?

Die Union führte die Regierungskoalition an, hatte jedoch auf Anhieb keine glückliche Hand mit der von ihr angekündigten geistig-moralischen Wende. Es kam zur sogenannten Flick-Affäre, zum Verdacht von illegalen politischen Finanzhilfen und von Korruptionsfällen. Die Führung der Koalition legte den

Vereidigung als Bundespräsident am 1. Juli 1984.

Entwurf für ein »Gesetz zur Regelung steuerlicher Zweifelsfragen bei der Parteifinanzierung« vor. Es war der Versuch einer Generalamnestie für Sünden im politischen Spendenwesen, der allerdings auf scharfen Widerstand stieß, unter anderem beim ehemaligen Präsidenten des Bundesverfassungsgerichtes, Ernst Benda. Am Tage meiner Wahl durch die Bundesversammlung gab Kohl dann bekannt, daß der Plan nicht weiter verfolgt werde.

Das Opfer der nächsten Affäre war der stellvertretende Oberbefehlshaber der Nato, General Kiessling. Erst nach langem Hin und Her wurde er von einem unheilvollen und nie erwiesenen Verdacht rehabilitiert. Insgesamt hatte sich die Stimmung gegenüber der Politik in der Bevölkerung verschlechtert. Von »Parteienverdrossenheit« war die Rede, als ich meinen Dienst in der Villa Hammerschmidt aufnahm.

Auf dieses Unwort alsbald zu reagieren, hielt ich mich

zurück. Bekanntlich mahnt uns George Bernard Shaw in seinen »Ansichten eines kritischen Konservativen« zur Vorsicht im Urteil: »Die Menschheit, die zum größten Teil unfähig ist, Politik zu treiben, unternimmt als leichten und passenden Ersatz, die Politik anderer zu beschimpfen.« Ob dieser scharfsinnige Spötter damit das bürgerliche Urteilsvermögen unserer Zeit richtig einschätzt und ob er insbesondere die hier geschilderten Stimmungen für unbegründet gehalten hätte, ist natürlich zweifelhaft. Wie dem auch sei, Anlässe für eine schlechte öffentliche Atmosphäre kommen und gehen. Jedenfalls hielt ich es nicht für angemessen, in meiner Antrittsrede vor dem Bundestag darauf einzugehen. Dagegen sprach ich vom Arbeitskampf mit seinem hartnäckigen und folgenreichen Übel: Keine der beiden Seiten hatte sich auf die vordringliche Auseinandersetzung zugunsten Dritter eingelassen, nämlich der vielen, die Arbeit suchen. Ohne spürbare Rücksicht auf die Zukunft war es um Arbeitsbedingungen für die Beschäftigten in der Gegenwart gegangen. Langfristige Perspektiven waren kaum erkennbar, ganz zu schweigen von unserer politischen Hauptaufgabe, der lebenswerten Zukunft für die nachfolgenden Generationen.

Bei meinem zweiten Thema ging es mir um die wache Aufmerksamkeit der Deutschen in der DDR für unsere Haltung im Westen. Wer die Trennung so leidvoll empfand wie sie, erhoffte sich gerade um unserer Zusammengehörigkeit willen eine starke friedenstiftende Kraft der Bundesrepublik für ganz Europa. Damit war der Schwerpunkt meiner ersten Jahre im Amt berührt. Schon Karl Carstens, der mir das von ihm vorbildlich geführte Amt mit uneigennützigen und klugen Ratschlägen übergab, hatte mir die auswärtigen Beziehungen besonders ans Herz gelegt.

Eine enge Zusammenarbeit mit dem Auswärtigen Amt war dafür vonnöten. Ich habe sie von Beginn an erbeten und während des ganzen Dezenniums meiner Präsidentschaft auf hervorragende Weise erhalten. Dies lag zunächst und vor allem an

Viele Tausende von Kilometern sind Hans-Dietrich Genscher und ich zusammen gereist, wobei mich immer wieder seine wache Intelligenz beeindruckte.

Hans-Dietrich Genscher, der während des längsten Teiles meiner Amtszeit als Außenminister fungierte, bis ihm 1992 Klaus Kinkel auf bewährte Weise nachfolgte. Genscher sorgte für eine lückenlose Information. Mit ihm kam es zu einem laufenden Gedankenaustausch und, was das wichtigste war, zu einer ständig von neuem erprobten außenpolitischen Übereinstimmung. In einer kurz zurückliegenden, für ihn als FDP-Vorsitzenden ungewöhnlich schwierigen Zeit, als er seine Partei beim Wechsel in die Koalition mit der Union anführte, hatte er sich ein wichtiges Verdienst um unser Land erworben: Er hatte für außenpolitische Kontinuität beim Regierungswechsel von Schmidt zu Kohl gesorgt.

Oft konnte man kritische Äußerungen über ihn hören. Er sei undurchsichtig, hieß es da, einer geheimnisreichen Sphinx gleich. Meine Erfahrungen mit ihm sind gegenteiliger Art. In den gemeinsamen Gesprächen und Reisen ebenso wie bei allen

Kontakten im In- und Ausland erlebte ich bei ihm einen klaren, zäh verfolgten Kurs. Er handelte von der Erkenntnis aus, daß unser wieder gewachsenes Gewicht als Deutsche uns eine besondere Sorgfalt auferlegt. Alles, was wir tun oder unterlassen, betrifft uns nicht allein. Die deutsche Geschichte hat uns noch nie allein gehört und wird uns nie allein gehören. Soweit wir über Macht verfügen, gilt es, sie als Verantwortungspolitik zu praktizieren. So trivial dies klingen mag, es bleibt unser vitales, leider zuweilen verletztes nationales Interesse.

Genschers blitzartig reagierende Intelligenz, sein stupendes Gedächtnis, seine souveräne Beherrschung eines großen und hochqualifizierten Apparates waren eindrucksvoll genug. Das wichtigste aber war sein innerer Kompaß für das, was uns Deutschen in der Welt und was der Welt mit uns Deutschen bekömmlich ist, wo und wie wir mit unserem Pfund zu wuchern haben. Natürlich ist richtig, daß er nicht immer alles sagt, was er weiß, zumal nicht über andere. Wie ich glaube, gehört dies zu seinen Qualitäten, und mancher Zeitgenosse sollte im eigenen Interesse über den Schutz froh sein, den er Genschers Diskretion verdankt.

Was mich mit ihm verband, war auch seine Art, stets im Sinne und Geiste beider Teile Deutschlands zu denken und zu handeln. Er, der frühzeitig aus Halle in den Westen gekommen war, hörte nie auf, mit jenen zu fühlen, die nicht herauskamen, aus welchen Gründen auch immer. Er verstand, daß und wie die meisten von ihnen sich unter den dortigen Bedingungen bemühten, ein anständiges Leben zu führen. Deshalb hat er auch später keinem von ihnen zugemutet, die eigene Biographie im Geiste zu löschen.

Auch mit dem Kanzleramt, in dessen Hand die innerdeutschen Beziehungen lagen, kam es für mich zu einer vertrauensvollen, engen und fruchtbaren Zusammenarbeit. Allen Unterschieden in den Programmen und in der Sprache der Bundestagsparteien zum Trotz sorgten die Kanzleramtsminister

Jenninger, Schäuble und Seiters in der Praxis dieser empfindsamen Materie für eine verantwortungsvolle politische Kontinuität, die den Landsleuten in der DDR auf dem Weg bis zur Wende zugute gekommen ist.

In meinem eigenen Amt hatte ich das Glück, in zweimal fünf Jahren je einen unserer besten Beamten des auswärtigen Dienstes als Chef des Bundespräsidialamtes zu gewinnen. Während meiner ersten Amtsperiode war es Klaus Blech, zuletzt Botschafter in Tokio, während der zweiten Andreas Meyer-Landrut, der als unser Botschafter in Moskau zu mir kam. Beide kannte ich aus meiner Zeit im auswärtigen Ausschuß des Bundestages. Dort hatten sie uns Abgeordnete stets klug und kenntnisreich informiert, nicht ohne jenen kleinen Vorsprung des beamteten Herrschaftswissens für sich zu behalten, den sie vor parteipolitischer Instrumentierung schützen wollten. Mit ihrer Welterfahrung und Selbständigkeit im Denken verbanden sie auf beispielhafte Weise die überparteiliche, verantwortlich-kritische, gegenüber ihrer politischen Führung loyale operative Funktion des Diplomaten.

Mit beiden war die Zusammenarbeit für mich und, wie ich glaube, für das ganze Haus eine Freude, nicht zuletzt dank ihrer menschlichen Qualitäten und ihres Humors. Von beiden habe ich viel gelernt, natürlich auch ganz unterschiedliche Dinge. Blech verstand mehr von Heidegger und der japanischen Kochkunst, Meyer-Landrut mehr von den slawischen Völkern mit ihrer Geschichte und von der Reitkunst. Auch hatte jeder von ihnen seine ihm eigene Gepflogenheit im Umgang mit den täglichen Papierbergen. Im Arbeitszimmer von Meyer-Landrut durfte kein Aktenstück länger als fünf Minuten verweilen. Wenn dagegen ein gehaltvoller Vorgang im ganzen Amt anhaltend gesucht wurde, so fand er sich zuletzt meistens bei Blech, wo er angemessen gehütet und bebrütet wurde.

Die Leitung des Persönlichen Büros im Amt übernahm Peter Schönfeld. Auch er kam aus dem Auswärtigen Amt. Er sprach von uns allen das schönste Französisch und Englisch. Seine Selbstlosigkeit und Treue, sein Stilgefühl und Herzenstakt vertieften innerhalb und außerhalb des Hauses jenes Vertrauen, auf das ein im Rampenlicht stehendes öffentliches Amt in so hohem Maße angewiesen ist.

Einen für mich überaus wertvollen Gedankenaustausch gab es ferner mit dem Institut für Wissenschaft und Politik in Ebenhausen bei München, das mein alter Freund Klaus Ritter zusammen mit dem Freiburger Sozialwissenschaftler Arnold Bergsträsser in den sechziger Jahren gegründet hatte. Nach dem großen Vorbild der amerikanischen Rand Corporation entwickelte es sich zum wichtigsten deutschen Zentrum für die systematische wissenschaftliche Analyse der Außen- und Sicherheitspolitik. Mit seinen Forschungsbeiträgen, denen insbesondere auch ein reger Austausch im Rahmen qualifizierter internationaler politikwissenschaftlicher Arbeit zugute kam, beriet es die Fraktionen des Bundestages und die Ressorts der Bundesregierung.

Es schlug die notwendige und längst fällige Bresche in verbreitete alte deutsche Vorurteile, welche besagten, daß die Freiheit der Wissenschaft durch eine pragmatische Zusammenarbeit mit der Politik gefährdet sei und daß die Parlamente ebenso wie die operativen Abteilungen einer Regierung der abstrakten und systematischen wissenschaftlichen Erkenntnisse nicht bedürften. Im Lauf der Jahre erwarb sich das Institut ein hohes Ansehen in der internationalen Welt der konzeptionellen Politikberatung. Vor allem im Ost-West-Verhältnis leistete es unschätzbare Dienste, zumal im Gedankenaustausch mit sowjetischen Politikwissenschaftlern, die ihrer eigenen politischen Führung weit voraus zu denken pflegten. Die haushaltsmäßige Anbindung des Instituts an den Etat des Bundeskanzleramtes hat seine vollkommene politische Unabhängigkeit niemals beeinträchtigt.

Es waren die Jahre, in denen der Ost-West-Konflikt einer entscheidenden Wendung entgegenging. Noch konkurrierten die beiden einander gegenüberstehenden Systeme und Bündnisse, aber im Zeichen einer nuklearen Pattstellung, eines »stalemate system« (Stanley Hoffmann). Jede der beiden Supermächte verfügte über eine gesicherte Zweitschlagkapazität. Damit war sie geschützt, zugleich aber war ihre Rüstung als Instrument zur Lösung anstehender Probleme oder gar zur machtpolitischen Veränderung auch entwertet. Gesucht wurde nach anderen Mitteln und Wegen, um der jeweiligen Sackgasse zu entkommen.

Innerhalb eines jeden der beiden Bündnissysteme gab es bei den Mitgliedsländern unterschiedliche Akzente. Im Warschauer Pakt verstärkte sich bei den Partnerländern Moskaus das Unbehagen am Begriff des »Ostblocks«. In zunehmendem Maß bemühten sie sich, ihre Aufgaben national zu interpretieren und auf eigenen Wegen ohne Konfrontation nach außen zu lösen. Dennoch blieb der Druck der Sowjetunion in Richtung Bündnisdisziplin vorherrschend.

Das Hauptproblem der östlichen Führungsmacht wurde ihr ständig gewachsener wirtschaftlicher Rückstand und der Verlust der internationalen Wettbewerbsfähigkeit. Da ihr Schwerpunkt, die Rüstung, sie zwar sicherte, aber zur machtpolitischen Verwendung nur noch bedingt taugte, wurden die allgemeinen Schwächen des sowjetischen Systems um so spürbarer. Mit der Heilslehre ihrer Dogmen ließen sich in der Welt keine Fortschritte mehr erzielen. Ihre Ideologie verkümmerte immer mehr zu einem Herrschaftsvokabular ohne überzeugende Glaubenskraft. Blieben die Schätze der Natur und die stets hohen Fähigkeiten ihrer Menschen. Doch unter der Dominanz eines nach außen abgeschlossenen, den Austausch mit der übrigen Welt geradezu fürchtenden Systems kamen sie nicht zur Geltung. Wirtschaftlich war die Sowjetunion kaum noch zur ausreichenden Selbstversorgung imstande, ganz zu schweigen von einer erfolgreichen Teilnahme an globaler Konkurrenz. Ein Provinzialismus herrschte vor, der den Anspruch auf eine Weltmachtstellung untergrub. Wer sich abblockt, fällt zurück. Es gibt keine Weltmacht ohne Welt.

So war das vorherrschende Problem der Sowjetunion die Modernisierung. Dringend bedurfte es dazu der Öffnung. Ließ sie sich so dosieren, daß das System erhalten blieb? Oder herrschte zwischen Reformfähigkeit und Stabilität des Systems ein unaufhebbarer Widerspruch? Immer dringlicher wurde dies zur Gretchenfrage.

Die Reaktion des westlichen Lagers entsprach seinem pluralistischen Charakter. Die amerikanische Führungsmacht, die für den Schutz der Rahmenbedingungen, also des »stalemate« mehr oder weniger allein sorgen mußte, setzte zunächst noch immer auf Eindämmung. Reagan wollte Moskau primär durch Rüstung in die Knie zwingen. Die europäischen Natopartner wollten dennoch dieVerbindungen über die Blockgrenzen hinweg nicht abreißen lassen. Dies galt vor allem für uns Deutsche. Überzeugend hatte die Bundesregierung sich durch die Nachrüstung dafür eingesetzt, die Balance der Waffen wiederherzustellen, die durch die sowjetischen Mittelstreckenraketen aus dem Gleichgewicht geraten war. Zugleich aber standen für uns konstruktive ost- und deutschlandpolitische Fortschritte auf dem Programm. Es ging um eine kräftige Vergrößerung der Löcher durch die innerdeutschen Mauern zugunsten der Menschen. Bei einem Abbruch jeglicher Entspannungspolitik hätten die Deutschen den empfindlichsten Schaden davongetragen.

Darüber hinaus aber erlebte nun auch der westliche Kerngedanke der Schlußakte von Helsinki aus dem Jahre 1975 seine Bewährung: die systemöffnende Koexistenz und Kooperation. Durch wirtschaftliche Zusammenarbeit, Kredite, Budgethilfen und Expertenaustausch sollte ein »Zugewinn an Bindegewebe und grenzüberschreitender Mobilität« (Klaus Ritter) erzielt und dadurch das östliche System nicht nur geöffnet, sondern verändert werden. Hand in Hand damit gewannen die im Korb 3 von Helsinki verkündeten Freizügigkeitsziele wachsenden Nachdruck auf die östlichen Machthaber.

In jener Mitte der achtziger Jahre konnte jeder das Knistern einer Veränderung im Gebälk des Ost-West-Konfliktes hören. Keiner von uns wußte, was uns bald darauf erwartete. Aber die positive Anspannung wuchs und mit ihr auch die internationale Aufmerksamkeit für das Verhalten von uns Deutschen, für unsere Zielstrebigkeit und unsere Sensibilität.

In diese Zeit fiel die erste Phase meiner Präsidentschaft und stellte mich alsbald vor schwierige Anforderungen. Die Atmosphäre in der Bundesrepublik war einigermaßen gereizt. Die Landsmannschaft der Schlesier lud Kohl zu ihrem jährlichen Treffen ein, das sie unter das Motto »Schlesien ist unser« gestellt hatte. War das die neue Zukunft unserer Vergangenheit? Sollte nun auf einmal die Bindungswirkung der Ostverträge in bezug auf die polnische Westgrenze geleugnet werden, auf die sich der Bundestag schon festgelegt hatte? Der Kanzler, der seine Teilnahme zugesagt hatte, wurde in eine prekäre Lage gebracht und mußte auf eine Abänderung des Mottos hinwirken.

Ein weiteres Problem stellte sich mit dem vierzigsten Jahrestag des Kriegsendes am 8. Mai 1985. Zeitlich fiel es mit einem geplanten Deutschlandbesuch des amerikanischen Präsidenten Reagan zusammen. Zwischen Kanzleramt und Weißem Haus war der Gedanke erwogen worden, den Jahrestag selbst mit Reagan im Bundestag zu begehen. Damit sollte der Erfolg der Bundesrepublik als Partner der freien Welt im Mittelpunkt stehen, nicht dagegen die Vergangenheit. Im Einvernehmen der Verfassungsorgane und auf meine nachdrückliche Bitte hin wurde dann aber beschlossen, den Gedenktag allein unter uns Deutschen im Bundestag zu begehen, ohne die Hilfe ausländischer Freunde.

Reagan stattete uns daher seine Staatsvisite einige Tage vor dem 8. Mai ab. Im Anschluß an den offiziellen Teil in Bonn besuchte er das Konzentrationslager Bergen-Belsen und danach zusammen mit Kohl den Soldatenfriedhof in Bitburg. Darüber geriet Reagan bei sich zu Hause in eine heftige Krise, weil sich erst nach seiner gegebenen Zusage herausgestellt hatte, daß auf dem Friedhof SS-Angehörige begraben waren. Niemand hatte böse Absichten verfolgt. Auch ist ein Friedhof der Platz, um dem Unfrieden und der Verfolgung Einhalt zu gebieten. Aber jedermann konnte das ganze Ausmaß der Empfindlichkeit beim Umgang mit der Vergangenheit spüren.

Vor diesem Hintergrund versammelten wir uns am 8. Mai 1985 im Parlament. Bundestagspräsident Jenninger hielt eine würdige Ansprache. Danach war es meine Aufgabe, des Kriegsendes mit seinen Ursachen und Folgen zu gedenken. Es waren nicht eigentlich neue Einsichten, die ich vorzutragen hatte. Seit Theodor Heuss hatten alle meine Vorgänger eindeutige Worte zur Vergangenheit gesprochen. Sie bleibt für immer, was sie war.

Aber die Zeit steht niemals still, und mit ihren neuen Perspektiven kann auch der Rückblick ein anderes Gewicht bekommen. Daraus ergab sich der Sinn des Gedenktages.

Vier Jahrzehnte waren seit dem Kriegsende ins Land gegangen, ein großer Zeitabschnitt im Leben von Menschen und Völkern, wie es die Geschichte immer wieder lehrt. Es ist kein Wunder, daß ihm in den Religionen oft eine prägende Rolle zugeschrieben wird, zumal im Judentum und im Christentum. Vierzig Jahre sollte Israel gemäß dem Alten Testament in der Wüste bleiben, bevor es ins verheißene Land einziehen durfte. So unvergleichbar die biblischen Geschichten mit der Gegenwart sind, auch uns stellten sich nach vier Dezennien neue Fragen. Versinkt mit dem Wechsel der Generationen die Vergangenheit in Vergessenheit? Kommt nun eine dunkle Zeit zu ihrem Ende, mit der Zuversicht auf eine gute Zukunft?

Es war merkwürdig. Wir bewegten uns auf einen Schnittpunkt der Epochen zu, an dem sich ein tieferer innerer Zusammenhang über die Brüche der Zeitabschnitte hinweg offenbart. Die Ahnung einer veränderten Zukunft tat sich auf, erreichbar aber nur im klaren Bewußtsein der Vergangenheit, die sie ablöst und in der sie doch wurzelt.

Es waren die in Umrissen erkennbar werdenden neuen und großen Bewegungen im Ost-West-Verhältnis, die solche Gedanken ans Licht beförderten. Auf dem Weg zu neuen Ufern tat sich ein wiederbelebtes Verlangen nach dem Verständnis der Vergangenheit und ihrer Folgen auf, sowohl bei uns im eigenen Land wie auch bei unseren Nachbarn.

Wie interpretieren wir unsere Vergangenheit? Und wer tut es? Im allgemeinen pflegen Sieger am Ende von Kriegen darauf ihre einseitigen Antworten zu geben und zu diktieren. Dabei befinden sie zumeist auch über Kriegsschuldfragen. In der Regel geschieht das durch Friedensverträge mit fatalen Folgen. In unserem Jahrhundert war Versailles 1919 dafür das klassische Beispiel, das zur schweren, bis zu ihrem bitteren Ende nie überwundenen Hypothek für die Weimarer Republik wurde. Denn es ermöglichte Hitler, dem Zerstörer unserer ersten Republik, die Korrektur der unverstanden gebliebenen Vergangenheit auf sein Programm zu setzen, mit dem er das nationalsozialistische Inferno und den Zusammenbruch des Reiches heraufbeschwor.

Am Ende des zweiten Krieges gab es keinen Friedensvertrag. Die Siegermächte unterwarfen uns in anderer Form. Wir Deutschen wurden geteilt und in den neu aufgebrochenen Kalten Krieg eingebaut. Jeder der beiden deutschen Staaten wurde in seinem Lager ein nützliches, ja unentbehrliches Mitglied. Die jeweiligen Bündnispartner waren mit der neuen Gegenwart vollbeschäftigt. Rückwärtsgerichtete Gedanken an den letzten Krieg mit Deutschland waren für sie offenbar gegenstandslos geworden. Statt dessen erschien die Teilung Deutschlands im Rahmen eines geteilten Kontinents als feste Größe in den internationalen Rechnungen.

Nun aber kamen zunehmend Veränderungen in den Ost-West-Konflikt und seine Lager. Vergessene oder verdrängte, nur

Am 14. November 1940 hatten deutsche Bomber die englische Stadt Coventry mit ihrer ehrwürdigen Kathedrale in Schutt und Asche gelegt. Fünfzig Jahre später kamen die 90jährige britische Königinmutter Elizabeth und ich als Ausdruck der Versöhnung zu einem gemeinsamen Gottesdienst in dem Kirchenbau zusammen. Der Kathedralchor von Coventry und der Dresdner Kreuzchor sangen im Wechsel.

Als Erwiderung meines Besuchs 1990 in der von Deutschen zerstörten Kathedrale von Coventry nahm Königin Elizabeth II. am 22. Oktober 1992 an einem ökumenischen Gottesdienst in der Kreuzkirche des von den Briten zerbombten Dresden teil. Ihr Mann, Prinz Philip, und der sächsische Ministerpräsident, Kurt Biedenkopf, lasen gemeinsam Texte aus der Bergpredigt.

scheinbar obsolet gewordene Fragen meldeten sich neu, unter ihnen vor allem die Frage nach der Zukunft der Deutschen, die offene Frage schlechthin. Und wie von selbst verbanden sich solche, wenn auch noch ganz unscharfen Ausblicke auf die kommende Zeit mit historischen Rückblicken und Empfindlichkeiten. Was für eine neue Wirklichkeit würde nun in Deutschland heranwachsen? Welche Vorstellungen würden die Deutschen von ihrer Identität, ihrer Nation, ihrem Patriotismus, ihren Aufgaben entwickeln? Auf welchem Verständnis der Vergangenheit würden sie dies aufbauen?

Solche Fragen zu beantworten war nun aber nicht mehr die Sache der anderen Mächte. Vielmehr ging es um unser eigenes, deutsches, von keinem Sieger aufgezwungenes unverschleiertes Bild von unserer Herkunft als Fundament für unsere Zukunft. Darauf kam es in meiner Rede an. Mir war bewußt, daß ich für uns alle zu sprechen hatte. Es galt, die Achtung vor den unendlich schweren Schicksalen der Menschen mit unmißverständlich klaren Aussagen für das Ganze zu verbinden. Orientierung fand ich nicht bei abstrakten zeitgeschichtlichen Analysen, sondern bei den konkreten Erfahrungen meiner eigenen Generation. Es waren die vier Zeiten unseres Lebens in ihrem tieferen Zusammenhang: das Ende der Weimarer Republik, Nationalsozialismus und Krieg, Teilung und Kalter Krieg, die Hoffnung auf Vereinigung durch eine historisch-moralisch fundierte Politik.

In der Ansprache zitierte ich den Gedanken einer Religion, der ich nicht angehöre, eine alte jüdische Weisheit: »Das Vergessenwollen verlängert das Exil, und das Geheimnis der Erlösung heißt Erinnerung.« Wir können uns nicht selbst erlösen. Auch können wir nichts ungeschehen machen. Wir haben das Abgründige erfahren, an ihm teilgenommen. Eines aber können und müssen wir tun: ihm mit Wahrhaftigkeit ins Auge sehen. Darum ging es um seiner selbst und nun um der Zukunft willen.

Am 8. Mai 1985 sprach ich im Bundestag zum vierzigsten Jahrestag des Kriegsendes.

So kam eine Rede heraus, die die politischste und zugleich die persönlichste meiner Amtszeit wurde. Es war am Echo aus dem In- und Ausland zu spüren, das mich seither nicht mehr verlassen hat. Zu ihrer Vorbereitung hatte ich Gespräche aller Art geführt und viel gearbeitet, am intensivsten zusammen mit Michael Engelhardt, einem Diplomaten unseres auswärtigen Dienstes, den Walter Scheel mir empfohlen hatte und der dank seiner vollkommenen Unabhängigkeit im Denken und der Schärfe seines gewissenhaften Urteils ein unentbehrlicher Partner geworden war. Dennoch hatte ich mir keinerlei Vorstellung davon gemacht, daß die Rede schließlich so oft gedruckt und in zahlreiche andere Sprachen übersetzt werden sollte. Die stärkste Resonanz gab es bei ungezählten Diskussionen und Korrespondenzen mit Schülern und jungen Leuten. Insgesamt war das lebhafte Echo, auch wenn es zuweilen kontrovers war, ein ermutigendes Zeichen für die kommende Zeit.

Auslandsreisen; erster Austausch von Staatsbesuchen mit Israel

Meine vorrangigen Aufgaben konzentrierten sich nun auf unsere Beziehungen zu den wichtigsten Nachbarn in Ost und West, zunächst auf Frankreich und die Niederlande, sodann auf Polen und die ČSSR, vor allem aber auf die Sowjetunion. Bei allen diesen Kontakten fiel mir die Aufgabe zu, an der Erkenntnis des Zusammenhangs von Vergangenheit und Zukunft mitzuwirken.

Mein erster Besuch galt Frankreich; daran konnte es keinen Zweifel geben. Im Verlauf der Geschichte hatten sich unsere beiden Länder stets aneinander gemessen. Nicht der kurzschlüssige Begriff einer Erbfeindschaft hatte die Beziehungen gekennzeichnet, sondern eine Nachbarschaft in der Dialektik von Zuneigung und Distanzierung – so lange, bis die Tendenz, den Nachbarn als Negation des eigenen Wesens zu begreifen und zu bekämpfen, ein fatales Übergewicht gewonnen hatte. Erst das Inferno hatte die moralische Kraft der Völker heranwachsen lassen, um nun endlich und unwiderruflich einen gemeinsamen Weg zu finden. Schon vor dem Kriegsende hatte Jean Monnet dafür die Richtung gewiesen.

Alte geistige Wurzeln der Nähe erzeugten rasch neue Lebenskraft. Bei meinem Besuch in Paris erinnerte ich an die Worte des französischen Dichters und Diplomaten Paul Claudel, die er bald nach dem Ende des zweiten Krieges geschrieben hatte: »L' Allemagne, cette immense coulière, cette immense vallée, n'a pas été faite pour diviser les peuples mais pour les rassembler.« Im Jahr 1981 konnte ein Franzose, Pierre Bertaux, auf unserer großen Preußenausstellung in Berlin seine Eröffnungsansprache mit den Worten beginnen: »Warum spricht hier ein Ausländer? In Berlin ist ein Franzose kein Ausländer. In dieser Stadt, in der einst jeder dritte Berliner aus Frankreich stammte, hat ein Franzose ein gewisses Anrecht auf heimatliche Gefühle.«

Bei meinem Gastgeber François Mitterrand kamen ähnliche

1947 hatte der damalige amerikanische Außenminister George C. Marshall bei der traditionsreichen alljährlichen Commencementfeier der Harvard University in Cambridge (Massachusetts) die Rede gehalten, die den nach ihm benannten, für den europäischen Wiederaufbau entscheidenden Marshallplan ankündigte. Vierzig Jahre später, am 11. Juni 1987, dankte ich den Vereinigten Staaten im Namen der Europäer dafür. Zusammen mit dem Sprecher des amerikanischen Repräsentantenhauses Tip O'Neill (links von mir) erhielt ich die Ehrendoktorwürde der Harvard University.

Empfindungen zum Vorschein. De Gaulle und Adenauer hatten sich im Umkreis des Rheines bewegt, beide in ihren Empfindungen ziemlich weit entfernt von Berlin. Mitterrand dagegen sprach mit mir am liebsten über Preußen. Daß Frankreich die preußischen Reformen aus der Napoleon-Zeit nicht verstanden und von ihnen nichts gelernt habe – so sagte er mir –, sei für Frankreichs Schwächen im ganzen 19. Jahrhundert mit verantwortlich gewesen. Im Laufe unserer vielen Begegnungen bekannte er sich immer wieder zu der Überzeugung, nichts sei dem preußischen Wesen fremder gewesen als Hitler.

Doch nun ging es natürlich nicht mehr um Preußen, sondern um Europa. In Fragen der Europäischen Gemeinschaft drängte Mitterrand gemeinsam mit uns voran, nicht ohne ein gewisses Maß von Ungeduld: »Zusammen können wir es. Aber wir sind in einer Phase, wo das Schicksal noch zögert«, sagte er.

Mitterrand war ein Gastgeber von bezwingender Liebenswürdigkeit. Zu seinen Vorlieben gehörte es, Geschenke zu machen, die nicht üppig, aber persönlich waren. Einmal übergab er mir einen dünnen Band des Marienlebens von Rainer Maria Rilke; es war ein seltenes Exemplar aus der elitären Reihe der Künstler-Goltz-Bände, die von Jugendstilkünstlern in nur dreißig Exemplaren gemalt und eingebunden wurden. Mitterrand hatte es bei einem Bouquinisten am Seine-Ufer für mich ausgesucht. Kaum je habe ich ihn unter Druck erlebt. Mit Vergnügen vermittelte er das Gefühl, Zeit zu haben. Am lebhaftesten wurden seine Gespräche, wenn es um den Zusammenhang von Kultur, Geschichte und aktueller politischer Perspektive ging.

In späteren Jahren lud ich ihn einmal nach Weimar und auf die Wartburg ein. Zunächst versicherte er mir direkt unter dem Goethe-Schiller Denkmal vor dem Nationaltheater, daß er bei allem geschuldeten Respekt vor dem Pfälzer Saumagen die Thüringer Bratwurst doch deutlich vorziehe. Dann sah er sich mit faszinierter Neugier um und dankte mir abends dafür, nun

Der französische Staatspräsident François Mitterrand, der in deutscher Kriegsgefangenschaft zum ersten Mal unser Land kennengelernt hatte, bewunderte nicht nur Goethe, sondern auch Luther. In Weimar besuchte er kurz vor dem Ende seiner zweiten Präsidentschaft das Haus auf dem Frauenplan, auf den Höhen bei Eisenach die Wartburg. Die Schreibpulte beider Männer waren ihm die prägenden Orte der deutschen Sprache und damit der deutschen Kultur gewesen.

endlich mit eigenen Augen die beiden Pulte gesehen zu haben, an denen Luther und Goethe die deutsche Sprache und damit die deutsche Kultur geschaffen hätten. Dann fügte er schelmisch hinzu, bisher hätten wir ihn ja immer nur den Rhein hinauf- und hinuntergeführt und dadurch mit französischer Kultur vertraut gemacht. Auch sonst war er nicht zurückhaltend, wenn es um den Beitrag Frankreichs zur europäischen Kultur ging. In der Villa Hammerschmidt zeigte ich ihm einmal ein Frühwerk des aus Brühl bei Köln stammenden großen Malers Max Ernst. Sofort lobte Mitterrand mich dafür, meine Residenz mit französischen Künstlern zu zieren. Daß Max Ernst nicht aus politischen

Gründen nach Frankreich übergesiedelt war, sondern um einer Frau willen, empfand Mitterrand erst recht als eine Reverenz vor seinem Land.

Auf meine Bitte gehörte zum Programm des Staatsbesuches ein Gespräch mit Schülern. Man erwies mir die Ehre der Einladung in das Lycée Louis Le Grand, das zu den angesehensten französischen Gymnasien zählt. In die illustre Liste seiner Absolventen gehören Molière und Voltaire, Victor Hugo und Jean-Paul Sartre, Valéry Giscard d'Estaing und Jacques Chirac. Die begabten jungen Franzosen zeigten ein völlig entspanntes, aber nicht besonders intensives Verhältnis zu ihren deutschen Altersgenossen. Nach der Schule gehen sie zu ihrer Ausbildung, ebenso wie junge Deutsche, am liebsten nach Amerika. Und wenn sie zurückkommen, wird über den Rhein hinweg Englisch gesprochen. Das Gespräch konzentrierte sich dennoch auf die europäische Zukunft, wobei schon diese Eliteschüler ihr Erstaunen darüber äußerten, warum sich ihre deutschen Kollegen soviel mit Waldschäden befaßten und ihr Interesse auf den Osten des Kontinents richteten, anstatt auf den Süden.

In der Tat gab es ostpolitisch keine ausreichende Zusammenarbeit zwischen Paris und Bonn, was mehr an den Franzosen lag als an uns. Dahinter steckte eine gewisse Zurückhaltung gegenüber unserer Deutschlandpolitik. Das Ziel menschlicher Erleichterungen durch Verhandlungen mit den Ostberliner Machthabern zu fördern, leuchtete ihnen immerhin ein. Aber einer deutschen Vereinigung sahen sie nur mit zusammengekniffenen Augen entgegen. Frankreich hatte den Zweiten Weltkrieg auf der Siegerseite beendet und doch verloren, gemessen an der globalen Machtstruktur. In noch stärkerem Maß als Großbritannien hatte es von seiner alten Weltmachtrolle Abschied nehmen müssen. Um so sorgfältiger pflegte es die verbleibenden Vormachtinsignien. Zu ihnen gehörten die Vormundschaft bei der frankophonen Familie im ehemaligen Kolonialbereich, die Force de frappe, die ständige Mitgliedschaft im Sicherheitsrat der Ver-

Bald nach der Wende besuchte die Königin Beatrix der Niederlande die östlichen, die mißverständlich so genannten »neuen« Bundesländer. Hier erkundigte sie sich im mecklenburgischen Bellin bei Güstrow voller Sachverstand nach der Lage der Landwirtschaft.

einten Nationen, aber eben auch ihre Teilhabe an der Viermächte-Souveränität, also ihre »Rechte und Verantwortlichkeiten« für Berlin und Deutschland als Ganzes, jene Vokabeln, die sie in ihrem völkerrechtlichen Penthouse hoch über den deutschen Etagen ständig mit Freude wiederholten.

In allen Bereichen der direkten Nachbarschaft zwischen Paris und Bonn und der Zusammenarbeit in der EG ging es zügig aufwärts. Adenauer, Robert Schuman und de Gaulle hatten den Grundstein gelegt. Die Freundschaft zwischen Giscard d'Estaing und Helmut Schmidt hatte vor allem wirtschafts- und währungspolitisch entscheidend vorangeholfen. Die Begegnung von François Mitterrand und Helmut Kohl in Verdun war ein aufrichtiger Ausdruck des Wunsches, sich der Vergangenheit gemeinsam zu stellen. Aber den kleinen Rangunterschied in der Souveränität für das ganze Deutschland hielt Paris mit unbeirrbarer Zähigkeit noch immer aufrecht. Das galt für alle politischen Richtungen in Frankreich.

Auch der Staatsbesuch bei den Niederländern, dieser Großmacht des europäischen Geistes, fiel in mein erstes Amtsjahr. Mit keinem anderen Nachbarland waren damals die Verbindungen so intensiv. Unser Austausch im wissenschaftlichen und künstlerischen Bereich florierte. Der Handel blühte hin und her. Unzählige Deutsche besuchten die kulturellen Stätten, die Strände und Kaufhäuser in den Niederlanden. Nie enden wollende Karawanen von holländischen Urlaubsautos bevölkerten unsere Autobahnen. Die Beziehungen hätten kaum dichter sein können und waren doch durchaus nicht spannungsfrei. In harmloser Form pflegte sich eine ziemlich geladene Atmosphäre zu zeigen, wenn unsere Mannschaften gegeneinander in Fußballänderspielen antraten. Ganz allgemein war die Vergangenheit im Verhältnis zu uns noch durchaus nicht überwunden. Sie hatte sich gewissermaßen unverarbeitet vererbt.

Als ich mit einer nach dem Zufallsprinzip zusammengestellten Gruppe angehender Studenten in Amsterdam sprach, hielt mir eine Abiturientin vor: »Ihr Deutschen behandelt die Türken heute so wie in der Nazizeit die Juden.« Sie sagte es so vor sich hin, als schilderte sie ein Naturgesetz, ohne Emotion und erkennbare Einsicht in die Lebendigkeit von Geschichte. Ich lud die ganze Gruppe für eine Woche zu einem Besuch nach Bonn ein, damit sie mit gleichaltrigen jungen Deutschen etwas verständlich machen und selbst lernend verstehen sollten. Zum Glück gelang es ganz gut.

Der Besuch in den Niederlanden bot wieder eine Fülle von Anschauung bei den aktuellen Aufgaben beider Länder. Es gibt dort wenig Verherrlichung und daher auch wenig Verachtung des Staates, dafür aber eine ausgeprägte Erfahrung mit Bürgerinitiativen und sozialem Protest. Was man mit einer Neuverteilung von Lohnarbeit, Eigenarbeit und Freizeit anstrebt, wie man mit Ausländern zusammenwächst, auf welchen Wegen man des grausamen Drogenmißbrauchs Herr wird – die Niederlande sind dafür ein beispielhaftes Laboratorium. Dort nimmt man den Rechtsstaat ernst, aber noch ernster den Gerechtigkeitsstaat. Die Bürger sind keine bequeme, aber eine gewissensbezogene Gesellschaft. Man spürt es an ihrer großen, auch vor dem Eifern nicht zurückscheuenden moralischen Kraft. Bei ihnen kann man gelegentlich den Eindruck gewinnen, daß auch die Katholiken unter ihnen markante calvinistische Züge tragen.

Bei diesem Besuch spielte meine drei Wochen zuvor im deutschen Bundestag gehaltene Ansprache zur vierzigjährigen Wiederkehr des Kriegsendes am 8. Mai 1945 eine nicht unerhebliche Rolle. Beim Staatsbankett hatte zunächst Königin Beatrix eine präzise und hochinteressante, bewegende und sehr persönliche Rede gehalten. Unmittelbar nach meiner Erwiderung sprang plötzlich und zur allgemeinen Überraschung ihr Mann auf, Prinz Claus. Er bat für diese programmwidrige Übertretung des Protokolls um Nachsicht und reichte mir über den Tisch das erste Exemplar meiner von ihm ins Holländische übersetzten Ansprache zum 8. Mai. Dieser ebenso kluge wie einfühlsame und hochanständige Prinzgemahl aus Deutschland, der es zunächst schwer gehabt hatte in Holland, wollte vor der großen Tischrunde ein Zeichen der Verbundenheit seiner neuen mit seiner alten Heimat geben. Es war ein unvergeßlicher Augenblick. Nur mit Mühe war der niederländische Ministerpräsident Lubbers zurückzuhalten, ein Hoch auf Prinz Claus auszubringen, der unseren Abend zu einer Sternstunde im Dialog zweier europäischer Völker gemacht hatte.

Bald darauf folgte ein Besuch in Norwegen. In kaum einem anderen Land hatte der deutsche Überfall während des Zweiten Weltkrieges so viel Entsetzen und schmerzliche Empfindungen ausgelöst wie dort. Denn nur selten hatten sich zwei Völker so frei von politischen Konflikten und zugleich geistig und kulturell so nahe gefühlt wie Norweger und Deutsche. Kultur und Kunst hatten wechselseitig Zugang zueinander und dadurch auch den Weg in die Welt gefunden. In der romantischen Malerei waren Johann Christian Dahl und Caspar David Friedrich dafür ein Beispiel. Edvard Munch wurde zum Wegbereiter der für die spezifisch deutsche Kunst so wichtigen Expressionisten. Aus der norwegischen Weltliteratur sind vor allem Henrik Ibsen und Knut Hamsun geradezu ein Teil unserer eigenen Literatur geworden.

Unser Gastgeber 1986 war der alte König Olaf V. Als Kronprinz war er selbst noch im Krieg zum norwegischen Oberbefehlshaber ernannt worden. Er hatte eine ebenso vitale wie warmherzige Natur. Als Jüngling zeichnete er sich auf der Schanze des Holmenkollen im Skispringen aus. Im Alter von über achtzig Jahren nahm er noch an sportlichen Wettbewerben teil. Sein Humor blitzte ihm aus den Augen. Am liebsten sagte er gar nichts, nur um seine Wortkargheit ab und zu mit einer kurzen Explosion liebevoller Schlagfertigkeit zu unterbrechen. Wo immer er sich zeigte, strahlte seine Bevölkerung. Jeder Norweger wußte, mit wieviel Verantwortung und Mut Olaf sich im Kriege ausgezeichnet hatte.

Und nun war charakteristisch für ihn, was er mit mir veranstaltete. Er lud mich zu einer Landpartie in eine kleine Stadt über hundert Kilometer nördlich von Oslo ein. Einen Grund dafür gab er nicht an. Offenbar sollte ich zunächst ruhig denken, daß er mir einen erholsamen Einblick in die schöne stille Natur Norwegens bieten wollte.

Es kam ganz anders. Wir fuhren nach Elverum, nahe der schwedischen Grenze. Dort hatte sein Vater, der damalige König Haakon im April 1940 ein Notquartier bezogen, als die Deutschen Norwegen überfallen hatten. Hier erreichte ihn die ultimative Aufforderung der deutschen Regierung, er solle eine norwegische Marionettenregierung unter Vidkun Quisling einsetzen. In Anwesenheit seines Sohnes Olaf, des damaligen Kronprinzen, antwortete er nur mit dem einfachen, geradeheraus gesprochenen Wort »Nein«. Damit hatte er seinem Volk aus dem Herzen gesprochen. Ihm zu Ehren errichteten die Norweger später in Elverum ihren historischen Freiheitsobelisk und gaben ihm den Namen: »Das Nein des Königs«.

Dreiundvierzig Jahre waren vergangen. Der Kronprinz war König, dreiundachtzig Jahre alt, mein Gastgeber. Als wir nach Elverum kamen, führte er mich mit den Worten zum Denkmal: »Hier hat mein Vater das Nein des Königs gesprochen. Hier will ich zu Ihnen und Ihrem Land heute das Ja des Königs sagen.« – Ein großherziger, bescheidener Mann hatte gesprochen, so einfach und seiner selbst so gewiß wie sein Vater. Es war einer der ernsten Augenblicke, für die man lebenslang dankbar bleibt.

Auch die norwegische Ministerpräsidentin Gro Harlem Brundtland trug maßgeblich zu einer guten Atmosphäre zwischen unseren Ländern bei. Sie reiste mit uns in den hohen Norden nach Tromsø. Gemeinsam besuchten wir die Stätte, die an den Untergang des deutschen Kriegsschiffes »Tirpitz« erinnert. Frau Brundtland erläuterte uns die Probleme der Nato an ihrer Nordflanke gegenüber der Sowjetunion.

Mit ihrer Energie, ihrem Mut und ihrer Wärme warb sie bei ihren Landsleuten für Europa und bei den Europäern für die südliche Hemisphäre der Welt. Sie hat damit das Ansehen nicht nur Norwegens, sondern Europas in der ganzen Welt gestärkt.

Auf der Nordreise begleitete uns auch ihr Mann, ein scharfsinniger politischer Analytiker. In ihren Ansichten bildeten die beiden zusammen eine Art politischer und familiärer großer Koalition. Als Frau Brundtland von ihrem Vorgänger aufgefordert wurde, für das Amt der Ministerpräsidentin zu kandidieren, antwortete sie, das müsse sie der Kinder wegen mit ihrem Mann besprechen. Auf ihre Frage an diesen, ob er bereit sei, die Verantwortung für Kinder und Haushalt zu übernehmen, erbat er sich Bedenkzeit. Am nächsten Morgen sagte er, er sei dazu willens, wenn sie verspreche, ihm zu Hause überhaupt nicht dazwischenzureden, sowenig wie er, der politisch rechts von ihr stand,

Einfluß auf ihr Amt suchen werde. Das haben uns die beiden auf der Nordreise ausführlich erzählt. Es ist ihnen gut gelungen.

Als zentrale Aufgabe folgte der Besuchsaustausch mit Israel. Die Beziehungen zwischen unseren Ländern hatten sich zwar kontinuierlich verbessert. Adenauer, Brandt und Kohl waren als willkommene Gäste in Jerusalem empfangen worden. Deutsche Staatsbesuche aber hatte es auf israelischem und deutschem Boden bisher noch nie gegeben. Nun wurde ich dazu eingeladen.

Mehrfach zuvor war ich nach Israel gereist. Ich hatte meinen alten Berliner Schulfreund Gerhard Nassau in Safed und die Kibbuzim aufgesucht, in denen zwei unserer Kinder längere Wochen hart mitgearbeitet und Freundschaften geschlossen hatten. Bei der Trauerfeier für Ben Gurion hatte ich 1973 gemeinsam mit Hans-Jochen Vogel und Carlo Schmid unser Land vertreten. Im Gedächtnis ist mir das Bild der damaligen Ministerpräsidentin Golda Meir geblieben. Mit ihrer mächtigen Gestalt stand sie während der dreistündigen Trauerfeier auf dem Platz vor der Knesset regungslos und ganz für sich allein, wie ein alttestamentarisches Standbild aus Granit, unverrückbar wie der Lebenswille ihres Landes. Auf dem Rückflug feierten wir gerade den Geburtstag von Carlo Schmid, als ein ohrenbetäubender Knall ertönte. Über der Adria hätte uns ein italienisches Jagdflugzeug um ein Haar gerammt.

Auf einer späteren Reise sollte ich für Mäßigung des Streites zwischen dem Ministerpräsidenten Menachem Begin und Kanzler Schmidt beitragen, der von beiden Regierungschefs mit der ihnen eigenen unnachgiebigen Härte ausgetragen wurde. Begin hörte sich mein Anliegen ebenso liebenswürdig wie taub an, was überdies meinen Respekt vor ihm durchaus nicht minderte, auch wenn ich die Sache von Schmidt vertrat.

Unsere nahen Freunde, der ehemalige Botschafter des Staates Israel in der Bundesrepublik, Yohanan Meroz, und seine Frau Yael, lebten in Jerusalem. Mit Teddy Kollek, diesem Vorbild für alle Bürgermeister der Welt, war ich schon mehrfach durch seine Stadt gezogen. Unbeschreiblich schwer hatten es ihm Geschichte und Gegenwart gemacht. Nie erlaubte er sich, den Spannungen auszuweichen. Der Verzicht auf jede Gewalt war seine Maxime. Er verkörperte sie vollkommen konsequent und ohne jedes Pathos. Immer ungeduldig, immer rastlos, immer unbequem, bei all seinem Humor keineswegs nur freundliche Worte nach rechts und links ausstreuend, bildete er im entscheidenden Sinne Vertrauen, wo er auch auftrat. Mit ihm in Hemdsärmeln durch die Hauptstadt zu gehen, die gänzlich unbefangene, natürlich-herzliche Reaktion der Menschen aller Herkünfte und Religionen auf ihn zu erleben, das machte einfach Mut.

Bei dem Staatsbesuch ging es nicht um Verhandlungen. Das Wichtige war, daß er überhaupt stattfinden konnte. Zuvor hatte es genug Proteste in Israel gegeben, die zeigten, wie wenig selbstverständlich er war. Nun kam also eine deutsche Maschine mit der Aufschrift »Luftwaffe« angeflogen, eskortiert von israelischen Jagdfliegern. Unten standen der Präsident, der Ministerpräsident und der Sprecher der Knesset des jüdischen Staates, um den Gast aus Deutschland mit einundzwanzig Salutschüssen und mit der Hymne zu empfangen, aus der die Israelis nur das »Deutschland, Deutschland über alles« heraushörten. Allen Mienen war anzusehen, welche Gefühle sie in diesem Augenblick bewegten.

Chaim Herzog, der Staatspräsident, nahm uns sofort unter seine Fittiche. Zusammen mit seiner warmherzigen Frau Aura behandelte er uns wie seine privaten Familiengäste, mit denen man alles offen und schnörkellos besprechen kann. Und so geschah es auch. Er stammte aus Irland und war in Palästina zur Schule gegangen. Während des Krieges war er britischer Offizier. Er gehörte zur vordersten Fronttruppe, die die Überlebenden des Konzentrationslagers Bergen-Belsen befreite. Dann wurde er zu einem der Pioniere beim Aufbau des Staates Israel, ein bewährter Krieger und Diplomat, Politiker und Autor, ein

»Löwe von Staatsmann in einer Welt von Mäusen«, wie ihn die Londoner Times charakterisierte, ohne zu sagen, wer eigentlich mit den Mäusen gemeint war.

Herzog nahm kein Blatt vor den Mund, wenn er sich bei mir bitter darüber beschwerte, daß sich die Bundesrepublik anschickte, eine Munitionsfabrik in Saudi-Arabien zu bauen. Mit derselben Schärfe zieh er den Senat der Hebräischen Universität von Jerusalem der Scheinheiligkeit, weil sie zwar ständig Gelder aus Deutschland entgegennehme, aus prinzipiellen historischen Gründen aber keine Ehrenpromotion für den Gast aus Deutschland vornehmen wolle. Das Martin-Buber-Institut der Universität, das den Vorschlag gemacht hatte, übergab mir daraufhin eine Erstausgabe des von Martin Buber und Franz Rosenzweig ins Deutsche übersetzten Buches Jesaja mit Bubers handschriftlichen Randnotizen, zu Chaim Herzogs und meiner Freude.

Im Mittelpunkt der Reise stand der Gang zur Holocaust-Gedenkstätte Yad Vashem. Ich hatte sie bei den früheren Israel-Reisen mehrfach besucht. Als ein stummes Monument erinnert sie uns an ein Grauen, das in der Geschichte der Menschen ohne Beispiel ist. Keiner wird sie je vergessen, der dort war.

Es gab politische Gespräche mit der Regierung und den parlamentarischen Führern in der Knesset. Noch war Israel fern vom Friedensprozeß mit Arafat und den Arabern, wie er später in Oslo vereinbart wurde. Aber Shimon Peres, zur Zeit meines Besuches Ministerpräsident einer großen Koalition, suchte den Weg dorthin mit seinem analytischen Scharfsinn und seiner nimmermüden politischen Zähigkeit. Zusammen mit mir fuhr er in die Negev-Wüste nach Sde Boqer, wo Ben Gurion gelebt hatte und begraben ist. Wer dort über die gnadenlosen Gebirgsketten ohne Baum und Strauch weit hinunterblickt in Richtung auf das Tote Meer, der verspürt etwas von der Herkunft der unerbittlichen Härte, mit der die Propheten zu ihrem Volk sprechen. Aber er beginnt auch zu verstehen, was es bedeutet, aus der Wüste der Steine neues Leben zu gewinnen.

Erster deutscher Staatsbesuch in Israel, 1985. Vor der Knesset, dem Parlament, wurden wir mit Brot und Salz empfangen. Rechts der Oberrabbiner, dann Teddy Kollek, den ich als Bürgermeister von Jerusalem schon viele Jahre kannte. Zwischen meiner Frau und mir der Präsident des Staates Israel, Chaim Herzog, ein »Löwe von Staatsmann in einer Welt von Mäusen«, wie ihn die Londoner »Times« charakterisierte.

»Jerusalem ist gebaut als eine Stadt, in der man zusammenkommen soll«, so sagt es der Psalmist. Und so war es denn auch bei diesem Staatsbesuch. Der evangelische Propst in der Erlöserkirche, die aus der wilhelminischen Zeit stammt, lud uns in die Altstadt ein. Auf dem Tempelberg empfing uns der Mufti von Jerusalem mit einer durchaus maßvollen Ansprache. Im Kreis der Benediktiner auf dem Zion gab es mit Studenten und Professoren der Theologischen Fakultät der Abtei Dormitio einen Gedankenaustausch über die Religionen: Wer versucht, ein Christ zu sein, wird scheitern, wenn er vom Gott der Juden nichts weiß, so empfanden wir es alle. Draußen begrüßte uns eine Schar deutscher Touristen mit ihrem Chorgesang: »Gesundheit und Segen auf all Deinen Wegen«.

Dann folgte eine Diskussion mit jungen Israelis. Sie stand im Zeichen der neunundzwanzigjährigen Yael Gouri, deren Angehörige dem Holocaust zum Opfer gefallen waren und die mit unerbittlichem Ernst nach der Verantwortung deutscher Soldaten im Krieg forschte. Niemals in ihrem Leben könne sie sich entschließen, deutschen Boden zu betreten. Es war vor allem Friedbert Pflüger, der Sprecher des Bundespräsidialamtes, der sich dem Gespräch mit der jungen Frau zuwandte. Ihn zeichnete eine verantwortungsbewußte Empfindung dafür aus, die Aufgaben und Chancen einer neuen Verständigung der jungen Generationen über Grenzen hinweg wahrzunehmen. In den Zeiten der härtesten Konfrontationen an den deutschen Hochschulen hatte er als Bundesvorsitzender des RCDS seinen Mut, seinen Scharfsinn, aber auch seine Fähigkeit zum Dialog bewiesen. Während seiner Studien in den USA war die Menschenrechtspolitik von Präsident Carter sein Schwerpunkt. Nach Jahren unserer Zusammenarbeit in Berlin wurde er ein unentbehrlicher Helfer im Präsidialamt, so wie nun auch in Jerusalem. Mit dem ihm eigenen Engagement rang er mit der jungen Frau um ihre und unsere eigenen Gedanken. Am folgenden Tag brachte er es fertig, ihre Bereitschaft zu gewinnen, mit uns nach Deutschland zu fliegen. Sie wollte sich eigenen Eindrücken aussetzen, und sie tat es ohne Schonung für sich und für uns. Alle jungen Deutschen, die sie bei uns traf, haben zusammen mit ihr gelernt.

Mit Chaim Herzog war eine persönliche Freundschaft entstanden, die sich bis zu seinem Tode immer weiter vertieft hat. 1987 kam er zum Staatsbesuch nach Deutschland; zum ersten Mal betrat ein Staatsoberhaupt aus Israel deutschen Boden. Um reisen zu können, hatte Herzog sich gegen starken Widerstand in der Knesset durchgesetzt. Wir fuhren nach Bergen-Belsen. Er sprach, wie er war: »Die einzigen, die vergeben können, sind tot; die Lebenden haben kein Recht, zu vergessen.«

Wir besuchten den jüdischen Friedhof in Worms, den ältesten in Europa, und dort auch das Rashi-Haus, das an Rabbi Shlomo Yitzhaki erinnert, den wohl bedeutendsten Kommentator von Bibel und Talmud. Im Gefängnis von Berlin-Plötzensee ehrte Herzog den deutschen Widerstand gegen Hitler.

Begegnung mit Gorbatschow in Moskau

Inzwischen bereiteten sich große Bewegungen im Ost-West-Verhältnis vor. Im Frühjahr 1985 war Michail Sergejewitsch Gorbatschow Generalsekretär der KPdSU geworden. Ihm ist es zu danken, daß es mit den Reformen in der Sowjetunion ernst wurde. Er hatte erkannt, daß die alten Rüstungsprioritäten seinem Imperium keinen weltmachtpolitischen Spielraum mehr verschaffen konnten, wohl aber die bedrängte Versorgungslage zu Hause gefährlich zuspitzten. Nach seiner Einsicht war es nun eine zwingende Notwendigkeit, das Land zu öffnen.

Mit Glasnost und Perestroika sollte die Sowjetunion weltweit wettbewerbsfähig werden. Diese Reformen verschrieb Gorbatschow seinem Land in der Überzeugung, daß er sie durchsetzen und zugleich das sowjetische System im Prinzip bewahren, ja dessen eigentlichen Sinn überhaupt zum ersten Mal erfüllen könne.

Die Entwicklung hat seinen Irrtum offenbart. Es gab keinen Ausweg. Je länger das System abgeschlossen blieb, desto schneller ging ihm die Lebensluft aus. Die Öffnung aber führte unausweichlich zu seiner Zerstörung.

Dennoch verbinden sich fundamentale historische Erneuerungsprozesse mit dem Namen Gorbatschow. Er wurde schlechthin zur Schlüsselfigur für revolutionäre Veränderungen mit fast durchweg friedlichen Mitteln. Zu seinen entscheidenden Leistungen zählte es, die Breschnew-Doktrin aufzukündigen, die den sozialistischen Staaten nur eine beschränkte Souveränität und Moskau ein allgemeines Interventionsrecht zuerkannt hatte. Jedes sozialistische Land sollte nun nach Gorbatschows Maßgabe seine Entwicklung allein bestimmen. Der außenpolitische Sprecher in Moskau, Gennadi Gerassimow, fand für diese Maßnahme des Generalsekretärs den Namen »Sinatra-Doktrin«, gemäß dem Klassiker von Frank Sinatra »My way«. Am Ende dieses Weges standen die Auflösung des Sowjetimperiums und der friedliche Machtwechsel in Ungarn und Polen, in der ČSSR und der DDR.

Zunächst ging es langsam voran. In der Außenpolitik konzentrierte sich Gorbatschow vor allem auf die Beziehungen zur anderen Supermacht. Er propagierte, das Wettrüsten durch massive Abrüstung bis hin zu Nullösungen zu ersetzen. Mit einseitigen Vorleistungen begann er, den Westen unter Druck zu setzen, nicht ohne Erfolg. Bei seinem Treffen mit Präsident Reagan 1986 in Reykjavík ging es auf solchen Wegen rascher und unberechenbarer voran, als es den Beratern des amerikanischen Präsidenten noch geheuer erschien.

Zu Westeuropa nahm Gorbatschow die Fäden behutsam auf. Er sondierte unter den Hauptstädten. Eine Zeitlang machte sich die britische Premierministerin die schönsten Hoffnungen, er habe sie als seine Vermittlerin gegenüber der ganzen europäischen Gemeinschaft erwählt. Ohne Zweifel hatte sie ihn persönlich stark beeindruckt. Aber daß man von Moskau aus nicht ausgerechnet über das Inselreich von Margaret Thatcher in die Herzen der Franzosen und Deutschen vordringt, das merkte er dann doch ziemlich schnell.

Gerade weil sich zu jener Zeit die Bundesregierung mit Recht darum bemühte, deutschlandpolitische Fortschritte auszubauen, war sie für die sowjetischen Interessen nicht zu umgehen. Hinzu kam der massive Bedarf Moskaus an Wirtschaftsbeziehungen mit uns. Auf entsprechende Anzeichen stieg das Ansehen des sowjetischen Generalsekretärs unter den Deutschen rasch an. Die ersten »Gorbi, Gorbi«-Rufe ertönten. Sie lösten mancherorts im Westen einige Unruhe aus, zumal in Amerika. Kohl bemühte sich, entsprechende Sorgen bei den Verbündeten zu beschwichtigen. Darauf zielte auch seine Bemerkung in einem Interview mit der amerikanischen Zeitschrift Newsweek, Gorbatschow arbeite mit der propagandistischen Raffinesse von Josef Goebbels. Moskau reagierte darauf allerdings sofort und scharf. Der erforderliche und im Prinzip natürlich auch von Kohl angestrebte Kontakt war fürs erste blockiert.

So konnte es aber nicht bleiben. Da nahm ein ungewöhnlicher Gedanke Gestalt an: Ein Staatsbesuch sollte helfen. Diesmal sollte er nicht, wie üblich, den krönenden Abschluß einer positiven Entwicklung bilden, vielmehr sollte er sie einleiten. Mein »Kollege« in Moskau, der frühere Außenminister und jetzige sowjetische Präsident Andrej Gromyko lud mich zum Staatsbesuch ein. In den deutschen Medien hieß es, ich solle als »Eisbrecher« fahren. Die TASS verlangte von meinem Besuch ein »Zurückbringen auf die Bahn der Stabilität«.

Es war harte Arbeit. Zusammen mit Genscher, der an den Vorbereitungen maßgeblich beteiligt war, machte ich mich auf den Weg. Zu unserer Delegation zählten Sondergäste, unter ihnen zu meiner Freude die Schriftsteller Siegfried Lenz und Alexander Kluge, der in der sowjetischen politischen Wissenschaft und Politik bestens bewanderte und geachtete Professor Klaus Ritter, der Präsident des Deutschen Roten Kreuzes, Prinz zu Sayn-Wittgenstein, und der Chef der Deutschen Bank, Christians. Einhundertsechsunddreißig Medienvertreter begleiteten den Besuch.

Im Winter 1941/42 war ich einer der vordersten deutschen Infanteristen gewesen, die bis in Sichtweite an das Flakfeuer über Moskau herangekommen waren, bevor uns der Widerstand der Russen und die grimmige Kälte zum Rückzug zwangen. Diesmal leuchteten über dem Eingang zur Metropole in Weiß und Rot die Worte: »Herzlich Willkommen Herr Bundespräsident«.

Jede Begegnung mit Siegfried Lenz war eine Freude. Ich hatte sein früheres »Suleyken« geliebt, dann seine große »Deutschstunde« bewundert. Im Jahr 1987 begleitete er mich auf einer Reise in die Sowjetunion. Im Hintergrund zwischen uns der Chef des Bundespräsidialamtes, Staatssekretär Klaus Blech, den ich schon seit Jahren schätzte.

Mit hoher Geschwindigkeit wurden wir in die prohibitionsfreie Staatssuite des Kreml verbracht und dort zunächst mit immer neuen Wodka-Angeboten uns selbst überlassen. Wir sollten eben nicht so darben, wie es Gorbatschow gerade tollkühnerweise seinem Volke verschrieben hatte.

Es gab kein Thema ohne Empfindlichkeiten. Führt uns allein die Abrüstung zum Frieden? Oder folgt nicht vielmehr die Abrüstung erst aus einer bewährten friedlichen Zusammenarbeit? Wie lange bleibt Sicherheit unverzichtbar? Ich zitierte ein russisches Sprichwort, wonach niemand gerne das Hühnchen sein möchte, welches der Rabe bis zum letzten Federchen küßt. Warum müssen ausreisewillige Rußlanddeutsche noch immer fürchten, Arbeitsplatz und Wohnung zu verlieren, nur weil sie einen Ausreiseantrag gestellt haben? Wie lange sollen die Grenzen in Europa ihren trennenden, unmenschlichen Charakter behalten?

»Die Deutschen, die heute in Ost und West getrennt leben, haben nicht aufgehört und werden nicht aufhören, sich als eine Nation zu fühlen. In der Freiheit erfüllt sich die Einheit der Nation.« Nur zweieinhalb Jahre später öffnete sich die Mauer in Berlin. Aber im Sommer 1987 schienen die Festsaalwände im Kreml solche von mir dort öffentlich gesprochenen Worte einfach zu verschlucken. Die Prawda machte wieder einmal ihrem Namen »Wahrheit« alle Unehre. Entgegen einem festen Moskauer Ritual zensierte sie meine Rede und strich alles, was ich über die Grenze, die Einheit, über Rabe und Hühnchen, über den fälligen Abzug der Sowjets aus Afghanistan und auch über den Königsberger Immanuel Kant gesagt hatte. Das also war meine erste Glasnost-Erfahrung. Auf eine Intervention von Genscher bei seinem Kollegen Schewardnadse erschien der volle Text dann doch einige Tage später, allerdings in der Iswestja.

Fast alles war schwierig. Uns war ein junger deutscher Sportflieger mit Namen Matthias Rust vorausgeflogen. Auf ebenso schneidige wie unverantwortliche Weise hatte er die sowjetische Luftaufsicht unterflogen und war mit seiner kleinen Maschine mitten auf dem Roten Platz in Moskau gelandet. Nun wartete er auf sein Urteil durch ein sowjetisches Gericht. Das konnte ja auch gar nicht anders sein. Ich intervenierte zu seinen Gunsten, blieb damit aber lange Zeit erfolglos.

Im Hinblick auf meine Erfahrungen mit dem Gefängnis in Berlin-Spandau, dem einzigen, noch in Betrieb gehaltenen Standort aller vier Siegermächte in unserer Hauptstadt, brachte ich die Bitte vor, endlich den ehemaligen sogenannten »Stellvertreter des Führers« Rudolf Heß aus der Haft zu entlassen. Nicht seine Verurteilung zog ich in Zweifel. Aber nun war er seit sechsundvierzig Jahren inhaftiert, ein Greis von vierundneunzig Jahren. Ein weiterer Strafvollzug hatte jeden menschlichen Sinn verloren. Gnade ist die Stütze der Gerechtigkeit, so lautet eine russische Weisheit, die ich zitierte. Aber niemand reagierte in Moskau. Sechs Wochen später nahm sich Heß im Gefängnis das Leben.

Hatte mir bei unserem Parlamentarierbesuch im Jahre 1973 in Moskau das damalige Staatsoberhaupt Podgorny auf meine Intervention hin noch bestritten, daß es überhaupt deutsche Soldatengräber auf russischem Boden gäbe, so konnte ich diesmal endlich auf einem unserer Soldatenfriedhöfe in Moskau-Lublino einen Kranz niederlegen. Die Reise führte auch nach Leningrad. Dort besuchte ich noch einmal den Piskarewskoje-Friedhof, der an die furchtbaren Opfer unter der Zivilbevölkerung und den Soldaten mahnt. Meinen Kranz trugen nun zum ersten Mal sowjetische und deutsche Offiziere Hand in Hand.

Der Patriarch der russisch-orthodoxen Kirche empfing uns im Moskauer Danilow-Kloster. Mit großer Umsicht führte Frau Gromyko meine Frau durch die Kirche. Als die beiden Damen einen Seitenaltar besuchten, wies die Gastgeberin meiner Frau den Weg zu den Kerzen, die die Gläubigen vor einer Marienikone entzünden.

Es gab ermutigende Zeichen der Reformen. Als erstem Gast aus dem Westen wurde mir die Möglichkeit gegeben, mit zwanzig jungen Moskauer Studentinnen und Studenten im sowjetischen Fernsehen ausführlich zu diskutieren. Es war ein engagiertes, am Ende entspanntes und beinahe heiteres Gespräch. Glücklich war ich über die Mitwirkung unserer Tochter Beatrice, die – als einzige deutsche Teilnehmerin – wesentlich zum Gelingen beitrug.

Unser Botschafter Meyer-Landrut veranstaltete ein Gespräch mit Dichtern, Filmemachern und vor allem mit leitenden Redakteuren sowjetischer Medien. Zu den Teilnehmern zählte Jewtuschenko, Ajtmatow, Valentin Rasputin und Elem Klimow. Es war faszinierend mitzuerleben, mit wieviel Leidenschaft, Verantwortungsgefühl, Scharfsinn und Mut diese geistige Elite darum rang, aus neuen, noch kleinen Freiheitschancen eine große moralische und politische Bewegung erwachsen zu lassen.

Familienausflug 1987 über den Roten Platz in Moskau, der jetzt unter Denkmalschutz steht. Meine Frau und ich mit unserer Tochter Beatrice, die maßgeblich an einer Fernsehdiskussion mit jungen Russen teilgenommen hatte, unter dem Spasskij-Turm des Kreml.

Im Mittelpunkt der Reise stand ein langes Gespräch, das Gorbatschow, begleitet von Schewardnadse, mit Genscher und mir führte. Es war meine erste Begegnung mit ihm. Er sprach mit geballter Energie und ohne Verspannung. Sein freier Blick war beim Gespräch offener als seine Ohren. Er war nicht nur vom Verstand geprägt, sondern auch gefühlsbetont. Von dem herzlichen Charme, den er zu entfalten vermag, war bei diesem ersten Kontakt nicht allzuviel zu spüren. Jedenfalls blieb er auf Anhieb nicht eben leicht zugänglich.

Bei unserem Gespräch verlor er keine Minute mit Ideologie und Propaganda. Statt dessen wandte er sich in vollkommen konzentrierter Form seinen langfristigen Konzeptionen und Visionen zu. Seine Überzeugungen waren von keinen Zweifeln getrübt. Als ich von der offenen deutschen Frage anfing, leugnete er rundheraus ihre Existenz. Ich nahm einen zweiten Anlauf, worauf er erwiderte, wir sollten doch die Lösung der Geschichte überlassen; niemand wisse, was in hundert Jahren sei. Als ich ihn schmunzelnd fragte, ob er denn wisse, was in fünfzig Jahren passiere, begann auch er zu lächeln. Nach seinen eigenen späteren Bekundungen war dieses Gespräch überhaupt das erste, in welchem Gorbatschow mit einem Deutschen über die offene deutsche Frage redete, nur fast drei Jahre bevor er sie unserem Bundeskanzler in Moskau und danach im Kaukasus verbindlich beantwortete.

Kurz nach meinem Besuch sagte Gorbatschow zu Franz-Josef Strauß, meine Reise habe »eine neue Seite in der Geschichte aufgeschlagen«. Zu Hause charakterisierte Kohl meinen Besuch in Moskau als einen »Meilenstein der Verständigung«, die er mit Gorbatschow dann später auf persönliche und eindrucksvolle Weise in die Tat umsetzte. Die Aufmerksamkeit für meine Reise in die Sowjetunion war zu Hause ernsthaft, aber auch entspannt, wie sich in achtundfünfzig verschiedenen Karikaturen und einer Fülle von Zuschriften zeigte. Besonders freute mich ein Brief des alten Heinz Rühmann. Er wußte sehr wohl,

Im Sommer 1987 reiste ich mit Genscher zum Staatsbesuch nach Moskau, wo Gorbatschow inzwischen Generalsekretär der Partei und damit Kremlchef war. Nach Kanzler Kohls sonderbarem Vergleich Gorbatschows mit Goebbels waren unsere Beziehungen zu Moskau fast auf den Nullpunkt gekommen. Ich sollte als »Eisbrecher« fahren, wie die deutschen Medien schrieben. Es war eine notwendige, aber schwierige Reise. Kohl nannte ihr Ergebnis einen »Meilenstein der Verständigung«. Zu Hause gab es 58 Karikaturen über den Besuch. Hanel schrieb unter die seine: »Es war nicht leicht.«

wie hart es gewesen und worum es gegangen war. Um so erleichterter reagierte er, daß das Fernsehen auch heitere Gesichter vermittelt habe. »Wenn Du den Satz ernst meinst, sag ihn mit einem Lächeln«, das sei der Rat eines Regisseurs gewesen, den er für sich als wegweisend empfunden und den er auch bei meiner Reise wahrgenommen habe.

Heute blickt mancher auf die letzten drei Jahre vor dem Fall der Mauer zurück, als wären sie einem klugen Plan, einem festen Willen und daher einem vorhersehbaren Ablauf gefolgt. Aber ein solcher retrospektiver Determinismus täuscht. Aller Entschlossenheit Gorbatschows zugunsten von Reformen, von Abrüstung und Frieden zum Trotz konnte doch 1987 niemand, wohl auch er selbst nicht, vorhersehen, zu welchen Zugeständnissen er 1990 bereit sein mußte. Die innere Lage der sozialistischen Länder im Warschauer Pakt wurde immer schlechter, und dennoch war das Ende der Teilung Europas kaum erkennbar. Und auch soweit sich eine revolutionäre Situation nach der Definition von Lenin hätte absehen lassen, wonach die unten nicht mehr wollen und die oben nicht mehr können, blieben dafür die verschiedensten Abläufe denkbar.

Eine immer widersprüchlichere Lage war vor allem für die Führung in der DDR entstanden. Dem Aufruf Gorbatschows zu Reformen wollte sie durchaus nicht folgen. Die deutsche Zweistaatlichkeit suchte sie zu befestigen. Für den innenpolitischen Bedarf hielt sie an den herkömmlichen Feindbildern gegen Imperialismus, Kapitalismus und Revanchismus fest. Zugleich aber benötigte und suchte sie westdeutsche Finanzquellen. Honecker versuchte, die Entspannung nach außen zu praktizieren und nach innen zu verweigern. Politisch bedurfte er der Abgrenzung gegen die Bundesrepublik, wirtschaftlich suchte er ihre Partnerschaft und geriet immer mehr in ihre Abhängigkeit. Er zahlte mit Reiseerleichterungen. Zwölf Jahre lang bis 1985 konnten jährlich ungefähr zwischen vierzig- und sechzigtausend DDR-Bürger unterhalb des Rentenalters in den Westen reisen. Im Jahre 1986 sprang die Zahl auf zweihundertfünfzigtausend und im darauffolgenden Jahr auf 1,2 Millionen. Die harte D-Mark wurde zu einer Art zweiter Währung. Vereinzelt wurden in Betrieben der DDR schon Lohnanteile damit bezahlt. In der Bevölkerung wurde die Atmosphäre immer gesamtdeutscher.

Auf allen möglichen neuen und erstaunlichen Wegen gab es auflockernde Anzeichen. Mitte der achtziger Jahre wurde eine große Bismarck-Biographie des renommierten DDR-Historikers Ernst Engelberg gleichzeitig in Ost- und Westberlin herausgebracht. Kurz darauf besuchte mich der Vertreter eines Ostberliner Verlages mit dem Vorschlag, einige meiner Reden in der DDR zu publizieren, wofür er später die erforderliche Zustimmung des Politbüros der SED erhielt. Ende 1985 kam die erste innerdeutsche Städtepartnerschaft zustande; sie wurde zwischen Saarlouis und Eisenhüttenstadt abgeschlossen. Im Mai 1986 wurde das deutsch-deutsche Kulturabkommen unterzeichnet.

Honecker drängte nun auf einen offiziellen Besuch in Bonn. Zweimal schon hatte ihn Moskau daran gehindert. Dort war man gegenüber innerdeutschen Sonderbeziehungen noch mißtrauisch, zumal die hohen westdeutschen Kredite bei den Sowjets als suspekt galten. Kurz nach meinem Besuch in der Sowjetunion erhielt Honecker von Gorbatschow grünes Licht für die Reise. Im September 1987 wurde er in Bonn von Kohl mit allen militärischen Ehren, mit seiner Hymne und Flagge empfangen.

Welche Konsequenzen würde dies haben? Honecker selbst schien sich am Ziel seiner Wünsche zu fühlen, nämlich bei der formellen protokollarischen Anerkennung der Eigenstaatlichkeit seiner DDR durch den anderen deutschen Staat. »Die Teilung hat sich vollendet«, so stand es im »Neuen Deutschland«, dem Zentralorgan der SED. Honecker selbst ging so weit, die Abgrenzung nunmehr für weniger zwingend als früher zu halten. In diesem Sinne sagte er auf seiner Bonner Pressekonferenz, der Tag werde kommen, »an dem die Grenzen uns nicht mehr trennen, sondern vereinen«, aber natürlich nicht staatlich.

Dennoch ist es schwer vorstellbar, daß ihm die Ambivalenz der Entwicklung völlig verborgen geblieben wäre. Er war bei uns in Bonn nicht, wie bei jedem Staatsoberhaupt protokollarisch vorgeschrieben, vom Bundespräsidenten offiziell begrüßt worden, sondern vom Bundeskanzler. Denn die DDR war für uns kein Ausland. Kohl und ich hatten ihn in den Reden und Gesprächen als Deutschen unter Deutschen begrüßt. Wir unterstrichen beide die Zusammengehörigkeit in Deutschland und nannten deutlich beim Namen, was wir im deutschen Interesse von der DDR erwarteten. Auf einem langen Spaziergang zu zweit im Garten der Villa Hammerschmidt konkretisierte ich die innerdeutschen Notwendigkeiten ebenso wie die gemeinsame Aufgabe der Deutschen für den Frieden in Europa. Die Bundesregierung schloß mehrere Kooperationsabkommen mit der Ostberliner Delegation.

Gewiß, keiner von uns sah damals für die überschaubare Zukunft eine realistische Chance zur staatlichen Vereinigung. Brandt hatte sie als »Lebenslüge« bezeichnet, Kohl stellte später fest, daß sie noch nicht auf der Tagesordnung der allgemeinen Ost-West-Politik stehe. Faktisch förderte Honeckers Besuch aber gerade nicht die Zweistaatlichkeit, sondern den Zusammenhalt in Deutschland. Der Einfluß der Bundesrepublik auf die DDR verstärkte sich weiter. Dies galt nicht nur für die angespannte materielle Lage im SED-Regime, sondern vor allem für die Stimmung in der ostdeutschen Bevölkerung. Der sowjetische Botschafter in Bonn, Julij Kwizinskij, charakterisierte die Entwicklung mit den Worten: »Die DDR schluckte den goldenen Angelhaken, von dem sie dann nicht mehr loskam.«

Die Welt stand immer mehr im Banne der Umgestaltung, an der sich Gorbatschow auf atemberaubende Weise versuchte: dezentralisieren, Selbstverantwortung ermutigen, persönliche Leistung belohnen, Bürger rechtsstaatlich besser schützen, öffentliche Kritik zulassen, sich um Wahrhaftigkeit gegenüber der eigenen Geschichte bemühen, jedem Partnerland die Freiheit zum eigenen Weg lassen. Noch waren die Risiken nicht geringer als die Chancen. Es waren aber die bisher bei weitem größten Schritte, mit denen sich der Osten in seinem inneren Gefüge den Prinzipien des Westens annäherte.

Endlich, im September 1987, hatte Honecker dank einer Erlaubnis aus Moskau sein Ziel einer offiziellen Reise nach Bonn erreicht. Der Kanzler empfing ihn mit militärischen Ehren. Im Garten der Villa Hammerschmidt sprach ich mit ihm über das »Grenzregime«. Das »Neue Deutschland« schrieb: »Die Teilung hat sich vollendet.« Zwei Jahre später war sie überwunden.

Das Stichwort lautete: Neues Denken. Für uns im Westen galt es, im Zeichen unserer bewährten Ordnungen daran entschlossen mitzuwirken.

Am 23. Mai 1989 jährte sich das Inkrafttreten unseres Grundgesetzes zum vierzigsten Mal. Die Bundesversammlung trat zusammen und wählte mich für eine zweite Amtsperiode als Bundespräsidenten mit 881 von 1022 Stimmen. Das war ein großer Vertrauensbeweis. Am folgenden Tag sprach ich auf einem Staatsakt über die Ziele, die uns die Präambel des Grundgesetzes gegeben hatte und die sich jetzt mit Aktualität erfüllten: Frieden, Einheit der Europäer, Einheit der Deutschen. Theodor Heuss hatte seinerzeit unsere Verfassung ein Transitorium genannt. Nun war es an uns, daß sich dieser Begriff bewahrheitete. Zugleich erinnerte ich an den großen Franzosen Jean Monnet, der noch kurz vor dem Ende des Zweiten Weltkrieges unsere Gegner gemahnt hatte, sie hätten den Ersten Weltkrieg gewonnen und dann den Frieden verloren; diesmal sei es entscheidend, den Frieden zu gewinnen, nicht nur im Westen, sondern in ganz Europa.

Frieden kann man nur miteinander gewinnen, nicht gegeneinander. Nach den schweren Jahrzehnten des Kalten Krieges im geteilten Kontinent war der wahrhaftige Umgang mit der europäischen Geschichte eine der großen Friedensaufgaben, so wie sie schon zu den zentralen historischen und moralischen Motiven deutscher Ostpolitik seit der zweiten Hälfte der sechziger Jahre gehört hatte und wie sie nun auch Gorbatschow seinem eigenen Volk nahelegte.

Wir hatten in der Bundesrepublik gerade den Höhepunkt des sogenannten Historikerstreits einigermaßen hinter uns. Er war bald nach meiner Ansprache zum 8. Mai im Jahre 1985 ausgebrochen. Auf dem deutschen Historikertag Ende 1988 trug ich bei, was ich vermochte, um ihn nicht ausufern zu lassen, sondern möglichst zu beenden. Ich wandte mich mit Nachdruck gegen eine geschichtliche und ethische Relativierung der Vergangenheit. Historische Bezüge und Vergleiche haben in der Wissenschaft ihren Platz. Diese Wissenschaft gibt aber letzten Endes keine andere Antwort auf die Singularität von Geschichte, als das moralische Empfinden des normalen Menschen es tut. Alles geschieht in einem historischen Zusammenhang. Zugleich ist alles in der Geschichte singulär. Es ist so und nicht anders geschehen, anders als anderswo. Was soll uns die Untersuchung bedeuten, ob Auschwitz einen Vergleich mit der grausamen Ausrottung anderer Menschen aushalten könnte? Auschwitz bleibt singulär. Es geschah durch Deutsche. Diese Wahrheit ist unumstößlich, sie wird nirgends vergessen und uns weiter begleiten.

Insiderdiskussion und Konfrontation unter Fachgelehrten müssen sein. Aber diese sollen uns mit ihrer »heiligen Nüchternheit« helfen. Der Umgang mit der Geschichte spielt sich im Herzen der ganzen Nation ab. Die Geschichte gehört nicht nur den Historikern, sondern uns allen. Unsere Demokratie hatte sich seit vierzig Jahren bewährt, nicht zuletzt in unserer Offenheit gegenüber der Geschichte. Daß wir dies leisten können und immer wieder lernen, ermöglicht uns in des Wortes wahrer Bedeutung Selbstbewußtsein. Nun wartete es auf seine Bewährung im Zeichen der Aufgabe, den Frieden in ganz Europa zu gewinnen.

Ende Mai 1989 empfingen wir unseren Freund, den amerikanischen Präsidenten George Bush, zum Besuch in der Bundesrepublik. Zusammen mit seinem ausgezeichneten Außenminister James Baker hatte er sich vorgenommen, in der Deutschlandfrage die Initiative zu ergreifen, bevor dies durch Gorbatschow geschah. Anschaulich hat Baker geschildert, wie er für diesen Zweck den sportlichen Wettbewerbsinstinkt des Präsidenten weckte, den er aus alter Tennispartnerschaft in Texas kannte. Bush hielt bei uns in Mainz eine bedeutende außenpolitische Rede, in der er die USA und die Bundesrepublik als »partners in leadership« bezeichnete und fortfuhr, daß nun sehr bald

Besuch des amerikanischen Präsidenten George Bush in der Bonner Villa Hammerschmidt im Sommer 1989. Der Kalte Krieg war kurz vor seinem Ende. Präsident Bush, dessen Leidenschaft der Außenpolitik galt und der welterfahren wie nur wenige seiner Vorgänger und ein besonders verläßlicher Freund von uns Deutschen war, setzte auf »Partnership in Leadership« mit Deutschland, was sich während der kritischen Monate der Wiedervereinigung besonders bewährte.

überall in Osteuropa die Grenzen fallen müßten wie in Ungarn: »Let Berlin be next!« Das war sechs Monate vor der Öffnung der Mauer.

Unmittelbar nach Bush kam Gorbatschow zum lang erwarteten Staatsbesuch nach Bonn. Knappe zwei Jahre hatte ich ihn nicht gesehen. Vom ersten Händedruck an war die Atmosphäre nicht, wie damals im Kreml, korrekt und ziemlich hart, sondern herzlich. Im Garten der Villa Hammerschmidt führte er mit russischen und russischsprechenden deutschen Schülern eine gelöste und fröhliche Unterhaltung. Beim Mittagessen zu viert unter den beiden Ehepaaren Gorbatschow und Weizsäcker erzählte er

Im Sommer 1989 besuchte Michail Gorbatschow zusammen mit seiner Frau Raissa die Bundesrepublik. Die Reise führte zu einem für die späteren Einigungsverhandlungen entscheidenden Vertrauensverhältnis mit Bonn. Auf der Terrasse der Villa Hammerschmidt mit ihrem Blick über den Rhein sagte Gorbatschow in liebenswürdiger Übertreibung, der Anblick erinnere ihn fast an die Wolga.

ausgiebig aus seiner Kindheit, seiner Lehrzeit und seinem politischen Aufstieg. An diesem warmen Junimittag tat die anziehende, ganz und gar nicht protzige Villa Hammerschmidt mit ihrem schönen, von meiner Frau stets sachkundig und liebevoll betreuten Garten vollends ihren menschlich-politischen Dienst. Sie hatte eine Baugeschichte, die für den Staatsbesuch aus Rußland wie geschaffen schien. Albrecht Troost, ein rheinischer Unternehmer, hatte sie in der Mitte des neunzehnten Jahrhunderts gebaut. Der nächste Besitzer, Leopold Koenig, war in Petersburg geboren und als Kaufmann in Rußland mit Zucker reich geworden. Er ist allen Bonnern vertraut, weil er seinem Sohn, einem Zoologen, gegenüber der Villa ein Museum baute, eben jenes Museum Koenig, in dem der Parlamentarische Rat 1949 unter dem Vorsitz von Konrad Adenauer das Grundgesetz beschlossen hatte. Auch der heutige Namensgeber der Villa, Rudolf Hammerschmidt, war Kaufmann in Rußland gewesen.

Gorbatschow freute sich herzlich über die engen Beziehungen seines Landes mit der Geschichte der Villa. Vollends kam er ins Schwärmen, als er sich auf der Terrasse durch den herrlichen Blick über den Rhein an eine ihm liebgewordene Wolgalandschaft erinnert fühlte. Dies bedeutet natürlich nicht, daß es bei dem hochpolitischen Besuch vor allem um persönliche Reminiszenzen und Naturverbundenheit gegangen sei. Die geführten Gespräche waren ernst und konzentriert. Gorbatschow bewegte sich auf den Scheitelpunkt seiner Amtsführung zu. Alle Welt war beeindruckt, welche gewaltigen Bewegungen er in seinem Imperium eingeleitet hatte. Bei ihm zu Hause begannen die Zweifel im Hinblick auf die Folgen. Beides wahrzunehmen, richtig einzuschätzen und zu nutzen war für uns von zentraler Bedeutung. In diesem Sinne galt der ganze Besuch der Bildung von Vertrauen. Der warme, spontane, weithin begeisterte Empfang, den ihm die Bevölkerung der Bundesrepublik überall bereitete, bewegte unseren Gast spürbar.

Besonders nachhaltig gelang die Herstellung des Vertrauens in dem langen, intensiven und sehr persönlichen Austausch von Lebenserfahrungen und Gedanken zwischen Gorbatschow und Kohl. Er hat eine Grundlage aufrichtiger gegenseitiger Achtung und Zuneigung geschaffen, auf der die entscheidenden Verhandlungen im Jahre 1990 zum Wohle der Einheit Deutschlands gelingen konnten.

Den Staatsbesuch aus Moskau will ich zum Anlaß nehmen, um zu schildern, wie unschätzbar wertvoll die Mitwirkung meiner Frau an den Aufgaben in der zehnjährigen Amtszeit war, weit über die Führung von Haus und Garten hinaus. Die Frau des Bundespräsidenten – oder später vielleicht einmal der Mann

Politikerleben und Präsidentenamt bedeuteten für meine Frau harte Arbeit. Als Schwerpunkt ihrer Aufgaben widmete sie sich der Hilfe für Familien zur Befreiung junger Menschen von der Geißel der Droge. Da die Suchtgefahr weit über Europa hinaus die ganze Welt bedrängt, hatte meine Frau auch auf jeder Auslandsreise damit zu tun.

der Bundespräsidentin – ist in der Verfassung sozusagen gar nicht vorgesehen. Dennoch empfindet sie dieselbe Verpflichtung und trägt sie bereitwillig mit, weniger spektakulär, dafür genauso verantwortungsvoll und zuweilen entsagungsreicher. Sie ist hilfsbereit gegenüber den vielen, die ihre Hoffnungen zuletzt auf sie setzen, weil ihnen sonst niemand im Land zu helfen wußte. Bei jedem Gast oder jeder eigenen Reise informiert sie sich gründlich und gewissenhaft über Land und Leute, über die Geschichte und die aktuellen Probleme, die zur Sprache kommen.

Darüber hinaus bearbeitete meine Frau ein besonderes Aufgabenfeld, das sie mit der Not in ungezählten Familien zusammenführte: mit der Drogensucht junger Menschen. Sie betreute den Elternkreis drogenabhängiger Jugendlicher und gründete den nach ihr benannten Fonds zur Wiedereingliederung ehemals Drogenabhängiger, bei dem es darum geht, denen wieder Arbeit, Wohnung, Schuldenbefreiung und überhaupt einen Platz in der Gesellschaft zu verschaffen, die sich mit großer Anstrengung aus eigener Kraft von der Geißel der Drogen befreit hatten. Diese nahezu weltweite Thematik brachte meine Frau bei jeder unserer zahlreichen Reisen mit den entsprechenden Problemen und Lösungsversuchen in anderen Ländern in Kontakt und füllte ihr Arbeitspensum zusätzlich an, oft tage- und nächtelang. Aus den Fragen mancher Medienvertreter hätte man schließen können, als ginge es für die Frau des Präsidenten vor allem um Kleider, Souvenirs und dergleichen. In Wahrheit leistet sie eine ebenso hochinteressante wie harte Arbeit, die maßgeblich dazu beiträgt, die Belange unseres Landes gut gelingen zu lassen, so wie es meine Frau auch diesmal wieder bei der geschilderten Begegnung mit Gorbatschow tat.

Vierter Abschnitt

Vereinigung

Die Mauer fällt

Die Ereignisse in der DDR überstürzten sich nun. Sie waren in der Hand des Volkes. Den politischen Führungen fiel es schwer, rasch zu reagieren, besonnen zu bleiben, nicht die Nerven zu verlieren. Gerade hatte Honecker bekräftigt, die Mauer werde auch in fünfzig Jahren oder in hundert Jahren noch stehen, sofern die Gründe für sie andauerten. Doch im Juni 1989 zerschnitten der ungarische Außenminister Horn und sein österreichischer Kollege Alois Mock bei Sopron symbolisch den Stacheldraht an der Grenze. Die »Urlauber«-Welle aus der DDR kam ins Rollen. Bald überfüllte sie die Botschaften der Bundesrepublik in Budapest, in Prag und in Warschau. Dort wuchsen die Probleme der Versorgung und Hygiene ins Unvorstellbare. Pausenlose Kontakte aus Bonn mit den betroffenen Regierungen, dramatische Verhandlungen unter aktiver Beteiligung des DDR-Anwalts Wolfgang Vogel in Prag und Ostberlin führten dazu, daß Genscher zusammen mit Seiters Ende September nach Prag reisen und den dort auf dem Botschaftsgelände dichtgedrängten Landsleuten die befreiende Nachricht überbringen konnte, daß ihr Weg in die Bundesrepublik nun offen sei. Es war einer der großen Wendepunkte.

Vor der Nikolaikirche in Leipzig formierten sich seit Anfang September die Montagsdemonstrationen. Auf ihren Transparenten stand »Reisefreiheit statt Massenflucht«. Bei der Witwe von Robert Havemann wurde am 9. September die erste landesweite Oppositionsbewegung »Neues Forum« gegründet, zu der unter anderem Bärbel Bohley und Jens Reich gehörten.

Zum vierzigsten Jahrestag der Gründung der DDR am 7. Oktober kam Gorbatschow nach Ostberlin. Noch einmal brach sein Konflikt mit Honecker über die Notwendigkeit der Reformen auf. Gorbatschow verstand nicht, warum man sich in Ostberlin dagegen sperrte, dem Beispiel anderer sozialistischer Länder zu folgen. Er dürfte unterschätzt haben, wieviel schwerer dies für die SED-Führung war als etwa für die Ungarn oder die Polen, weil es einer gesamtdeutschen Perspektive bedurfte, die die SED nicht wollen konnte.

Bei seiner Berliner Pressekonferenz sprach Gorbatschow mit seiner plastischen Diktion ganz beiläufig die Worte aus, die in unser aller Zitatenschatz eingegangen sind: »Wer zu spät kommt, den bestraft das Leben.« Er hat mir später selber erzählt, daß er sich durchaus nicht bewußt gewesen sei, damit ein geflügeltes Wort zu prägen. Maßgeblich sei die Erkenntnis, daß die Geschichte selbst alles entscheide. Ihr dürfe man nicht vorgreifen, sie aber auch nicht verpassen. Schon bei seinem Gespräch mit mir im Kreml 1987 habe er dies gemeint, als er meine Frage nach der Einheit der Deutschen an die Geschichte verwiesen habe. Für die verantwortlichen Politiker sei es ausschlaggebend, den Verlauf der Geschichte rechtzeitig zu begreifen. In diesem Sinne sei sein Ostberliner Ausspruch gemeint gewesen. Er habe damals in erster Linie zu sich selbst gesprochen.

Unmittelbar nach dem Besuch von Gorbatschow kam es in zahlreichen Städten, wiederum vor allem in Leipzig, zu den größten und dramatischsten Protestkundgebungen: »Wir sind das Volk«, »Keine Gewalt«, »Wir bleiben hier« verkündeten die Transparente. Unvorstellbar war die Anspannung. Ganz Deutschland war am Bildschirm dabei. Uns allen, ob nah oder fern, stockte der Atem. Aber von keiner Seite fiel ein Schuß. Die sowjetische Führung hatte sich durchgerungen, unter allen Umständen ein Blutbad zu vermeiden, wie es die chinesische Führung kurz zuvor auf dem Tianan-Men-Platz in Peking angerichtet hatte. Die sowjetischen Truppen hatten Befehl, in der

Kaserne zu bleiben. Es waren die entscheidenden Stunden der friedlichen Revolution. Sie hatte es geschafft.

Am 17. Oktober wurde Honecker gestürzt. Egon Krenz wurde sein Nachfolger. Sofort lauteten die Forderungen auf den Plakaten »Unbekrenzte Freiheit«. Am 4. November kam es zur größten Kundgebung in Berlin auf dem Alexanderplatz mit siebenhunderttausend Menschen. Sie war polizeilich genehmigt. Eine bunte Mischung aus Schriftstellern, einer Schauspielerin, einem Pfarrer und zwei führenden SED-Mitgliedern kam zu Wort. »Blumen statt Krenze«, »Rechtssicherheit spart Staatssicherheit« und »Das Volk sind wir – Gehen sollt Ihr« stand auf den Transparenten. Von deutscher Einheit war noch mit keinem Wort die Rede.

Niemand wußte, wie es weitergehen würde. Kohl fuhr am 8. November zu einem mehrtägigen offiziellen Besuch nach Polen. Meinerseits ging ich verabredeten Terminen in Süddeutschland nach. Da gab am 9. November abends das Berliner SED-Politbüromitglied Schabowski kurz vor 19.00 Uhr bekannt, daß unverzüglich »Privatreisen nach dem Ausland« kurzfristig genehmigt würden. Nach 23.00 Uhr öffneten sich in Berlin die Schlagbäume. Noch in der Nacht drängten unzählige Menschen über die alten verhaßten Schranken. Die Freudenkundgebungen nahmen kein Ende. »Gestern nacht war das deutsche Volk das glücklichste Volk der Welt«, sagte der Regierende Bürgermeister Momper am 10. November vor dem Schöneberger Rathaus. Niemals davor und nie wieder danach habe ich es erlebt, daß sich über ein Ereignis auf deutschem Boden buchstäblich die ganze Welt von Herzen mit uns Deutschen freute.

In den darauffolgenden Tagen, die ich in Berlin erlebte, sind mir drei Begegnungen in der lebhaftesten Erinnerung. Als erstes ging ich über die Glienicker Brücke. Sie führt über die Havel und ist die einzige Straßenverbindung zwischen Westberlin und Potsdam. Noch hermetischer als die Sektorenübergänge in der

Stadtmitte hatte sie uns jahrzehntelang in Westberlin eingeschnürt. Nur die vier Mächte konnten die Brücke benutzen. Hier hatte sich der berühmt gewordene Austausch zahlreicher Spione zwischen beiden Seiten vollzogen, unter ihnen der über der Sowjetunion abgeschossene amerikanische U-2-Pilot Powers. Aber auch der tapfere russische Dissident Scharanski ging diesen Weg in die Freiheit. Unzählige Male hatte ich mich an einer Gepflogenheit beteiligt, die sich in Westberlin ausgebildet hatte. Am Wochenende fuhr man die Potsdamer Chaussee in Richtung auf die Brücke, nur um dort quasi mit dem Kopf an die Barriere zu stoßen, dort, wo mitten auf der Brücke die Sperren und die unerträglichen Wachen lauerten, die uns den seit der Jugend gewohnten Zugang nach Potsdam, meiner alten Garnisionstadt, und in die Mark Brandenburg versperrten. Wir fühlten uns damals wie gefangene Tiere hinter Gitterstäben. Und nun strömten wir als Fußgänger hinüber und herüber mit ungläubig strahlenden Gesichtern und trugen unsere bewegten Herzen auf den Lippen. Es war, als ob jeder jeden kannte.

In der Stadtmitte ging ich auf den Potsdamer Platz. Noch war es eine weite leere Fläche, von beiden Seiten durch Kontrollen bewacht. Ohne Begleitung überquerte ich vom Westen her eine Strecke von zweihundert Metern über den Platz in Richtung auf die andere Seite, wo die Baracke der Volkspolizei stand. Was würde nun passieren? Ein Wachkommando sah mich kommen und musterte mich mit dem Fernglas. Dann löste sich der Kommandoführer, ein Oberstleutnant, von seinem Trupp, ging auf mich zu, machte eine korrekte Ehrenbezeigung und sagte in ruhigem Ton: »Herr Bundespräsident, ich melde: keine besonderen Vorkommnisse.« Wir begrüßten uns, als wäre unsere Begegnung das Normalste der Welt, wo wir doch gerade ein Vorkommnis erlebten, das besonderer nicht hätte sein können.

Am dritten Tag nach der Maueröffnung nahm ich am Sonntagsgottesdienst in der Gedächtniskirche teil. Sie war überfüllt mit Menschen aus Ost und West. Mein Bischof Martin Kruse,

10. November 1989 auf dem Potsdamer Platz in Berlin. Die Mauer war offen, aber noch bewacht. Ich ging über den leeren Platz, als mir ein Offizier der Nationalen Volksarmee entgegenkam und meldete: »Herr Bundespräsident, ich melde: keine besonderen Vorkommnisse.« So schnell stand alles auf dem Kopf.

dem ich aufs engste verbunden bin, bat mich, am Ende noch zu der Gemeinde zu sprechen. Es wurde eine unbeholfene Mischung von Laienandacht und Willkommensgruß für die Berliner aus beiden Teilen der Stadt anhand jenes mir vom Kirchentag ans Herz gewachsenen Paulus-Wortes an die Galater: »So bestehet nun in der Freiheit, zu der uns Christus befreit hat, und lasset Euch nicht wieder in ein knechtisches Joch einfangen. Ihr seid zur Freiheit berufen. Allein sehet zu, daß Ihr die Freiheit nicht mißbraucht, Euch selbst zu leben. Sondern durch die Liebe diene einer dem anderen.« Es ging mir bei diesen Worten nicht zuletzt um uns im Westen. An uns war es, mit weitgeöffneten Türen und Herzen bereit zu sein, statt mit der Tür drüben ins Haus zu fallen und unsere Urteile und Maßstäbe zu den einzig gültigen zu erklären. Nicht große Töne waren gefragt, sondern

Hilfe. »Keiner von uns hat es immer schon gewußt – keiner von uns weiß, wie es weitergeht.« – »Das Volk weist der Politik den Weg. Wenn Politik eine Sache der Menschen ist, dann handelt sie von der Freiheit, nach der es den Menschen verlangt, aber damit zugleich auch von der Verantwortung, ohne die die Freiheit zum Chaos führt. Verantwortung bedeutet Solidarität untereinander, in der sich die Freiheit erfüllt – Liebe, wie wir als Christen sagen. – Laßt uns so in der Freiheit bestehen.« Zum ersten Mal klang damit das Signal der kommenden Zeit auf: Wer sich vereinigen will, muß teilen lernen.

Vor der Kirche herrschte ein unbeschreibliches Gedränge. Wir konnten uns nicht nach unserer östlichen oder westlichen Herkunft auseinandersortieren. Aber wir wollten es ja auch gar nicht. Man erdrückte und umsorgte sich gleichzeitig und gegenseitig. Keiner wollte nach Hause gehen. Alle waren bereit zu teilen.

Die erste Wende in Deutschland war vollzogen. Noch war die zweite nicht klar erkennbar. Während das Ausland im dunkeln tappte, ergriff Kohl am 28. November im Bundestag mit seinem Zehnpunkteprogramm auf maßvolle Weise die Initiative. Teltschik hatte es mir am Tag zuvor eingehend erläutert. Kohl sprach von den Etappen, mit denen der Weg zur Einheit anzusteuern sei. Er bekundete die Bereitschaft, den vom neuen DDR-Ministerpräsidenten Modrow genannten Gedanken einer Vertragsgemeinschaft aufzugreifen. Darüber hinaus sollten »konföderative Strukturen zwischen beiden Staaten in Deutschland« mit dem Ziel einer Föderation entwickelt werden. Das politische Ziel sei die staatliche Einheit Deutschlands. Unterwegs dorthin könne korrekterweise heute niemand eine abschließende Antwort auf die vielen schwierigen Fragen geben, die sich stellten.

Die Reaktion auf dieses Programm in den benachbarten Hauptstädten und bei den vier Mächten war zunächst zwiespältig. In Paris herrschte Irritation, weil Kohl drei Tage zuvor bei einem privaten Abendessen Mitterrand gegenüber nichts von

Am 12. Dezember 1989 traf ich im Potsdamer Cecilienhof, dem ehemaligen Sitz des deutschen Kronprinzen, mit den Repräsentanten der noch existierenden DDR zusammen. Von links: Lothar de Maizière, Vorsitzender der Ost-CDU, Manfred Gerlach, damals Staatsoberhaupt der DDR, und Ministerpräsident Hans Modrow.

seinem Plan angedeutet hatte. Auch in Washington hätte man es vorgezogen, vorher und nicht erst sofort nach der Rede informiert zu werden. Außenminister Baker gab am folgenden Tag eine kluge Erklärung ab. Für eine Vereinigung der Deutschen sei der Weg der Selbstbestimmung maßgeblich; dabei sei die rechtliche Position und Verantwortung der Alliierten angemessen zu beachten. Die Vereinigung müsse graduell und friedlich erfolgen, der Kontext einer dauerhaften Verpflichtung Deutschlands zur Nato und zur Europäischen Gemeinschaft sei zu wahren; die Einheit solle also nicht durch Neutralismus erkauft werden. Schließlich sei die Unverletzlichkeit der Grenzen zu beachten, die Kohl nicht angesprochen habe. Baker zielte damit auf den fehlenden Bezug in Kohls zehn Punkten zur polnischen Westgrenze, der überall, besonders im Ausland vermißt wurde. Im ganzen hatte Amerika damit international zur Beruhigung beigetragen und faktisch die Richtung für die Verhandlungen der kommenden Zeit vorgegeben.

In der DDR-Führung ging es turbulent zu. Krenz war noch Generalsekretär der SED. Die Volkskammer strich den in der Verfassung verankerten Führungsanspruch der Partei und diskutierte offen über ungezählte Fälle von Amtsmißbrauch und Korruption in der Vergangenheit. Eine Lage entstand, wie wir sie nie erlebt hatten. Auf der einen Seite war die DDR konstitutionell von einer Demokratie noch weit entfernt. Andererseits aber war es wirklich das Volk, von dem die Impulse ausgingen, weit mehr als in der Routine einer etablierten Demokratie, wie wir sie aus dem Westen gewöhnt waren. In der Hand des Volkes lag faktisch so etwas wie die Richtlinienkompetenz für die Politik. Das Volk war die Offenbarung der Wendezeit und die entscheidende Kraft der DDR bei der Einleitung des Einigungsprozesses.

Schon unmittelbar vor der Zehnpunkterede von Kohl setzten die ersten öffentlichen Forderungen in der DDR nach einer staatlichen Vereinigung ein. Hatten die meisten Parolen bis dahin noch eine souveräne DDR gefordert mit Sprüchen wie »Kein Ausverkauf der DDR« und »Wir lassen uns nicht BRDigen«, gab es nun zunehmend öffentliche Auseinandersetzungen. Bald hieß es immer deutlicher »Wir sind *ein* Volk« und »Deutschland einig Vaterland«, vor allem auf den Montagsdemonstrationen in Leipzig. Und wer von uns in der zweiten Dezemberhälfte nach Ostberlin und in die DDR kam, dem schlug dieselbe Stimmung entgegen, die auch Kohl kurz vor Weihnachten an der zerstörten Frauenkirche in Dresden unüberhörbar miterlebte. Der Rubikon war überschritten. Die zweite Wende gewann die Oberhand. Die Mehrheit der Bevölkerung drängte auf Vereinigung.

Der außenpolitische Erfolg auf dem Weg zur Vereinigung

Die entscheidenden Schritte zur Wiederherstellung der staatlichen Einheit Deutschlands sind mittlerweile hinreichend oft beschrieben worden. Fast alle Hauptakteure des In- und Auslandes haben Bücher darüber geschrieben oder schreiben lassen, und natürlich decken sich ihre Schilderungen nicht immer. Dabei kommt auch ein mehr oder weniger verdeckter internationaler Wettbewerb um eigene Verdienste und fremde Versäumnisse zum Ausdruck. Unter Menschen ist das normal. Es ist auch interessant. Aber für das Wesentliche dieser Zeit ist es nicht genug.

In Europa ging über den jahrzehntealten Status quo des Kalten Krieges ein Erdrutsch hinweg, für den es kein Beispiel in der Geschichte gab. Seine Kraft war unaufhaltsam. Niemand hatte ihn so planen können, wie er kam. Keiner konnte klar übersehen, wo er münden würde. Um so entscheidender war es, seine Dynamik zu begreifen, ihn im Rahmen des Möglichen zu kanalisieren und auf einen guten Weg zu lenken. Das war und das ist immer die wichtigste Anforderung an die Verantwortlichen. Was von uns allen verlangt wird, ist, uns nicht schlechthin zu Meistern der Geschichte aufzuwerfen, sondern uns von unseren hergebrachten Vorurteilen und Ängsten zu lösen, damit wir das Entscheidende fertigbringen: im Angesicht der fundamentalen Bewegungen unserer Zeit auf ihrer Höhe zu denken und zu handeln.

Die Wende in Europa und in Deutschland war voller gewaltiger Ungewißheiten. Niemandem fehlte die Phantasie, sich die immensen Gefahren, die Möglichkeit von Gewalt und Blutvergießen vorzustellen. Zugleich boten sich ungeahnte Chancen an und hätten doch ungenutzt verstreichen können.

In dieser Lage war es ein großes und historisch seltenes Glück, daß die wichtigsten Akteure im vereinten Handeln ihrer Verantwortung gerecht wurden.

Gorbatschow hatte dabei, zusammen mit seinem Außenminister Schewardnadse, den größten Mut zu beweisen und vor allem die schwerste Last zu tragen. Er war es, der dafür einstand, den friedlichen Verlauf der Umwälzungen zu sichern. Und als es im Jahre 1990 um die Entscheidungen über den internationalen Status eines vereinigten Deutschlands ging, mußte er in einem kurzen Zeitraum die Kraft aufbringen, seine ursprünglichen Ziele einer fundamentalen Überprüfung und Verwandlung durch die inzwischen geschaffene Realität auszusetzen. Er schaffte es mit dem ihm besonders eigenen Bewußtsein, nicht souveräner Herr, sondern aufmerksames und verantwortliches Werkzeug in der unaufhaltsamen Geschichte zu sein – gerade er, der doch von allen Beteiligten am meisten selbst in Bewegung gesetzt hatte. In diesem Geist verständigte er sich mit Kohl, dem er vertraute.

Für Gorbatschow war es eine unerhörte Leistung. Denn er mußte ja seiner Bevölkerung erklären, warum er sich schließlich bereit gefunden hatte, die DDR, dieses Juwel im Warschauer Pakt und im COMECON, an ein vereinigtes Deutschland und damit an den herkömmlichen Erzfeind herzugeben, an die Nato – für nichts, wie es seinen Landsleuten erschien, die dabei nur den kontinuierlichen Rückgang der sowjetischen Macht empfanden und es Gorbatschow nicht verziehen.

Kohl erkannte die Lage mit seinem sicheren Instinkt für die Stimmung unter den Deutschen in der DDR. Aus ihrem elementaren Verlangen nach Freiheit schälte sich die Richtung ihrer Hoffnungen auf Vereinigung in immer schnellerem Tempo heraus. Kohl ermaß die Geschwindigkeit und das Ziel. Im raschen Übergang von der Behutsamkeit zur Beschleunigung ging er ans Werk. Es galt, unverzüglich die notwendigen außenpolitischen Voraussetzungen für die Einheit zu schaffen und die Kraft der ebenso friedlichen wie unwiderstehlichen Revolution dafür einzusetzen, für die der Texaner Baker schon auf das Bild einer durchgegangenen Herde verfallen war. Inmitten von Bedenken und Sorgen rings um Deutschland herum und im Zeichen einer

Staatsbesuch in den USA 1992 bei George Bush. Rechts vom Podium Barbara Bush und meine Frau Marianne. Im schönen Park vor dem Weißen Haus manifestierten die freiheitsliebenden Amerikaner ihr unnachahmliches Talent für feierliche Zeremonien.

höchst ungewissen Zukunft der sowjetischen Politik ging es um die Gunst der Stunde. Zusammen mit seinem Außenminister Genscher hat Kohl sie rechtzeitig erkannt und genutzt, mit Energie, mit Umsicht und mit Hilfe des von ihm und Genscher geschaffenen Vertrauens bei den beteiligten Mächten. Der außenpolitische Auftrag der Vereinigung wurde von deutscher Seite bravourös erfüllt.

Der weltpolitisch erfahrene amerikanische Präsident Bush mit seinem Außenminister Baker war für uns Deutsche ein Freund und Helfer von unschätzbarem Wert. Zum einen waren die USA immer schon bereit, das Konzept einer Wiedervereinigung Deutschlands zu unterstützen, vorausgesetzt, daß es dabei friedlich und demokratisch zuging. Zum anderen hatten die Amerikaner als Supermacht keine Sorgen, daß Deutschland mit seinem durch die Vereinigung vergrößerten Gewicht einen neuen, möglicherweise unberechenbaren Kurs gegen ihre eigenen oder die Interessen der Nato und Europas verfolgen würden. Demgemäß übernahm Washington die Führung, als es darum ging, die Konferenz zustande zu bringen, auf der international über die Vereinigung Beschluß zu fassen war. Für die Teilnahmeberechtigung der Mächte schuf Baker zusammen mit seinem deutschen Kollegen Genscher die Zwei-plus-Vier-Formel, also die zwei deutschen Staaten mit den vier Mächten, und setzte sie mit zäher Energie in Moskau, Paris und London durch. Wichtig für uns Deutsche war, daß es nicht Vier-plus-Zwei heißen würde, also vier entscheidende Stimmen nebst zwei weiteren quasi am Katzentisch. Die Vereinigung durfte in keiner Weise einer Art Viermächtediktat ähneln. Das wäre für uns politisch, demokratisch und moralisch nicht annehmbar gewesen. Bis zum erfolgreichen Abschluß der Verhandlungen waren es immer wieder Bush und Baker, die zur Überwindung der Widerstände beitrugen und bleibende Verdienste für die außenpolitischen Bedingungen der Vereinigung erwarben.

Unter den europäischen Partnern kam es vor allem auf Frankreich und die Europäische Gemeinschaft an. Eine herausragende Rolle spielte der Präsident der Europäischen Kommission, der Franzose Jacques Delors. Von Beginn an bekräftigte er die untrennbare Zusammengehörigkeit der deutschen Einheit mit unserer Einbindung in Europa. Er war es, der dafür sorgte, daß die DDR ohne die üblichen Erweiterungsverhandlungen und -verträge bei der deutschen Vereinigung zum Bestandteil der Gemeinschaft wurde. Für uns war dies eine maßgebliche Hilfe, für ihn die entscheidende Bedingung für die Akzeptanz und die Verläßlichkeit des vereinigten Deutschlands auf seinem weiteren europäischen Weg. Delors hat sich darüber hinaus persönlich in einer beispielhaften Weise um die inneren Verhältnisse der DDR gekümmert und ihre Chancen im europäischen Ensemble gefördert. Als ich ihn vor dem versammelten Bundestag und Bundes-

Am 30. April 1992 sprach ich in Washington vor beiden Häusern des amerikanischen Kongresses. Ich dankte den Amerikanern für die entscheidende Hilfe bei der deutschen Vereinigung und appellierte eindringlich an sie, sich nach dem Ende des Kalten Krieges nicht aus den europäischen Angelegenheiten zurückzuziehen.

rat am Tag der Deutschen Einheit 1990 in Berlin offiziell begrüßte, wurde er von allen Seiten mit herzlicher und beinahe stürmischer Zustimmung willkommen geheißen.

Unter den europäischen Staatslenkern dieser großen Zeit war die Rolle von François Mitterrand für uns von besonderem Gewicht. Bis in die Gegenwart ist zu hören, daß er versucht habe, sich mit Kunst und Tücke der deutschen Vereinigung zu widersetzen. Im Jahre 1996 gab es in dem von der klugen, gewissenhaften und großherzigen französischen Sprachmittlerin Brigitte Sauzay und dem deutschen Historiker Rudolf von Thadden gegründeten deutsch-französischen Zentrum in Genshagen bei Berlin eine Konferenz, auf der es vor allem um die französische Position im Jahr 1990 ging. Schon an der Tür wurde ich gleichzeitig von französischen und deutschen Fernsehteams mit der Frage überfallen: »War Mitterrand dafür oder dagegen?« Eine vorgefaßte Meinung hatte sich festgesetzt, das war allseits zu spüren. Nach meinen persönlichen Erfahrungen mit ihm glaube ich, daß die kritischen Stimmen an seine Adresse in die Irre gehen. Sie beruhen auf einem Mangel eben jener historischen Urteilskraft und Weitsicht, über die Mitterrand verfügte.

Ohne Zweifel hatte er eine andere Perspektive als die Amerikaner und Russen. Unter jeder französischen Regierung hatte das Verhältnis zu Deutschland einen doppelten Boden. Allen war es ernst mit der Überwindung der alten Feindschaft und mit der europäischen Integration, auch wenn nicht alle französischen Präsidenten so überzeugte Europäer waren wie Mitterrand. Zugleich aber ging es Paris auch stets um Sicherung Frankreichs gegenüber den Deutschen. Gerade in diesem Punkt spielte für sie die Europäische Gemeinschaft mit dem eingebundenen Deutschland eine wichtige Rolle. So aufrichtig der prinzipielle französische Widerspruch gegen die Diktaturen im Osten und die erzwungene Teilung war, so schuf die Zweiteilung des Kontinents im Kalten Krieg doch auch eine weitere Sicherung. Kooperation und Kontrolle im Verhältnis zu uns bildeten für Paris ein dialektisches Verhältnis.

Als es nun ernst wurde mit der Aussicht auf eine deutsche Vereinigung, empfand es Mitterrand als seine Aufgabe, nichts zu überstürzen. Er fühlte sich im Interesse nicht nur seines eigenen Landes dafür verantwortlich, daß ein angemessener internationaler Rahmen geschaffen würde. Für die Größenordnung der Supermächte, zumal für das ferne Amerika, mochte es keinen qualitativen Unterschied machen, ob in der Mitte des Kontinents sechzig oder achtzig Millionen Deutsche staatlich vereint leben. Für Deutschlands europäische Nachbarn aber sah die Sache ganz anders aus. Bisher hatten Frankreich, Großbritannien und Italien ein der alten Bundesrepublik vergleichbares Volumen. Nun sollte Deutschland durch seine Vereinigung einen alleinigen, prägnanten, quantitativen Vorsprung erhalten. Die als Sicherung und Vorrang empfundene oberste Souveränität der vier Mächte über Deutschland als Ganzes sollte beendet werden. Das war politisch, wirtschaftlich und psychologisch ein dicker Brocken. Die freudige Anteilnahme am Fall der Mauer war gänzlich frei von den berüchtigten französischen *arrière-pensées* beim Thema Deutschland. Die Begeisterung über seine werdende Einheit aber hielt sich in Grenzen. Wen durfte dies verwundern? Daraus läßt sich keine besondere Kritik an Mitterrand ableiten. Kein anderer französischer Präsident hätte es anders sehen und vor seinem Volk vertreten können.

Zwei Fragen waren es vor allem, die Mitterrand beschäftigten. Die eine betraf die nun erst recht notwendige feste Einbindung des größeren Deutschlands in Europa. Sie traf sich mit dem völlig einhelligen Wunsch aller politischen Richtungen in Deutschland. Die geschilderte Linie des Kommissionspräsidenten Delors hatte die volle Billigung Mitterrands.

Die andere Frage führte vorübergehend zu ernsteren Konflikten zwischen Mitterrand und Kohl. Sie betraf die Oder-Neiße-Grenze. Kohl stand mit seiner Position, erst ein von allen gutgeheißenes vereinigtes Deutschland könne sich definitiv dazu äußern, international allein und stieß auch zu Hause auf verbreitetes Unverständnis. Mitterrand griff zu einem ungewöhnlichen Mittel. Er lud den polnischen Präsidenten Jaruzelski und den demokratisch gewählten Ministerpräsidenten Mazowiecki nach Paris ein. Zu dritt forderten sie vor der Presse die Bundesregierung und den Bundestag auf, nun endlich verbindliche Erklärungen zur polnischen Westgrenze abzugeben. Der Ton war unfreundlich. Solche gemeinsamen Belehrungen der Franzosen und Polen an die Adresse der Deutschen hätten früher zu prekären Konflikten führen können. Kohl hatte die Grenzfrage international eskalieren lassen, was aus psychologischen außenpolitischen Gründen besser unterblieben wäre. Dennoch war die in Paris laut gewordene Aufregung übertrieben, denn es bestand letzten Endes keinerlei Absicht in Bonn, an Buchstaben und Geist des Warschauer Vertrages zu rütteln, den die Regierung Brandt abgeschlossen hatte. Und so kam es dann auch nach gründlicher Aussprache zwischen Bonn und Paris zur Beilegung der Krise.

Ohne Zweifel beschritt Mitterrand den Weg zur deutschen Einheit mit Vorsicht und widmete seine Kräfte einem für Frankreich und für ganz Europa verträglichen Ergebnis der Einigung, bis hin zum späteren Maastrichter Vertrag. Dieser eminent historisch gebildete und geprägte Mann hat jedoch keine ernsthaften Versuche unternommen, sich der Einheit zu widersetzen. Sein Bild von der Geschichte hätte es nicht zugelassen. Stets sah er sie als einen Prozeß. Für ihn war sie mehr als das Produkt einzelner Personen, mehr als alle politische Macht und List, deren er sich so meisterlich zu bedienen wußte, mehr als Verdienst oder Schuld der Akteure. Intensiv hatte er sich mit Deutschland beschäftigt. Keiner prägte das französische Deutschlandbild stärker als er. Immer wieder hat er mir vom »Buch der Geschichte« gesprochen. Und so entsprach es seiner Richtschnur, daß er 1990 sagte: »Die Vereinigung Deutschlands ist in der Geschichte eingeschrieben.« Demgemäß hat er mitgewirkt, den Erdrutsch in eine vernünftige Richtung zu lenken.

In diesem Sinne hat Mitterrand sich während seiner letzten Amtstage von den Deutschen verabschiedet, als er am 8. Mai 1995 von den deutschen Soldaten sprach, die er als Kriegsgefangener während des Zweiten Weltkrieges kennengelernt hatte: Sie hätten für eine schlechte Sache gekämpft, aber aus Liebe zum Vaterland. Das wußte er zu unterscheiden und zu würdigen, besser als seine Kritiker in Frankreich.

Bleibt Großbritannien, das an allen Verhandlungen eifrig teilnahm. Die Stärke der Premierministerin Margaret Thatcher zur Durchsetzung innerer Reformen hat ihr überall in der Welt Respekt verschafft. Ihre Distanz zu Europa wurde sprichwörtlich. Daß sie von der Aussicht auf ein vereinigtes und gestärktes

Zur Verleihung des Karlspreises der Stadt Aachen 1988 an François Mitterrand und Helmut Kohl hielt ich die Laudatio, deren Reiz in der großen Verschiedenheit der beiden Preisträger lag, die trotz ihrer unterschiedlichen politischen Herkunft und des verschiedenen Temperaments ein Vertrauensverhältnis gefunden hatten. Links von Mitterrand der spanische König Juan Carlos, rechts von Kohl der Aachener Oberbürgermeister Malangré.

Deutschland wenig entzückt war, durfte niemanden überraschen. Ihr Bild von Deutschland hatte sich mitten im Krieg gebildet und war, solange sie an der Spitze der Regierung war, seit ungefähr 1942 unverändert geblieben. Unter allen mit amtlichen Aufgaben beschäftigten Deutschen interessierte sie sich am meisten für den damaligen Bundesbankpräsidenten Karl Otto Pöhl. Ihn lud sie auf das liebenswürdigste zu Gesprächen ein, um von ihm etwas über Währungen zu lernen. Uns anderen begegnete sie so, wie ich es bei meinem Staatsbesuch 1988 erlebt habe: Sie lud mich zum privaten Mittagessen ein, zusammen mit Genscher und ihrem damaligen Außenminister Geoffrey Howe. Nach zwei Stunden sagte Geoffrey Howe beim Abschied zu uns

Deutschen, er beklage es, daß wir nicht hätten helfen können, die Premierministerin wenigstens einmal zum europäischen Zuhören zu bewegen. Auf den Gang der Vereinigung Deutschlands hatte sie am Ende keinen nennenswerten Einfluß.

Freundschaft mit Tadeusz Mazowiecki in Warschau und Václav Havel in Prag

Zur internationalen Akzeptanz der deutschen Vereinigung gehörten neben den Voten der vier Mächte, der Europäischen Gemeinschaft und der Nato die Stimmen der ČSSR und vor allem Polens. An der schon geschilderten Irritation über zurückgehaltene Bonner Erklärungen zur Oder-Neiße-Linie wurde dies ebenso deutlich wie am heftigen Wunsch Warschaus, als Teilnehmer zur Zwei-plus-Vier-Konferenz eingeladen zu werden, wozu es dann aber nur in der Gestalt einer Gastrolle kam.

Unter allen Widerstandsgruppen und friedlichen Revolutionsbewegungen in den Ostblockländern war die polnische Solidarność die bei weitem wirksamste. Sie hatte sich unter der Führung von Lech Wałęsa zu einer starken, in der Gesellschaft tief verankerten Opposition entwickelt. Ihre Kraft veränderte nicht nur entscheidend die Verhältnisse in Polen selbst, sondern sie beeinflußte auch die auswärtigen Beziehungen des Landes, zumal im Verhältnis zu uns Deutschen. Kanzler Schmidt hatte sich nach mühsamen Verhandlungen in Helsinki mit dem polnischen Parteichef Gierek über schwierige Streitfragen einigen können. Dadurch hatten sich die amtlichen Beziehungen verbessert, die sich jedoch bald wieder wegen des Kriegsrechts und der scharfen Unterdrückungsmaßnahmen der polnischen Führung gegen die Solidarność-Bewegung verdunkelten.

Es gab nun eine Phase eingefrorener Kontakte der Regierungen. An ihre Stelle trat die um so lebendigere Verbindung unter den Menschen selbst. Ihr Kontakt und Austausch verdichtete sich auf unvorhergesehene Weise. Kirchliche Gemeinden aus der Bundesrepublik kamen ihren verschwisterten polnischen Partnergemeinden oder auch unbekannten Empfängern in großer Zahl zur Hilfe. Damals konnte man unterwegs in Richtung Osten ungezählten gemieteten Lastwagen voller Versorgungsgüter begegnen, mit deutschen Pfarrern am Lenkrad.

Diese Erfahrung gehört zu den für mich eindrucksvollsten Zeichen für den Willen der deutschen Bevölkerung, wirklich Ernst zu machen und persönlich dort etwas beizutragen, wo es um Wiedergutmachung und Versöhnung gehen sollte. Das war Entspannungspolitik von unten, Friedenspolitik in Menschenhand. Manchmal sind die Völker weiter als die Regierungen.

Gleichzeitig fiel es nicht wenigen deutschen Politikern vor allem aus dem linken Spektrum ziemlich schwer, die Entwicklung in Polen richtig einzuschätzen. Sie bewerteten die Gefahr eines sowjetischen Eingreifens in das aufgewühlte und unter Kriegsrecht stehende Polen als zu hoch und die wachsende Kraft der Solidarność als zu gering. Daher unterhielten sie zu lange ziemlich enge Beziehungen mit den polnischen Machthabern, während sie die Opposition in Polen zeitweise buchstäblich ignorierten. Das hat ihnen viele Vorwürfe eingetragen, die selbst vor dem Namen Willy Brandt nicht haltmachten, dem Inspirator des Warschauer Vertrages.

Als früheres Kuratoriumsmitglied der Robert-Bosch-Stiftung hatte ich nach Kräften an der Belebung des deutsch-polnischen Jugendaustausches mitgewirkt. Auf beiden Seiten gab es dafür eine große Nachfrage. Beim deutschen Polen-Institut in Darmstadt kam es schon 1987 zu einer der im Fernsehen bekannt gewordenen Diskussionsrunden unter der Moderation von Reinhard Appel, einer »Appel-Runde« mit polnischen und deutschen Jugendlichen. Sie verlief in herzerfrischender Offenheit. Warum in deutschen Schulbüchern von Gebieten »unter polnischer Verwaltung« die Rede sei, obwohl wir doch 1970 Polen in seinen heutigen Grenzen anerkannt hätten, fragten die einen. Wenn aber Anerkennung, was sei dann so fragwürdig, wenn bei einer Städtepartnerschaft mit Wiesbaden die Deutschen von Breslau redeten statt von Wrocław, war eine Rückfrage. Jede Seite sprach über die Untaten des eigenen Volkes, zusammen wehrten sich die jungen Leute dagegen, das Böse und das Gute moralisch aneinander zu messen. Ein vitales wechselseitiges Kulturinteresse kam zum Vorschein. Dafür hatte der Leiter des Polen-Instituts, Karl Dedecius, die besten Voraussetzungen geschaffen. Er, der in seinem Rang als Nachdichter und Übersetzer seinesgleichen sucht, hat uns eine fast vollständige Bibliothek der reichen polnischen Literatur in deutscher Sprache geschaffen, eine wahre Fundgrube. Auch hier hatte die Bosch-Stiftung die Fördermittel bereitgestellt.

Politisch und menschlich war Tadeusz Mazowiecki seit langem mein polnischer Gewährsmann. Unseren ersten Kontakt hatten wir schon gegen Ende der sechziger Jahre. Als Publizist und als Mitbegründer des Clubs der Katholischen Intelligenz, später als Sejm-Abgeordneter der katholischen Snak-Gruppe kam er häufig nach Bonn und lehrte uns immer wieder den Kampf seiner Freunde um die Freiheit ebenso verstehen wie die allseitige innerpolnische Solidarität von der Solidarność bis zu den Kommunisten in Fragen der nationalen Interessen, insbesondere der Oder-Neiße-Grenze. Unter dem Kriegsrecht in Polen überstand er die Festnahmen und qualvollen Verhöre mit seinem Mut und seinem Glauben. Als Mitarbeiter der Solidarność-Führung und als Ratgeber des Papstes hatte er sich im Hintergrund gehalten, wuchs dann aber in eine führende politische und geistige Rolle hinein und trug maßgeblich zum gewaltlosen Umbruch bei, bis Solidarność im April 1989 wieder legalisiert wurde, am »runden Tisch« freie Wahlen verabredet worden waren und er selbst seit Ende August 1989 der erste frei gewählte nichtkommunistische Regierungschef im Sowjetbereich war.

Am Tage nach seinem Amtsantritt übermittelte er mir die Einladung, eine Woche später nach Warschau zu kommen und dort gemeinsam mit ihm am 1. September des Ausbruchs des Zweiten Weltkrieges vor fünfzig Jahren zu gedenken. Zu unser beider lebhaftem Bedauern kam die Reise nicht zustande. Als Grund wurden noch ungeklärte bilaterale Verhandlungsthemen der Regierungen genannt. Aber die Spatzen pfiffen es von den Bonner Dächern, daß dies leider nur ein Vorwand war; es gab innenpolitische Rücksichten und Eifersüchteleien. Zwischen unseren Ländern war es eine verpaßte Chance. Als dürftiger Ersatz diente ein Austausch persönlicher Botschaften zwischen dem polnischen Präsidenten und mir.

Neun Länder grenzen an Deutschland. Alle hatte ich schon besucht außer Polen, dem zusammen mit Frankreich wichtigsten Nachbarn für uns Deutsche. Erst im Mai 1990 kam es zur offiziellen Reise nach Warschau. Sie stand im Zeichen der Impulse, die von den polnischen Widerstandsgruppen auch für die innere Befreiung in der DDR ausgelöst worden waren. Erste Initiativen für eine trilaterale Zusammenarbeit Polen-Deutschland-Frankreich wurden geprüft. Gemeinsam mit dem polnischen Staatspräsidenten besuchte ich die Gedenkstätte des ehemaligen Konzentrationslagers Treblinka nördlich von Warschau. Dorthin hatte der polnische Kinderarzt Janusz Korczak die jüdischen Kinder des Waisenhauses begleitet, das er für sie geschaffen hatte. Ihm war in Aussicht gestellt worden, frei zu sein. Aber er lehnte es ab, die Kinder zu verlassen, und ging mit ihnen in den Tod. Er verstand sein Opfer als ein Zeichen, die Verzweiflung über das Grauen zu überwinden.

Wir gingen bei Danzig auf die Westerplatte, wo die deutsche Marine in der Frühe des 1. September 1939 mit den ersten Schüssen auf das Festland den Zweiten Weltkrieg eröffnet hatte. Durch die goldgelben blühenden welligen Rapsfelder des südwestlichen Teiles von Ostpreußen fuhren wir zum Frischen Haff. Auf dem Kirchturm von Frauenburg, den der dortige

Beim ersten Staatsbesuch in Polen besuchte ich im Mai 1990 die Stätte der Erinnerung an das Massenvernichtungslager Treblinka nordöstlich von Warschau. Dorthin hatte der polnische Kinderarzt Janusz Korczak die von ihm betreuten jüdischen Waisenkinder freiwillig in den Tod begleitet. In Treblinka begrüßte mich der polnische Präsident Jaruzelski.

Domherr und Astronom Kopernikus durch seine Versuche über das heliozentrische System berühmt gemacht hatte, beschrieb mir der polnische Bischof des Ermlandes mit den bittersten Worten die Strangulierungspolitik der Sowjets, die den Polen den Schiffsweg zum Ausgang des Haffs in die freie Ostsee bei Pillau versperrten. Nur wenige Kilometer von unserem Aussichtspunkt entfernt hatte ich mit meinem Regiment im Frühjahr 1945 die letzten und zugleich die schwersten Kämpfe des Krieges erlebt. In der alten preußischen Kreisstadt Mohrungen besichtigten wir eine Ausstellung zu Ehren von Johann Gottfried Herder, der den prägenden Eigenwert der einzelnen europäischen Völker und Kulturen erforscht und neu belebt hatte.

Es war herzbewegend auf jeder Station der Reise, voller Erinnerungen an glückliche und schwere Erfahrungen der Vergangenheit und voller zuversichtlicher Hoffnung auf das gemeinsame Europa.

In seiner persönlichen, bescheidenen, aufrechten Art gab Mazowiecki dem Besuch die menschliche Dimension und Mitte. Er pflegte stets ohne Raffinement und ohne Populismus zu argumentieren. Es war ihm weniger wichtig, mit Druck oder taktischen Winkelzügen andere Politiker aus dem Feld zu schlagen, als mit seinem Gewissen im Einklang zu bleiben. Er duldete nicht, daß politische Effektivität und ethische Prinzipientreue gegeneinander ausgespielt wurden. So machte er es sich selbst schwerer als anderen und mußte Rückschläge hinnehmen. Später diente er den Vereinten Nationen bei der Aufdeckung grausamer Verletzungen der Menschenrechte im ehemaligen Jugoslawien, um die Ausschreitungen des schrecklichen Bürgerkrieges zu mildern.

Auf andere Weise entwickelten sich die Beziehungen zum Nachbarn Tschechoslowakei. Dort hatte die Charta 77 eine geistig und moralisch starke Kraft verkörpert, ohne eine Volksbewegung zu werden. In ihrer Mitte wirkte Václav Havel, der Denker, Schriftsteller und Theaterautor. Seine Essays und Gefängnisbriefe bezeugen, wie er unter der Diktatur um die innere Freiheit rang. »In der Wahrheit leben«, so lautete die Publikation dieses von seinem Gewissen gesteuerten Intellektuellen auf seinem Weg, in der Freiheit zu bestehen.

Phantasie und Philosophie, Ethik und blitzender Witz verbinden sich bei ihm zu einer forschenden Suche nach der Verantwortlichkeit in der Politik.

Ohne ihn schon zu kennen, hatte ich oft Gedanken bei ihm gefunden und zitiert, die uns im auftauenden Ost-West-Verhältnis als Kompaß dienen konnten. Eine Korrespondenz entstand, deren zentrales Dokument sein Brief an mich wurde, mit dem er seine Freude über den ihm soeben verliehenen Friedenspreis des deutschen Buchhandels und zugleich die Gründe mitteilte, weshalb er den Preis nicht selbst in Frankfurt entgegennehmen konnte. Die Prager Kommunisten, die ihn so oft und so lange eingesperrt hatten, wollten ihn nur ausreisen, aber nicht zurückkehren lassen. Der Inhalt des Schreibens war ein sorgfältig begründetes Zeichen der Versöhnung an uns Deutsche, treu der Mahnung des böhmischen Bischofs Comenius folgend: »Mit der Verbesserung muß jeder bei sich selbst anfangen.« So nannte Havel die Untaten der eigenen böhmischen Seite beim Namen, wie es zuvor keiner getan hatte. Er schrieb mir: »Ich persönlich – ebenso wie viele meiner Freunde – verurteile die Vertreibung der Deutschen nach dem Krieg. Sie erschien mir immer als eine zutiefst unmoralische Tat, die nicht nur den Deutschen, sondern vielleicht in noch größerem Maße den Tschechen selbst Schaden zugefügt hat.«

Dann überstürzten sich die Ereignisse in Prag. Hatte es anfangs gestockt, gewann nun die friedliche Revolution beinahe über Nacht die Oberhand. Vier Monate nach seinem Brief zum Friedenspreis, am 1. Januar 1990, wurde Václav Havel Präsident der ČSSR. So freudig begann für uns in Europa dieses Jahr mit seinen großen Umwälzungen.

Wenige Tage vor seinem Amtsantritt rief Havel bei mir an, um seine Absicht zu einem Besuch in Deutschland anzukündigen. Und buchstäblich am vierten Tage seiner Präsidentschaft machte er sich auf die Reise, vormittags nach Ostberlin zu den damaligen Spitzen in der DDR, nachmittags nach München, um mich dort während eines oberbayerischen Neujahrsaufenthaltes zu besuchen. Man stelle sich die Wirkung bei uns und vor allem in seiner eigenen Heimat vor. In München war 1938 das berüchtigte Abkommen gegen Prag erzwungen worden. In Berlin hatte Hitler im Frühjahr 1939 den tschechoslowakischen Präsidenten Hácha gedemütigt. Und nun eben dorthin tat der neue Staatschef seine allerersten Schritte außer Landes.

Auf dem Rollfeld des Münchener Flugplatzes holte ich Havel ab. Er entstieg einer Militärmaschine. Ein tschechischer Oberstleutnant salutierte. Als Havel ein paar Schritte vorausgegangen

Mit Václav Havel verband mich sehr bald eine persönliche Freundschaft wie mit keinem anderen Kollegen. »In der Wahrheit leben«, so lautete eine Publikation dieses stets von seinem Gewissen geleiteten Denkers, des Autors wie des Politikers. Nur selten entspricht die Welt seinen Visionen, und doch weiß sie, was sie an ihm hat.

war, zeigte der Offizier auf ihn und sagte so, daß ich es hören mußte und wohl auch sollte: »Da geht unser neuer Oberbefehlshaber, der Soldat Schwejk.« Es ist doch ein begnadet begabtes Volk!

Havel traf sich im Münchener Prinz-Carl-Palais auch mit Kohl und dem bayerischen Ministerpräsidenten Streibl. Es war eine schwer beschreibbare Versammlung grundverschiedener Persönlichkeiten in einer gelösten und hoffnungsvollen Atmosphäre.

Sehr bald darauf erreichte mich der nächste Anruf aus Prag. Am 15. März 1939 sei Hitler mit Gewalt in die Prager Burg eingezogen, sagte Havel am Telefon. Am kommenden 15. März 1990, einundfünfzig Jahre später, wolle er gern zusammen mit mir denselben Weg in Frieden gehen. Was konnte man da noch sagen?

Zusammen mit Genscher fuhr ich in die tschechoslowakische Hauptstadt. Im großen gotischen Saal der Burg fand eine Feier statt. Der alte Maestro Václav Neumann dirigierte die Symphonie »Aus der Neuen Welt« von Dvořák. Es war schwer, in den Ansprachen, die wir austauschten, die Bewegung zu verbergen. Danach gab Havel einen Empfang, umgeben von seinem »Hofstaat«, lauter Künstlern, Kritikern und Freiheitskämpfern. Sein Büro glich bereits einem Atelier zeitgenössischer Kunstwerke, die die Schreibtische und Telefone fast unsichtbar machten.

Dennoch war Havel mit der Einrichtung unzufrieden und bat mich um eine doppelte Hilfe, einerseits bei der Beschaffung angemessener Möbel und andererseits um sachverständige Techniker, die die versteckten Abhöreinrichtungen unschädlich machen könnten.

Danach trat er mit mir einen Fußmarsch von der Burg hinunter zur Moldau an, inmitten eines fröhlichen großen Durcheinanders von Bürgern, Presseleuten und einigen Sicherheitsbeamten. Plötzlich hielt er mich am Ärmel fest und schwenkte mit mir rasch auf eine kleine Tür an der Straßenseite zu. Sie führte uns in

Am 15. März 1939 war Hitler unter Bruch des Münchner Abkommens in die Tschechoslowakei einmarschiert. Hier, wo Hitler einst seinen trügerischen Triumph gefeiert hatte, lud mich Václav Havel wenige Tage nach seiner Amtsübernahme ein, am 15. März 1990 Hand in Hand mit ihm und friedlich in die Prager Burg zu gehen. Wir sprachen vom Balkon aus und waren von der warmen Aufnahme durch seine Landsleute bewegt. Wie kein anderer veränderte Havel das verfeindete Nachbarschaftsverhältnis zum Guten.

eine Wirtschaft, die eine konspirative Zelle in der Zeit der Diktatur gewesen war. Im kleinsten Kreis tranken wir dort zusammen das gute Bier.

Aber noch waren die Überraschungen nicht vorüber. Er weihte mich in eine Sorge ein. Bevor er an seine Präsidentschaft hätte denken können, habe er seine Zusage für den Eröffnungsvortrag bei den nächsten Salzburger Sommerfestspielen gegeben. Jetzt sei er Präsident, und seine Mitbürger würden die Welt nicht mehr verstehen, wenn sie auf dem Bildschirm einen großen Empfang für ihn durch den in Prag nicht eben beliebten österreichischen Präsidenten Waldheim anschauen müßten. Was solle er mit seiner Zusage nun machen? Er druckste so lange an der Sache herum, bis ich ihm den Vorschlag machte, auf den er insgeheim zugesteuert hatte. Ich entwickelte ihm den Plan, er sollte zunächst als mein Gast nach Bayreuth kommen. Dann würden wir gemeinsam in einer deutschen Maschine nach Salzburg fliegen. Gedacht, besprochen, getan. In Salzburg marschierten wir nebeneinander durch ein großes Spalier von freundlichem Publikum auf die Felsenreitschule zu, beinahe Hand in Hand wie Hänsel und Gretel im Wald. Und dort, wo uns Waldheim in der Halle auf das freundlichste begrüßte, war ein so unbeschreibliches Geschubse und Gedränge von Fotografen, daß es keinem von ihnen gelang, eine von Havel etwas befürchtete herzliche Begrüßungshalbumarmung auf dem Bilde festzuhalten.

Es folgte eine seiner denkwürdigen Reden über die Freiheit. Er sprach von der mythischen Gestalt des Griechen Sisyphos, der täglich einen Felsblock den Berg hinaufwälzen muß, welcher ihm dann immer wieder in den Abgrund entgleitet. So habe er, Havel, das Leben in der Unfreiheit ständig empfunden. Doch siehe da, eines Morgens sei der riesige Stein auf einmal oben liegengeblieben. Der verstörte Held fragt: »Was machen wir nun?« Und dann folgten Havels Gedanken, wie wir es schaffen, zu bestehen in der geschenkten Freiheit mit allen ihren Ablenkungen und Verführungen. Mit seinem scharfen Blick für die Schwächen der Menschen unter den Bedingungen der Freiheit sprach er vom politischen Engagement und der Bürgergesellschaft, vom demokratischen Gewicht der kleineren regionalen Einheiten, von der Kultur, ohne die uns die sittlichen Maßstäbe und die spirituelle Dimension fehlen. Die Freiheit verändert alles.

So schlägt Havel sich durch in einer Welt zu Hause und ringsherum, die sehr wohl weiß, was sie an ihm hat und die doch seinen Visionen nur selten entspricht. Der Wahlspruch des Prager Ministerpräsidenten Václav Klaus heißt »Tempo geht vor Sorgfalt«, eine auch bei uns und anderwärts nicht immer ganz unbekannte Maxime. Beim Zustandekommen der deutsch-tschechischen Erklärung über die Vergangenheit ging es freilich umgekehrt. Aus Sorge vor einer Stagnation in der Entwicklung eines Klimas der guten Nachbarschaft hatte Havel am Anfang des Jahres 1995 noch einmal einen großen Anlauf genommen. Er eröffnete eine Vorlesungsreihe an der Prager Universität mit seinem dringenden Appell, die Zukunft nicht länger von einer kontroversen Vergangenheit verbauen zu lassen, und regte den Entwurf jener Erklärung an. In Übereinstimmung und Verabredung mit ihm schloß ich die Vorlesungsreihe gegen Ende desselben Jahres am selben Ort ab. Bei uns hatte der Bundeskanzler noch im Jahr 1995 die Erklärung zur »Chefsache« machen lassen, was immer dieser neudemokratische Begriff heißen mag. Und doch dauerte es noch vierzehn Monate, bis sich Klaus und Kohl im Januar 1997 endlich zur Unterzeichnung in Prag trafen.

Nachdem die Zwei-plus-Vier-Konferenz ihre Aufgaben gelöst hatte und die Ergebnisse unterschrieben waren, verschob sich das internationale Interesse sehr rasch. Zwar trafen sich die Teilnehmerstaaten der KSZE im November 1990 und verabschiedeten die bedeutsame Charta von Paris für ein neues Europa. Am Ende des Kalten Krieges hatten sie Freiheit, Menschenrechte, Selbstbestimmung und eine gemeinsame Sicherheit im Auge. Es war ein historischer Augenblick voller Chancen. Aber die empfindlichen Punkte internationaler Spannungen schienen gelöst und der Kalte Krieg beendet zu sein. Jeder begann, sich auf seine eigenen Angelegenheiten zu konzentrieren. Kein einziger der versammelten Staats- und Regierungschefs verlangte damals eine Erweiterung der Nato bis an die Westgrenze der alten Sowjetunion. Auch warf niemand einen Blick auf die beginnenden Aggressionen und Grausamkeiten im alten Jugoslawien. Die Amerikaner waren fast vollständig damit beschäftigt, ein Mandat der Vereinten Nationen zu der von ihnen geplanten und zu führenden Bekämpfung des irakischen Diktators Saddam Hussein nach seinem Überfall auf Kuwait zu erhalten. Deutschland stand zwar inmitten neuer internationaler Anforderungen, hatte aber mit seiner Vereinigung genug zu tun.

Von alledem bekam ich einen massiven Eindruck, als ich die meisten Staatsoberhäupter im Herbst 1990 auf dem sogenannten Weltkindergipfel der Unicef in New York traf. Das Thema der großangelegten Veranstaltung bei den Vereinten Nationen sollte uns auf die stärkste Verpflichtung konzentrieren, die wir auf Erden haben, nämlich auf unsere Sorge für die uns nachfolgenden Generationen. Um Kinder- und Müttersterblichkeit, um die hohen Geburtenraten, die oft nicht nur eine Ursache für Armut sind, sondern gleichzeitig eine ihrer Folgen, um ethische und religiöse Instanzen, die zur besseren Familienplanung aufrufen und beitragen müssen, sollte es gehen. Meine Frau als sehr aktive Schirmherrin des deutschen Komitees für Unicef unterstützte zu Hause die hervorragende langjährige Unicef-Arbeit meiner alten Bundestagskollegin Marie-Elisabeth Klee.

Aber die Staatsmänner und -frauen diskutierten fast nur über den Golfkrieg, der nun kommen sollte, dagegen kaum über Hunger und Entwicklungspolitik, Demographie und Kinder. Während des Treffens lud ich den Präsidenten Jugoslawiens zu einem Gespräch ein, um ihm die schwere Sorge über die ständig wachsende Unterdrückung der Kosovo-Albaner durch die Serben vorzuhalten. An der Begegnung nahm der jugoslawische Außenminister Lonçar teil, ein Kroate, den ich aus seiner Zeit als

Mit Boris Jelzin und George Bush 1992 in München bei dem sogenannten G7, dem Gipfeltreffen der führenden Industrienationen.

Botschafter Belgrads in Bonn gut kannte. Nachdem sein Präsident gegangen war, dankte er mir für die Kosovo-Intervention. Sie blieb aber isoliert. Hätte der Westen damals, im Herbst 1990, massiv bei Milošewić interveniert, so wäre vielleicht einiges von dem folgenden Unheil vermeidbar gewesen. Ich hatte den Eindruck, daß der serbische Diktator die Reaktion der Welt auf seine Unterdrückungsmaßnahmen im Kosovo testen wollte und dann, als sich wenig rührte, seine Gewaltpläne eskalieren ließ.

Angefüllt bis zum Rand mit Arbeit und mit gewaltigen Herausforderungen war die Außenpolitik des Jahres 1990. Europa ging einer neuen Phase seiner Geschichte entgegen. Die Nationalstaaten waren nicht überlebt. Aber das Zeitalter der Balance of power zwischen voll souveränen Staaten ging ebenso zu Ende wie die Außensteuerung durch globale Supermächte. Erstmals hatten die Völker unseres Kontinents die Chance, aus eigener Kraft zu einer gemeinsamen Lebens- und Friedensordnung zusammenzuwachsen. Würden sie den Willen und die Macht dazu finden? Würden sie sie nutzen, ihren Einfluß zu stärken und ihr Potential einzusetzen für die eigene Stellung in der Welt, aber auch gegen die Überbevölkerung und den Hunger, gegen die Umweltzerstörung und die geistige Leere?

Die deutsche Führung hatte den Kairos für die Vereinigung des eigenen Landes erkannt. Angespannt durch den Zeitdruck hatte sie die Stunde mit Energie und Erfolg genutzt. Für Europa waren wir offener als je zuvor. Um ein brauchbarer Partner zu sein, mußten wir aber die Hausaufgaben der Vereinigung lösen. Und so ging es an die Arbeit um die innere Einheit. Sie vollzog sich im Zeichen eines kaum geringeren Wirbelwindes.

Noch existierte die DDR, aber die große Mehrheit ihrer Bürger drängte mit Macht auf Vereinigung. Die Freiheit der Information und der Reise war gewonnen. Das Ziel war jetzt die Lebenswirklichkeit der Einheit. Wie würde sie aussehen, wirtschaftlich und sozial, gesellschaftlich und menschlich?

Willy Brandt hatte die Lage auf den Begriff gebracht: »Nun wächst zusammen, was zusammengehört.« Mitte Dezember 1989 sagte ich daraufhin im DDR-Fernsehen: »Wir sind eine Nation, und was zusammengehört, wird zusammenwachsen. Aber es muß eben zusammenwachsen. Es darf nicht der Versuch gemacht werden, daß es zusammenwuchert. Wir brauchen die Zeit.«

Früher oder später brauchen wir die Zeit. Sie läßt sich nicht überlisten. Zusammenwachsen vollzieht sich in einer tieferen menschlichen Schicht. Wuchern heißt, ungesund wachsen statt organisch. Mit dem, was ungesund war, ringen wir noch bis heute. Es war mir ja nicht um Kritik am beherzten Zugriff in der internationalen Welt gegangen, der notwendig und richtig war, sondern um die innere Stimmung in der DDR und vor allem um die gegenseitige Wahrnehmung der Menschen zwischen Ost und West. Brandt hat es mir später zweimal ausdrücklich bestätigt, daß er verstehe und akzeptiere, wovon ich gesprochen hätte. Aber sein Instinkt hatte ihn nicht getrogen. Wir hatten sie nicht, die Zeit, die wir brauchen. Niemand konnte ihren Ablauf aufhalten.

Zum Besten gehörte die baldige demokratische Wahl einer freien Volkskammer in der DDR. Während der folgenden Monate hatten ihre Mitglieder praktisch ohne Vorbereitung an den schwierigsten Problemen zu arbeiten und Entscheidungen von unerhörter Tragweite zu treffen. Gelegentlich wurden sie als Laienspieler bezeichnet. Wollte damit jemand eine Geringschätzung ausdrücken? Mit einer Hingabe ohnegleichen rangen sie um Lösungen. Ihr Mangel an professioneller Parlamentsroutine gehörte gerade deshalb zu ihren Vorzügen, weil sie sich gegenseitig nicht festnagelten. Sie zeigten, wie wertvoll es ist, »von anderen nicht ständig das Schlimmste zu erwarten oder gar zu erhoffen, damit das eigene Weltbild stimmt« (Richard Schröder). Jeder durfte und mußte offen sein und dazulernen. Wo Laien den Berufspolitikern so das Wasser reichen, ist es kein schlechtes Omen für die Demokratie. Die kurze Arbeitszeit der frei gewählten Volkskammer in der DDR gehört zu den besten Kapiteln in der deutschen Parlamentsgeschichte.

Bisher hatte die direkte Demokratie die Richtung und das Tempo bestimmt. Nun verwandelte sie sich rasch in ein repräsentatives System nach westlichem Muster. Ihre vier Worte »Wir sind das Volk« wuchsen zu vielen Tausenden von Worten in immer neuen Vereinbarungen und Verordnungen. Mit einer unerhörten Arbeitsleistung von Politikern und Beamten entstanden unter der Hauptverantwortung von Wolfgang Schäuble und Lothar de Maizière die Eckdaten der Vereinigung. Im Mai 1990 kam die Wirtschafts-, Währungs- und Sozialunion zustande. Am 1. Juli wurden in der DDR die persönlichen Guthaben nach gestaffelten Höchstgrenzen ebenso wie alle wiederkehrenden Zahlungen im Verhältnis 1:1 umgestellt. Die Treuhandanstalt entstand. Die Volkskammer erklärte den Beitritt der DDR zum Geltungsbereich des Grundgesetzes. Am 31. August wurde der Einigungsvertrag im Ostberliner Kronprinzenpalais unterzeichnet.

In der Nacht vom 2. zum 3. Oktober 1990 waren wir vor dem Reichstag in Berlin versammelt. In Anlehnung an die Präambel der Verfassung gab ich vor der unübersehbaren Menschenmenge um Punkt Mitternacht der gemeinsamen Aufgabe Ausdruck:

»In freier Selbstbestimmung wollen wir die Einheit und Freiheit vollenden. Für unsere Aufgaben sind wir uns der Verantwortung vor Gott und den Menschen bewußt. Wir wollen in einem vereinten Europa dem Frieden der Welt dienen.«

Jeder von uns dachte an die vielen deutschen Lebenswege bis zu diesem unvergeßlichen Augenblick. Wir Deutschen waren wieder zu einem Staat vereint, im Einklang und im Frieden mit allen unseren Nachbarn. Die Geschichte hatte es diesmal gut mit uns gemeint.

Als wir uns am Vormittag des 3. Oktober zum Staatsakt in der Berliner Philharmonie trafen, klang uns allen noch die Schlußode der Neunten von Beethoven im Ohr, die wir am Abend zuvor in der Mitte Berlins am Gendarmenmarkt bei der Abschiedsfeier der DDR gehört hatten: die Freude – sie ist ein Götterfunken.

Doch nun ging es sofort weiter mit der Arbeit. Alle schon geschafften und neu anstehenden Aufgaben waren viel zu schwer, die Folgen viel zu unübersehbar, als daß lauter fehlerfreie Lö-

Nach meiner Ansprache beim Staatsakt zur deutschen Vereinigung am 3. Oktober 1990 in der Berliner Philharmonie. Links Sabine Bergmann-Pohl, zuletzt Staatsoberhaupt der DDR, rechts neben Bundeskanzler und Hannelore Kohl der letzte Ministerpräsident der DDR, Lothar de Maizière.

sungen erwartet werden durften. Das Menschenmögliche geschah.

Jeder redete mit. Kritisiert wurde aus allen Richtungen. Doch hätte keiner von uns alles richtig machen können. Dessen war ich mir in jeder Phase sehr bewußt. Das befreit uns aber nicht von einer ehrlichen, unvermeidlicherweise kritischen Rückschau auf die Weichenstellungen, mit deren Folgen wir es bis heute zu tun haben.

Von Beginn an war es klar, daß gewaltige Finanzmittel aus dem Westen für die Vereinigung erforderlich waren. Wie sollten sie aufgebracht werden? Drei Tage nach der Eröffnung der Mauer hatte ich, wie schon erwähnt, zum ersten Mal öffentlich von der Notwendigkeit des Teilens gesprochen. Helmut Schmidt verlangte von den Deutschen eine Anstrengung wie jene, die Churchill in seiner »Blut-Schweiß-und-Tränenrede« vor Augen gehabt hatte. In mehreren Anläufen bis hin zu meiner Berliner Ansprache vor dem Bundestag und Bundesrat am 3. Oktober 1990 appellierte ich an die Verantwortlichen: »Oft hört man heute, niemandem solle etwas genommen werden, es komme nur auf die Verteilung der Zuwächse an. Das ist schön gesagt in der Marketing-Sprache zeitgemäßer politischer Kommunikation. Bei nüchterner Betrachtung würde jedoch auch dies nichts anderes bedeuten als die Vertagung des Teilens auf die Zukunft. Das kann dann für viele menschliche Schicksale zu spät sein. Kein Weg führt an der Erkenntnis vorbei: sich zu vereinen heißt teilen lernen. Mit hochrentierlichen Anleihen allein wird sich die deutsche Einheit nicht finanzieren lassen.« Das anschließende Gemurmel im Saal kam just aus der Richtung, an die ich gedacht hatte.

In der Frühphase des Aufbruchs der Vereinigung war die große Mehrheit der Deutschen im Westen zu wirklichen Opfern bereit. Aus allen Richtungen gab es Aufrufe dafür, von starker Resonanz begleitet. Ein rechtzeitiges klares Signal der politischen Führung, daß das historische Ereignis der Vereinigung durch einen Beitrag des Westens in vergleichbar historischer Größenordnung zu begleiten sei und daß dies eben nicht aus Wachstumsgewinnen oder einem gigantischen Haushaltsdefizit finanziert werden könne und dürfe, blieb aus. Die Gründe dafür lagen leider auf der Hand. Die westdeutsche Bevölkerung sollte im Wahljahr 1990 nicht belastet werden. Der Gemeinsinn war ja da, aber er wurde nicht abgerufen. Es war ein schweres materielles und menschliches Versäumnis. Wir alle kennen und spüren die Folgen bis heute.

Später, ohne Zweifel zu spät, ergriff ich noch einmal eine Initiative in der Öffentlichkeit. Ich verschreckte mehr als einen konsequenten Marktökonomen und Machtpolitiker mit der Anregung eines zweiten Lastenausgleichs. Gewiß gab es Gegengründe wegen möglicher Auswirkungen auf die Konjunktur und eines langwierigen administrativen Aufwandes, wegen der inzwischen wieder verschärften Verteilungskämpfe und der allgemeinen Stimmung im Westen. Es folgte eine heftige öffentliche Auseinandersetzung. Kohl erklärte, er wolle keine Abgaben einführen. Es gehe ihm um ein stabiles Klima der Investitionen bei uns. Inzwischen wissen wir, was aus dieser Stabilität von Investitionen geworden ist. Sie sind zu Hause überwiegend in die Rationalisierung der Produktion zu Lasten vieler Arbeitsplätze und im übrigen ins Ausland geflossen.

Mein wichtigstes Motiv war der innere Zusammenhang zwischen menschlicher Solidarität und materieller Leistung, für den wir nur den höchst zaghaft angesetzten Solidaritätszuschlag zur Einkommensteuer geschaffen hatten.

In der alten Bundesrepublik hatte es bald nach dem Krieg einen großen Lastenausgleich zugunsten der zwölf Millionen Heimatvertriebenen gegeben. Er war nicht aus dem Einkommen, sondern aus dem Vermögen zu entrichten, und dies zu einer Zeit, als der Wohlstand im Westen erst einen kleinen Bruchteil der Höhe erreicht hatte, auf der er sich heute befindet. Das Verfahren war von viel Verwaltung geprägt und nicht ohne manche Ungerechtigkeit abgelaufen. Dennoch wurde es die bedeutendste Leistung der Westdeutschen, als ein Zeichen der Zusammengehörigkeit mit den vom Schicksal schwer getroffenen Vertriebenen.

Nun war das zweite Kapitel an der Reihe. Es wäre angemessen, gerecht und dem menschlichen Engagement und Zusammenwachsen ungemein förderlich gewesen, die Deutschen in der DDR auf eine nicht staatlich anonyme, sondern persönliche Weise spüren zu lassen, daß wir uns im Westen durchaus bewußt waren, wie unvergleichlich viel schwerer die Last gewesen war, die ihnen das Schicksal ohne ihr Verschulden auferlegt hatte. Ohne Zweifel hatten wir im Westen für den erreichten Wohlstand hart gearbeitet. Es geschah in voller Freiheit unter der Gunst der internationalen Lage, anfänglich mit starker Unterstützung durch den Marshallplan und mit Hilfe der Dynamik des sich für uns weitenden Marktes in der europäischen Gemeinschaft.

Alle diese Bedingungen hatten den Deutschen im Osten gefehlt. Und welchen Sinn sollte es haben, daß wir in unserem Grundgesetz ausdrücklich erklärt hatten, wir würden auch für jene Deutschen handeln, denen die Mitwirkung versagt war, wenn wir dies nun im Westen so auslegten, daß die Arbeit für unseren Wohlstand nur für uns allein gedacht war?

Die Transferleistungen, die aus dem allgemeinen Haushalt seit Jahr und Tag in die östlichen Bundesländer fließen, haben gigantische Ausmaße. Zunächst durchschaute der Bürger im Westen ihre Herkunft nicht klar genug. Die Führung hatte ihn ja geschont. Man hatte ihn eher in Sicherheit gewiegt als auf Opfer vorbereitet. Man wollte ihn ja auch auf die Wahlen einstimmen. Erst mit einiger Verzögerung und mittlerweile eher mißtrauisch begann er zu spüren, daß mittelbar jeder im Westen mit betroffen ist, mit Steuern und Abgaben, bei den Beiträgen zur Sozialversicherung mit ihren versicherungsfremden Leistungen und durch die Folgen unumgänglicher einschneidender Sparmaßnahmen der öffentlichen Hand. Nun empfindet er dies allzuoft nicht mehr als einen historisch-moralisch und menschlich angemessenen gesamtdeutschen Ausgleich, sondern als eine ihm immer fragwürdiger erscheinende Last zugunsten immer undankbarerer Landsleute im Osten.

Es fehlte also gewiß nicht an der Höhe dessen, was für die Einheit aus dem Westen in den Osten floß. Aber die Art und Weise, wie diese Mittel mobilisiert wurden und werden, hat dazu geführt, daß die materielle von der menschlichen Aufgabe, die anonyme fiskalische Disposition von der persönlich spürbaren Teilnahme abgekoppelt wurde. Das erschwert die innere Einheit, anstatt sie zu erleichtern. Die öffentliche Gesamtverschuldung der Gebietskörperschaften hat sich von 1989 bis 1996 mehr als verdoppelt. Über 600 Milliarden Mark entfallen allein auf die Kosten der Vereinigung. Der Solidaritätszuschlag hat als Ausgleich der Lasten auch nicht im entferntesten ausgereicht. Die privaten Geld- und Sachvermögen bewegen sich demgegenüber in weit größerer Höhe als die öffentlichen Defizite. Die Diskrepanz zwischen privatem Reichtum und öffentlicher Armut hat einen Höhepunkt erreicht. Nahezu eine Verdoppelung der Staatsschulden und Zinslasten macht uns schwer zu schaffen.

Bei meinen wöchentlichen Reisen in die östlichen Bundesländer traf ich auf viele ermutigende Beispiele der Hilfsbereitschaft. Es gab ungezählte westliche Aufbauhelfer aus allen Altersstufen. Sie arbeiteten mit Sachverstand und Taktgefühl. Private und freigemeinnützige Organisationen waren am Werk. Städtepartnerschaften, noch in der Zeit der Teilung geschlossen, leisteten vortreffliche Dienste. Unsere Tochter Beatrice hatte diese Verbindungen an Ort und Stelle studiert und ihnen ihre Doktorarbeit gewidmet, die sie mit dem schönen Titel »Verschwisterung im Bruderland« in Erinnerung an die früher stets verwendete Formel der »Brüder und Schwestern« überschrieb. Gleichzeitig war unsere Bevölkerung auch zu spontaner Hilfe über die Grenzen des eigenen Landes hinaus bereit. Vor allem die Bereitschaft, notleidenden Menschen in der Sowjetunion zu helfen, war ganz außerordentlich eindrucksvoll.

Das alles waren gute Zeichen. Bei der Mehrheit der Bevölkerung wich dennoch allmählich die Begeisterung über die wiedergewonnene Einheit einer weitaus nüchterneren Stimmung. Auf das persönliche Leben der allermeisten Menschen im Westen hatte die Vereinigung keinen erkennbaren Einfluß. Sie wollten und suchten ihn auch nicht.

Ganz anders im Osten. Dort wurde die Vereinigung zu einem täglichen, ganz unmittelbar erfahrbaren existentiellen Prozeß der Umstellung mit oft übermenschlichen Anforderungen. Eine Frau schrieb mir, sie seien tief dankbar für die Freiheit und hätten doch nicht gewußt, wie sehr die Veränderung an die Nerven gehe. Sie wollten ja nichts sehnlicher, als ihr Regime loswerden. Aber damit gleich so viele Elemente des eigenen Lebens von heute auf morgen durch etwas Neues, Unbekanntes zu ersetzen, quasi einen Abschied von sich selbst zu nehmen, das übersteige das menschliche Maß. Dabei hat doch jedes Leben seinen Sinn und seine eigene Würde. Kein Lebensabschnitt ist umsonst, zumal nicht einer in der Not.

Es herrschte Unsicherheit im Hinblick auf die Ausbildung, die »Abwicklung«, den Arbeitsplatz, das Eigentum, die Notstände in der Pflege bei Alten und bei kleinen Kindern. »Früher waren wir alle gleich, auf niedrigem Niveau, und hatten alle Arbeit«, schrieb mir ein Mecklenburger, und ein anderer erklärte: »Mit unseren Seelen sind wir noch nicht bei Euch angekommen.« Er bei uns angekommen? Warum nicht wir bei ihm? Soll er den ganzen Weg allein gehen? Wie weit waren wir ihm denn schon entgegengegangen?

Es konnte ja wohl nicht anders sein. Man hatte gegenseitig über die innere Lage zuwenig gewußt, zumal der Westen über den Osten. Mit dieser Unkenntnis bestimmte der Westen den Kurs. Er leistete immense Hilfe, aber er löste auch starke Irritationen aus. Ein Beispiel dafür war die Maxime »Rückgabe vor Entschädigung«. Meine Frau und ich fuhren mit unserem jüngsten Sohn Fritz nach Potsdam, um ihm dort das Haus seiner mütterlichen Vorfahren zu zeigen. Wir waren weit entfernt von irgendwelchen auf das Eigentum bezogenen Hintergedanken. Eine ältere Frau, die aus dem Fenster sah, fragte ich, ob wir einmal um das Haus gehen dürften. Sie antwortete trocken: »Das können Sie ruhig machen. Hier gibt es nichts zu holen.«

Eine ganz andere Erfahrung machte ich mit einem jungen Mann, einem ehemaligen Feldwebel der Nationalen Volksarmee, der dank seines Charakters und seiner Tüchtigkeit seinen Weg nach 1990 im vereinten Deutschland gut und rasch genommen hatte. Einmal saß ich mit ihm im Auto in Berlin kurz vor dem Brandenburger Tor an einer roten Ampel unter dem

Straßenschild »Straße des 17. Juni«. Diese Straße führt zwar direkt bis an die alte Sektorengrenze zum Osten, verläuft aber ganz im Westteil der Stadt. Auf meine Frage nach seiner Meinung zu dem Straßennamen sagte er: »Bei einer Abstimmung würden die meisten Westberliner für Beibehaltung und die meisten Ostberliner für Veränderung sein.« Auf meine Rückfrage nach dem Grund für die Ostberliner Haltung meinte er: »Wir wollen nicht, daß Ihr Euch immer mit unseren Heldentaten brüstet. Und es würde Euch auch ganz guttun, wenigstens einmal zu spüren, was es bedeutet, wenn man immerzu seine Straßennamen ändern muß, weil die andere Seite es verlangt.«

Solche Begebenheiten in der ehemals geteilten Stadt sind nicht ungewöhnlich, aber lehrreich und heilsam. Es geht ja nicht darum, den eigenen Standpunkt preiszugeben. Aber man muß sich mit ihm immer wieder den Erfahrungen der anderen Seite aussetzen, möglichst oft, möglichst täglich. Dies gehört zu den unersetzbaren und zentralen Aufgaben von Berlin.

Dies war einer der Gründe, die mich veranlaßten, in der Hauptstadtfrage vorzupreschen und bis an die Grenze der Kompetenz meines Amtes zu gehen. Mir war die hohe Auszeichnung zuteil geworden, zunächst in Bonn und dann als erster im vereinigten Berlin die Ehrenbürgerwürde zu erhalten. Beide Male hatte ich mich mit Überzeugung zu dem guten Kapitel deutscher Geschichte bekannt, das für immer den Namen Bonn trägt. Am 29. Juni 1990 war die Feier in der Nikolaikirche in Berlin-Mitte. Die Entscheidung über die künftige Hauptstadt stand noch nicht auf der Tagesordnung des Bundestages. Ich versicherte, selbstverständlich mit allen Kräften an der Realisierung des Parlamentsbeschlusses zugunsten von Berlin oder von Bonn mitzuwirken, wie auch immer er ausfallen werde. Dann aber legte ich ein unzweideutiges Bekenntnis für Berlin als Hauptstadt ab. So hatten wir es in der alten Bundesrepublik seit Inkrafttreten unseres Grundgesetzes zugesagt, und so erforderte es nach meiner festen Überzeugung die Aufgabe der Vereinigung erst recht. »Nur in Berlin kommen wir wirklich aus beiden Teilen und sind doch eins. Die Politik muß es täglich unmittelbar miterleben, denn sie trägt die Verantwortung dafür, daß unsere Vereinigung dauerhaft gelingt ... In Berlin haben wir, wie nirgends sonst, erfahren, was die Teilung bedeutet. In Berlin erkennen wir, wie nirgends sonst, was die Vereinigung von uns erfordert. Hier ist der Platz für die politisch verantwortliche Führung Deutschlands.«

Es gab Zustimmung und Kritik zuhauf. Manche westdeutschen Politiker, die sich früher oft vom Staat der alten Bundesrepublik distanziert hatten, überkam nun die Sorge vor einer Schwächung der vertraut gewordenen Bonner Welt. Die allermeisten Argumente beider Lager waren ernst zu nehmen und gingen über schlichte Lokalinteressen hinaus, auch wenn es da Ausnahmen gab. Der Gastwirt eines Lokals in Bonn-Bad Godesberg stellte ein Plakat vor seine Wirtschaft: »Hier ist Weizsäcker unerwünscht.« Freilich war ich dort bisher nie eingekehrt. Das erfolgte erst Jahre später und im guten Einvernehmen.

Es dauerte noch ein Jahr, bis nach meiner Berliner Hauptstadtrede am 20. Juni 1991 der Bundestag nach einer leidenschaftlichen und ganztägigen Plenardebatte mit knapper Mehrheit den Beschluß zugunsten von Berlin als Hauptstadt faßte.

Für die rasche Wirtschafts-, Währungs- und Sozialunion war nicht zuletzt die Sorge maßgeblich, daß der Strom der Übersiedler von Ost nach West schwer lösbare Probleme aufwarf. Die Schlachten um den guten Sinn der getroffenen Maßnahmen sind geschlagen. Unter ihren Folgen ergab sich bald eine, für die nicht die Politik die Hauptverantwortung trug, sondern die Tarifvertragsparteien. Nach der wahrlich nicht unproblematischen, aber politisch unumgänglichen Währungsumstellung kamen die Verhandlungen über die Anpassung der Löhne des Osten an den Westen in Gang. Es war menschlich nur allzu verständlich, aber ökonomisch verheerend, daß diese Löhne weit rascher angehoben wurden, als Markt- und Wettbewerbsverhältnisse es vernünftigerweise empfehlenswert gemacht hätten. Es waren nicht allein und nicht einmal primär die maroden Produktionsstätten der DDR, die zu einem wirtschaftlichen Zusammenbruch und massiver Arbeitslosigkeit im Osten führten. Noch gab es ja Aufträge und Kunden. Aber die Arbeitgeber mußten hohe Löhne in harter Währung zahlen und daher entsprechende Preise fordern, die für die herkömmlichen Kunden unbezahlbar waren. Die Wettbewerbsfähigkeit litt massiv unter den für den Ostmarkt zu hohen Löhnen.

Hinzu kam eine fatale Nebenwirkung. Unabhängige ostdeutsche Tarifpartner gab es nicht. Es waren vorzugsweise westdeutsche Gewerkschaften und Arbeitgeber, die über ostdeutsche Löhne verhandelten. Und da kam nicht ganz selten der Hintergedanke zum Vorschein, etwas für den Schutz der westdeutschen Standorte zu gewinnen. Es geschah nach der Devise: Auf unseren Märkten kann am Wettbewerb teilnehmen, wer sich an unseren Bedingungen orientiert, und das heißt, auch an unserem Lohnniveau. Dies hatte einen wesentlichen Anteil an der fatalen Entwicklung auf dem östlichen Arbeitsmarkt.

Andere ehemalige Ostblockgesellschaften erhielten keinen warmen Transferregen aus dem Westen. Sie blieben daher zwangsweise auf weit niedrigeren Lohn- und Sozialstandards, aber, wie man sieht, eher zu ihrem ökonomischen Vorteil. Lebhaft erinnere ich mich einer Veranstaltung in Dresden am Anfang der neunziger Jahre. Ministerpräsident Biedenkopf hielt in der Semperoper eine seiner packenden Ansprachen, die ihn als den scharfsinnigen Analytiker ausweisen, der einige Spatenstiche tiefer zu graben weiß, um die Ursachen unserer Lage zu verstehen und die langfristig notwendigen Folgerungen zu ziehen. Diesmal war sein Thema der wechselseitig befruchtende Zusammenhang von lebendiger Kultur und wirtschaftlicher Leistung beim Volksstamm der Sachsen. Es war eine erleuchtende Stunde. Ganz nebenbei bemerkte Biedenkopf, daß zur Zeit noch immer ein hoher Prozentsatz des sächsischen Haushaltes aus Fördermitteln des Bundes stamme. Auf diesen Satz sprach mich anschließend der als Gast anwesende tschechische Ministerpräsident Václav Klaus an, ein rigoroser Marktökonom von hohen Graden, dessen Vorbild Margaret Thatcher war. Er sagte mir, die Anmerkung von Biedenkopf habe ihn erheitert. Die tschechische Republik erhalte keinerlei Transferleistungen von außen. Das habe den entscheidenden Vorteil, daß er die Währungsanpassung und die Höhe der Löhne und Sozialleistungen wie überhaupt die allgemeinen Anforderungen strikt im Rahmen der Möglichkeiten seines Marktes und seiner Exportkunden halten und zu diesen günstigen Kostenbedingungen investierende Westfirmen in Scharen anziehen könne. Man werde ja sehen: Im Jahre 2000 werde die tschechische Wirtschaft besser dastehen als die sächsische. Das war Václav Klaus, wie er leibt und lebt. An Selbstbewußtsein hat es ihm nie gefehlt. Aber daß seine Prognose im Hinblick auf die Segnungen seiner Wirtschaftspolitik zutreffen werde, ist schon heute mehr als zweifelhaft.

Unrecht, Gerechtigkeit, Versöhnung

Die Angleichung der Lebensbedingungen stand im Vordergrund. Aber sie allein bringt die Einheit nicht zustande. Um die Gegenwart zu bewältigen, meldete sich alsbald ein anderes Thema: Wie kommen wir mit der Vergangenheit ins reine? Trennt oder vereint uns diese Last? Es ist eine der Aufgaben, die schwer zu erfüllen sind.

Als nach dem Zweiten Weltkrieg die Teilung entstanden war, ging es in beiden deutschen Staaten um eine Antwort auf Ungeist und Unrecht des Nationalsozialismus. Sie wurde jedoch mit völlig verschiedenen Zielen gesucht. Daraus waren in den vergangenen Jahrzehnten zwei getrennte Geschichtskapitel entstanden.

Im Zeichen der Vereinigung will die stark gewordene alte Bundesrepublik ihre bewährte Geschichte schützen und fortführen. Das soll durch die Geschichte der DDR möglichst nicht gestört werden. Doch diese stellt nun brennende Fragen. Nur an den östlichen Teil? Bleibt es bei einer halbierten Geschichte? Kann so die Vereinigung gelingen? Das ist nicht zu erwarten. Gewiß war der Westen nur höchst mittelbar an der Entwicklung im Osten beteiligt. Aber die Wirklichkeit erlaubt es ihm nicht, sich schlechthin vom Erbe der DDR freizuzeichnen, sich quasi vom Schicksal des anderen als »nicht betroffen« zu erklären. Beide Erbteile gehören zum Ganzen. Nur dann können wir eins werden, wenn wir uns auch im Verständnis der Vergangenheit vereinigen.

Die wichtigste Antwort der alten Bundesrepublik auf die Vergangenheit war die kodifizierte und praktizierte Verfassung des freien, sozialen und demokratischen Rechtsstaates. Sie hat sich bewährt. Es gab freilich auch einen Heilschlaf und einen Berg von Schweigen, von Verzögerung und Verdrängung im Blick auf das Gewesene. Das alles kam noch einmal im Generationskonflikt gegen Ende der sechziger Jahre vehement zum Ausbruch – recht und schlecht in den Ergebnissen.

In der DDR lautete die schlichte Antwort auf die Vergangenheit: Antifaschismus. Er wurde ideologisch begründet und staatlich installiert. Die von der östlichen Siegermacht eingesetzte deutsche kommunistische Führung war dafür zum erheblichen Teil durch ihr eigenes Schicksal als Verfolgte während der Nazizeit legitimiert. Für die Allgemeinheit galt schon ein bloßes Lippenbekenntnis zum Antifaschismus als eine ausreichende Entschuldung gegenüber früheren Zeiten. Dann vergingen die Jahre im Zeichen des sich ausbreitenden Totalitarismus.

Der SED-Staat hatte keinen Angriffskrieg und keinen Holocaust zu verantworten. Seine Führung war von außen eingesetzt und kontrolliert. Um die eigene Bevölkerung zu disziplinieren, schuf sich die Führung das Instrument der Staatssicherheit und entwickelte es zu einem Beherrschungssystem ohnegleichen. Zu seinen Mitteln gehörte es, zu indoktrinieren und zu kontrollieren, Angst zu verbreiten, Bürger zu nötigen und zur Mittäterschaft zu erpressen, wenn sie nicht Opfer werden wollten. Das Rückgrat der Menschen sollte auf subtile Weise gebogen oder gebrochen werden. So bildete sich ein Knäuel von versuchtem Widerstand oder Selbstschutz, von Zivilcourage oder Schuld.

Anders als am Ende der Nazizeit, als die meisten Opfer nicht mehr am Leben und fremde Mächte im Land waren, sind jetzt die Deutschen mit der Last der DDR-Vergangenheit unter sich. Die allermeisten Opfer leben mitten unter uns. Es besteht eine tiefe menschliche Notwendigkeit, der historischen, moralischen und individuellen Gerechtigkeit so nahe wie möglich zu kommen. Genugtuung für Opfer und Einsicht bei Tätern sind vonnöten.

Der Import des freiheitlichen Rechts aus dem Westen führte zu Stoßseufzern im Osten. »Wir haben Gerechtigkeit erwartet und den Rechtsstaat bekommen«, so lautete die bekanntgewordene Aussage der Bürgerrechtlerin Bärbel Bohley. Wer könnte die Gefühle nicht verstehen, die sich dahinter verbergen, den Zorn nicht nachempfinden, wenn allzu viele Taten ungesühnt bleiben, mit denen die Menschen bespitzelt, bedroht, in Ausbildung und Beruf behindert wurden?

Der Rechtsstaat allein kann dies nicht, und dennoch ist er ein unentbehrliches Gut. Das Strafrecht kann weder die Geschichte noch die Politik sühnen. Der Richter darf nur über die Frage urteilen, ob ein persönliches Verhalten nach demjenigen Recht schuldhaft ist, das zum Zeitpunkt und am Ort der Tat gültig war. Diese Selbstbindung kann moralisch auch für den Falschen von Nutzen sein. Notwendig ist sie zum Schutz nicht des Täters, sondern zu unser aller Schutz vor unseren Irrtümern als Zeitgenossen, als Zeugen oder Anwälte, mit öffentlichen Meinungen und Dokumenten. Der Rechtsstaat selbst beruht auf der Erfahrung, daß wir Menschen keinen schlechthin gültigen Zugang zu absoluter Gerechtigkeit besitzen.

Bei Todesschüssen an der Mauer und zumal im ominösen Umfeld der sogenannten Regierungskriminalität steht die Rechtsprechung vor schwierigsten Aufgaben. Sie bemüht sich um das äußerst mögliche Maß, einerseits nicht gegen das Rückwirkungsverbot zu verstoßen, das »nulla poena sine lege« – ein Problem, das schon im Nürnberger Tribunal schwer zu lösen war –, auf der anderen Seite aber unserem eindeutigen Gefühl für Gut und Böse Ausdruck zu geben. Sie tut es zunächst unter Berufung auf die berühmte Formel von Gustav Radbruch, dem Weimarer Rechtsphilosophen, der gesagt hatte: »Der Widerspruch des positiven Gesetzes zur Gerechtigkeit muß so unerträglich sein, daß das Gesetz als unrichtiges Recht der Gerechtigkeit weichen muß.« Das ist ein naturrechtliches Argument insbesondere gegen die Schwächen derjenigen Straftatbestände, die zwar gesetzlich fixiert sind, die wir aber als illegitim gegenüber der Wirklichkeit empfinden. Um diesen riskanten Weg abzusichern, beruft sich die Rechtsprechung ferner darauf, daß auch unter dem DDR-Recht die Gesetze nur »in menschenrechtsfreundlicher Auslegung« angewendet werden durften. Sie tut, was sie kann.

Undenkbar ist, daß alles gelingt. Ein Beispiel sind die Prozesse gegen den DDR-Rechtsanwalt Wolfgang Vogel. Zu den einzelnen Richtersprüchen nehme ich nicht Stellung, nur zu dem, was vom zuständigen Staatsanwalt in Berlin zu hören war. Er ist, wie jeder Staatsanwalt, durch Gesetz verpflichtet, der Wahrheit auf die Spur zu kommen, die belastenden und die entlastenden Erkenntnisse zu suchen und abzuwägen, dagegen nicht Stimmungen zu mobilisieren. In aller Öffentlichkeit erklärt er aber, Rechtsanwalt Vogel sei »der größte Menschenhändler unseres Jahrhunderts«. Weiß er überhaupt noch, was er sagt? Zu den größten Menschenhändlern des vergangenen Jahrhunderts gehörten die, welche die afrikanischen Eingeborenen in ihrer Heimat anlockten oder fingen, um sie in die Leibeigenschaft und Sklaverei nach Amerika zu verkaufen. Rechtsanwalt Vogel aber war für die westdeutschen Verantwortlichen in allen Regierungen von Erhard über Kiesinger, Brandt und Schmidt bis zu Kohl der unentbehrliche Geschäftspartner, um Menschen den Weg in die Freiheit zu öffnen. Gewiß ist es eine wichtige Frage, was die Betroffenen dafür an wen zu zahlen hatten und wohin das aus Bonn überwiesene viele Geld gelangt ist. Wir haben vom Westen her keinen Grund zur Reue über die dafür ausgegebenen Mittel. Noch in der letzten Phase bei den DDR-Urlauberflüchtlingen in den westdeutschen Botschaften war für Genscher und Schäuble und Seiters die Zusammenarbeit mit Rechtsanwalt Vogel unentbehrlich. Wenn der zur Wahrheit verpflichtete Staatsanwalt schon ganz allgemein und massiv gegen den »Menschenhandel« aus der DDR eingestellt sein sollte, was ihm natürlich freisteht und was ich falsch fände, warum spricht er dann nicht lieber gleich von einer West-Ost-Mafia des Menschenhandels? Bei einem so eklatanten Mangel an Kenntnis und Einsicht in die historisch-menschlichen Gegebenheiten wird die Aufgabe der Rechtsprechung noch schwerer, als sie es ohnehin schon ist.

Daß aber vor allem auch jenseits des Strafrechts eine leidenschaftliche Auseinandersetzung über Gut und Böse in der Vergangenheit aufbrach, war notwendig. Sie bleibt von zentraler Bedeutung für die einzelnen Menschen ebenso wie für die Erkenntnis, wie das System arbeitete und welche Zwangsmittel es einsetzte. Welche Freiheiten ließ es? Wieweit war die Bereitschaft zur Anpassung unausweichlich, wieweit entschuldbar? Welcher Spielraum blieb, sich zu versagen oder zu widerstehen? Welche moralische Schuld ist den Menschen zurechenbar? Wie läßt sie sich erkennen, beschreiben, eingestehen, überwinden?

Und wer kann dort, wo tiefer innerer Zwiespalt vorlag, wo Zweideutigkeit unvermeidlich schien, nachträglich Eindeutigkeit herstellen? Zumal dann, wenn er aus dem Westen kommt und sich der Einsicht nicht versperren kann, daß er sich unter den Bedingungen eines SED-Staates nicht anders verhalten hätte?

In solchen moralischen und seelischen Fragen kann kein Gedanke an einen Schlußstrich weiterhelfen. Wer damals als Opfer oder Täter oder auch nur als Zeitgenosse miterlebte, was geschah, will und muß den Zugang zur Einsicht in die Abläufe gewinnen. Dazu gehören auch die Akten der Staatssicherheit. Auch wenn sie gewiß nicht für jeden Fall eine unantastbare Autorität bieten – man lese dazu die Erfahrungen von Günter de Bruyn in seinen Erinnerungen der »Vierzig Jahre« –, so sind sie doch für die Erforschung von Tatsachen und Verhaltensweisen ganz unverzichtbar. Viele geben ein Bild menschlicher Schwächen, aber auch außerordentlicher Zivilcourage.

Der Gründlichkeit bei der Aufzeichnung aller Vorfälle durch die Staatssicherheit selbst entspricht die Art und Weise, wie wir die Akten nun aufarbeiten und auswerten. Kein anderes ehemaliges Ostblockland hat seine Gauck-Behörde wie wir, auch wenn in manchem Land darüber diskutiert wird. Das ist nun einmal so, und unsere Behörde soll und wird auch offenbleiben. Dort, wo Konsequenzen aus der Aktenlage gezogen werden, muß sich das öffentliche gegenüber dem privaten Interesse rechtfertigen lassen. Dies gilt vor allem dort, wo es um öffentliche Ämter und Dienste geht.

Im generellen Bereich menschlicher Beziehungen wollen wir das Ziel im Auge behalten, den Frieden untereinander zu finden, vereint im Verständnis der Vergangenheit. Dazu gehört die ganze Anstrengung um die schwierige Wahrheit über das, was hinter uns liegt. Sie greift tief in die persönlichen Verhältnisse ein. Ungeprüfte Harmonie vorwegzunehmen bedeutet, sie vorzutäuschen, und das schafft keinen Frieden.

Vorschnelle Nachsicht ist nur Kränkung der Ostdeutschen, sagt der theologische Kirchenjurist und sächsische Justizminister Steffen Heitmann, und er fügt hinzu: »Die Verfolgung strafrechtlicher Schuld und die Benennung moralischer Schuld dienen der Wahrheit.« Wer wollte ihm da nicht zustimmen? Im selben Zusammenhang schreibt er aber auch: »Für den gesellschaftlichen Integrationsprozeß, den wir in Deutschland brauchen, ist der Begriff der Versöhnung nicht brauchbar.« Aus solchen Worten spürt man: es ist ein schweres Thema und wird uns noch lange begleiten.

Auch wenn wir den SED-Spitzelstaat nicht mit der Apartheidsgewalt gegen die Schwarzen in Südafrika vergleichen können – die dort ans Licht gekommenen Verbrechen sind ungeheuerlich –, so gibt es doch Parallelen. In Südafrika ist der Friedensnobelpreisträger Erzbischof Tutu der Wortführer einer Auseinandersetzung mit der Vergangenheit. Ihr Geist entspricht ihrem Namen: »Wahrheits- und Versöhnungskommission«. Mandela hat siebenundzwanzig Jahre im Kerker gesessen. Seine Predigt heißt Versöhnung. Einer Journalistin antwortete Tutu auf die Frage nach einer Möglichkeit von Vergebung ganz einfach: »Sie vergeben, indem Sie vergeben.« Im selben Gespräch erwiderte der Rostocker Pfarrer Gauck darauf dem Erzbischof: »Vergeben kann ich nur dem, der weiß, was er getan hat. Der Täter muß bei seinen Taten, bei seiner Schuld ›ankommen‹.« Dazu Tutu: »Wir sind alle Sünder.« Und später: »... es sind Menschen. Sie können sich ändern. Ohne diesen Glauben an Änderung gibt es keine Hoffnung.« Nur Gott weiß, ob wir Menschen bei unserer Schuld wirklich ankommen.

Die größte Kraft bleibt es ganz gewiß, eigenes Versagen selbst zu erkennen. Sie bietet den tiefsten Ansatz für eine Chance zu neuem Anfang. Aber wir sind als Menschen der Ermutigung bedürftig und zugänglich. Jeder kann aus eigenen Fehlern lernen. Es gilt, ihm dabei zu helfen, ihn also nicht ständig auf seine Vergangenheit festzunageln, sondern ihm die Beteiligung an einer neuen Zukunft zu erleichtern und zuzutrauen. Das ist lebenswichtig für die Freiheit, in der wir vereint bestehen wollen. Versöhnung unter Menschen kann ohne Wahrheit nicht gelingen. Wahrheit ohne Aussicht auf Versöhnung aber ist unmenschlich.

Es ist kein Wunder, daß es Kirchenmänner sind, die mit solchen Vergangenheitsaufgaben betraut wurden. Mit ihnen verbindet sich die Hoffnung auf eine gewiß schmerzhafte, aber heilende Reinigung von Wunden. Die Institution als solche ist bei uns staatlich: die Bundesoberbehörde des Beauftragten für die Unterlagen des Staatssicherheitsdienstes der ehemaligen DDR. Der »Bundesbeauftragte« Joachim Gauck ist nicht weisungsgebunden. Er ist Pfarrer, auch wenn er für die neue Funktion seine Ordinationsurkunde abgegeben hat. Meinen Respekt vor ihm habe ich bei der gemeinsamen Kirchentagsarbeit in der Zeit der Teilung gewonnen. Als langjähriges Mitglied des Rates der EKD und als Mann des Kirchentages habe ich viele Pfarrer und kirchenleitende Mitglieder der evangelischen Kirche in ihren Kämpfen und Konflikten kennengelernt. Die Kirchen selbst stellen ein wichtiges und erhellendes Kapitel in der vergangenen Geschichte der DDR dar.

Die Kirchen sind nach ihrem Auftrag und Selbstverständnis vom Staat unabhängig. Bei der römisch-katholischen Kirche ist dies evident; sie ist Weltkirche. Bei den evangelischen Kirchen in Deutschland gab es in ihrem Verhältnis zum Staat auch historisch unheilvolle Kapitel. Davon zeugt das Stichwort »Thron und Altar« aus dem neunzehnten bis in das zwanzigste Jahrhundert hinein. Unter dem Nationalsozialismus gab es die unsäglichen »Deutschen Christen« mit ihrem sogenannten Reichsbischof. Doch versammelte sich der Kern der evangelischen Christen gerade gegen diese Verirrung in der sogenannten Bekennenden Kirche.

In der DDR war der Atheismus das weltanschauliche Programm der herrschenden SED. Von vornherein standen die Kirchen in manifestem Widerspruch zur Ideologie dieses Staates. Sie waren die einzigen über das ganze Land verteilten und organisierten, im inneren Zusammenhang stehenden Einrichtungen, die sich nicht in der Hand und unter der offenen Aufsicht der politischen Herrschaft befanden. Genau deswegen waren sie auch das für die SED wichtigste Objekt des Mißtrauens, der Überwachung und der bald lockenden, bald drohenden heimlichen Unterwanderungsversuche.

Eine Möglichkeit, den SED-Staat als solchen zu revolutionieren, hatten die Kirchen nie. Ihre wichtigste Aufgabe war, ihr Proprium zu wahren, das heißt also die Sakramente zu verwalten, das Evangelium unverfälscht zu verkünden, die kirchlichen Gemeinden zusammenzuhalten, bedrängten Menschen zu helfen und als Seelsorger zu dienen.

Schon diese Aufgaben brachten die Kirchen in dauernden Konflikt mit der politischen Führung, zum Beispiel bei der Schulbildung, auch über die Spannungen wegen Religionsunterricht und Konfirmation hinaus. Die ständigen Auseinandersetzungen mit der Bildungsbeauftragten Margot Honecker waren eher noch böser als die mit ihrem Mann Erich.

Die Kirchen bekannten sich zum Recht und zur Würde eines jeden Menschen, unabhängig von seinen Gaben oder Schwächen. In diesem Sinne halfen sie, so gut sie konnten, den Behinderten. Mit großer Anstrengung nötigten sie dem SED-Regime wenigstens schrittweise ein Mindestmaß an Achtung und Zuwendung gegenüber Behinderten ab.

Die SED versuchte es gegenüber den Kirchen mit einer Doppelstrategie. Einerseits setzte sie die Mittel der offenen Schikanen und Verbote und die massive verdeckte Bespitzelung ein. Zum anderen aber, je älter die DDR wurde und je mehr ihre inneren Schwierigkeiten wuchsen, bemühte sich die SED, Elemente von Kirchenfreundlichkeit zu zeigen, um damit die Kirchen zu einer Verbesserung der Stimmung in der Bevölkerung zu nutzen. Vor allem im Westen gab dies mitunter Veranlassung zu der Annahme, wichtige Teilen der Kirchen hätten sich mit dem SED-Staat arrangiert, womöglich gar verbündet.

Der ominöse Begriff einer »Kirche im Sozialismus« tat ein

übriges. Glücklich war er nicht. Das ist aber kein Grund, ihn mißzuverstehen. Pfarrer Gauck und sein mecklenburgischer Bischof Rathke nannten die von ihnen gemeinte Losung: Kirche für andere. Das traf die Sache. Der aufrechte und mutige Berliner Bischof Forck scheute sich nie, den Gedanken des jungen Karl Marx in dessen Einleitung zur Kritik der Hegelschen Rechtsphilosophie zu zitieren, den »kategorischen Imperativ, alle Verhältnisse umzuwerfen, in denen der Mensch ein erniedrigtes, ein geknechtetes, ein verlassenes, ein verächtliches Wesen ist«. In diesem Sinne stellte Forck dem real existierenden Sozialismus das humanistische Anliegen schroff entgegen.

Ohne jeden Zweifel gab es in dieser großen Organisation Kirche starke und schwache Menschen und auch kirchenleitende Personen, die in den unumgänglichen regionalen und zentralen Staatskontakten höchst unterschiedlich waren in Klugheit und Mut. Auch kennen wir erschütternde Beispiele von Kirchenleuten, die sich selbst für Bespitzelungsaufgaben zur Verfügung stellten. Menschen sind, wie sie sind.

Aufs Ganze gesehen aber haben die Kirchen ihre Unabhängigkeit gegenüber dem Staat gewahrt. Sie wurden nicht nur nicht zu seinem Instrument, sondern auch nicht zu seinem Stabilisierungshelfer. Je länger es dauerte, desto zutreffender wurde das Gegenteil. Sie bekannten sich zur Freiheit des Gewissens. Unter großen Konflikten setzten sie sich für die Militärdienstverweigerung aus Gewissensgründen ein. Ihre Parole waren die »Schwerter zu Pflugscharen«. Ihre Fürsprache galt der Freizügigkeit der Menschen. Sie waren Anlaufstelle und berufene Vertreter, das schreckliche Grenzregime der SED anzuprangern. Immer von neuem suchten sie dazu auch bei uns im Westen Rat und Hilfe und Zusammenarbeit, um den Menschenrechten des Korbes 3 der Schlußakte von Helsinki Schritt für Schritt Geltung zu verschaffen.

Zu ihnen gehörte auch der Kirchenjurist Manfred Stolpe. Die für die Kirchenleitung unausweichlichen zentralen Kontakte mit den Gremien der SED und des Staates unter Einschluß der Staatssicherheit gehörten zu den ihm von seiner eigenen Kirche zugewiesenen Aufgaben. Es war eines der schwersten und empfindlichsten Mandate der Kirchen. Stolpe hatte es unter seiner Verantwortung zu tragen und nahm es nach seiner Einschätzung wahr. Daß er sich heute gefallen lassen soll, von Westberliner Politikern als ein Mann beschimpft zu werden, der »in Diensten der Staatssicherheit« gestanden habe, ist ein Unrecht. Stolpe war nicht im Dienste der Stasi tätig, sondern im Dienste der Kirche. Der standfeste sächsische Bischof Johannes Hempel und viele andere haben es ebenso eindeutig bezeugt, wie es der zwischenkirchlichen Erfahrung von Ost und West entsprach.

Die Kirchen in der DDR waren nicht die Widerstandsorganisation gegen den Staat. Aber sie waren es, die den Oppositionellen und Bürgerrechtlern Dach und Schutz boten, ohne nach deren Glaubens- und Kirchenbindung zu fragen. Die Kirchen waren die einzigen, die den nötigen öffentlichen Raum hatten, und sie setzten ihn dafür voll ein, obwohl dies manchen Pfarrern die Aufgabe, ihre Gemeinden zusammenzuhalten, oft erschwerte.

Vor dem November 1989 gingen aus dem schützenden Kirchenraum Schritt für Schritt die offenen Demonstrationen für die Freiheit hervor. Dann übernahmen Kirchenvertreter die Führung an den runden Tischen, an denen die Weichen für die Wende gestellt wurden.

Aufs Ganze gesehen haben die SED und Mielkes Staatssicherheit ihren intensiven Kampf um Überwachung und Unterwanderung, um Instrumentalisierung und Gleichschaltung der Kirchen verloren.

Demokratie und Marktwirtschaft beruhen auf der Freiheit. In der offenen Gesellschaft herrscht der Wettbewerb politischer, materieller und geistiger Angebote mit ihren Preisen. Sie befähigen uns, auszuwählen, dazuzulernen, Konflikte auszutragen und gewaltfrei zu lösen. Es sind kluge, rationale – und vergleichsweise kühle Erfindungen. Um große Gefühle, die laut Ranke unser Zusammenleben in erster Linie bestimmen, geht es ihnen nicht. Das Herz erwärmen sie spärlich.

Zuerst herrschte helle Freude über den Fall der Mauer. Dann prägten Demokratie und Marktwirtschaft den Weg der Vereinigung. Zusammen mit dem großen Erfolg der auswärtigen Politik und mit der bewundernswert hilfreichen Arbeit vieler Institutionen und Menschen aus dem Westen für die inneren Aufgaben kam nun auch die Stunde westlicher Macht – der Macht des Marktes, der Preise, der Politik, der Parteien. Geschäfte wurden vor die Haustüren gebracht, Supermärkte schossen aus dem Boden, Super-Illus boten ihre zur Verführung bestimmten Neuigkeiten und Bilder. Vor allem aber durchlebte die DDR auf dem Wege zu ihrer Ehemaligkeit während des Jahres 1990 vier Wahlfeldzüge.

Ihr Ausgang war nicht so überraschend, wie manche meinten. Es war verständlich, daß viele im Osten anders wählten als ihre Großeltern zu Weimars Zeiten. Sie wandten sich den Parteien und Personen zu, die ihnen jetzt am meisten Hilfe und Erfolg versprachen und die dank ihres Sitzes an den Schalthebeln der Bundesmacht am einflußreichsten erschienen. Die Bonner Regierung hatte die Vorteile auf ihrer Seite gegenüber der Bonner Opposition, zumal diese mit ihren durchaus nicht immer unberechtigten Warnungen den Eindruck erweckte, als müßte und könnte noch einmal über alles neu nachgedacht werden, über Richtung und Tempo, vielleicht gar über das Ziel der ganzen Entwicklung.

Klare demokratische Ergebnisse kamen zustande. Das war in sich hilfreich. Sie beruhten aber auch auf einer Wahlkampfinvasion nach der Tonart des Westens und erzeugten damit tiefgehende Nachwirkungen. Noch Jahre später waren sie zu spüren. Ein Beispiel bietet Konrad Weiss, unerschrockener Bürgerrechtler, unerbittlicher Ankläger der Stasivergangenheit, Kritiker der Blockflöten, Visionär der Freiheit im vereinigten Deutschland. Er beklagte die ungenutzten Chancen seiner Landsleute, ihr bequemes Beharren und verlorene Hoffnungen. Den Aufbruch der DDR-Bevölkerung in die Demokratie ohne eine charismatische Führung hatte er als ein revolutionäres Wunder erlebt. Doch nun auf einmal sollte alles so sein wie im Westen. Er empfand dies als eine »Stunde der Machtbesessenen«. »Die westdeutschen Parteien brachen über das Land herein und begruben alles unter sich, was sich eben geregt hatte.« Der »Raubzug der Parteistrategen«, so Konrad Weiss, mag machtpolitisch »ein genialer Streich gewesen sein; auf die Moral in Deutschland aber wirkte er verheerend«.

Das sind scharfe Worte. Ob man sie teilen will oder nicht – die Strategie der Wahlbewerber war jedenfalls charakteristisch für unser westliches Parteienwesen. Mehrfach hatte ich mich schon vor der Wende zu dieser Thematik öffentlich geäußert. Nun kamen die Erfahrungen im Zuge der Vereinigung hinzu. Sie veranlaßten mich zu einer gründlicheren Stellungnahme in der Gestalt eines Gesprächsbuches, das viel Staub aufgewirbelt hat.

Parteienkritik hat schon eine lange Tradition. In ihren Motiven und ihrer Wirkung kann sie durchaus zwiespältig sein. Besonders populär waren politische Parteien so gut wie nie. In der Weimarer Republik war Parteienschelte darüber hinaus häufig der simple Ausdruck einer generell antidemokratischen Haltung.

Daran blieb die Erinnerung nach dem Zweiten Weltkrieg wach. Nun aber war die Lage anders. In der alten Bundesrepublik, die lange unter der Oberaufsicht der Alliierten blieb, war die Bevölkerung mit der Staatsform der repräsentativen Demokratie durchaus einverstanden. Die pluralistische Parteienstruktur verankerte sich unter allgemeiner Zustimmung rasch und erfolgreich.

Dennoch setzte nach mehreren ernüchternden Erfahrungen von neuem eine Diskussion über die Schwächen des Parteienwesens ein. Mancher fühlte sich an die alte Aussage von Max Weber erinnert, wonach der Horizont der Parteien auf Beute ausgerichtet sei. Die stärkste Resonanz und Kontroverse erzielte in den sechziger Jahren Karl Jaspers mit seiner Schrift: »Wohin treibt die Bundesrepublik?«. Er warnte vor einem Weg »von der Demokratie zur Parteienoligarchie«. Zugespitzt sagte er: »Der Staat, das sind die Parteien.« Im klaren Gegensatz zur Haltung von Carl Schmitt, der generell gegen die parlamentarische Parteiendemokratie Front gemacht hatte, sah Jaspers seine Aufgabe darin, Demokratie und Freiheit mit Hilfe seiner Kritik voranzutreiben. Er sprach sich gegen einen autoritären und für einen sittlichen Staat aus.

Ohne Zweifel ist es den Parteien gelungen, ihre Macht in unserem Verfassungsgefüge weit über das hinaus zu vergrößern, was sich das Grundgesetz unter ihnen vorzustellen vermochte. Noch in der Weimarer Verfassung waren sie überhaupt nur negativ erwähnt worden, daß nämlich Beamte Diener der Gesamtheit seien, dagegen nicht einer Partei. Bei uns heißt es heute: »Die Parteien wirken bei der politischen Willensbildung des Volkes mit.« Das ist ein geradezu umwerfend klassisches Beispiel für ein konstitutionelles Understatement. Erst das Bundesverfassungsgericht begann allmählich damit, die Parteien so ernst zu nehmen, wie es die Wirklichkeit gebietet. Mit ihrer Macht überlagern sie heute praktisch die fünf Verfassungsorgane, die wir haben, ohne selbst diesen Rang zu besitzen. Tatsächlich wird über die politischen Leitlinien in den Parteiführungen und Koalitionsgremien entschieden. Nach unserer staatlichen Wirklichkeit kann dies kaum anders sein. Aber unsere Verfassung hat für diese Einrichtung nicht die Kontrollen vorgesehen, die sie für die verfassungsrechtlichen Organe normiert.

Wie wir alle wissen, wirken die Parteien auch tief in die Gremien und Personalien der elektronischen Medien hinein. Die Medien sind durch die Verfassung geschützt und für unsere demokratische Öffentlichkeit von unersetzlicher Bedeutung. Den Ehrentitel einer »vierten Gewalt« benötigen und verdienen sie nicht. In ihrem privaten elektronischen Sektor, einem tendenziell wachsenden Bestandteil der freien Wirtschaft, zeigt sich eine Tendenz, nicht nur die kritische Funktion gegenüber herrschenden Parteien zu mindern, sondern Politik in Unterhaltung zu verwandeln. Dort, wo sich kontroverse Schlagfertigkeitsduelle und personelle Machtkämpfe wie sportliche Spitzenspiele oder Krimis darstellen lassen, finden Leben und Bühne der Parteien breite Wiedergabe. Die schwierigen, komplexen, weniger unterhaltsamen Sachfragen kommen dagegen unter dem Diktat der Einschaltquoten zu kurz. Politiker spielen mit, da es ihnen den Zugang zum Unterhaltungspublikum erweitert. Die »Berlusconisierung« ist am Zuge.

Aus anderen Gründen als in der Weimarer Zeit gilt es in der Gegenwart, bei einer Kritik an der Parteienmacht auf der Hut zu sein. Im Gegensatz zur ersten deutschen Republik sind wir heute ein solide demokratisch geprägtes Volk. Wir sind eine große Gesellschaft, die sich nicht auf der Gemeindewiese selbst und direkt regieren kann. Dies hat sich auch in der DDR nach den entscheidenden, vom Volk gesteuerten Wendewochen im Winterhalbjahr 1989/90 bald gezeigt. Die politischen Aufgaben sind kompliziert. Ein weitverbreitetes, gefühlsmäßiges Konsensverlangen genügt nicht; kompetente Kontroversen sind nicht von Übel, sondern notwendig. Entscheidungen müssen verantwortet, das heißt von Personen getragen werden, nicht von anonymen Massen. Das repräsentative System ist ohne Alternative.

Bekanntlich haben politische Parteien in den westlichen Demokratien ein unterschiedliches Gewicht. In den USA sind sie ungleich schwächer als bei den Briten oder in Deutschland. Über die wichtigsten amerikanischen Kandidaturen wird letzten Endes durch Fernsehwettbewerbe entschieden, zu denen die Streiter auf persönliche Initiative und durch selbst gesammelte große Geldmengen antreten. Da ziehe ich unsere Parteifinanzierung vor, allen ihren Problemen zum Trotz.

Keine Demokratie kommt ohne ein pluralistisches Parteiensystem aus; es ist ein Teil ihrer Definition. Parteien ringen um Mandate und Macht; ihr Kampf um Mehrheiten ist notwendig und legitim. Aber gerade weil dieses Parteiensystem unentbehrlich ist, muß seinen Schwächen immer wieder entgegengetreten werden.

Ständig taucht dieselbe Schwierigkeit auf, nämlich ein Spannungsverhältnis zwischen Problemlösung und Machtkampf. Im Wettbewerb der Parteivorschläge soll der beste Weg zur Bewältigung der sachlichen Aufgaben ermittelt werden. Das ist der Sinn der Sache. Nur wer gewählt ist, kann seine Vorschläge realisieren. Deshalb muß er um die Macht kämpfen.

Es sollte jedoch klar und der Öffentlichkeit verständlich bleiben, daß die Macht nur das Mittel ist, das Ziel der Problemlösung zu erreichen. Wenn aber der Streit über die sachlichen Aufgaben zum bloßen Mittel degradiert wird, die Macht zu gewinnen, steht die Glaubwürdigkeit des Systems auf dem Spiel. Es geht mir hier nicht um Windmühlenkämpfe gegen Parteitaktik. Ich berühre das Thema nur deshalb, weil es auch mit dem Erfolg unserer Anstrengungen um die Einheit zu tun hat. Die Bundesrepublik wird von westgesteuerten Parteien beherrscht. Sie haben es dabei auch mit der ostbeheimateten PDS zu tun. Diese ist Nachfolgepartei und Erbin der ehemaligen SED. Der Umgang mit ihr ist nicht nur eine wahltaktische, sondern auch eine historisch-moralische Frage. Ein klar erkennbares ideologisches Programm vertritt die PDS derzeit nicht. Sie versammelt Proteststimmungen und Ressentiments. Neue, auch junge Wähler, die für sie votieren, tun dies zumeist nicht aus Sehnsucht nach Honecker oder Mielke, sondern als Ausdruck von Alltagssorgen, die sie – zu Recht oder zu Unrecht – auf westliche Selbstbeschäftigung zurückführen, während sich die PDS vor allem kommunalpolitisch dieser östlichen Sorgen annimmt.

Im Wahlkampf der westgesteuerten Parteien, zumal der beiden großen Volksparteien, geht es aber beim Thema PDS primär um Abgrenzung gegen die PDS als einer neokommunistischen und in bezug auf die Vergangenheit unbußfertigen Kadergruppe. Läßt eine in ihrem Eifer gegen diese rote Gefahr nach, will die andere sofort gegen sie Punkte sammeln. Auch massive Machtinteressen sind im Spiel. Was dabei zu kurz kommt, sind Problemlösungen, nämlich die Alltagssorgen vieler PDS-Wähler. Auf diese wirkt die westliche Abgrenzungsstrategie fatal. Sie »erscheint«, so Konrad Adam in der FAZ, »nicht mehr als Abrechnung mit einer autoritären Partei, sondern wie eine Mißachtung der Menschen im Osten«. Zur Zeit ist es die PDS, die bei Wahlen als Partei davon profitiert.

Das Spannungsverhältnis zwischen Mittel und Ziel im Parteienkampf, zwischen Macht und Problemlösung wird es immer geben. Aufgabe der demokratischen Öffentlichkeit ist es, dazu beizutragen, daß die Glaubwürdigkeit des Parteiensystems dadurch nicht überstrapaziert wird. Im Prozeß unserer Vereinigung sollten deshalb Alltagsprobleme des Ostens auch in Westwahlkämpfen weiterhin spürbar ernstgenommen, nicht aber durch ihre Vernachlässigung den »Wir-sind-wir«-Parolen einer Ostpartei Vorschub geleistet werden.

Auch in Bonn geht es bei Staatsbesuchen manchmal stürmisch zu, wie hier beim Empfang des Präsidenten von Costa Rica 1993.

Neben meinem großen Respekt vor der außenpolitischen Leistung des Kanzlers für die Vereinigung und seinem historisch bedeutungsvollen Engagement für die Vereinigung Europas gab es bei mir also auch Sorgen und mahnende Rückfragen in bezug auf die innere Entwicklung. Zusammen mit meinen kritischen Aussagen zur Aussöhnung mit Prag, zur Finanzierung der Einheit, zum Parteienwesen und zur PDS-Problematik offenbarten sich hier einige voneinander abweichende Einschätzungen zwischen Kohl und mir. Doch hat dies die Zusammenarbeit zwischen Kanzler und Präsident nicht behindert. Gewissenhaft wurden die Verfassungsformen bewahrt, wie wir es ja auch dem Grundgesetz schulden. Wir handelten gemäß und im Interesse der Unterschiedlichkeit unserer Ämter. Eine Einmischung in die Richtlinienkompetenz des Kanzlers und in die Tagespolitik der Exekutive ist nicht Sache des Staatsoberhauptes. Ob eine Verstärkung seiner Befugnisse ratsam sei, war eine vieldiskutierte Frage. Für entscheidend habe ich sie nie gehalten. Aufgabe des Präsidenten ist es, unabhängig und überparteilich Fragen zu stellen, Anregungen zu geben, den demokratischen Konsens zu fördern und vor allem zur langfristigen Orientierung in der Gesellschaft beizutragen. Das ist eine weitreichende Kompetenz; es ist schwierig genug, sie auszufüllen.

Kohl und ich pflegten einen regelmäßigen und vertraulichen Gedankenaustausch miteinander. In Bonn sind die beiden Ämter unmittelbar benachbart und nur durch eine lange Gartenmauer getrennt. Das Protokoll benutzt für die Stelle, an der man direkt von einem Grundstück zum anderen gelangen kann, sinnigerweise den Namen »Mauerdurchbruch«. Hier konnte man sich also abholen oder die Staatsgäste voneinander übernehmen. Auf diese Weise kamen Bush und Gorbatschow, Mandela und der Kaiser von Japan, aber eines Tages auch Honecker durch den »Mauerdurchbruch« vom Präsidenten zum Kanzler.

Die Nachbarn am Rhein. Wir besuchten uns oft und führten vertrauensvolle Gespräche. Präsidialamt und Kanzleramt liegen nebeneinander, nur durch eine Mauer getrennt. Man gelangte durch den in Bonn so genannten »Mauerdurchbruch« zueinander, den sinnigerweise auch Honecker benutzte, als er von Kohl zu mir herüberkam.

Die beiden Ämter arbeiteten eng zusammen. Wichtige Mitarbeiter des Kanzlers, insbesondere Horst Teltschik und Eduard Ackermann, besuchten mich von Zeit zu Zeit zu menschlich und sachlich wertvollen Informationsgesprächen.

Natürlich gab es dann und wann unterschiedliche Akzente. Die Aufgabe war es, aus Differenzen nicht Streitfälle, sondern arbeitsteilige ergänzende Qualitäten werden zu lassen. Der britische Publizist Timothy Garton Ash, dem wir eines der wichtigsten Bücher zur europäischen Ostpolitik verdanken, hat einmal die Beziehungen zwischen Regierungschefs und Präsidenten verschiedener Länder beschrieben und dabei die Schlußfolgerung gezogen, Kohl und ich seien im Vergleich zu anderen »eines der effektivsten Doppel der letzten Jahre an der Spitze eines europäischen Staates« gewesen. Mir steht kein Urteil zu, ob es so war; jedenfalls sollte es so sein.

Entwicklungspolitik in der südlichen Hemisphäre

Während meiner ganzen Amtszeit konzentrierte sich die öffentliche Aufmerksamkeit auf die atlantischen und europäischen Fragen, auf die Ost- und Deutschlandpolitik. Dabei war es sehr notwendig, die Aufgaben der entwicklungspolitischen Hilfe und Zusammenarbeit nicht Schaden nehmen zu lassen. Heinrich Lübke hatte Entscheidendes dafür geleistet. Aber es bedurfte immer von neuem großer Anstrengungen, um der schweren Fehlschläge und hartnäckigen Vorurteile Herr zu werden, die die Nord-Süd-Politik mit sich brachte. Für meine Aufgabe genügte es bei weitem nicht, von Zeit zu Zeit im Rahmen der Welthungerhilfe oder aus anderen Anlässen im Fernsehen darüber zu sprechen. Vielmehr bedurfte ich des Augenscheins und der Lehren an Ort und Stelle, um zu Hause wirksamer zur Hilfe aufrufen zu können.

Meine erste Reise führte mich 1985 in die Sahel-Zone. Dort herrschte damals eine lang andauernde grausame Hungersnot. Wir flogen in einer mit Hilfsgütern beladenen Transportmaschine der Bundeswehr in den Westen des Sudan, wo nahe an der Grenze zum Tschad große Flüchtlingslager zu versorgen waren. Einerseits ging es um akute Katastrophenhilfe, um das Überleben der Menschen in der ärgsten Not zu sichern. Notwendig waren zum anderen Hilfswerke in der landwirtschaftlichen Selbsthilfe mit kleinen Brunnen, Saatgut, Lagerhäusern und Handwerk. Es reichte nicht aus, Nahrungsmittel zu bringen. Entscheidend war vielmehr, den Menschen dazu zu verhelfen, daß sie wieder in ihren Dörfern leben konnten und nicht in Lagern bleiben mußten, in denen es zwar heute etwas zu essen gibt, aber keine Perspektive für morgen.

Staatliche Hilfe allein war unzureichend. Jedermann zu Hause konnte auch mit kleinsten Summen etwas Spürbares beitragen. Da gab es gute Erfahrungen. Im Schwarzwald gelang es, eine Schulklasse zum Sammeln zu bewegen; sie brachte es fertig, in ihrem Städtchen vierhunderttausend DM für Brunnen im Niger aufzubringen.

Mit Reisen nach Bangladesch, Mali und Bolivien besuchte ich die ärmsten Länder ihrer Kontinente. In Bolivien hatte der scharfe Rückgang der Rohstoffpreise, vor allem der Zusammenbruch des Weltmarktes für Zinn schwere Krisen für die Bergbevölkerung zur Folge. Hinzu kamen die Schuldenlasten und der mühsame Kampf gegen die Kokainherstellung. Es gab dort eine wirksame Zusammenarbeit der Regierungen mit zahlreichen Hilfsprojekten der Kirchen, der politischen Stiftungen, Gewerkschaften und engagierten Privatpersonen im Zuge einer altbewährten Freundschaft zwischen Bolivien und Deutschland.

In Bangladesch, dem volkreichsten unter den ärmsten Staaten der Welt, erlebte ich die staunenswerte Tätigkeit der Andheri-Hilfe. Sie ist eine Initiative von Rosi Gollmann aus Bonn, die der Abhilfe der im Lande weitverbreiteten Augenkrankheiten dient.

Wir besuchten eine Dorfschule, in der sich ein kleines Team notdürftig eingerichtet hatte, um binnen wenigen Tage über hundert Einwohner am Star zu operieren. Seit Jahren sind Frau Gollmanns Augenärzte mit ihren Helfern am Werk und schaffen in ungezählten Fällen die segensreiche Voraussetzung für neues Leben.

Ein anderes Projekt, dem unser Besuch in Bangladesch galt, war eine Bank, die an Frauen im ländlichen Bereich kleine Kredite ohne Sicherheiten vergab. Das Schicksal von Frauen ist dort besonders hart. Sie sind ohne Land und ohne Einkommen, oft vom Mann verlassen, allein ohne Schutz mit ihren Kindern, vollständig abhängig. Mit Hilfe eines kleinen Kreditkontos können sie eine eigene Existenz aufbauen. Die Erfahrung der Bank ist erhellend: Gibt sie das Geld einem Mann, investiert er es zumeist in ein Transistorradio oder ein Motorrad. Er denkt an sich und an die Gegenwart. Eine Frau dagegen gibt das ihr geliehene Geld für die Kinder und die Unterkunft aus. Sie sorgt für die anderen und für die Zukunft. Dabei hat die Bank praktisch kaum Ausfälle bei ihren Krediten.

Wir besuchten auch einen Dorfunterricht, bei dem mit Hilfe eines Puppentheaters Unterricht in Familienplanung gegeben wurde. Die praktischen Ratschläge waren mit ethischen Antrieben begründet, welche dem Koran entnommen waren.

Die Not in den Hungerzonen und überbevölkerten Entwicklungsgebieten der Welt lernte ich als die größte soziale Herausforderung unserer Zeit kennen. Immer wieder war ich von der breitgestreuten, privaten Hilfsbereitschaft in unserer Bevölkerung beeindruckt, ganz im Gegensatz zu den oft kolportierten Parolen, man stelle sich bei uns zu Hause Entwicklungshilfe nur als die Finanzierung von goldenen Betten afrikanischer Diktatoren vor. Entwicklungszusammenarbeit ist primär Hilfe zur Selbsthilfe. Oft ist sie ein Verhältnis wechselseitigen Gebens und Nehmens, des beiderseitigen Lernens. Noch immer wird aber der Fortschritt durch die Verschuldung der dritten Welt, den

Preisverfall bei den Rohstoffen, den nach wie vor nicht überwundenen Protektionismus reicher Länder und durch maßlose Rüstungsexporte erschwert.

Die Schöpfung bewahren

Nicht nur im Zusammenhang mit den Nord-Süd-Verhältnissen standen die Aufgaben des Umweltschutzes von meinem ersten Amtstage an ständig auf dem Programm. Die Messen der gewerblichen Wirtschaft, die jährliche Grüne Woche in Berlin, Reisen in den östlichen Bundesländern und beinahe jeder Staatsbesuch im Ausland brachten den Umgang mit der Natur auf die Tagesordnung – mit dem unterschiedlichsten Echo.

In Malaysia oder Nigeria, in Lateinamerika und auch in den USA war der tropische Regenwald ein zentrales Thema. Niemand bestreitet, daß er das wichtigste Ökosystem auf dieser Erde ist. Die jährlich geopferten Waldflächen haben ungefähr den Umfang eines mittleren europäischen Landes. Die gerodeten Böden sind nach zwei bis drei Ernten ausgelaugt und nicht rekultivierbar. In den besuchten Ländern erhielt ich zumeist die Antwort, man sei dort ohne Hilfe und in wirtschaftlicher Abhängigkeit von uns. Wir seien es, die die Preise diktierten. Wir verlangten von ihnen die Förderung ihrer Exportkraft, damit sie ihre Schulden bei uns verzinsen und tilgen könnten. Wegen des Preisverfalls anderer Rohstoffe bleibe ihnen nur das Holz. Allgemein gilt, daß der Notleidende die Natur nicht schont. Über Vorwurf und Gegenvorwurf vergeht die Zeit. Die Vernichtung der Wälder hat absehbare Folgen für Wasserhaushalt und Weltklima.

Bei der führenden Weltwirtschaftsmacht Amerika ist von einer Vorreiterrolle in puncto Klimapolitik zum Beispiel durch Schutzmaßnahmen im eigenen Land mit höheren Steuern auf fossile Brennstoffe und andere umweltschädigende Produkte wenig zu spüren. Auch die Europäer bewegen sich nur im Schneckentempo. Bis hinein in meine Abschiedsrede vom Amt am 1. Juli 1994 warb ich im Hinblick auf die CO_2-Gefahr für stärkere Steuerbelastungen bei uns und in der Europäischen Union.

Man kann die widersprüchlichsten Erfahrungen machen. Bei einer Reise nach Malaysia wurde uns eine Fläche tropischen Regenwaldes in der Größe einiger Quadratkilometer gezeigt. Dort waren zwei verschiedene Unternehmungen aus Deutschland zu besichtigen. Die eine war ein Holzhandelsunternehmen, welches dort Bäume kaufte, fällen ließ und abtransportierte. Die andere, beinahe in Sichtweite entfernt, war ein Entwicklungsprojekt, das der Wiederaufforstung des Waldes diente, sozusagen zum Wohl europäischer Holzhändler in hundert Jahren.

Ohne Zweifel geschieht viel in der richtigen Richtung. Umweltfreundliche Baustoffe werden entwickelt, der Energieverbrauch bei Haushaltsgeräten und Heizungsanlagen sinkt, Automobile werden leiser und im Verbrauch sparsamer. Die Umweltindustrie ist eine Wachstumsbranche. Aber noch immer muß die Allgemeinheit dort die Kosten tragen, wo der private Markt externe Folgen verursacht, die nicht im Preis enthalten sind. Das gesamtgesellschaftlich faire und schließlich auch das ökonomisch vernünftige Ziel ist es, daß die Preise selbst die ökologische Wahrheit sagen.

Der weltweite Energiebedarf stellt uns die zentrale Aufgabe. Heute verbrauchen zwanzig Prozent der Erdbevölkerung achtzig Prozent der Energie. Undenkbar ist, daß die Bevölkerungsmehrheit in den Schwellen- und Entwicklungsländern diese ungleiche Verteilung auf die Dauer hinnimmt. Verheerend ist eine globalisierte Angleichung auf unserem hohen Niveau. Entscheidend sind Einsparungen und schadstoffärmere alternative Energien. Die Menschheit wird auf heute verfügbare Energiequellen nicht verzichten, wenn wir keinen rechtzeitigen Erfolg auf der Suche nach Alternativen haben. Eine Frage ist, wie ernsthaft wir suchen.

Die Erde ist älter als die Menschen. Sie wird die Menschen auch überdauern. Sie wird uns Menschen beherbergen, solange wir unseren angemessenen Teil von ihren Kräften für uns in Anspruch nehmen – nicht mehr. Wir werden die Natur nie beherrschen. Vielmehr sind wir ein Teil des lebenserhaltenden Kreislaufs. Wir werden unser Leben erhalten, wenn wir ihn nicht zerstören, sondern achten.

Kultur, Zusammenleben, Kunst

Bei den geschilderten Aufgaben meines Amtes aus dem Bereich der Außen- und Innenpolitik, der Entwicklungszusammenarbeit und der Umwelt spielte stets die Kultur eine zentrale Rolle – die Kultur im umfassenden Sinn des Begriffs. Wie wir wissen, bedeutet sie ihrem Wortstamme nach pflegen und anbauen, mit der Natur und den Mitmenschen sensibel umgehen. Kultur zielt auf Zusammenleben.

Wer eine Zeitung aufschlägt, erhält einen anderen Eindruck. Da wird Kultur vorwiegend als schöner oder ärgerlicher Luxus behandelt, der zur Lösung der harten Tagesprobleme des Lebens wenig beiträgt, kaum Bedeutung für den Prozeß der menschlichen Integration besitzt und obendrein viel Geld kostet. In den Blättern findet sich die Kultur deshalb nicht vorn bei der sogenannten Politik, recht spärlich im Lokalteil, dafür aber kurz vor den Immobilien ziemlich weit hinten im Feuilleton, konzentriert für sich. Wer keine Zeit, Lust oder Übung hat, wird mit Kultur nicht behelligt. Dies beeinträchtigt nicht nur ihren eigenen Sinn, sondern es verengt auch das Konzept der vorderen Zeitungsteile.

Gewiß gehören zur Kultur Werke der Kunst und Wissenschaft, die nur dem Urteil von Experten zugänglich sind. Kultur hat aber mit dem Ganzen zu tun und ist nicht nur den Eingeweihten vorbehalten. Sie zielt auf unser aller Lebensweise. Sie hilft uns, human miteinander zu existieren – dem Volk mit seinen Nachbarn, dem einen Wettbewerber mit den anderen, dem Einheimischen mit den Fremden. Ohne Angst verschieden zu sein und daher Frieden zu halten, das kann sie uns lehren. Deshalb gehört sie auch zur politischen Orientierung.

Glücklicherweise gibt es ein paar Ausnahmen im deutschen Blätterwald, wo im Feuilleton auch politische Fragen behandelt und kulturelle Themen nach vorn gebracht werden. Die ersten Seiten werden dadurch oft spannender und lebensnäher als mit manchen der üblichen Themen, die auf prominente vordere Plazierung abonniert sind.

Dennoch ist die Regel nach wie vor eine andere. Es ist verräterisch genug, daß wir seit geraumer Zeit im vorderen Teil unserer Gazetten das Stichwort Kultur vorzugsweise unter einem ganz bestimmten Aspekt finden, nämlich dem Streit um die multikulturelle Gesellschaft. Dabei wird hart gefochten über Asyl, Flüchtlingshilfe, Einwanderungsquoten und eine Reform des antiquierten Staatsangehörigkeitsrechts. Er handelt vom Wettbewerb um Wohnungen und Arbeitsplätze und vom Umgang mit Fremdenfeindlichkeit.

Das sind nicht nur vitale Konkurrenzprobleme, sondern zentrale Fragen unserer Zeit. An der Schwelle zum nächsten Jahrhundert gehört es zu den wichtigsten und schwierigsten Aufgaben unserer Kultur, nach dem Ende des Kalten Krieges bei offenen Grenzen mit den Migrationen fertig zu werden. Wie lernen wir es, uns im Zeichen des erweiterten Europas und der Globalisierung aller Verhältnisse nicht abzuschotten und doch das Gefühl der eigenen Heimat zu bewahren? Es ist eine unersetzliche Hilfe, die Bedeutung der Kultur anderer Völker zu begreifen und sie achten zu lernen. Bei allen Unterschieden der Lebensformen und Traditionen erkennen wir die Verwandtschaft der menschlichen Bedürfnisse. Indem wir den anderen verstehen lernen, begegnen wir uns selbst. Wenn die Blätter mit solchen Kulturthemen vorn »aufmachen«, verdrängen sie nicht die Politik, sondern nehmen sie in ihrer Substanz wirklich ernst.

Während meiner zweiten Amtszeit habe ich nicht nur die Schwierigkeiten und Konfrontationen, sondern auch die gewachsene Bereitschaft der Deutschen erlebt, mit Aufgaben dieser Art besser fertig zu werden. In Ost und West besuchte ich Aussiedlergruppen, Flüchtlingswohnungen und Heime für Asylbewerber. Nach schweren Ausschreitungen gegen Fremde kamen wir in Rostock, in Solingen und Köln zusammen. Mit mehreren hunderttausend Teilnehmern marschierten wir im größten gemeinsamen Demonstrationszug der letzten zehn Jahre am 8. November 1992 von der Gethsemane-Kirche am Prenzlauer Berg bis zur Kundgebung in der Stadtmitte auf dem Berliner Lustgarten. Es ging einfach nur um den Artikel 1 unserer Verfassung, der die Unantastbarkeit der Würde eines jeden Menschen ausspricht, nicht nur des Deutschen.

Kein anderes Land in Europa hat seit dem Fall der Mauer und dem Krieg im ehemaligen Jugoslawien so viele Fremde aufgenommen wie wir. Das hat immer wieder große Probleme und auch Zusammenstöße mit sich gebracht. Zugleich aber hat es die Bereitschaft einer breiten Mehrheit offenbart, die Aufgaben nicht dem Staat allein zu überlassen, sondern als Menschen selbst wachsam zu sein und aktiv zum Schutz von Nachbarn, Arbeitskollegen und Schulkameraden beizutragen. Die Lichterketten in zahlreichen Städten während des Winters 1992/93 waren nur eines der Zeichen für die Mitverantwortung und Hilfsbereitschaft von Bürgern.

Um gutes Zusammenleben und Entspannung unter den Menschen mit Hilfe der Kultur zu fördern, bedarf es neben ihrer Aufgeschlossenheit und Zivilcourage aber auch der Einsicht, daß Kultur ein wichtiger Haushaltstitel ist. Bei meiner Abschiedsrede vom Amt am 1. Juli 1994 habe ich mich dazu noch einmal an die Haushälter, Finanzverantwortlichen und Regierungschefs in Bund, Ländern und Kommunen mit der Bitte gewandt, sie möchten der Stimme des Herzens und der Vernunft folgen: Wir haben ungezählte kulturelle und künstlerische Zentren und Zellen im Lande. Sie widmen sich dem gemeinsamen Leben mit Initiativen aller Art, durch Ausbildung und Ausstellungen, auf Bühnen und Sportanlagen, in Chören und Orchestern. Zugleich sind sie zumeist auch Vorbilder in der Kosten-Nutzen-Relation. Sie benötigen weniger Mittel als fast alle anderen Haushaltstitel. Dennoch ist ihre Wirkung weitreichend und tut der ganzen Gesellschaft wohl. Es ist nicht nur schöner, sondern es spart am Ende auch Geld, Kultur zu fördern, anstatt für die Folgen von sozialem Unfrieden zahlen zu müssen.

Begegnungen der Politik mit den Künstlern verlaufen bei uns nicht immer sehr glücklich. Kunst ist Kompromissen abgeneigt; sie sucht das Ganze und fühlt sich oft am wohlsten im Widerspruch. Wer sich aber in der Politik dem Kompromiß verschließt, beschädigt die Demokratie.

Kunst, Wissenschaft, Geist und alles, was sich unter dem unklaren Begriff des Intellektuellen vereinigt, haben bei uns traditionellerweise eine kritische Distanz zur politischen Macht. Es herrscht eine von beiden Seiten liebevoll gepflegte Spannung, zum Schaden für beide.

Oft kommt es zur Einmischung des Geistes in die politische Diskussion ohne die Bereitschaft, sich am Kampf um politische Macht zu beteiligen. Mancher beruft sich dabei auf die skeptischen Worte von Immanuel Kant gegen den platonischen Philosophenkönig, »weil der Besitz der Gewalt das freie Urteil der Vernunft unvermeidlich verdirbt«. Bei uns geht es aber nur um ihre erwünschte kritische Beteiligung und ihre Zuneigung zu unserer Demokratie, nicht gleich um ihr Königtum. Wir leben zusammen in einer Zeit des Übergangs, des Wandels unseres Bewußtseins, der Suche nach Orientierung. Dazu brauchen wir sie alle, die schöpferischen Geister, die weltoffenen Bürger, die Intellektuellen. Sie sollen nicht die Probleme lösen. Sie wissen nicht besser, was man tun soll; aber es ist eine Hilfe, wenn sie wissen, was man nicht tun darf. Es sind eher Hindernisse als Hilfen, wenn linke Intellektuelle den Rechten die geistige und moralische Satisfaktionsfähigkeit bestreiten und wenn rechte Intellektuelle schlechthin über den Moralismus und einfach über »die Intellektuellen« herziehen, womit sie die Linken meinen. Dabei hat der vielbesungene »Mainstream« weder eine konstante Fülle noch ein festes Bett. Hin und her herrscht wenig Toleranz.

Einzelgänger führen uns weiter, auch wenn sie der vorschnellen Einordnung und dem Getöse der Formationen nicht entgehen. Es lohnt sich, um ein Beispiel zu nennen, über Beobachtungen von Botho Strauß in seinem »Anschwellenden Bocksgesang« nachzudenken, mit denen er das Liberale in unserer Gesellschaft untersucht: Der Liberale erscheine nicht mehr liberal durch sich selbst, sondern immer rücksichtsloser liberal als entschiedener Gegner des Antiliberalismus; er sei freundlich zum Fremden nicht um des Fremden willen, sondern aus Grimm gegen fremdenunfreundliche Eigene. Nicht jedem wird Strauß damit gerecht; ganz gewiß gibt es bei uns offene Freundlichkeit zum Fremden um seiner selbst willen. Dennoch sollten wir, die wir uns als liberal verstehen, uns an seinem Urteil prüfen. Wir können nur lernen.

In manchen Ländern der Welt gehören fruchtbare Wechselwirkungen zwischen Geist und Macht zur Tradition. Ein lebendiges Beispiel begegnete mir zu Anfang meiner Amtszeit im mexikanischen Dichter Octavio Paz, auf den ich in der Frankfurter Paulskirche die Laudatio bei der Verleihung des Friedenspreises hielt, den der deutsche Buchhandel ihm lange vor seinem späteren Nobelpreis verlieh. Kaum einer hat die sozialen, wirtschaftlichen, politischen und kulturellen Probleme Lateinamerikas tiefer durchdacht als er. Er hat mit seiner lyrischen Dichtung die Weltliteratur der zweiten Hälfte unseres Jahrhunderts bereichert. Aber er hat eben auch seinem ganzen Kontinent im Ringen um Identität entscheidend vorangeholfen. Er wurde zu einer prägenden Stimme und zum Gewissen der Kultur und des Freiheitskampfes in Lateinamerika. In Yucatán gründete er eine Sekundarschule für Kinder der Campesinos. Er kämpfte im spanischen Bürgerkrieg auf republikanischer Seite und diente später seinem Land als Botschafter in Frankreich und Indien.

Auch in anderen Ländern Südamerikas finden sich geistig führende Schriftsteller mit herausragender politischer Verantwortung, so Pablo Neruda in Chile als Mitstreiter und Freund von Allende, Ernesto Sabato als Vorsitzender der argentinischen Kommission zur Aufdeckung von Untaten der Generalsjunta in Argentinien oder Mario Vargas Llosa als Kandidat für die Präsidentschaft in Peru.

Auch unser Nachbar Frankreich ist mit herausragenden Dichtern gesegnet, die durch Wort und Tat und Amt an der öffentlichen Verantwortung in ihrem Land teilnahmen: Paul Claudel, Jean Giraudoux, Saint-John Perse und andere.

Bei uns sind die Ansätze bescheiden. Einmal hat sich Willy Brandt planmäßig und erfolgreich angestrengt, um Vertreter des Geisteslebens aktiv an politischen Zielen und sogar an Wahlkämpfen zu beteiligen. Doch blieb dies im parteipolitischen Umfeld eine Ausnahme.

In Deutschland gibt es allerdings eine noch heute lebendige Institution, die ihre Existenz einer Verneigung des Staates vor dem Geist verdankt. Es ist der Orden »Pour le mérite«, der das Licht der Welt in Sanssouci erblickte, geschaffen von Friedrich dem Großen, dessen »F« den Orden noch heute ziert. Zu den ersten Ordensmitgliedern gehörten Voltaire und d'Alembert. Für sich selbst machte Friedrich noch keinen Unterschied zwischen Staat und Geist. Weder betrachtete er sich als personifizierten Staat nach dem Beispiel von Ludwig XIV., noch hatte er Grund, an seiner Zugehörigkeit zur Welt des Geistes im geringsten zu zweifeln. Es war gewissermaßen eine Verneigung von ihm vor seiner eigenen Person, in seinen internen und einsamen Auseinandersetzungen zwischen Macht und Geist, die zum Eindrucksvollsten dieses Monarchen gehören. Sie zählt um so mehr zu den kostbaren Gütern der deutschen Geschichte, als spätere

Der mexikanische Dichter Octavio Paz erhielt 1984 den Friedenspreis des Deutschen Buchhandels, dem später der Nobelpreis der Literatur folgte. Octavio Paz ist über Mexiko hinaus ein Repräsentant der lateinamerikanischen Literatur. In der Paulskirche hielt ich die Laudatio auf ihn. Das Bild zeigt ihn zusammen mit Hans Magnus Enzensberger und mir bei einem Besuch in Mexico-City.

Rückfälle geistloser Macht den Staat in schweren Verruf gebracht haben.

Nachdem Friedrich Wilhelm III. 1810 den Orden in einer Zeit geistiger Blüte auf militärische Leistungen beschränkt hatte, gründete Friedrich Wilhelm IV. 1842 die Friedensklasse des Pour le mérite für Wissenschaft und Künste, so wie sie bis heute besteht. Der Initiator und erste Ordenskanzler war Alexander von Humboldt.

Nachdem der Orden während der Hitler-Zeit nahezu ausgestorben war, sorgte Theodor Heuss zu Beginn der Bundesrepublik für seine Wiederbelebung. Er schuf ein neues Verhältnis zwischen dem Staat und der »Republik des Geistes« und machte den Pour le mérite in der Zuwahl seiner Mitglieder wie auch sonst vollkommen unabhängig. Von Amts wegen wurde der Bundespräsident Protektor des Ordens.

Auf diese Weise kam auch ich in engen alljährlichen Kontakt mit diesem illustren Kreis, zu dessen Mitgliedern unter anderem Carl J. Burckhardt und Sarvepalli Radhakrishnan, Oskar Kokoschka und Thornton Wilder, Elias Canetti und Karl Popper, Adolf Butenandt und Friedrich August von Hayek zählten. Theodor Heuss hatte die Essenz des Ordens als den »zeitgenössischen Kommentar zur Geistesgeschichte« definiert. Doch hält sich das Ordenskapitel auf unüberhörbare Weise zurück. Es nimmt keinen Anteil an den Spannungen zwischen Geist und Macht und bezieht als Gremium keinerlei Position zu Themen der Zeit, auch nicht zur Geistesgeschichte. Mehr als einmal war in der Öffentlichkeit der dringende Wunsch nach einem »redenden Pour le mérite« zu hören. Auch ich habe wiederholt an den Orden appelliert, er möge in einer Zeit des historischen Epochenwechsels zur Suche nach Orientierung und zum Bewußtseinswandel das Seine wahrnehmbar beitragen und nicht nur froh über seine Einzigkeit still verharren. Jedes Mitglied ist auf seine Weise daran beteiligt. Gemeinsam aber wird geschwiegen. Das ist bedauerlich, wenn auch offenbar unausweichlich.

Ganz generell machte ich es mir in meinem Amte zur intensiven Aufgabe, geistig und künstlerisch hervorgetretene Persönlichkeiten zu Gesprächen einzuladen, sie in meinem kulturell verstandenen politischen Sinn der Öffentlichkeit nahezubringen und sie zu ehren. Es gehörte zu den schönsten Erfahrungen und wahren Privilegien des Amtes, daß die meisten von ihnen positiv reagierten und mitmachten.

Naturgemäß gab es ganz unterschiedliche Erlebnisse. So denke ich an eine Begegnung mit Josef Beuys. Er kam mit einer undefinierbaren Schar von Begleitern, setzte sich mit seinem Hut auf dem Kopf in die Mitte und ließ seine Freunde allein und ziemlich wirr daherreden, wenn es um allgemeine politische Fragen ging. Sobald er aber selbst über Erziehung und Kunst sprach, beeindruckte er uns mit seinen Forderungen, wir sollten uns nicht in Künstler und Nichtkünstler aufteilen lassen. Jeder sei ein Mitgestalter von Leben und Zukunft und damit auf seine Weise künstlerisch tätig. Auch das ist ein Ausdruck der Kultur als Kernstück der Politik.

Heinrich Böll starb bald nach meinem Amtsantritt. Ich hatte diesen immer wachen, oft bitteren und zuweilen heiteren Polemiker früher durch einen gemeinsamen Freund kennen- und hochachten gelernt. Er war in der Welt der bekannteste deutsche Dichter der Nachkriegszeit. Zu Hause blieb er viel bewundert und, was er nie scheute, viel umstritten. Als ich privat im kleinen Kreis an seinem Begräbnis teilnahm, gab es aus manchen politischen Winkeln lautstarke sinnlose Kritik.

Wir feierten Wolfgang Koeppen, den Dichter und Kritiker aus der Adenauer-Zeit. Zu seinem Lobe kamen Thomas Bernhard und Hans Magnus Enzensberger, Jurek Becker und Stephan Hermlin, Ulla Hahn und Marcel Reich-Ranicki, wie auch sein Verleger Siegfried Unseld, dem Koeppen viel zu verdanken hatte. Zwei Jahre später besuchte uns die ganze »Gruppe 47«, um ihren Initiator Hans Werner Richter zu ehren. Mit ihr hatte er etwas Außerordentliches geschaffen. Sie war die früheste, die radikalste, in den ersten zwei Nachkriegsjahrzehnten beinahe die einzige wirklich neue Idee und Institution, die an gar nichts anknüpfte, was es in Ansätzen schon während der Weimarer Republik gegeben hatte. Ihre Wirkung ging tief und blieb auch nach ihrer Selbstauflösung bestehen. Maßgeblich hat sie unter Richters Leitung zum Gewicht und Ansehen einer deutschen Nachkriegsliteratur beigetragen, nicht zuletzt durch ihre interne »Lesewerkstatt« mit ihrer spontanen und gegenseitigen substantiellen und handwerklichen Kritik. Unter unseren Gästen für

Die früheste, die radikalste geistige Nachkriegsinitiative, eine der ganz wenigen ohne jede Anknüpfung an die Weimarer Zeit, war die »Gruppe 47«. Sie hat die Nachkriegsliteratur in Deutschland geprägt. Hans Werner Richter hat sie gegründet und zwanzig Jahre zusammengehalten. Zu seinem 80. Geburtstag kam er (in der Bildmitte) zusammen mit Günter Grass und vielen Freunden in die Villa Hammerschmidt.

Richter waren Ilse Aichinger und Günter Grass, Walter Jens und Hans Mayer, Wolfgang Hildesheimer und Peter Härtling, Alexander Kluge und Günter Kunert.

Albrecht Goes, der musikalische unter unseren Poeten, kam zu einer Feier seines achtzigsten Geburtstages. Mit seinem untrüglichen Gespür wirkte er nachhaltig in Ost und West, auch wenn es sein Vorsatz war, »von großen und wichtigen Dingen nur sehr sparsam zu sprechen«. Er hat diese Dinge seinem eigenen historischen Gewissen stets mit höchst wachen Sinnen überantwortet.

Im April 1989 feierten wir den 80. Geburtstag von Golo Mann. Nachdem er in seiner bewegenden Rede fast nur über die Habsburger Monarchie gesprochen, bat ich ihn um ein gutes Wort auch über Preußen. Golo Mann bestand als Antwort darauf, unter dem Lenbachschen Porträt von Bismarck photographiert zu werden.

Um Golo Mann waren wir im April 1989 versammelt. Zunächst pries ich seine »Deutsche Geschichte des 19. und 20. Jahrhunderts«, mit der er uns eine bewegende Anteilnahme am Schicksal der Menschen bot. Als ich dann erwähnte, ich hätte in dem Werk doch gern noch mehr von seinem Urteil über die preußischen Reformer und Bismarck erfahren, selbst wenn es auf Kosten von Geschichten aus Wien gegangen wäre, bekannte er sich spontan zu den Habsburgern. Seine unvergleichliche Gabe des Erzählens war Ausdruck seiner Poesie, gezähmt durch Forschung. Bei ihm hatte die Forschung ihre Demut und die

Poesie ihre Substanz. Seinen Dankbrief schloß er mit den Worten, er könne sich, dem Ende nahe, mit dem Gesagten zufriedengeben: »Groß nicht, aber gering auch nicht und manchmal anregend, sogar hilfreich – und niemandem untertan. Das genügt.«

Obwohl unsere Republik weder großbürgerlich wie die Villa Hammerschmidt in Bonn noch fürstlich wie das Hohenzollernschloß Bellevue in Berlin ist, waren diese Residenzen des Bundespräsidenten doch beide für ihre Aufgabe in hohem Maße geeignet. Zu Beginn meiner Amtszeit hatte sie der Münchener Professor Meitinger der notwendig gewordenen gründlichen Instandsetzung unterworfen. Dank seiner reichen historischen und praktischen Erfahrung, seines sicheren Stilgefühls und seines wahrhaft liebevollen Engagements war ihm sein Werk zum Besten gelungen. Er hatte einen Einklang für die architektonische Triade der Nützlichkeit, der Festigkeit und der Schönheit gefunden und am Ende vom Denkmalschützer bis zum Techniker alle Beteiligten überzeugt. Die Zusammenarbeit mit ihm war für meine Frau und mich eine Freude.

Die maßgebliche amtsinterne Steuerung dieser wie auch jeder späteren Bautätigkeit unter Einschluß des neuen Berliner Amtsgebäudes neben dem Schloß Bellevue lag in der Hand von Walter Karschies. Das Bundespräsidialamt hatte ihn dem Kanzleramt in aller Freundschaft abgeworben. Mit seiner Übersicht, seiner Energie und steten Hilfsbereitschaft schuf er die unentbehrlichen Voraussetzungen für Arbeit und Leben in den Residenzen.

Der Haushaltsausschuß des Bundestages hatte sehr sachlich und konstruktiv mitgewirkt. Um mit der gebotenen Strenge über die Aufwendungen zu entscheiden, hatte er eine seiner ordentlichen Sitzungen eigens im Bellevue abgehalten.

Mehrere Museen und private Sammlungen liehen Kunstwerke für die Residenzen auf großzügige Weise aus. In der Villa Hammerschmidt herrschten deutsche Impressionisten und die klassische Moderne vor, mit Werken von Max Liebermann und Max Slevogt, Lovis Corinth und Wassily Kandinsky, Paul Klee und Max Ernst, Emil Nolde und Ernst Ludwig Kirchner. In einem Raum hing ein Bild von Beckerath, das Johannes Brahms darstellte, den aber zu unserem Vergnügen mancher Betrachter für Karl Marx hielt. Schräg hinter dem Platz für den jeweiligen Hauptgast im Empfangszimmer hing ein köstliches großes Gemälde, das in vorherrschend violetten Farben eine leichtbekleidete Mandolinenspielerin von Kirchner darstellte. Auf diese Weise fanden sich die britische Königin und Gorbatschow, Mandela und Papst Johannes Paul II. in Pressebildern mit der extravaganten Musikantin als Hintergrund wieder.

Im Berliner Schloß Bellevue dominierten einerseits Bilder aus der preußischen Geschichte, zum anderen zeitgenössische Werke aus Ost- und Westdeutschland, darunter Arbeiten von Immendorff und Heisig, Mattheuer und Tübke. Für den großen Saal des Schlosses, der den Konzerten, Lesungen, Aufführungen und Empfängen diente, hatte Gerhard Graubner zwei Kissenbilder von überdimensionaler Größe geschaffen, welche, den Farbtönen von Turner und Monet folgend, bei den Veranstaltungen und bei gedämpftem Licht zum Meditieren einluden. In der Empfangshalle des Schlosses übergab ich Bundespräsident Herzog eine Ausstellung mythisch-symbolischer Werke von Markus Lüpertz.

Die parkartigen Gärten rings um die Residenzen, die unter der besonderen Obhut meiner Frau gediehen, dienten – neben der offiziellen Begrüßung von Staatsgästen – alljährlich vor allem großen Freiluftveranstaltungen mit Jugendgruppen unterschiedlichster Provenienz, darunter auch immer wieder mit den älteren und jüngeren Stipendiaten der Alexander-von-Humboldt-Stiftung. Sie kamen mit ihren Familien aus aller Herren Länder und verbrachten ein Jahr in Deutschland mit ihren Studien. Unter der impulsiven und ingeniösen Betreuung durch Heinrich Pfeiffer, den Leiter der Stiftung, ist hier eine große weltweite Humboldt-Familie herangewachsen, die zu den überzeugtesten Freunden von uns Deutschen rund um den Globus zählen. Es gehörte stets zu den größten Freuden, in beinahe jedem der vielen von uns besuchten Länder auf die Dankbarkeit und Treue dieser Stipendiaten zu stoßen.

Die Gastgeberaufgaben in den beiden Residenzen hatten zwei deutliche Schwerpunkte. Gemäß dem hohen Anteil der auswärtigen Beziehungen an der eigenen Arbeit ergab sich der eine durch die Besucher aus dem Ausland. Der andere konzentrierte sich auf kulturelle Abende und auf die Würdigung von Verdiensten eigener Landsleute aus allen Lebensbereichen. Im Präsidialamt war bei der Konzeption der Veranstaltungen Erich Milleker der entscheidende Mann; ich hatte ihn aus dem Kanzlernachlaß von Helmut Schmidt »geerbt«. Er hatte eine sichere künstlerische Übersicht und ein weitverzweigtes Netz persönlicher Beziehungen. Zusammen mit dem bewährten Protokollchef des Amtes, Horst Arnold, sorgte er für eine ebenso kreative wie zügige Planung und Organisation. Es kam zu unvergeßlichen Ereignissen, getragen von jungen unbekannten ebenso wie von weltberühmten Künstlern.

Regelmäßig im Dezember kamen die jugendlichen Preisträger des deutschen Musikrates zu einem ihrer ersten öffentlichen Konzerte in das Schloß Bellevue. Die Geiger Gidon Kremer und Pinchas Zukerman, der Bratschist Juri Baschmet, der Cellist Yo Yo Ma, der Pianist Anatol Ugorski musizierten bei uns. Dame Gwyneth Jones, Sopranistin aus Großbritannien, kam mit dem Berliner Altus Jochen Kowalski, um eine von dem Musikschriftsteller und Kritiker Klaus Geitel inspirierte kleine Schloßmusik »O Fortuna« darzubieten. Dietrich Fischer-Dieskau gab eine Matinee über »Die menschliche Stimme«. Die Cembalistin Edith Picht-Axenfeld gestaltete zusammen mit dem Anglisten Wolfgang Clemen ein Programm zu »Shakespeare und die Musik«. In Salzburg sind die Wiener und die Berliner Philharmoniker Konkurrenten. Bei uns im Bellevue aber spielten Solisten aus ihrer beider Reihen unter der Leitung von James Levine aufs schönste zusammen. Die Fülle und Qualität der Darbietungen kann ich ebensowenig beschreiben wie die Freude unserer zuhörenden Gäste.

Schon aus meiner Zeit als Bürgermeister hatte ich einen engen und freundschaftlichen Kontakt mit dem Berliner Philharmonischen Orchester. Nun machte es mich mit seiner Bereitschaft dankbar, alljählich ein »Benefizkonzert des Bundespräsidenten« zu geben. Gegen Gotteslohn kam es zu bedeutenden musikalischen Ereignissen. Schon vor dem Herbst 1989 war eines dieser Konzerte mit der Missa Solemnis von Beethoven geplant. Es kam dann unmittelbar nach Vollendung der staatlichen Einheit im Oktober 1990 zur Aufführung. Daniel Barenboim dirigierte zugunsten jüdischer Grabstätten in Berlin. Er ist ein alter naher Freund. Seit langem ist er einer der prägenden Inspiratoren des Berliner Musiklebens und ein großherziger, verantwortlich denkender, zum Guten mahnender Partner in der Hauptstadt. Als die Mauer fiel, kam er sofort und musizierte mitten unter uns. Dann beteiligte ich mich an der erfolgreichen Konspiration, ihn als Chef der Berliner Staatsoper Unter den Linden zu gewinnen. Dort hat er die Staatskapelle zu neuen Höhen geführt, allen gewaltigen materiellen Schwierigkeiten zum Trotz. Bei »meinem« Benefizkonzert wirkten auf seine Einladung Julia Varady, Waltraud Meyer, Siegfried Jerusalem und Dietrich Fischer-Dieskau mit. Der Erfolg war überwältigend.

Einmal habe ich bei Barenboim auch selbst mitmusiziert. Zu seinem fünfzigsten Geburtstag durfte ich in einem winzigen Chor unter der Leitung von Zubin Metha mitsingen. Es war eine neue Komposition, vom Blatt zu singen, und mein einziger Baritonkollege, ein Opernweltstar, sang zwar ungleich schöner als ich, verpaßte aber zweimal den richtigen Einsatz nur dank meiner stillen Püffe nicht.

Zum Glück für mich hatte ich auch die Chance, dem Orchester einen Dienst zu erweisen. Mit Millekers tatkräftiger Hilfe gelang es mir, zwei der herausragenden Maestros unserer Zeit für Benefizkonzerte in Berlin zu gewinnen. Der ältere von beiden war Sergiu Celibidache. Er stammte aus Rumänien und war durch seinen Lebensweg beinahe ein echter Berliner geworden. Aufgrund seiner engen Zusammenarbeit mit Wilhelm Furtwängler hatte er in der Zeit der Not die Leitung des Berliner Philharmonischen Orchesters übernommen, die er bis 1952 behielt. Dann trennten sich die Wege auf schmerzliche Weise. Seit seinem letzten Konzert hatte er nie wieder Kontakt mit dem Orchester. Und nun, nach achtunddreißig grollenden Jahren erklärte er sich bereit zu kommen, zur Freude des Orchesters und des höchst sachverständigen Berliner Publikums. Es kam zu zwei herrlichen Aufführungen der Bruckner-Symphonie Nr. VII.

Der andere Dirigent ist Carlos Kleiber. Man meint, es gäbe ihn nur im Traum, so scheu hält er sich unsichtbar und unhörbar zurück. Wenn er aber doch kommt und musiziert, wird der Traum Wirklichkeit. Freundlichst war er bereit, das erste dieser Benefizkonzerte zu leiten. Und dann gipfelte seine und des ganzen Orchesters Großherzigkeit für mich darin, daß sie mir am drittletzten Tag meiner zehnjährigen Amtszeit ein Abschiedskonzert in der Berliner Philharmonie gaben. Sie spielten zugunsten der »Nachbar-in-Not«-Hilfe für Bosnien. Und sie musizierten so, daß es keiner vergißt. Vor Beginn des Konzerts hatte der Orchestervorstand mir die Ehrenmitgliedschaft des Berliner Philharmonischen Orchesters übertragen. Die Philharmonische Kameradschaft hatte ein kleines Gedicht hinzugefügt, in dem es unter anderem hieß: »Die Privilegien sind beträchtlich, berechtigen Sie tags und nächtlich zur Nutzung jeden Instruments wie auch des Kameradschafts-Benz.«

Es war für mich eine kostbare Ehrung. Dennoch werde ich im Alter nicht auf meine Kindheitsinstrumente, die Geige, die Trompete und Posaune, zurückgreifen. Die Ehrung bleibt, solange ich lebe, trotz meiner Befugnisse ohne musikalische Störungen des Orchesters durch mich.

Staatsbesuch in Italien 1991. In der Mitte Präsident Francesco Cossiga, rechts von ihm Sergiu Celibidache, der mit seinen Münchner Philharmonikern in Rom einen tiefen Eindruck hinterließ.

Statt dessen erfüllt mich die gute Aussicht, der Devise des alten, von uns verehrten Orchesterintendanten Wolfgang Stresemann, des Sohnes des früheren Reichskanzlers Gustav Stresemann, zu folgen, dessen Buch den Titel trägt: »Und abends in die Philharmonie«. Dort fühlt man sich inmitten eines kundigen und empfindsamen Publikums zu Hause, vor allem dank Claudio Abbado, auch er ein Freund, der seit 1989 künstlerischer Leiter und ständiger Dirigent der Berliner Philharmoniker ist. Dank schulden wir ihm auch für seine intensive Förderung des musikalischen Nachwuchses, zum Beispiel in dem von ihm begründeten europäischen Gustav-Mahler-Jugendorchester. Darüber hinaus verbindet uns beide die britische Universität Cambridge, bei der ich im Juni 1994 die letzte in meine Amtszeit fallende akademische Ehrenpromotion gemeinsam mit ihm erhielt.

In den beiden Residenzen kam es neben der Musik zu Abenden der literarischen Kunst und der Wissenschaft. Martin Benrath spielte für uns seine Produktion »Fülle des Wohllauts« nach Thomas Mann. Martin Walser, der gesagt hatte, wir müßten uns mit dem Gang der Geschichte verbünden, den historischen Prozeß für uns arbeiten lassen, uns ihm fügen, ihm dabei aber unsere Interessen gewissermaßen einflößen, trug aus seinem Werk »Die Brandung« vor. Maria Wimmer las aus Marcel Prousts »Auf der Suche nach der verlorenen Zeit«. Die Schauspieler Bruno Ganz und Otto Sander verwandelten sich in Iwan Turgenjew und Gustav Flaubert, um aus der Korrespondenz der Dichter zu rezitieren. Gemeinsam bestritten Günter de Bruyn und Günter Grass einen Abend im Bellevue, wobei es zu einer Auseinandersetzung über das Verhalten der Bundeswehr zu Picassos gigantischem Werk »Guernica« kam.

Was mit Wolfgang Koeppen und Golo Mann begonnen hatte, wurde im Laufe der Amtszeit zu einer planmäßigen Reihe von Einladungen für herausragende Persönlichkeiten aus Anlaß eines vorgerückten Lebensjubiläums. Wir feierten den achtzigsten Geburtstag des Kölner Kardinals Höffner, eines führenden Vertreters der christlichen Soziallehre, der mit seinen Beiträgen zu Grundwerten und dem Menschenbild das politische Gewissen schärfte. Unter den Gästen waren auch die Kardinäle König aus Wien, Macharski aus Krakau und Lustiger aus Paris.

Karl Carstens kam zu unserer Freude anläßlich seines fünfundsiebzigsten Geburtstags in seine alte Residenz, die Villa Hammerschmidt. Gemeinsam mit Kanzler Kohl, mehreren Ministerpräsidenten der Länder und dem Präsidenten des Bundesverfassungsgerichtes, Roman Herzog, ehrten wir seine persönliche Humanität, seine praktische Klugheit und seine umsichtige Verfassungstreue.

Es gab Geburtstagsfeiern zu Ehren von Hans Georg Gadamer, dem Nestor unserer Philosophie, der sein Alter mit unserem Jahrhundert teilt, von Theodor Eschenburg mit seiner un-

Ein Traum ging für mich in Erfüllung, als 1990 die Idole aus der Jugendzeit Heinz Rühmann und Max Schmeling meine Gäste im Berliner Schloß Bellevue waren.

vergleichlichen Gabe, Geschichte zu begreifen und Geschichten zu erzählen, von Otto von Simson, dem Forscher und Lehrer der europäischen Kunst- und Kulturgeschichte, der in der Hitler-Zeit auswandern mußte, nur um alsbald danach zurückzukehren und die jungen Menschen mit neuem Mut zu erfüllen.

Wie um die Träume aus meiner Kindheit zu erfüllen, fand ich mich eines Tages zwischen Heinz Rühmann und Max Schmeling wieder, die in ihrer Freundlichkeit unserer Einladung gefolgt waren.

Zu Ehren von Bernhard Minettis fünfundachtzigstem Geburtstag waren die Großen der Bühnen erschienen, unter ihnen Marianne Hoppe und Jutta Lampe, Martin Held und Klaus Maria Brandauer, Claus Peymann und Dieter Dorn, George Tabori und Klaus Michael Grüber, Elisabeth Trissenaar und Hans Neuenfels.

Im Jahre 1989 traf man sich mit Helmut Schmidt in der Villa Hammerschmidt zu einem Jubiläum von Marion Gräfin Dönhoff. Aus dem Freundschaftsfest wurde ein kleiner Staatsakt zu Ehren dieser in aller Welt angesehensten deutschen Publizistin. Rechts neben ihr Henry Kissinger, mit dem ich mich schon seit den sechziger Jahren regelmäßig getroffen hatte; bei jedem erneuten Treffen mit Kissinger lernte ich Neues sowohl über Geschichte wie über Politik.

Für Marion Gräfin Dönhoff gab es zu ihrem achtzigsten Geburtstag ein Freudenfest, ein Familientreffen und einen kleinen Staatsakt. Bei Kleist und Fontane lernen wir, daß es vor allem Frauen sind, die das Maß, die Würde und die innere Kraft Preußens bewahren. In diesem Geist ist Marion Dönhoff die Preußin unseres Jahrhunderts.

Wir ehrten Hermann Josef Abs zu seinem neunzigsten Geburtstag. Mit seiner klugen und souveränen Unabhängigkeit hatte er nicht nur sein Haus geleitet, sondern Ehre für sein Land eingelegt und Ansehen für uns gewonnen. Kaum überschaubar sind Zahl und Qualität seiner Dienste zugunsten deutscher Kul-

Zur Feier des 75. Geburtstages von Willy Brandt kamen Freunde und Politiker aus aller Welt in die Villa Hammerschmidt, unter ihnen François Mitterrand, Shimon Peres, die norwegische Ministerpräsidentin Gro Harlem Brundtland, Jacques Delors, Bruno Kreisky und Mieczyslaw Rakowski. Ein Heer von Photographen vor der Villa intonierte gerade »Happy Birthday, lieber Willy«, als das Bild aufgenommen wurde.

tur und Kunst, zuletzt seine Initiative für das Beethoven-Archiv und den Kammermusiksaal in Bonn, wofür ihm diese seine Geburtsstadt nur ungenügend gedankt hat. Es gibt viele Scherze und Pointen von ihm und über ihn, die ihn erfreuten. So akzeptierte er mit dem ihm eigenen unnachahmlichen Selbstbewußtsein gern die Behauptung, er lasse mit grenzenloser Liebenswürdigkeit andere Menschen an der Freude teilhaben, die er an sich selbst habe.

Das größte Aufsehen dieser öffentlich bekannt gewordenen Veranstaltungen erzeugte die Feier zum fünfundsiebzigsten Geburtstag von Willy Brandt. Freunde und Politiker aus aller Welt kamen, unter ihnen die Staatspräsidenten Mitterrand aus Frankreich, Mario Soares aus Portugal und Carlos Perez aus Venezuela, die Regierungschefs Kohl, Vranitzki, Brundtland, Carlsson, Peres und Rakowsky, ferner Jacques Delors, Bruno Kreisky, Walter Scheel, Rainer Barzel, Hans-Dietrich Genscher und weitere engere Freunde des Jubilars. Von »Geburtstagspolitik« war die Rede, warum auch nicht? Willy Brandt für seinen mutigen und humanen, illusionsfernen und festen Friedenswillen zu ehren, darin waren sich die Teilnehmer aus dem In- und Ausland einig. Er war eine der Leitfiguren in der Welt nach dem zweiten Krieg; ein eigenwilliger und nachdenklicher Einzelgänger, der nicht den Entscheidungshelden spielte. Oft war er schmähenden Angriffen ausgesetzt, und eine Elefantenhaut besaß er nicht. Macht wuchs ihm zu, aber Machtworte kamen ihm nicht über die Lippen. Und seine Abbitte am Warschauer Ghetto war wie das Zeichen eines Fremdlings unter Mächtigen. In seiner Person hob er die Spannung auf zwischen Macht und Moral.

Als er in seiner ersten Regierungserklärung als Kanzler verkündete, jetzt gehe es erst richtig los mit der Demokratie, ließ sich die Opposition, die gerade zwanzig demokratische Regierungsjahre hinter sich hatte und in deren Reihen ich nun hineingewählt worden war, dies natürlich nicht widerspruchslos gefallen. Doch als er die Adenauer zu verdankende feste Verankerung im Westen zu seiner Ostpolitik nutzte, entstand aus beiden Teilen ein zusammengehöriges Ganzes, das seither nicht mehr ernsthaft umstritten war – ein kostbares Allgemeingut. Die Feier war dem Dank gewidmet und dem Ziel, zu erleben, daß Brüche überwindbar sind. So empfanden es alle und so war die öffentliche Reaktion. Es war ein außerordentliches Ereignis.

Staatsbesuch beim Vatikan 1994. In der Residenz des deutschen Botschafters links der deutsche Benediktiner Kardinal Meyer, neben ihm der »Regierungschef« des Vatikans, Kardinal-Staatssekretär Sodano, ganz rechts der deutsche Kardinal Ratzinger.

Die letzten vier Wochen im Amt

In den letzten Monaten meiner Amtszeit kam es noch zu einer Reihe von Auslandsreisen. Mit Papst Johannes Paul II. war ich bis dahin schon dreimal im Vatikan und zweimal bei uns zu Hause zusammengetroffen. Meine Abschiedsvisite in Rom fand nun auf Vorschlag des Heiligen Stuhls in der Form eines regulären Staatsbesuches statt, was nur selten geschieht. Das Protokoll des päpstlichen Hauses stellte an Pracht und Strenge alles in den Schatten, was ich auf meinen neunundvierzig offiziellen Staatsbesuchen je erlebt hatte. Deshalb sei es kurz geschildert.

Der Gast wird in seinem Quartier vom päpstlichen Ehrenkämmerer abgeholt. Der Petersplatz wird gesperrt. Nach der

Einfahrt in den Vatikan erweist die Schweizergarde auf dem Damasus-Hof mit Federbusch und Hellebarde die Ehrenbezeigung und spielt unsere Nationalhymne. Der Präfekt des päpstlichen Hauses und – was sehr wichtig für die Kurie ist – der Sonderdelegierte für den Staat der Vatikanstadt geleiten zusammen mit den Ehrenkämmerern und dem Kommandanten der Schweizergarde den Gast zur zweiten Loggia. Dort bildet sich ein Ehrenzug auf dem Weg in die päpstlichen Gemächer. Die Herren der Anticamera und Dekane gehen voran. Im ersten Saal warteten die Exzellenzen, der Almosenier und der Thronassistent des Papstes auf den Gast. Es geht in die Sala Clementina, von dort in die Sala Ambrogio, danach in die Sala del Angelo, ein Raum immer glanzvoller als der andere. In jedem der Säle bleibt ein Teil des Ehrenzuges zurück. Erst dann wird die Sala del Trono betreten, wo der Papst den Gast begrüßt. Während der Almosenier und der Thronassistent in der anschließenden Sala del Tronetto verweilen, bittet der Papst den Gast allein zur persönlichen Unterredung in die Bibliothek, dem schlichtesten aller bisher durchschrittenen Säle, mit einem Auferstehungsbild von Perugino, dem Lehrer von Raffael, an der Stirnwand.

Später werden die Empfangs- und Gastdelegationen hereingebeten und nehmen Aufstellung. Der Papst und der Gast halten Ansprachen. Kleine Geschenke werden ausgetauscht. Der Papst geleitet den Gast durch mehrere Säle zurück und verabschiedet sich. Der Ehrenzug gelangt zu den Gemächern von Kardinal Sodano, dem Kardinalstaatssekretär, der die Regierung des Vatikan leitet. Nach einer persönlichen Unterredung hält er in der großen Sala Regia, laut Vasari der »schönste und reichste Saal der Welt«, eine politische Ansprache und stellt dem Gast die Chefs der zahlreichen diplomatischen Missionen beim Heiligen Stuhl vor. Danach begibt sich der ganze Zug wieder in den Damasushof. Das Musikcorps spielt die päpstliche Hymne. Der Gast fährt ab. Er begibt sich in seine Botschaft, weil dort alsbald der Kardinalstaatssekretär zusammen mit den deutschen Kardinälen Ratzinger und Meyer den Gegenbesuch des Vatikans abstattet.

Die Schilderung muß zwangsläufig ein blasses Abbild der Wirklichkeit bleiben, weil sich die historisch gewachsene Einmaligkeit und Fülle des Palastes und der Säle sowenig wiedergeben lassen wie die formvollendete und gemessene Feierlichkeit jeder Bewegung. Keine der heute bestehenden Monarchien hat auch nur noch einen Bruchteil des protokollarischen Zeremoniells bewahrt, das der Vatikan dem Staatsgast bietet. Aber der Heilige Stuhl hat sich auch nie mit einer weltlichen Monarchie verglichen. Das Ganze ist die lebendige Überlieferung des Bewußtseins vom eigenen solitären Rang, verbunden zugleich mit der Achtung vor dem Gast.

Bei allem ungeschmälerten Protokoll verliefen dennoch die persönlichen Gespräche so direkt und zwanglos, wie man sie sich wünscht. Der Papst bereitete uns einen ausgesprochen warmherzigen Empfang. Nie hatte der Vatikan die Spaltung Deutschlands anerkannt. Der Papst hatte geholfen, die Mauer zu Fall zu bringen. Dafür dankte ich ihm. Seinerseits war er von der Bereitschaft unseres Landes beeindruckt, Kriegsopfern, Flüchtlingen und Asylsuchern in größter Zahl zu helfen. Mir dankte er vor allem für mein Engagement im deutsch-polnischen Verhältnis.

Wenige Monate vor meinem Besuch hatte der Vatikan die Enzyklika »Veritatis splendor« herausgegeben. Darin kamen die Sorgen des Papstes zum Ausdruck, über die er klar und deutlich mit mir sprach: Nicht nur die Menschen im Osten hätten mit den moralischen Konsequenzen des politischen und wirtschaftlichen Systemwechsels zu ringen. Auch der Westen unterliege in zunehmendem Maß einem subjektivistischen Mißverständnis der Freiheit; seine wachsende ethische Beliebigkeit berge die Gefahr, der Demokratie zu schaden.

Bei diesem wie allen früheren Gesprächen mit dem Papst ging es auch um die zwischenkirchlichen Beziehungen. Deutschland ist das Land der Reformation. Katholische und evangelische Christen sind zahlenmäßig ungefähr gleich stark bei uns. Die theologische Annäherung zwischen Katholiken und Lutheranern ist weit gediehen. Die Rechtfertigungslehre Luthers, die das kontrovers-theologische Hauptthema in und seit der Reformation war, hat mittlerweile zu einem Einverständnis geführt. Anders sieht es noch im kirchlichen Amtsverständnis und in der Praxis der Gottesdienste aus. Was ich schon 1986 auf der Schlußversammlung des Aachener Katholikentages vor fünfzigtausend Teilnehmern als Bitte vorgetragen hatte, unterbreitete ich mehrfach und persönlich auch Papst Johannes Paul II.: Millionen von Ehen und Familien in Deutschland sind »gemischtkonfessionell«. Es wäre eine Ermutigung und ein Geschenk für sie und uns alle, wenn es uns gegeben wäre, uns gegenseitig bei Gottesdienst und Eucharistiefeiern als Gäste voll zuzulassen. Das Mahl, das wir feiern, ist doch ein Mahl der Liebe Christi. Kann uns dies nicht helfen, näher zusammenzufinden? Solange es uns verwehrt bleibt, trägt es mehr zur Entchristlichung in den Familien bei als zur Stärkung ihres Glaubens. Der Papst hörte es sich auf seine väterlich-gütige Weise schweigend an.

Beim Besuch in Rom besuchte ich zum Abschied meinen Kollegen Staatspräsident Oscar Luigi Scalfaro, dessen Mut und Glaubwürdigkeit der italienischen Demokratie entscheidend helfen, mit der Krise ihres Parteienwesens fertig zu werden. Es gab ein Wiedersehen mit seinem Vorgänger, meinem langjährigen Freund Francesco Cossiga, der nie ein Blatt vor den Mund genommen hatte, wenn es galt, Mißständen zu wehren. Mit dem klugen Ministerpräsidenten Carlo Ciampi kam es zu einem fruchtbaren Austausch von Gedanken über Europa.

Ein außergewöhnliches Zeichen zu meinem Abschied dachte sich Václav Havel aus. Er lud sieben Staatsoberhäupter Mitteleuropas in die ostböhmische Stadt Litomyšl ein, in der Bedřich Smetana geboren ist, einer der wichtigsten Komponisten tschechischer Musik. Die tschechische Republik, Polen, die Slowakei, Slowenien, Ungarn, Österreich und Deutschland waren vertreten.

Papst Johannes Paul II. bei seinem Besuch in der Bonner Villa Hammerschmidt. In jeder meiner fünf Begegnungen mit ihm sprach er von seiner Sorge über eine wachsende ethische Beliebigkeit in der freien Gesellschaft.

Wir trafen uns im großen Renaissanceschloß der Stadt und sollten über Mitteleuropa diskutieren. Jeder von uns gab diesem historisch geprägten, aber auch nicht unbelasteten Begriff seine eigene Note. Einig waren sich die anderen sechs, daß sie mit Sorgen nach dem Osten und mit Sehnsucht nach dem Westen blicken. Das machte es mir leicht, die Bedenken zu zerstreuen, die schon vor unserem Treffen in französischen und britischen Medien zu lesen waren, wonach Deutschland nun vielleicht doch wieder seine Westbindung lockere, um Führungsmacht in Mitteleuropa zu werden. Für eine zweistündige Diskussion unter uns sieben hatte man mich zwar sinnigerweise unter ein großes Gemälde plaziert, welches den Sieg des Prinzen Eugen im Spanischen Erbfolgekrieg bei Höchstädt an der Donau gegen die Franzosen verherrlichte. Aber es war und es bleibt völlig evident, daß Deutschlands heutiges nahes Verhältnis zu Frankreich endgültig und unwiderruflich ist und daß unsere mitteleuropäische Rolle sich darauf konzentriert, den Reformdemokratien Ost-Mitteleuropas beim Eintritt in die Europäische Union zu helfen. Zugleich sprach ich deutlicher als meine Kollegen eine dringende Botschaft an die Russen aus, sich jeder Hegemoniebestrebung in ihrem westlichen Umkreis zu enthalten.

Zusammen mit den Kollegen übergab mir Václav Havel zum Abschied eine gestochene Karte Europas aus dem 17. Jahrhundert. Ein Zeichner hatte sie mehr seinen Wünschen als den historischen Realitäten gehorchend entworfen. Nun suchte jeder von uns sein Land auf dem Kupferstich und siehe, der österreichische Bundespräsident Klestil mußte feststellen, daß der Stecher die Habsburger Monarchie unter Verteilung ihrer Lande an die Nachbarn vollkommen zum Verschwinden gebracht hatte. Es war eben schon immer so, daß der Begriff Mitteleuropa Anlaß zu Streit bot.

Dann folgten Abschiedsbesuche bei unseren vertrauten Nachbarn, bei Königin Beatrix und Prinz Claus in Den Haag, bei François Mitterrand in Paris und bei Königin Elisabeth II. in Großbritannien.

Meine letzte Dienstreise vier Tage vor meiner Amtsübergabe galt dem Land, dessen Schicksal und Verhältnis zu uns Deutschen mich zu allererst beschäftigt und überhaupt in die Politik hineingeführt hatte, dem Nachbarn Polen. Es kam zu einem herzlichen Wiedersehen mit Präsident Lech Wałęsa und mit dem alten Freund Tadeusz Mazowiecki. Im Mittelpunkt stand die Teilnahme an einer Konferenz, die der deutschen Zielsetzung gewidmet war, Polen an Westeuropa heranzuführen und Frankreich in diese Aufgabe soweit wie möglich einzubeziehen. Das ist der angestrebte Trilateralismus.

Am 18. Mai 1992 verabschiedete ich Hans-Dietrich Genscher und übergab als seinem Nachfolger Klaus Kinkel die Ernennungsurkunde im Beisein von Helmut Kohl. Auf den Tag genau 18 Jahre lang hatte Genscher das Auswärtige Amt geleitet. Sein Rücktritt war allein sein eigener Wunsch.

Der letzte Monat im Amt war mit Besuchen und Gästen angefüllt. Meine Frau und ich luden ins Berliner Schloß Bellevue zu einem großen Gartenfest ein, das ehrenamtlichen Helfern aus Ost und West gewidmet war. Es gibt unvorstellbar vielfältige freigemeinnützige Einrichtungen und ganz private Initiativen, deren Träger und Mitarbeiter sich ohne Entgelt für andere engagieren. Es kostet sie Zeit und Kraft, die sie aber nicht verlieren, sondern bei denen sie sich selbst regenerieren. Sie helfen Mitmenschen in Not und erleben dabei die Gesellschaft anders und viel realistischer als jene, die nur dem eigenen Beruf und Vergnügen nachgehen. Viele von ihnen setzen sich für Behinderte ein. Wir können von ihnen lernen, Behinderung als Verschiedenheit zu begreifen. In der Gesellschaft wird allerdings Behinderung als die Art von Verschiedenheit angesehen, die benachteiligt, ja die bestraft wird. Es ist eine schwere, aber notwendige und gemeinsame Aufgabe für uns alle, solche Benachteiligungen so gut wie möglich zu überwinden. Für das Menschsein gibt es keine Norm. Es ist normal, verschieden zu sein. Die Helfer der Behinderten helfen sich selbst und zählen nicht auf Dank. Der Sinn unseres beschwingten Zusammenseins war es, ihnen zu danken und für sie zu werben.

Wie sie es schon mit unseren Vorgängern gehalten hatte, verabschiedete mich die Bundeswehr in Bonn mit einem großen Zapfenstreich. Diese feierliche Abendmusik der Militärkapellen war mir seit vielen Jahrzehnten vertraut. Oft hatte ich die Bundeswehr besucht, ihre Übungen beobachtet, auf Kommandeurstagungen gesprochen, mit Soldaten auf Kirchentagen an strittigen Diskussionen teilgenommen, mit Befehlshabern im Kreise von Nato-Partnern Gedanken ausgetauscht.

Der Zapfenstreich im dunklen, nur mit Fackeln beleuchteten Park der Villa Hammerschmidt war etwas ganz anderes. Im normalen Militärdienst, den ich viele Jahre lang abgeleistet hatte, bedeutet der Zapfenstreich das Ende der freien Ausgehzeit der Soldaten; einst gingen dann ein Pfeifer und ein Trommler durch die Schenken und schlugen auf den Zapfen des Fasses, damit kein Bier mehr ausgeschenkt wurde. Hier war es am 27. Juni 1994 ein Symbol für das Ende meines Dienstes an unserem Staat, dem ich mich zehn Jahre zuvor verpflichtet hatte. Zugleich war es unsere Abschiedsveranstaltung in der Villa Hammerschmidt und in Bonn, erfüllt vom Dank für die unverlierbare Geschichte der Bonner Republik; zu ihren Leistungen hatte es auch gehört, die alte Sonderrolle des Militärs in einen normalen demokratischen Bestandteil unserer Bürgergesellschaft zu verwandeln.

Wir luden die Angehörigen des Bundespräsidialamtes ein und feierten ein Fest voller Dankbarkeit und einer Heiterkeit, die manchen Kummer über die bevorstehende Trennung verbarg. Es war mir mit den Damen und Herren bei der Zusammenarbeit im Amt in einem Maße gutgegangen, wie ich es zuvor nie für möglich gehalten hatte. Das Bundespräsidialamt ist eine kleine Behörde, die es mit ihren etwa hundertfünfzig Bediensteten erlaubt, einen persönlichen Überblick und Kontakt zu gewinnen. Im Laufe meiner zehn Jahre machte dies die Zusammenarbeit zur Freude – jedenfalls für mich. Der Chef des Präsidialamtes, Meyer-Landrut, erklärte mir freilich in einer köstlichen Abschiedsrede, wie weit entfernt ich von einem idealen Vorgesetzten gewesen sei; denn dieser dürfe nicht zuviel wissen und erst recht nicht zu viele Fragen stellen, ich aber sei – horribile dictu – ein halber Sokrates gewesen, der ständig im Bewußtsein, nichts zu wissen, gebohrt und gefragt habe. Meine Reden hätte ich wie Schreibspiele vorbereitet, mit offenem Ausgang, ohne Gewinner oder Verlierer; und niemand hätte das abenteuerliche Entstehen der endgültigen Fassungen durchschaut.

Dann folgte eine Fernsehpersiflage, in der es hieß, der in Berlin ansässige Siedler-Verlag werde bereits in drei Monaten zur Frankfurter Buchmesse die Memoiren des scheidenden Bundespräsidenten veröffentlichen. Wegen der Kürze der Zeit sei ein Ghostwriter verpflichtet worden. Ein Hamburger Magazin wisse zu berichten, daß die Wahl auf den bekannten Publizisten Konrad Kujau gefallen sei.

Einige enge und langjährige Mitarbeiter verließen das Amt gleichzeitig mit mir. Ihnen galt mein besonderer Dank. Neben dem Amtschef Staatssekretär Meyer-Landrut, der das Alter des Ruhestandes erreicht hatte, gehörte sein weit jüngerer Stellvertreter, Ministerialdirektor Meinhard Ade, dazu. Wir hatten uns schon am Anfang der siebziger Jahre bei der Arbeit an Grundsatzprogrammen kennengelernt. Während meiner Berliner Bürgermeisterzeit war Ade Sprecher des Senats. Das Amt füllte er auf eine seinem Wesen gemäße Weise aus: Er sprach selten; wenn er etwas sagte, war es klug und verläßlich. Public-Relations-Feldzüge schätzten weder er noch ich. Später übernahm er die Leitung der innenpolitischen Abteilung im Präsidialamt. Mit seinem strategischen Denken war er ebenso unentbehrlich im Amt wie für die gute Atmosphäre unter den Mitarbeitern.

Mit Henning Horstmann, dem Sprecher des Amtes, Jürgen Heimsoeth, meinem Persönlichen Referenten, und Barbara Minkmar, der Leiterin meines Sekretariats, hatte ich beinahe jeden Tag zusammengearbeitet. Mein Schmerz über die bevorstehende Trennung war ständig gewachsen. Alle drei entstammten dem Auswärtigen Amt, wo man sie mir schweren Herzens ausgeliehen hatte und wohin sie nun zurückkehrten. Es war eine immer von neuem erprobte menschliche und sachliche Wohltat, den Tageslauf und die zahlreichen Reisen gemeinsam mit ihnen zu erleben, die Herausforderungen zu erkennen, Krisen durchzustehen und bewegende Erfahrungen zu teilen.

Horstmann war die personifizierte Vertrauensbildung. Er überzeugte die Medien, weil er immer gut orientiert, bedingungslos zuverlässig in seinen Auskünften, warmherzig und doch auch durchaus bereit war – bis hin zum physischen Einsatz –, auf die Einhaltung der Spielregeln zu achten. Heimsoeth lief in unserer Mannschaft unter dem Spitznamen Direktor. Seine gänzlich unbestechliche Intelligenz und sein kritisch-loyaler Geist bewährten sich in jedem unserer zahllosen, für mich unentbehrlichen Gespräche. Barbara Minkmar bewahrte in jeder Situation ihre souveräne Übersicht. Für jeden, der mit dem Sekretariat des Bundespräsidenten in Berührung kam, angefangen bei mir selbst, wurde sie zum Inbegriff von Kompetenz und Verständigkeit, von Hilfsbereitschaft, Takt und Charme.

Über viele andere Mitarbeiter und Mitarbeiterinnen könnte ich noch mit Freude berichten. Sie fuhren nach meinem Ausscheiden in ihren Dienstgeschäften fort, zur Freude meines Nachfolgers, dessen bin ich gewiß.

Buchstäblich in den letzten Stunden meiner zehn Jahre waren bei uns in Berlin die Verfassungsorgane zu Gast, das Präsidium des Bundestages und des Bundesrates, der Bundeskanzler und der Vizekanzler, die am Tag zuvor ernannte neue Präsidentin

Im Dezember 1989 feierten wir den 75. Geburtstag meines Amtsvorgängers Karl Carstens. Bei der Tischansprache hatte ich gerade eine offenbar ahnungsvolle Bemerkung an die Adresse des damaligen Präsidenten des Bundesverfassungsgerichts, Roman Herzog, gemacht.

des Bundesverfassungsgerichts, die Ministerpräsidenten der Länder und die Fraktionsvorsitzenden im Bundestag. Es war eine ernste und heitere Runde zugleich. Mit einem Wort aus dem Talmud verabschiedete ich mich vorläufig von allen meinen durch viele Jahre vertrauten Kolleginnen und Kollegen: Es ist nicht möglich, das Werk zu vollenden; es ist nicht erlaubt, das Werk zu verlassen.

Am folgenden Tag, dem 1. Juli 1994, trafen wir uns im Berliner Reichstag zur Vereidigung meines Nachfolgers. Noch einmal wurde mir das Wort erteilt. Mein erster Gedanke und meine herzlichen Wünsche galten dem neuen Bundespräsidenten Roman Herzog und seiner Frau. Daß er mit Erfahrung und Klugheit, mit nüchternem Sinn und Witz, mit Herz und Mut ans Werk gehen werde, war mir und uns allen gewiß.

Im Zusammenhang mit dem Prozeß der Vereinigung kam dann die Rede auf die deutsche Nation. Gemeinsam mit den Partnerländern sind wir auf dem Weg zum Zusammenschluß in Europa. Das ist unsere historisch überragende Aufgabe. Es gibt keine andere Ebene als die europäische, um uns in der Welt zu behaupten. Nach wie vor gibt es aber auch keine andere Ebene als die Nation, um unsere Demokratie zu garantieren.

Eine Nation ist kein abstrakter Begriff, der ein für allemal feststeht. Sie bildet sich im geistig-politischen Bewußtsein der Bevölkerung lebendig fort. Sie ist, wie Ranke anmerkt, nicht allein von rationaler Umsicht bestimmt, sondern von starken Gefühlen. Sie verknüpft sich nicht allein mit den ethnischen Wurzeln und der Geographie, mit der Sprache und Kultur, sondern mit großen Geschehnissen und Aufgaben. Nach langer Teilung ging die Freude über die Vereinigung Deutschlands tief. Zwar unterblieb ein Aufbruch mit einem konstitutionellen Akt der ganzen Bevölkerung und einer persönlich spürbaren, als gerecht empfundenen Lastenteilung. Dennoch vereinen uns die gemeinsame Geschichte und der Wille zur gemeinsamen Zukunft. Das ist für unsere Nation entscheidend.

Am Ende der Teilung geht es für uns darum, zusammen das ganze Erbe der Vergangenheit, seine guten und seine schweren Kapitel anzunehmen oder, mit den Worten des französischen Religionshistorikers Ernest Renan, seinen Ruhm und seine Reue gemeinsam verantwortlich zu tragen. Die Nation der Deutschen ist nicht erst mit Bismarck entstanden und nicht mit Hitler untergegangen. Und auch die Nachkriegszeit ist uns vereint hinterlassen.

Das andere ist unser Wille zur gemeinsamen Zukunft, unser Aufgabenpatriotismus. Wir wollen in der Freiheit bestehen, von Mensch zu Mensch, von Generation zu Generation, vom Einheimischen zum Zuwanderer, vom Deutschen zum Nachbarn, vom Menschen zur Natur. Wenn wir Vertrauen haben – Vertrauen zu uns selbst –, dann können wir Vertrauen bilden.

Die Präsidentin des Bundestags Rita Süssmuth verabschiedet mich im Reichstag am 1. Juli 1994.

Am Schluß meiner Abschiedsrede dankte ich allen für die gemeinsame Zeit und sagte: »Meine Damen und Herren, Frau Präsidentin, ich habe meine Amtszeit beendet. Die Stafette ist übergeben. Sie haben mich glücklich überstanden.«

Hier vermerkt das amtliche Protokoll: »Heiterkeit«.

In der Freiheit bestehen

Das Geheimnis des Glücks ist die Freiheit, sagt der antike Historiker Thukydides, und das Geheimnis der Freiheit ist der Mut. Bis in die jüngste Zeit hinein wurde Leid in der Unterdrückung ertragen, wurden Opfer gebracht und mit Mut für die Freiheit gekämpft. Heute leben wir Deutschen vereint in einer freiheitlichen Demokratie. Zumal im Lichte der Vergangenheit haben wir allen Grund, dafür dankbar zu sein.

Solange sich die unvereinbaren Systeme von West und Ost im Kalten Krieg gegenüberstanden, bezog die Freiheit ihre Glaubwürdigkeit und ihre Kraft aus dem Zwang, sich mit ihrem Gegenteil auseinanderzusetzen und die Gefahren abzuwehren. Mit ihrem Triumph über die Unfreiheit ist es aber nicht getan. Noch ist kein Jahrzehnt seit dem Ende der Diktaturen im Osten vergangen, da melden sich schon sorgenvolle Stimmen, es sei leichter, ein autoritäres Regime zu Fall zu bringen, als ein liberales System vor seiner eigenen inneren Zerrüttung zu bewahren. Es liegt an uns, die Schwächen der Freiheit zu überwinden.

Das Glück über den Fall der Mauer und die Freude über die Vereinigung wurden allseits empfunden. Einen nationalen Überschwang haben sie zum Glück nicht hervorgerufen. Aber auch von einer Welle der Inspiration ist weniger zu verspüren als von Ernüchterung.

Die Deutschen in der DDR hatten die unvergleichlich viel schwereren Kriegsfolgelasten zu tragen. Sie mußten unter einer Fremdherrschaft und mit der brutalen Kontrolle der Staatssicherheit leben. Unter schwierigsten Bedingungen führten die allermeisten von ihnen ein Leben in Anstand. Als das System des real existierenden Sozialismus nicht zuletzt an seinen massiven wirtschaftlichen Schwächen scheiterte, hinterließ es dennoch über die Wende hinaus tiefe Spuren im Verhalten der Menschen.

Im Westen änderte sich wenig. Sein freiheitliches politisches und wirtschaftliches System hatte sich als überlegen erwiesen – nicht zuletzt auch aufgrund seiner zahlenmäßigen Überlegenheit. Mehr als drei Viertel der wahlberechtigten Bürger sind in den alten Bundesländern beheimatet.

Die Führungsschicht nahezu aller Verbände, Organisationen und Parteien ist bis heute westlich geblieben. Das Bestreben, westdeutsche Wirklichkeit und nicht zuletzt auch westdeutsche Besitzstände zu wahren, ist offenkundig.

Inzwischen haben die offenen Grenzen und die zunehmenden globalen Einflüsse die Situation nachhaltig verändert. Die dramatisch gewachsene Arbeitslosigkeit ist ihr schärfstes menschliches und materielles Signal. Anhand der wirtschaftlichen und sozialen Probleme richten sich die tieferen Fragen an die innere Kraft der Freiheit selbst. Es sind Fragen einerseits an die Strukturen unserer Freiheit und zum anderen an unser persönliches Verhalten als freie Menschen.

Unsere Strukturen sind die Demokratie und die Marktwirtschaft. Es sind freiheitliche Systeme in einer offenen Gesellschaft, die sich zum Wettbewerb bekennt. Interessen und Programme müssen sich mit Alternativen messen lassen. Auf dem Markt der Meinungen und Angebote wird über den Erfolg entschieden. Aber wodurch unterscheiden wir Menschen uns mit dieser unserer nüchternen Effizienz vom gnadenlosen Prinzip der Auslese in der Natur gemäß den Forschungen von Charles Darwin? Wie und wo zeigt unsere Freiheit ihre zivilisatorische Kraft, ihre Ethik?

Zunächst schützt sie uns vor einem verhängnisvollen Anspruch auf absolute Wahrheiten, über die wir Menschen nicht

Wie so viele Männer der Politik hatte Karl Popper auch mich mit seiner Lehre von der »Offenen Gesellschaft« beeindruckt und beeinflußt, da sie eine philosophische Grundlegung für unsere Verantwortung in der Freiheit gab. Kurz vor seinem Tod besuchte ich ihn noch einmal in seinem Haus bei London.

verfügen. Die offene Gesellschaft kann gemäß Karl Popper Fehlleistungen und Irrtümer aufdecken; wir sollten statt der größten Glückseligkeit für die größte Zahl – etwas bescheidener – das kleinste Maß an vermeidbarem Leid für alle fordern. Das ist in seinem Kern ein humanes, ethisches Postulat der Wahrhaftigkeit.

Für unsere Marktwirtschaft hat schon ihr Stammvater Adam Smith mit Nachdruck auf die zivilisatorische Entwicklung gesetzt. Im Zusammenspiel der vielen Marktteilnehmer mit ihren privaten Interessen soll ein Optimum der Güterversorgung erreicht werden. Der frei wählende Egoismus erzielt weit größere Erfolge für alle als jede politische Planung und Beherrschung des Marktes. Funktionieren kann diese freie Wirtschaft laut Adam Smith aber nur im Rahmen eines Gemeinwesens, das nach außen Schutz gewährt, nach innen die Rechtsordnung aufrechterhält und die Aufgaben wahrnimmt, welche die Menschen zum Leben brauchen, die aber keine materiellen Gewinne versprechen: Erziehung, Infrastruktur und nicht zuletzt soziale Gerechtigkeit – also eben das Poppersche kleinste Maß an vermeidbarem Leid für alle. Heute fügen wir Umweltschutz hinzu.

Kein Markt kann auf die Dauer in Freiheit ohne ein Gemeinwesen überleben, welches das Interesse des Ganzen wahrnimmt. Der wirtschaftliche Erfolg in der alten Bundesrepublik beruhte darauf, Adam Smith' Postulat eines freien Marktes in einem Staat sozialer Gerechtigkeit ernst zu nehmen. Einsicht und Vernunft von allen Seiten sind auch in Zukunft vonnöten, ein wechselseitiges Verständnis zwischen Wirtschaft und Politik bleibt unentbehrlich. Eine Politik, die den Wettbewerb aushebeln und das Gewinnstreben auf den Märkten verdächtigen wollte, würde auf die Dauer nur die öffentliche Leistungsfähigkeit und die Versorgung für die Bürger unterminieren. Eine Wirtschaft, die um der Preise und Gewinne willen gegenüber dem sozialen Gefüge gleichgültig bliebe, würde schließlich auch den eigenen Erfolg gefährden. Der Unternehmer handelt in eigener Sache klug, wenn er sich für die Fragen des Gemeinwohls öffnet. Der ehrbare Kaufmann ist kein ethischer Sonderling, sondern einer, der seine Interessen vernünftig versteht. Unsere Zivilisation läßt sich nicht auf einen Sozialdarwinismus abmagern. In dieser Erkenntnis müssen sich die Strukturen unserer Freiheit bewähren, da es um das menschliche Antlitz der Freiheit geht.

Letzten Endes ist aber unser aller persönliches Verhalten entscheidend. Schon Platon hat uns die Gefahren der Unersättlichkeit freier Menschen und ihres Unwillens gegenüber dem Verlangen nach der geringsten Dienstbarkeit deutlich genug beschrieben. Das unsägliche Wort von der Politikverdrossenheit kann als Vorhang mißbraucht werden, hinter den man sich in eine Privatisierung ohne Anteilnahme am Zusammenleben zurückzieht. Die einen machen Politik. Die anderen begnügen sich mit Verdrossenheit. Verdrossen gegen wen? Gegen die Politik? Warum nicht auch gegen sich selbst? Wenn Freiheit das Geheimnis der Demokratie ist, dann ist es eine Freiheit zur Beteiligung und zur Mitverantwortung. In unserer Republik war Theodor Heuss der erste, der dazu aufrief. Die nach ihm benannte Stiftung wirkt in seinem Sinne fort, unter der inspirierenden Initiative von Hildegard Hamm-Brücher.

Jede Generation steht zu ihrer eigenen Zeit vor neuen Herausforderungen der Freiheit. Unvergleichbar untereinander sind dabei die Ansprüche an den Mut, das Geheimnis der Freiheit. Aber auf Anteilnahme drängen sie alle.

Als Unterdrückung im Lande herrschte, verteilten die todesmutigen Mitglieder der Weißen Rose ihren Aufruf: »Zerreißt den Mantel der Gleichgültigkeit, den Ihr um Euer Herz gelegt habt. Entscheidet Euch, ehe es zu spät ist.« In ihren Flugblättern war nicht von bestimmten Staatsformen die Rede, sondern von der Notwendigkeit eines ethischen Verhaltens der Beteiligung in jedem Gemeinwesen. Heute ist es nicht anders. In der Freiheit zu bestehen, ist für uns an der Schwelle zum neuen Jahrhundert keine Frage auf Leben und Tod, aber die entscheidende Herausforderung an unsere zukünftige Zivilisation und an die Courage der jungen Generation.

Sophie Scholl, die zur Weißen Rose gehörte, notierte in ihrem Tagebuch eine Maxime, an der sie sich selber orientierte: »Il faut avoir l'esprit dur et le coeur doux« (Jacques Maritain) – einen unbeugsamen Geist und ein fühlendes Herz. Schon beim Psalmisten finden wir die Bitte um ein reines Herz und einen neuen und gewissen Geist.

Darum geht es zu allen Zeiten. Die Herrschaft über die Geschichte liegt nicht in unserer Hand. Aber wir gehören ihr an. Wir sind nicht nur betroffen, sondern mitverantwortlich. Daran erinnert uns ein spanisches Sprichwort in seiner alten Sprache: Gott ist ein guter Arbeiter, aber er läßt sich gerne helfen.

Personenregister

Abbildungsnachweis:
J.H. Darchinger: 305 · Deutsche Presseagentur GmbH, Hamburg: 391 · Keystone Pressedienst GmbH, Hamburg: 291 · Robert Lebeck: 141 · Arturo Mari: 455 · Ullstein Bilderdienst, Berlin: 115, 191 · Privatarchiv Richard von Weizsäcker: 65, 81, 109, 259, 299, 305, 337, 345, 385, 387, 421, 438, 448, 451, 463 · Die übrigen Photographien stellte dankenswerterweise Helmut R. Schulze zur Verfügung.